プリント形式のリアル過去問で本番の臨場感！

兵庫県

白陵中学校

2025年春受験用

解答集

本書は，実物をなるべくそのままに，プリント形式で年度ごとに収録しています。
問題用紙を教科別に分けて使うことができるので，本番さながらの演習ができます。

■ 収録内容

・解答集（この冊子です）

書籍ＩＤ番号，この問題集の使い方，最新年度実物データ，リアル過去問の活用，
解答例と解説，ご使用にあたってのお願い・ご注意，お問い合わせ

・2024（令和６）年度 ～ 2020（令和２）年度　学力検査問題

○は収録あり	年度 '24	'23	'22	'21	'20
■ 問題（前期・後期）	○	○	○	○	○
■ 解答用紙※	○	○	○	○	○
■ 配点（大問ごと）	○	○	○	○	○

全教科に解説があります

※後期の算数は書き込み式
注）国語問題文非掲載：2024年度後期の一，2023年度前期の一，2022年度前期の三，2021年度前期の三と後期の二，2020年度前期の一と後期の一

問題文の非掲載につきまして

著作権上の都合により，本書に収録している過去入試問題の本文の一部を掲載しておりません。ご不便をおかけし，誠に申し訳ございません。

本文の一部を掲載できなかったことによる国語の演習不足を補うため，論説文および小説文の演習問題のダウンロード付録があります。弊社ウェブサイトから書籍ＩＤ番号を入力してご利用ください。

なお，問題の量，形式，難易度などの傾向が，実際の入試問題と一致しない場合があります。

教英出版

■ 書籍ＩＤ番号

入試に役立つダウンロード付録や学校情報などを随時更新して掲載しています。
教英出版ウェブサイトの「ご購入者様のページ」画面で，書籍ＩＤ番号を入力してご利用ください。

書籍ＩＤ番号　121430  

（有効期限：2025年9月30日まで）

【入試に役立つダウンロード付録】
「要点のまとめ（国語／算数）」
「課題作文演習」ほか

■ この問題集の使い方

年度ごとにプリント形式で収録しています。針を外して教科ごとに分けて使用します。①片側，②中央のどちらかでとじてありますので，下図を参考に，問題用紙と解答用紙に分けて準備をしましょう（解答用紙がない場合もあります）。

針を外すときは，けがをしないように十分注意してください。また，針を外すと紛失しやすくなりますので気をつけましょう。

① 片側でとじてあるもの

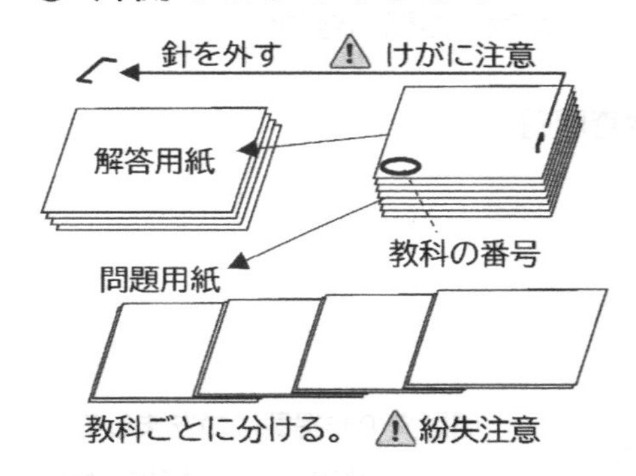

② 中央でとじてあるもの

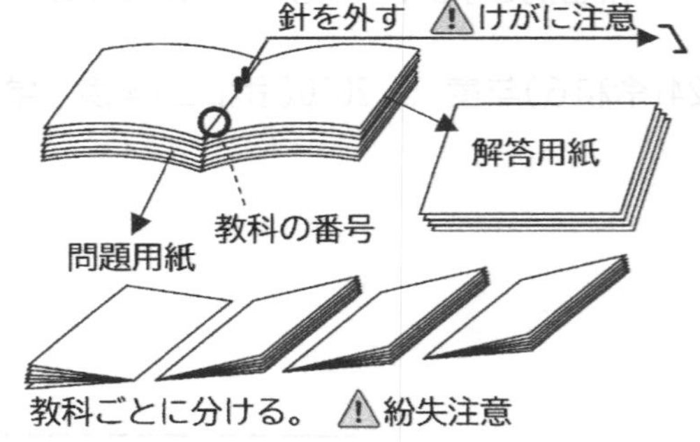

※教科数が上図と異なる場合があります。
解答用紙がない場合や，問題と一体になっている場合があります。
教科の番号は，教科ごとに分けるときの参考にしてください。

■ 最新年度　実物データ

実物をなるべくそのままに編集していますが，収録の都合上，実際の試験問題とは異なる場合があります。実物のサイズ，様式は右表で確認してください。

問題用紙	Ｂ４片面プリント（後期算数は書込み式） 国：Ｂ５冊子（二つ折り）
解答用紙	Ｂ４片面プリント

リアル過去問の活用

～リアル過去問なら入試本番で力を発揮することができる～

本番を体験しよう！

問題用紙の形式（縦向き／横向き），問題の配置や余白など，実物に近い紙面構成なので本番の臨場感が味わえます。まずはパラパラとめくって眺めてみてください。「これが志望校の入試問題なんだ！」と思えば入試に向けて気持ちが高まることでしょう。

入試を知ろう！

同じ教科の過去数年分の問題紙面を並べて，見比べてみましょう。

① 問題の量

毎年同じ大問数か，年によって違うのか，また全体の問題量はどのくらいか知っておきましょう。どのくらいのスピードで解けば時間内に終わるのか，大問ひとつにかけられる時間を計算してみましょう。

② 出題分野

よく出題されている分野とそうでない分野を見つけましょう。同じような問題が過去にも出題されていることに気がつくはずです。

③ 出題順序

得意な分野が毎年同じ大問番号で出題されていると分かれば，本番で取りこぼさないように先回りして解答することができるでしょう。

④ 解答方法

記述式か選択式か（マークシートか），見ておきましょう。記述式なら，単位まで書く必要があるかどうか，文字数はどのくらいかなど，細かいところまでチェックしておきましょう。計算過程を書く必要があるかどうかも重要です。

⑤ 問題の難易度

必ず正解したい基本問題，条件や指示の読み間違いといったケアレスミスに気をつけたい問題，後回しにしたほうがいい問題などをチェックしておきましょう。

問題を解こう！

志望校の入試傾向をつかんだら，問題を何度も解いていきましょう。ほかにも問題文の独特な言いまわしや，その学校独自の答え方を発見できることもあるでしょう。オリンピックや環境問題など，話題になった出来事を毎年出題する学校だと分かれば，日頃のニュースの見かたも変わってきます。

こうして志望校の入試傾向を知り対策を立てることこそが，過去問を解く最大の理由なのです。

実力を知ろう！

過去問を解くにあたって，得点はそれほど重要ではありません。大切なのは，志望校の過去問演習を通して，苦手な教科，苦手な分野を知ることです。苦手な教科，分野が分かったら，教科書や参考書に戻って重点的に学習する時間をつくりましょう。今の自分の実力を知れば，入試本番までの勉強の道すじが見えてきます。

試験に慣れよう！

入試では時間配分も重要です。本番で時間が足りなくなってあわてないように，リアル過去問で実戦演習をして，時間配分や出題パターンに慣れておきましょう。教科ごとに気持ちを切り替える練習もしておきましょう。

心を整えよう！

入試は誰でも緊張するものです。入試前日になったら，演習をやり尽くしたリアル過去問の表紙を眺めてみましょう。問題の内容を見る必要はもうありません。どんな形式だったかな？受験番号や氏名はどこに書くのかな？…ほんの少し見ておくだけでも，志望校の入試に向けて心の準備が整うことでしょう。

そして入試本番では，見慣れた問題紙面が緊張した心を落ち着かせてくれるはずです。

※まれに入試形式を変更する学校もありますが，条件はほかの受験生も同じです。心を整えてあせらずに問題に取りかかりましょう。

白陵中学校【前期】【後期】

《前期　国語》

一　①身→深　②不→付　③短→単　④会→回　⑤骨　⑥鼻　⑦額　⑧ア　⑨イ　⑩オ　⑪ウ　⑫ア　⑬ウ　⑭おっしゃい　⑮拝見したい　⑯うかがい　⑰夏目漱石が書いた本を読んでいる。　⑱麦わら帽子をかぶった少年が歩いてきた。　⑲ウ

二　問一．a．名著　b．固有　c．加減　d．帯　問二．A．ア　B．ウ　C．イ　問三．エ
問四．応援しているプロ野球チームが試合に勝っても、何か利益を得るわけではないのに、熱狂的に応援してしまう　問五．イ　問六．(1)不安や恐怖をかきたてるもの　(2)社会的な秩序や価値観とは無縁であるはずの子どもでさえ、遊びの楽しさが分からずに、大人の世界からの指示に従って生きようとすれば、自由や成長に関わる遊びが消えてしまうおそれがあるから。　問七．大人からの指図や評価にしばられず、自分自身の気持ちや考えに従い、自分らしく生きている　問八．エ　問九．経済的利害の浸透した日常世界の外側にある、「遊び」という人間にとって根源的な活動に立ち返ることで、現代の誰もが持つ「自分は不要不急の存在ではないか」という不安と向き合う力を得ることができるからだと考えている。

三　問一．a．腹　b．傷　c．明朗　d．縦　e．宣言　問二．A．オ　B．エ　C．ウ　D．ア
問三．自分を否定し苦しんでいる彼女の力になってやりたいと強く思うが、無責任に励ますことが余計に彼女を傷付けることになるかもしれないと気付き、その緊張感から不安に襲われている。　問四．真剣に悩んでいるにもかかわらず、悩みとは直接関係のない話題をする航大にいらだちを感じている。　問五．部員の顔色を必要以上に気にして何も言えず、自分は部長としての責任を果たしていないつまらない人間だと自分を否定しながら、部員から嫌われてしまうことを極度に恐れる気持ち。　問六．おどけた態度を取ることで、凜の不安や緊張をやわらげ、普段の心で前向きに考えられるようにしてやりたかったから。　問七．オ　問八．X．花がらをつ　Y．いつもの明るさを取り戻すための休息の時間　問九．(1)ウ　(2)ア

《前期　算数》

1　(1)1.08　(2)$3\frac{8}{9}$　(3)2024　(4)ア．600　イ．1200

2　(1)22.5　(2)6.28　(3)33.98　(4)ア．77　イ．67

3　(1)1，3，4　(2)1が4回，4が1回　1が1回，2が2回，3が1回　1が4回，2が2回　※(3)10

※4　(1)10分25秒後　(2)64.4　(3)$\frac{4}{9}$

※5　(1)17　(2)81　(3)88，56

※6　(1)256　(2)272　(3)290

※の求め方は解説を参照してください。

《前期　理科》

1　問1．イ，エ，オ　問2．イ，オ　問3．容器A，容器B，容器Cの水温の差を小さくするため　問4．ア
問5．イ　問6．14　問7．容器A…ア　容器B…エ　問8．エ

2　問1．右グラフ　問2．6時21分8秒　問3．32　問4．3.2
問5．225　問6．イ　問7．7.5　問8．48.5

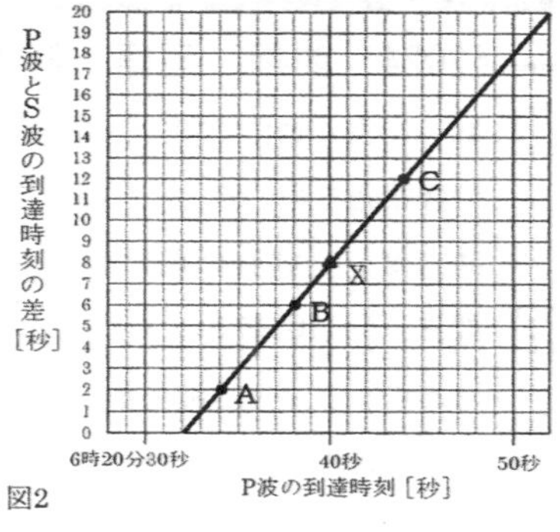

図2

3　問1．20　問2．100　問3．12.5　問4．12　問5．62.5
問6．8　問7．カ　問8．ウ

4　問1．20　問2．17　問3．77　問4．24　問5．50
問6．40　問7．ア　問8．110

《後期　国語》

一　問一．a．背筋　b．焼　c．収録　d．床　e．興奮　問二．水　問三．Ⅰ．イ　Ⅱ．ア　Ⅲ．ア
問四．頼るものがなく、決まった道も用意されていない世界で、恍惚と不安が交差する中、そこで生きていくために自分の力を試すという意味。　問五．学校の中では自分の内面を押さえつけなければならなかった舞は、周囲の視線を浴びながら誰も考えつかないことをして輝いているエイジの行動に、親近感を覚えたから。
問六．自分の場所でないはずの講堂を掃除することは受け入れられないが、それを悟られないように心を堅く閉ざして従った。　問七．教師という立場が作り出した考え方を一方的に押しつけ、そこからはみだす生徒を理解しようともしない点に、憤りを感じている。　問八．ア　問九．オ　問十．私たちは普段の生活において、会話の相手や場面に合わせて、その時々で適切と思われる態度や振る舞いを行っているということ。

二　問一．応用科学が実用的な価値と結びついて、実用的な目的への応用を目指すのに対し、基礎科学は実用的な価値の実現などまったく目的とせず、純粋な好奇心そのものを原動力とし、知ること自体が至高の喜びとなるような知的活動である。基礎科学が大きな実用的価値を生み出すことがあるが、それは基礎科学の持つ目的外の価値を生み出す力の結果である。
問二．〈作文のポイント〉
・最初に自分の主張、立場を明確に決め、その内容に沿って書いていく。
・わかりやすい表現を心がける。自信のない表現や漢字は使わない。

さらにくわしい作文の書き方・作文例はこちら！→　https://kyoei-syuppan.net/mobile/files/sakupo.html

《後期　算数》

1　(1)1155　(2)$\frac{158}{253}$，$\frac{6}{23}$　(3)7：4，13

2　(1)60　(2)4，6，12，14，21，22　※(3)717

※3　(1)4　(2)12

※4　(1)80　(2)400，1　(3)17，$33\frac{1}{3}$

※5　(1)84.78　(2)6　(3)226.08

※の求め方は解説を参照してください。

《2024 前期 国語 解説》

一 ⑭ 先生の動作なので、尊敬語を用いる。 ⑮ 自分の動作なので謙譲語を用いる。 ⑯ 自分の動作なので謙譲語を用いる。 ⑰ 夏目漱石は小説家なので、夏目漱石が書いた本を読んでいることがわかる。
⑱ 麦わら帽子は頭にかぶるものなので、麦わら帽子をかぶった人物が歩いてきたことがわかる。

二 **問三** 同じ段落に、ホイジンガ自身のうちでも、「人間文化は遊びのなかにおいて、遊びとして発生し、展開してきたのだ、という確信」がしだいに強まったとある。この部分から、ホイジンガは、「遊ぶ」ことを、人間文化を形作るほどの重要な特性だと考えたことがわかる。――線部③の少し後にも、遊びは「この上なく大切なもの」だと書かれている。また、――線部①の前に、ホモ・サピエンスや「ホモ・ファベルと同様」とあるので、「遊ぶ」ことは、「賢い」や「作る」と並ぶほどの重要な特性であることも読み取れる。よって、エが適する。

問四 発表にある「『生活維持のための直接的な必要を超える』ものであり、明確な因果関係のない非合理的な性質を持つもの」という部分に着目する。仕事や家事、飲食といったものは、生活維持のために直接必要なものである。しかし、「スポーツ観戦」は、生活維持のために直接必要なものとはいえず、大観衆が熱狂的に駆り立てられることを因果関係で説明することはできない。これらをふまえると、生活維持のために直接必要というわけではないのに、「スポーツ観戦」で熱狂するという事例を書けばよい。

問五 同じ段落の内容に着目する。「合理的な思考では、ふつう、原因と結果という因果関係で物事を説明しようとする」。しかし、「遊び」は「因果関係を超えたところに」存在するものであり、合理的に説明できない。問三の解説にあるように、「遊ぶ」ことは、「賢い」や「作る」と並ぶほどの、人間の重要な特性である。つまり、「理性的存在」であるはずの人間は、合理的に説明できない行動をとる生き物であり、さらに言えば合理的ではない何かを持っていることが、人間という存在を形作る上で欠かせない大切なことなのである。よって、イが適する。

問六(1) 後の方に「遊びたいと思わない子どもはこれら三つの楽しさ(＝遊びがもつ楽しさ)を知らないからだと思われる」とあり、遊びがもつ三つの楽しさを「経験したことのない子どもには、不安や恐怖をかきたてるものとなっても不思議ではない」とある。 (2) ――線部⑤の前の段落にあるように、遊びたいと思わない子どもは、遊びがもつ楽しさを知らず、大人の指示を待とうとする。遊びたがらない子どもたちが増えている現象を、堀真一郎は「現代版の『自由からの逃走』として」とらえている。大人たちが「遊びの楽しさを忘れ、成長をあきらめ、自由をおそれて、そこからにげてきたの」と同様に、子どもたちは遊びの楽しさが分からないことで、自由や成長に関わる遊びを経験できなくなるおそれがあるのである。

問七 船長は、その船のリーダー、指揮者であり、船の進路や速度などを決める。遊びの楽しさを忘れて自由から逃げた人の魂は、「船長のいない船に乗って、どこか遠いところへ押し流されて」しまう。これとは逆に、夢中で遊んでいるときの子どもは、「大人からの指図や評価」から自由である。そんな時の子どもは、自分の考えに従って船の進路や速度を決める船長と同様に、自分自身の気持ちや考えに従って、自分らしく生きていると言える。このことを「自分自身の魂の船長」と表現しているのである。

問八 次の段落に書かれている、「遊び」は、「周囲から隔離された」日常の外の時空間で「『プレイ』される」という特徴や、「遊びの時空間のなかにいる者にとって、『遊びは秩序そのもの』」であり、「どんなにわずかなものでも、秩序の違反は遊びをぶちこわし」て無価値なものにしてしまうという特徴から、エが適する。

問九 最後の３段落の内容から読み取る。「自分は不要不急の存在ではないか」という「不安にしっかり向き合うためにも、『遊び』がいよいよ重要になってきている」や、遊びの本質は「経済的利害を超えたところに憩(いこ)うことにある」「世間の枠(わく)組(ぐ)みからいったんはなれて～だきしめてみるのだ」「遊びとは～根源的な故郷のような場所だ」などからまとめる。

三 問三　──線部①の後に「不安になる」「緊張(きんちょう)がほぐれ」とあることに着目する。航大は、不安そうで困り果てている凜の顔を見ているうちに、「彼女(かのじょ)の助けになりたい、問題解決のための力になりたいという気持ち」になった。そして、余計な一言は「彼女を傷付けることになるかもしれないと知りながら」、自分を否定する彼女の言葉に反論した。「刃物(はもの)を手にしているような気分」というのは、彼女を傷付けることになるかもしれないという不安を表している。「息をのむ」とは、緊張やおそれなどから息をとめるという意味。

問四　直前で航大が口にした、学校の花の世話の話について、凜は自分の悩(なや)みと直接関係のない話題だと思った。そのため、航大に対していらだちをおぼえ、とげとげしい声になったのである。

問五　直前の５行の内容から、航大は、「自らの美点を素直に受け入れられないこと」が凜の欠点であり、自分はうすっぺらでつまらない人間だと自分を否定することが、彼女の心を重くしている不要なものだと考えていることがわかる。──線部③の３行後に「誰(だれ)だって人からきらわれることはこわいよ」とある。航大の言葉は、部員からきらわれることを極度におそれ、「部長なのに部員に演技の要求できない」と言う凜に対して、その不要なおそれを取り除こうとしてかけた言葉である。

問六　前の行にあるように、凜は、航大の言葉を聞いて少し気持ちが変化しているが、なおも不安そうにしている。──線部③の９～10 行後に、「普段(ふだん)通り～思い付きを口にすればいい。それくらい気楽な方が、相手だって変に緊張しないで受け止められる」とある。──線部④で航大が取った態度もこれと同様に、凜の不安や緊張をほぐし、自分の言葉を受け入れてもらって、前向きに考えられるようにしてやろうとしたものだと考えられる。

問七　９行前で、凜は、「あんたとアホな会話をしていたら、色々と悩んでいた自分がばかばかしく思えてきちゃった」と言っている。その後の、笑いながら冗談(じょうだん)じみた会話をする凜の様子から、悩みが吹(ふ)っ切れた様子が読み取れる。また、前の行の「おかげ様で～気になったよ」という言葉は、航大の自分への気遣(きづか)いに気づき、礼を言ったものである。凜は、自分の悩みを半ば解決してくれた航大に対して心から感謝しているが、あらたまって礼を言うのは照れくさいので、「いたずらっぽく舌を出し」ながら感謝の気持ちを伝えたのである。よって、オが適する。

問八Ｘ　「重苦しく、つらそう」の２行後に、「花がらをつむように、不当に彼女の心を重くしているものたちを、ひとつひとつ取りはらう」とある。これは、「彼女(＝凜)がかかえている不要なものを取り除く」ということを比ゆ的に表したものであり、航大は、そうすることで凜を助けようとしている。　Ｙ　══線部ⅱの前後に、「休息は大事だ」、ガザニアが花を閉じるのは、「きっと、余計なエネルギーを使わないようにするためだ。美しくさき続けるために、体を休める必要性を知っているからだ」とある。これを凜に当てはめて考える。

問九(1)　ウは「そこから目を背けようとする」が誤り。凜は、どうやっても到達できない目標を目指してそこから目を背けずに努力し、目標を達成できない自分をうすっぺらでつまらない人間だと否定してしまう。　(2)　問五と問六の解説も参照。航大は、凜の助けになりたい、問題解決のための力になりたいと思い、彼女の心を重くしている不要なものを取り除こうとしている。──線部③から──線部④にかけて、航大は、凜の反応を見ながら、冗談をまじえて明るく話し、時に口調や態度を変えて、彼女の悩みを軽くしていった。よって、アが適する。

《2024　前期　算数　解説》

1 (1)　与式$=4.18-3.1=$**1.08**

(2)　与式より，$8\div\{7-6\div(5-□)\}=9-4$　　$7-6\div(5-□)=8\div5$　　$6\div(5-□)=7-\frac{8}{5}$

$5-□=6\div\frac{27}{5}$　　$5-□=\frac{10}{9}$　　$□=5-\frac{10}{9}=5-1\frac{1}{9}=$**$3\frac{8}{9}$**

(3)　与式より，$(\frac{3}{7}-\frac{253}{□})\times(\frac{23}{17}+\frac{33}{17})=1$　　$(\frac{3}{7}-\frac{253}{□})\times\frac{56}{17}=1$　　$\frac{3}{7}-\frac{253}{□}=\frac{17}{56}$　　$\frac{253}{□}=\frac{3}{7}-\frac{17}{56}$

$253\div□=\frac{7}{56}$　　$□=253\div\frac{1}{8}=$**2024**

(4)　**【解き方】Ａ地点からＣ地点までにかかった時間と，Ｃ地点からＡ地点までにかかった時間の比は，速さの比の逆比に等しいから，３：１である。**

Ａ地点からＣ地点までにかかった時間を③，Ｃ地点からＡ地点までにかかった時間を①とする。ＢＣ間の移動では差がつかないから，行きにかかった時間は帰りにかかった時間よりも③－①＝②多い。したがって，行きにかかった時間は②×２＝④だから，Ｃ地点からＢ地点までにかかった時間は④－③＝①である。

Ａ地点からＣ地点までと，Ｃ地点からＢ地点までについて，速さの比が１：２，かかった時間の比が③：①＝３：１だから，道のりの比は，（１×３）：（２×１）＝３：２である。

よって，Ｃ地点はＡ地点から$1000\times\frac{3}{3+2}=$ア**600**(m)のところにある。行きにかかった時間は$\frac{600}{1}+\frac{400}{2}=800$(秒)，帰りにかかった時間は$800\div2=400$(秒)だから，かかった時間の合計は，$800+400=$イ**1200**(秒)

2 (1)　**【解き方】三角形ＡＣＦは二等辺三角形である。**

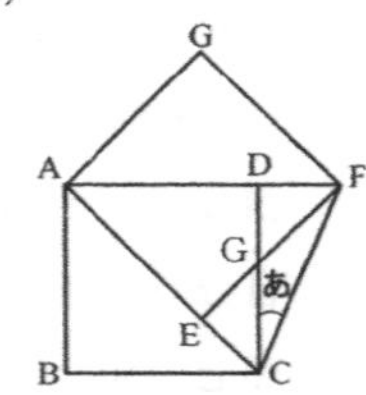

右図の三角形ＣＥＧと三角形ＦＤＧが直角二等辺三角形で，三角形ＡＣＦが二等辺三角形だから，角ＧＣＦ＝角ＧＦＣ

角ＣＧＥ＝45°なので，三角形の外角の性質より，角あ＝45°÷２＝**22.5°**

(2)　**【解き方】おうぎ形と円の中心をそれぞれＯ，Ｐとすると，右のように作図できる。ＯＰは角ＡＯＢの二等分線だから，角ＡＯＰ＝60°÷２＝30°**
したがって，三角形ＡＯＰは３つの内角が30°，60°，90°である。

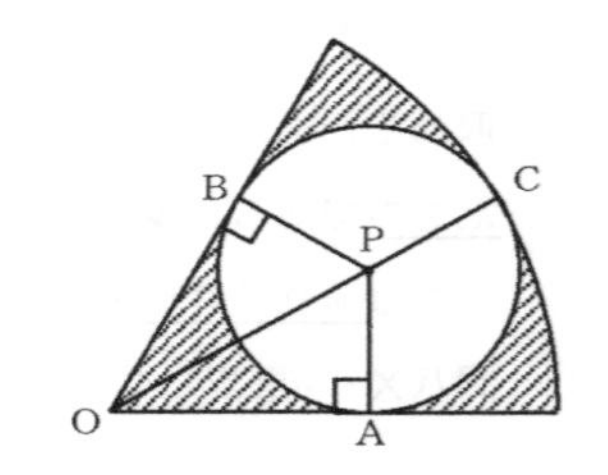

三角形ＡＯＰは１辺がＯＰの正三角形を半分にしてできる直角三角形だから，

ＯＰ：ＰＡ＝２：１　　したがって，ＯＰ：ＰＣ＝２：１より，

$\mathrm{PC}=\frac{1}{2+1}\mathrm{OC}=\frac{1}{3}\times6=2$(cm)だから，求める面積は，

$6\times6\times3.14\times\frac{60}{360}-2\times2\times3.14=2\times3.14=$**6.28**(cm²)

(3)　**【解き方】求める面積は，右図の色つき部分と斜線部分の面積の和である。**

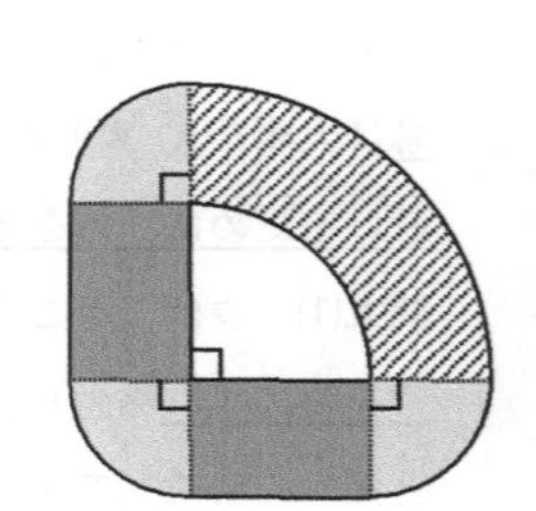

斜線部分は，半径$3+2=5$(cm)の円の$\frac{1}{4}$から，半径３cmの円の$\frac{1}{4}$を除いてできる図形だから，面積は，$5\times5\times3.14\times\frac{1}{4}-3\times3\times3.14\times\frac{1}{4}=4\times3.14$(cm²)

うすい色の３つのおうぎ形を合わせると，半径２cmの円の$\frac{3}{4}$になるから，

面積の和は，$2\times2\times3.14\times\frac{3}{4}=3\times3.14$(cm²)

こい色の部分は，辺の長さが２cmと３cmの長方形だから，面積の和は，$(2\times3)\times2=12$(cm²)

よって，求める面積は，$4\times3.14+3\times3.14+12=7\times3.14+12=$**33.98**(cm²)

(4)　**【解き方】長方形の内部に点を１つとり，右図のように長方形を４つの三角形に分けると，向かい合う２つの三角形の面積の和は長方形の面積の半分になる。**

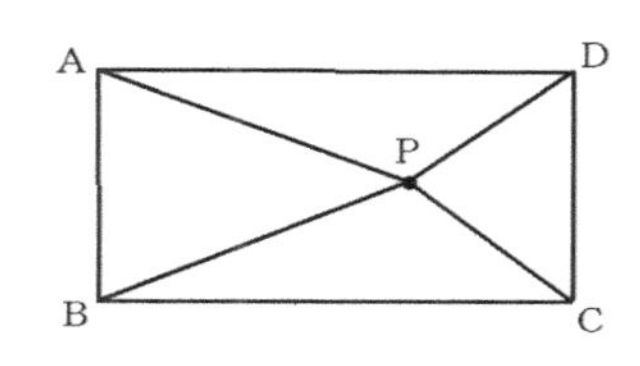

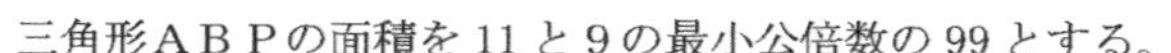

三角形ＡＢＰの面積を11と９の最小公倍数の99とする。

三角形ＣＤＰの面積は，$99\times\frac{5}{11}=45$だから，長方形の面積の半分は，$99+45=144$

また，三角形ＢＣＰの面積は，$99\times\frac{7}{9}=77$だから，三角形ＡＤＰの面積は，$144-77=67$

よって，求める面積比は，ア<u>77</u>：イ<u>67</u>

3　(1)　**【解き方】ＤはＡから，右に４マス，上に４マス進んだ位置にある。**

和が４になる異なる偶数の組み合わせは，４が１つだけである。和が４になる異なる奇数の組み合わせは，１と３だけである。よって，**1**が１回，**3**が１回，**4**が１回出た。

(2)　**【解き方】右への４マスの移動と，上への４マスの移動を分けて考える。**

右へ４マス移動する偶数の目の組み合わせは，２が２回，４が１回の２通りある。

上へ４マス移動する奇数の目の組み合わせは，１が４回，１と３が１回ずつの２通りある。

したがって，Ｄへ移動する目の組み合わせは全部で２×２＝４(通り)あり，そのうち１通りは(1)で答えているので，それ以外の３通りを答えればよい。

(3)　**【解き方】Ｅの直前にいたマスは，ＤかＢかＢの１つ下のマスである。場合を分けて(2)のように調べるが，いずれの場合も右へは４マス進んでいるので，偶数の目の組み合わせはいずれも２通りである。**

直前にＤにいた場合の目の組み合わせは，(2)より４通りある。

直前にＢにいた場合について，ＢはＡから右に４マス，上に３マス進んだ位置にある。

上へ３マス移動する奇数の目の組み合わせは，１が３回，３が１回の２通りある。

したがって，直前にＢにいた場合の目の組み合わせは，２×２＝４(通り)

直前にＢの１つ下のマスにいた場合について，そのマスはＡから右に４マス，上に２マス進んだ位置にある。

上へ２マス移動する奇数の目の組み合わせは，１が２回の１通りある。

したがって，直前にＢの１つ下のマスにいた場合の目の組み合わせは，２×１＝２(通り)

以上より，求める組み合わせの数は，４＋４＋２＝**10**(通り)

4　(1)　$\frac{500\times50}{40}=625$(秒後)→**10分25秒後**

(2)　Ｂの水そうがいっぱいになるのにかかる時間は，$\frac{300\times40}{25}=480$(秒)

Ａには，高さ50㎝よりも上の部分に，40－25＝15より毎秒15㎤の割合で480秒水が入る。

よって，求めるＡの水面の高さは，$50+\frac{15\times480}{500}=$**64.4**(㎝)

(3)　**【解き方】右図の㋐と㋑の部分の容積の比を考える。**

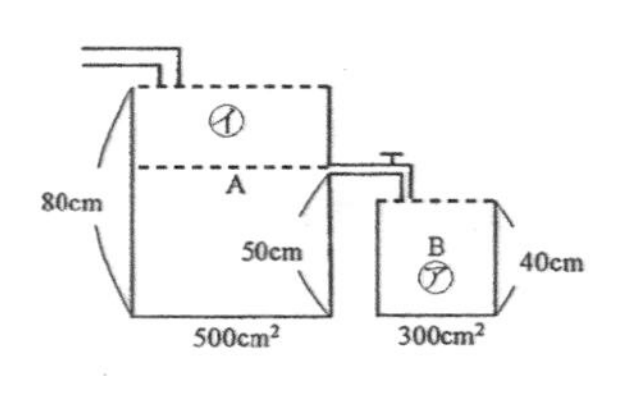

㋐と㋑の部分の容積の比は，(300×40)：{500×(80－50)}＝４：５

したがって，㋐と㋑に同時に入る水の量の比が４：５なら，ＡとＢは同時にいっぱいになる。このとき，１秒ごとにＡの上のじゃ口から出る水の量とＢに入る水の量の比は，(４＋５)：４＝９：４だから，求める割合は，$\frac{4}{9}$倍である。

5　(1)　91が取り除かれるまでは奇数のコインが取り除かれていく。

９回目に取り除かれるのは９番目の奇数だから，１＋２×(９－１)＝**17**

(2)　**【解き方】取り除かれるコインの番号はだんだん大きくなっていくが，91の次は２が取り除かれる。このよ**

うに，取り除かれる番号が小さくなる直前までで区切って考え，それぞれの区切りを１周目，２周目，３周目，……とする。

１周目は奇数が取り除かれ，取り除かれる枚数は，92÷２＝46(枚)，残りの枚数も46枚である。

２周目を行うときの最初の番号の並びは，２，４，６，８，10，……，90，92となっている。２周目では２×(奇数)の番号が取り除かれ，最後に取り除かれるのは90＝２×45である。取り除かれる枚数は，46÷２＝23(枚)，残りの枚数も23枚である。

３周目を行うときの最初の番号の並びは，４，８，12，16，20，……，88，92となっている。３周目では４×(奇数)の番号が取り除かれ，最後に取り除かれるのは92＝４×23である。取り除かれる枚数は，23÷２＝11余り１より，11＋１＝12(枚)，残りの枚数は23－12＝11(枚)である。

よって，92が取り除かれるのは，46＋23＋12＝**81**(回目)

⑶　【解き方】⑵をふまえ，操作を最後まで１つ１つ順を追って調べていく。

４周目を行うときの最初の番号の並びは，<u>16</u>，24，<u>32</u>，40，<u>48</u>，56，<u>64</u>，72，<u>80</u>，88，８となっている。４周目では下線部の番号が取り除かれ，最後に取り除かれるのは80である。

５周目を行うときの最初の番号の並びは，<u>８</u>，24，<u>40</u>，56，<u>72</u>，88となっている。５周目では下線部の番号が取り除かれ，最後に取り除かれるのは72である。

６周目を行うときの最初の番号の並びは，24，56，88となっている。１回操作を行うと**88**，**56**となり，これが２枚残った番号の並びである。

6　⑴　【解き方】１辺が６cmの立方体の表面積を求め，穴をあけることで増えた表面積と減った表面積を求める。

立方体の表面積は，(６×６)×６＝216(cm²)

穴をあけることで増えた表面積は，底面の周の長さが２×４＝８(cm)で高さが６cmの四角柱の側面積と等しく，８×６＝48(cm²)

穴をあけることで減った表面積は，立方体の表面にあったぶんの，(２×２)×２＝８(cm²)

よって，求める表面積は，216＋48－８＝**256**(cm²)

⑵　【解き方】図２の立体と比べて，穴をあけることで増えた表面積と減った表面積を求める。

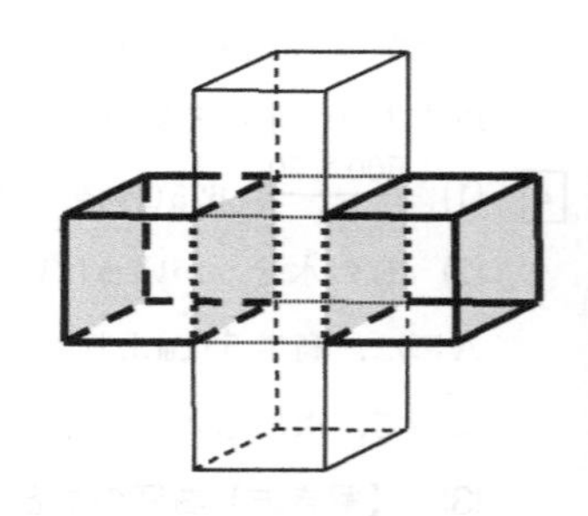

穴をあけることで増えた表面積は，右図の太線の立方体の，前と上と後ろと下の面の面積だから，(２×２)×８＝32(cm²)

穴をあけることで減った表面積は，右図の色つきの面の面積だから，(２×２)×４＝16(cm²)

よって，求める表面積は，256＋32－16＝**272**(cm²)

⑶　【解き方】⑵の立体と比べて，穴をあけることで増えた表面積と減った表面積を求める。

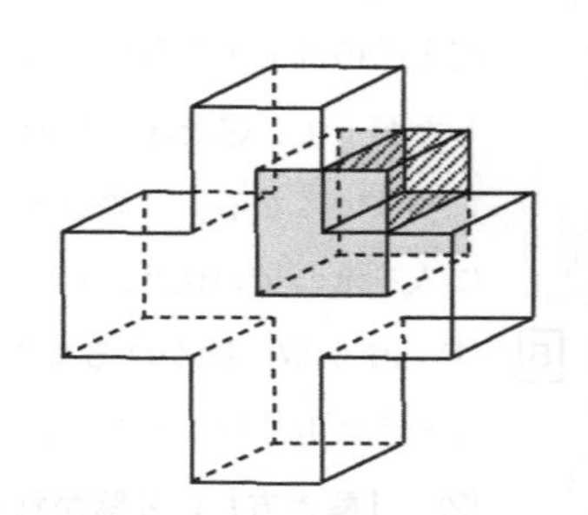

穴をあけることで増えた表面積は，右図の斜線部分の面積と，⑵の図の太線の立方体の面８つ分の面積だから，(１×２)×２＋(２×２)×８＝36(cm²)

穴をあけることで減った表面積は，右図の色つきの面の面積と，⑵の図の太線の立方体の面２つ分の面積だから，

(１×２)×２＋(２×２－１×１)×２＋(２×２)×２＝18(cm²)

よって，求める表面積は，272＋36－18＝**290**(㎠)

《2024　前期　理科　解説》

1　**問１**　アとウは風によって花粉が運ばれる風媒花で，こん虫などをおびきよせるための花びらやみつなどがない。

問２　イは種いも，オは球根によって子孫を残す。

問３　Ａ～Ｃをそのまま室内の日当りがよい場所に置くと，水の体積が最も小さいＡで水温が上がりやすくなる。ここでは，容器の形や底面積の大きさのちがいによるウキクサの増え方について調べようとしていると考えられるので，それ以外の条件が変わらないようにする必要がある。

問４　気こうは，根から吸い上げた水が水蒸気となって出ていくあなで，葉の裏側に多く集まっている植物が多い。ウキクサは葉状体の裏側が水に接していて，裏側から水蒸気を放出することができないため，気こうは表側に多く集まっている。

問５　結果の表より，Ａのウキクサの数は常に増えていくが，９～16日目までの増え方が他の期間と比べて非常に大きくなっているので，イのようなグラフになる。

問６　Ａで，16日目のウキクサ188個がすべて葉状体を２枚もっていたとすると，葉状体の数は188×２＝376(枚)になるが，このとき葉状体の数は362枚だったから，実際の数が376枚と比べて376－362＝14(枚)少ない，つまり14個のウキクサの葉状体の数が１枚だったと考えられる。

問７　問６解説と同様に考えると，Ａの18日目では，葉状体が１枚のウキクサが(225×２)－404＝46(個)だから，葉状体が２枚のウキクサは225－46＝179(個)である。同様に求めると，21日目と25日目では180個となる。また，Ｂについても同様に求めると，18日目が357個，21日目が358個，25日目が359個となる。

問８　Ｂと容器の形だけが異なるＣでは，Ｂと同じような増え方をしているから，容器の形はウキクサの増え方に影響を与えないと考えられる。これに対し，ＡとＢのちがいは容器の底面積の大きさだから，容器の底面積の大きさはウキクサの増え方に影響を与える(底面積が大きいとウキクサの増え方が大きくなる)と考えられる。

2　**問２**　Ｐ波は小さなゆれ(初期微動)を伝える波で，Ｓ波は大きなゆれ(主要動)を伝える波である。Ｐ波が到達してからＳ波が到達するまでの時間を初期微動継続時間という。問１のグラフより，Ｐ波が到達した時刻が６時20分50秒の地点では，初期微動継続時間が18秒だから，Ｓ波が到達した時刻は６時20分50秒の18秒後の６時21分８秒である。

問３　Ｐ波とＳ波は震源で同時に発生する。つまり，震源では初期微動継続時間が０秒になるから，問１のグラフにおいて，初期微動継続時間が０秒の地点におけるＰ波の到達時刻(６時20分32秒)が地震発生時刻である。

問４　図１で，ＡとＢのＰ波が到達した時刻の差が４秒であることに着目すると，ＡとＢの震源からの距離の差は6.4×４＝25.6(km)だとわかる。よって，ＡとＢのＳ波が到達した時刻の差が８秒だから，Ｓ波が大地を伝わる速さは25.6÷８＝(秒速)3.2(km)である。

問５　震源からの距離が260km，295km，365kmの地点における予測と実際に到達した時刻の差から，震源からの距離が35km大きくなると，Ｐ波の到達時刻が予測よりも0.8秒早くなることがわかる。よって，Ｐ波が予測と同じ時刻に到達するのは，震源からの距離が260kmよりも35km小さい225kmの地点であり，これより遠ければ予測よりもＰ波が早く到達する。

問６　問５より，震源からの距離が225kmになったところでグラフが折れ曲がるが，グラフが折れ曲がる前の直線を延長すると予測を表すグラフになる。震源からの距離が225kmより大きくなると実際の到達時刻が予測よりも早くなる(震源からの距離が大きくなるほどその差が大きくなっていく)から，イのようなグラフになる。

問７　Ｐ波がＥとＧまで伝わるとき，大地を伝わる距離は同じだから，ＥとＧにおけるＰ波の到着時刻の差(14秒)は，Ｐ波がマントルを伝わる距離の差によるものである。図３より，Ｐ波がマントルを伝わる距離の差は，地表におけるＥＧ間の距離(105km)と等しいから，マントルを伝わるＰ波の速さは105÷14＝(秒速)7.5(km)である。

問８　60度の角をもつ直角三角形の辺の長さの比に着目すると，距離の関係は図ｉのように表せる。Ｐ波が大地を伝わった距離は60×２＝120(km)，Ｐ波がマントルを伝わった距離は325－(51×２)＝223(km)である。よって，地震発生から120÷6.4＋223÷7.5＝48.48…→48.5(秒後)である。

図ｉ

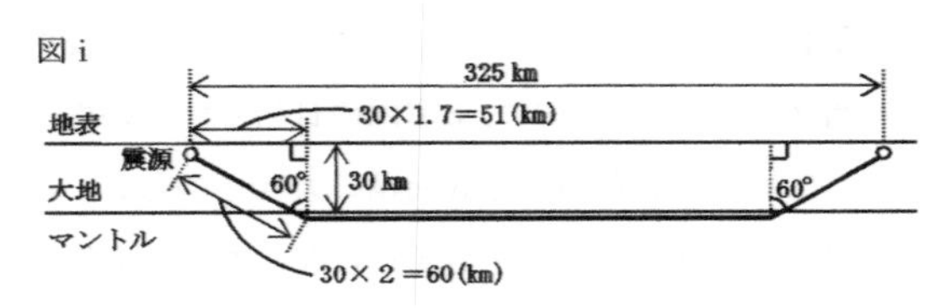

3　**問１**　20ｇのボールが浮(う)いたとき，ボールが押(お)しのけた水の重さは20ｇであり，水１cm³あたりの重さは１ｇだから，ボールが押しのけた水の体積は20cm³である。

問２　水面がＢの底から10cmになったとき，Ａが押しのけた水は10×10＝100(cm³)→100ｇだから，Ａにはたらく浮(ふ)力(りょく)は100ｇである。このときＡが浮かび始めたから，Ａの重さは100ｇである。

問３　液体が変わっても，Ａが浮かび始めるのはＡにはたらく浮力が100ｇになったときである。よって，100ｇの油の体積は100÷0.8＝125(cm³)だから，Ａが押しのける油の体積が125cm³になったとき，つまり油面がＢの底から125÷10＝12.5(cm)になったときである。

問４　Ａに20cm³→20ｇの水を入れることで，Ａ全体の重さが100＋20＝120(ｇ)になる。よって，Ａが浮かび始めるのはＡにはたらく浮力が120ｇ(Ａが押しのける水の体積が120cm³)になったときだから，水面がＢの底から120÷10＝12(cm)になったときである。

問５　水面がＢの底から15cmのとき，Ａが押しのける水は10×15＝150(cm³)→150ｇだから，Ａ全体の重さが150ｇ以上になれば，Ａは浮かばない。つまり，Ａに入れる油の重さが150－100＝50(ｇ)以上であればよい。50ｇの油の体積は50÷0.8＝62.5(cm³)である。

問６　問３解説と同様に考えればよい。ここで用いた砂糖水は100cm³の重さが100＋25＝125(ｇ)だから，100ｇの体積は$100\times\frac{100}{125}$＝80(cm³)である。よって，80÷10＝８(cm)となる。

問７　砂糖の重さが問６のときの２倍の50ｇで考えると，砂糖水100ｇの体積は$100\times\frac{100}{150}$＝66.6…→67(cm³)だから，高さは67÷10＝6.7(cm)になる。砂糖の重さが０ｇから25ｇになると高さは10－８＝２(cm)小さくなるが，砂糖の重さが25ｇから50ｇになると高さは８－6.7＝1.3(cm)小さくなる。つまり，砂糖の重さが大きくなるほど高さの減り方が小さくなるので，カのようなグラフになる。

問８　図のとき，Ａ全体の重さは120ｇであり，押しのける水は120ｇ→120cm³である。図の状態からボールを取り出してＢの水に浮かべても，Ａとボールの重さの合計は120ｇだから，押しのける水の合計は120ｇ→120cm³で変化せず，Ｂの水面の高さは変化しない。

4　**問１**　温度が同じであれば，水にとけるものの重さは水の重さに比例する。図１より，55℃のとき，焼きミョウバンは100ｇの水に20ｇまでとけるから，水の重さが100ｇの半分の50ｇになるととける重さも20ｇの半分の10ｇになる。よって，とけ残る焼きミョウバンの重さは30－10＝20(ｇ)である。

問２　$\frac{10}{50+10}\times100$＝16.6…→17％

問３　図１で，焼きミョウバンがとける最大量が30ｇの２倍の60ｇになる温度を読み取ればよいので，約77℃である。

問4　図1より，40℃のとき，焼きミョウバンは水100gに12gまでとけるから，水50gでは6gまでとける。よって，30－6＝24(g)が固体となって出てくる。

問5　22gのミョウバンに10gの水が取りこまれているから，110gのミョウバンには$10\times\frac{110}{22}$＝50(g)の水が取りこまれている。

問6　ミョウバン44gは，$10\times\frac{44}{22}$＝20(g)の水と44－20＝24(g)の焼きミョウバンからできている。図1より，焼きミョウバンは70℃の水100gに40gまでとけるから，24gの焼きミョウバンをとかすのに必要な70℃の水は$100\times\frac{24}{40}$＝60(g)である。このうち20gはミョウバンから出てくるから，用意する水は60－20＝40(g)でよい。

問7　ミョウバン66gは，$10\times\frac{33}{22}$＝30(g)の水と66－30＝36(g)の焼きミョウバンからできている。よって，図2で，水100＋30＝130(g)，焼きミョウバン36gの点はグラフの下にあるので，すべてとけると考えられる。

問8　問6で，70℃の水40gにミョウバンが最大で44gまでとけることに着目すると，70℃の水100gにとけるミョウバンは最大で$44\times\frac{100}{40}$＝110(g)である。

《2024　後期　国語　解説》

一　著作権上の都合により文章を掲載（けいさい）しておりませんので、解説も掲載しておりません。ご不便をおかけし、誠に申し訳ございません。

二　問一　基礎（きそ）科学と応用科学については、主に本文の後半で説明されている。基礎科学は、好奇心（こうきしん）を原動力とし、「真理の純粋な追求」を行おうとする、「好奇心に駆動（くどう）された研究」である。一方、応用科学は、「好奇心というよりも、品種改良や新薬の開発といった実用的な目的にもとづく研究」である。基礎科学は、応用科学とは異なり、「実用的な価値の実現などまったく目的にしておらず、ただひたすら真理の探究だけを目的にしている」。そうであるにもかかわらず、基礎科学は「大きな実用的価値を生み出すことがある」。それは「目的外の価値を生み出す基礎科学の力」が生み出した結果である。

《2024　後期　算数　解説》

1　(1)　与式＝１×（１＋２）＋２×３＋３×５＋５×８＋８×13＋13×21＋21×34＝（１＋２）×３＋３×５＋５×８＋８×13＋13×21＋21×34＝３×（３＋５）＋５×８＋８×13＋13×21＋21×34＝（３＋５）×８＋８×13＋13×21＋21×34＝８×（８＋13）＋13×21＋21×34＝（８＋13）×21＋21×34＝21×（21＋34）＝21×55＝**1155**

(2)　2024＝２×２×２×11×23だから，$\frac{1}{2024}=\frac{5}{8}-$□より，□＝$\frac{5}{8}-\frac{1}{2024}=\frac{1265-1}{8\times11\times23}=\frac{158}{11\times23}=\mathbf{\frac{158}{253}}$

$\frac{5}{8}-\frac{158}{253}=\frac{5}{8}-\frac{4}{11}-$□より，□＝$\frac{158}{253}-\frac{4}{11}=\frac{158-92}{11\times23}=\frac{66}{11\times23}=\mathbf{\frac{6}{23}}$

(3)　**【解き方】右のように作図する。四角形ＢＣＧＦの面積を求めるときは，三角形ＡＦＥ→三角形ＡＢＥ→台形ＡＢＣＥ→四角形ＢＣＧＦの順に面積を求める。**

三角形ＡＦＤの面積は９＋２＝11(㎠)で，ＥがＡＤの真ん中の点だから，

三角形ＡＦＥの面積は，11÷２＝$\frac{11}{2}$(㎠)　　三角形ＦＥＧの面積は，９－$\frac{11}{2}=\frac{7}{2}$(㎠)

ＦＧ：ＧＤ＝(三角形ＦＥＧの面積)：(三角形ＤＥＧの面積)＝$\frac{7}{2}$：２＝７：４

ＡＤとＦＩが平行だから，三角形ＦＨＧと三角形ＤＥＧは同じ形なので，

ＦＨ：ＤＥ＝ＦＧ：ＤＧ＝７：４　　ＦＨ＝⑦，ＤＥ＝④とすると，ＡＤ＝④×２＝⑧，ＨＩ＝⑧－⑦＝①

三角形ＥＤＣと三角形ＨＩＣは同じ形だから，ＤＣ：ＩＣ＝ＥＤ：ＨＩ＝④：①＝４：１

ＡＦ：ＡＢ＝(４－１)：４＝３：４だから，(三角形ＡＢＥの面積)＝(三角形ＡＦＥの面積)×$\frac{AB}{AF}=\frac{11}{2}\times\frac{4}{3}=\frac{22}{3}$(㎠)

三角形ＡＢＥの底辺をＡＥとすると，台形ＡＢＣＥと三角形ＡＢＥは高さが等しいから，面積比は，

(ＡＥ＋ＢＣ)：ＡＥ＝⑫：④＝３：１なので，(台形ＡＢＣＥの面積)＝(三角形ＡＢＥの面積)×$\frac{3}{1}=\frac{22}{3}$×３＝22(㎠)

よって，四角形ＢＣＧＦの面積は，(台形ＡＢＣＥの面積)－(四角形ＡＦＧＥの面積)＝22－９＝**13**(㎠)

2　(1)　**【解き方】１辺の長さを進むのにかかる時間は，Ｐが６÷３＝２(秒)，Ｑが６÷２＝３(秒)だから，Ｐは２×４＝８(秒)ごとに１周し，Ｑは３×３＝９(秒)ごとに１周する。**

Ｐ，ＱそれぞれがＣを通る時間について，右表のようにまとめられる。よって，最初にＣで出会うのは，**60**秒後である。

ＰがＣを通る時間(秒後)	4	12	20	28	36	44	52	60	68	…
ＱがＣを通る時間(秒後)	6	15	24	33	42	51	60	69	78	…

(2)　**【解き方】(1)と同様に，ＣＤ上にあるときについて表にまとめる。**

右表のようにまとめられるので，求める時間は，**4**秒後から**6**秒後までと，**12**秒後から**14**秒後までと，**21**秒後から**22**後までである。

PがCD上にある時間(秒後)	4～6	12～14	20～22	28～30	36～38	44～46	52～54	60～62	68～70	…
QがCD上にある時間(秒後)	3～6	12～15	21～24	30～33	39～42	48～51	57～60	66～69	75～78	…

(3)　**【解き方】PとQが同時に出発点に戻るのは，(1)より，8と9の最小公倍数の72秒ごとである。**

72秒を1周期とする。1周期の間にPとQがCD上にある時間は，(2)で求めた2＋2＋1＝5(秒)以外に，(2)の表より，68秒後から69秒後の1秒があるから，合わせて，5＋1＝6(秒)

周期が60÷6＝10(回)くり返されたとき，つまり，72×10＝720(秒後)に，PとQがCD上にある時間の合計は60秒になっている。10回目の周期の最後の72－69＝3(秒)はなくてもかまわないので，求める時間は，

720－3＝**717**(秒後)

3　**【解き方】3回までの引き方は2×2×2＝8(通り)しかないから，ここまではすべての場合を書き出し，4回目以降は条件をつけながら1つ1つ数え上げていくのが，より正確に速く解く方法であろう。**

(1)　3回までのすべての引き方と点数は右の図Ⅰのようになる。

図Ⅰ(3回目まで)

○○○	→	3点
○○×	→	1点
○×○	→	1点
○××	→	0点
×○○	→	2点
×○×	→	0点
××○	→	1点
×××	→	0点

3回までで0点の場合(3通り)，残り2回で3点になることはない。

3回までで1点の場合(3通り)，残り2回の引き方と点数は図Ⅱのようになる。

したがって，この場合に3点になる引き方は，3×1＝3(通り)

3回までで2点の場合(1通り)，残り2回の引き方と点数は図Ⅲのようになる。

したがって，この場合に3点になる引き方はない。

3回までで3点の場合(1通り)，残り2回の引き方と点数は図Ⅳのようになる。したがって，この場合に3点になる引き方は，1×1＝1(通り)

以上より，3点になる引き方は全部で，

3＋1＝**4**(通り)

図Ⅱ(3回までで1点)

○○	→	3点
○×	→	1点
×○	→	1点
××	→	0点

図Ⅲ(3回までで2点)

○○	→	4点
○×	→	2点
×○	→	2点
××	→	0点

図Ⅳ(3回までで3点)

○○	→	5点
○×	→	2点
×○	→	3点
××	→	1点

(2)　(1)をふまえる。3回までで0点の場合，最後に2点以上になるのは，残り2回でどちらも○のときだけである。したがって，この場合に2点以上になる引き方は，3×1＝3(通り)

3回までで1点の場合，最後に2点以上になる引き方は，3×1＝3(通り)

3回までで2点の場合，最後に2点以上になる引き方は，1×3＝3(通り)

3回までで3点の場合，最後に2点以上になる引き方は，1×3＝3(通り)

以上より，2点以上になる引き方は全部で，3＋3＋3＋3＝**12**(通り)

4　(1)　**【解き方】食塩水の量と濃度は反比例する。**

食塩の量を変えずに濃度だけを$\frac{5}{3}$倍にしたいので，食塩水の量を$\frac{3}{5}$倍にすればよい。

よって，Bの食塩水を$200\times\frac{3}{5}=120$(g)にすればよいので，蒸発させる水の量は，200－120＝**80**(g)

(2)　**【解き方】2つの食塩水の濃度が同じとき，食塩の量の比と，食塩水の量の比が等しくなる。**

Aの中の食塩は$100\times\frac{5}{100}=5$(g)，Bの中の食塩は$200\times\frac{3}{100}=6$(g)だから，濃度が同じになったとき，2つの食塩水の量の比は，5：6である。この比の数の1が食塩水の量の差(最初から変化していない)の200－100＝100(g)にあたるから，Aの食塩水は，$100\times\frac{5}{1}=500$(g)になった。

よって，加えた水の量は500－100＝**400**(g)であり，濃度は，$\frac{5}{500}\times100=1$(%)になった。

(3)　【解き方】ＡとＢの食塩の量の差は６－５＝１（ｇ），食塩水の量の差は100ｇのまま変化していない。

最後にＡとＢの中に８％と５％の食塩水ができたが，ここでＢの食塩水から100ｇ取り出すと，２つの食塩水の量は同じになり，ふくまれる食塩の量の比は８：５になる。したがって，このときＡ，Ｂにふくまれる食塩をそれぞれ⑧，⑤とする。Ｂから取り出した100ｇの食塩水には$100\times\frac{5}{100}=5$（ｇ）の食塩がふくまれているから，⑧と⑤＋５ｇとの差が，最初のＡとＢの食塩の量の差の１ｇと等しい。したがって，③と５ｇの差が１ｇだから，③は５－１＝４（ｇ）にあたる。よって，最後にＡの中にふくまれる食塩の量は，$4\times\frac{⑧}{③}=\frac{32}{3}$（ｇ）だから，食塩水の量は$\frac{32}{3}\div\frac{8}{100}=\frac{400}{3}$（ｇ）になったのであり，加えた食塩水の量は，$\frac{400}{3}-100=\frac{100}{3}=33\frac{1}{3}$（ｇ）である。その濃度は，$(\frac{32}{3}-5)\div\frac{100}{3}\times100=$**17**（％）である。

5　**(1)　【解き方】真上から見た図に右のように作図する（Ｏ，Ｐ，Ｑは３つの球の中心）。**

三角形ＯＰＱが正三角形であり，ＡＢ，ＢＣ，ＣＡによって４つの合同な正三角形に分けられている。三角形ＰＢＧと三角形ＱＡＨは三角形ＯＡＢと合同な正三角形である。したがって，３つの断面の円はすべて直径が同じである。

ＡＢ＝ＯＡ＝６㎝だから，断面の円の半径は６÷２＝３（㎝）なので，断面積の和は，

（３×３×3.14）×３＝27×3.14＝**84.78**（㎠）

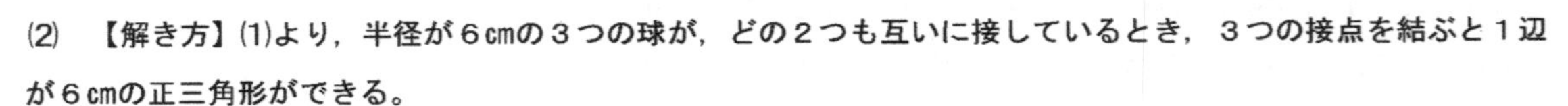

(2)　【解き方】(1)より，半径が６㎝の３つの球が，どの２つも互いに接しているとき，３つの接点を結ぶと１辺が６㎝の正三角形ができる。

４つの球のうちどの３つの球をとっても，３つの接点を結ぶと１辺が６㎝の正三角形ができる。

よって，ＤＥ＝ＥＦ＝ＦＤ＝**６**㎝

(3)　【解き方】(1)(2)より，６点Ａ，Ｂ，Ｃ，Ｄ，Ｅ，Ｆを互いに結ぶと，右の図Ⅰのように１辺が６㎝の正八面体ができる。また，４つの球の中心をＯ，Ｐ，Ｑ，Ｒとすると，立体ＯＰＱＲはすべての辺が12㎝の正四面体となる。

図Ⅰ

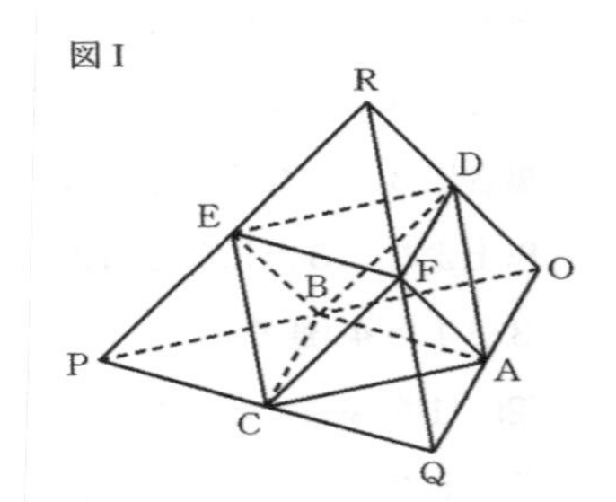

平面ＡＢＥＦとＲＯは平行だから，球Ｒと球Ｏの切断面は同じになる。

平面ＡＢＥＦとＰＱは平行だから，球Ｐと球Ｑの切断面は同じになる。

平面ＡＢＥＦからＲＯまでの距離（きょり）とＰＱまでの距離は同じだから，

４つの球の切断面はすべて同じになる。四角形ＡＢＥＦは１辺が６㎝の正方形であり，切断面とＲＯが平行だから，球Ｒの切断面は図Ⅱのようになる。切断面の円の直径は，１辺が６㎝の正方形の対角線の長さに等しい。切断面の円の半径をｒ㎝とすると，

（ｒ×２）×（ｒ×２）÷２＝６×６より，ｒ×ｒ＝18だから，１つの断面積は，

18×3.14（㎠）である。よって，断面積の和は，（18×3.14）×４＝72×3.14＝**226.08**（㎠）

図Ⅱ

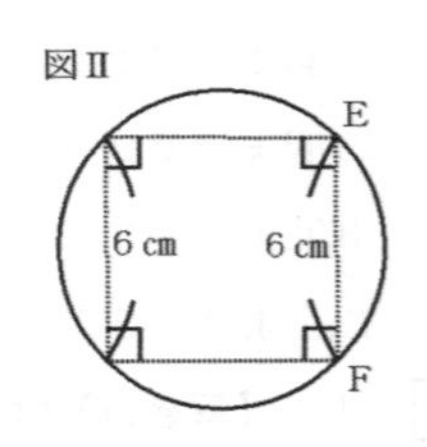

白陵中学校【前期】【後期】

《前期　国語》

一　①歩　②代　③存　④うで　⑤かた　⑥きも　⑦夏　⑧秋　⑨春　⑩エ　⑪オ　⑫ア
⑬イ　⑭オ　⑮ア　⑯ウ　⑰ウ　⑱イ　⑲自分を中心に考え、相手を軽視した表現をしている点。

二　問一．a．制度　b．許容　c．段階　d．補　問二．(1)自然に対して外部から働きかけるもの　(2)イ
問三．各々が行動主体であることを見失った結果、環境と自身の関わりを感じなくなること。　問四．オ
問五．環境とは、自然と人間が一体となって文化や民俗をつくり、そこに暮らし関わりのある人々の間で共有され語られる風土であるという考えのもと、人間と自然が互いに定義しあう関係にある。　問六．ウ　問七．環境に対して客観的に観察・分析・介入しようとする「環境のサステイナビリティ」という視点と、人間は環境自体の内側に存在し、環境は自然と人間との相互作用によって形成されるという「風土のサステイナビリティ」という視点の両方をあわせ持つ必要がある。　問八．エ

三　問一．a．窓　b．並　c．映　d．垂　e．時折　問二．A．イ　B．エ　C．ア　D．カ　E．オ
問三．日々感じている言葉にできない思いを表現することができたから。　問四．何者でもないわけの分からない自分がいて、自分が誰なのかという不安からどうやっても抜けだすことができないという状態。　問五．日常の中で誰もが感じる負の感情に対して、卓也独特の言葉を発見し表現できている点。　問六．ア　問七．無意識のうちに、自分の心の中にある感情を表現できていたという点で同じだから。　問八．言葉にできない自分の思いを詩で表現し、互いに感情をぶつけ合うことで、相手への理解を深めることができると思ったから。
問九．先生によって部活動の時間が奪われるだけでなく、人間とは分かり合えないものであるにもかかわらず、詩を通じて二人はいい友達になれると一方的に決めつけられることに嫌気がさしている。

《前期　算数》

1　(1)3　(2)12.8　(3)$2\frac{3}{17}$　(4)94　(5)13500

2　(1)138.16　(2)ア．18　イ．126　(3)ア．3　イ．12　(4)32

3　(1)3　(2)4　※(3)11　※(4)20

※4　(1)$4\frac{1}{3}$%，$5\frac{2}{3}$%　(2)4％，4.4％，4.8％　(3)700

5　(1)120，360　※(2)310，900　※(3)(ア)2.7　(イ)$386\frac{2}{3}$　太郎…1080　花子…1080

6　(1)8　※(2)8　(3)辺の本数…15　面の個数…7　※(4)50

※の求め方は解説を参照してください。

《前期　理科》

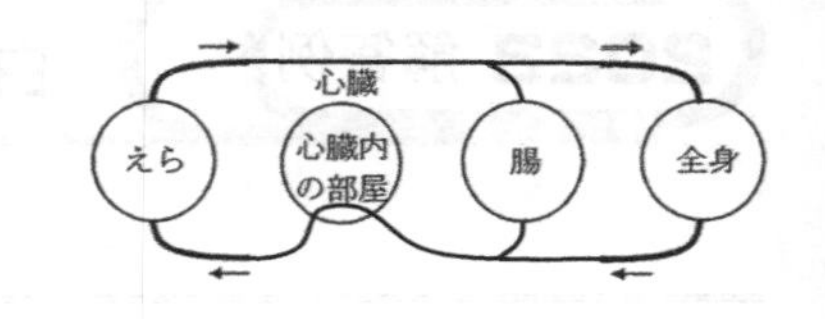

1 問1．(1)1．い　2．え　3．あ　4．う　(2)5．ウ　6．イ　7．ア

問2．イ　問3．右図　問4．(1)心臓ペースメーカー　(2)え　(3)④

問5．(1)期間…エ　弁…B　(2)弁A…閉まっている　弁B…閉まっている

(3)70　(4)4.9　(5)57

2 問1．ア　問2．エ　問3．月食が起こる。　問4．あ．30　い．28　う．反時計　え．28

問5．12700　問6．4200　問7．イ　問8．34

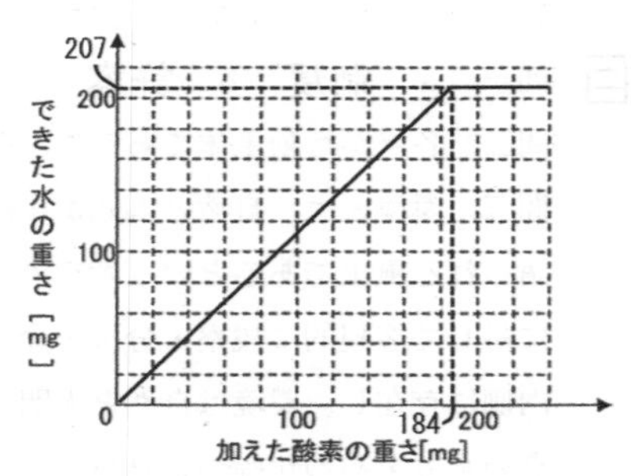

3 問1．エ，カ　問2．135　問3．184　問4．右グラフ

問5．1：8：9　問6．残る気体…水素　気体の量…2.5

問7．ア　問8．100　問9．2：1　問10．193

4 問1．4　問2．A．0　B．0　C．2　問3．I

問4．ア，イ　問5．7　問6．ぬく積み木…c　のせる場所…N

問7．p，r

《後期　国語》

一 問一．a．感傷　b．花束　c．混　d．直伝　e．宿　問二．やっちゃんの死を悲しみ、立ち直れないままでいたが、死を受け止め前に進むために、自分に何ができるのかを真剣に考えている。　問三．やっちゃんという店の主を失い荒れ果てていくキッチンを見て、やっちゃんの存在さえも消えていく不安に押しつぶされそうだったが、その気持ちを振り切ろうとしている。　問四．ア　問五．自分を支えてくれたやっちゃんへ感謝する思いと、悲しみに沈むやっちゃんの家族に生きる力を与えられたことで、自分自身もまた、やっちゃんの死を乗り越えて生きていこうとする前向きな思い。　問六．ウ，オ

二 問一．決められたカリキュラム通りに既成知識を習得させることが勉強だが、大学はまだ存在していない新たな知見を創造することが存在根拠であるため。

問二．〈作文のポイント〉

- 最初に自分の主張、立場を明確に決め、その内容に沿って書いていく。
- わかりやすい表現を心がける。自信のない表現や漢字は使わない。

さらにくわしい作文の書き方・作文例はこちら！→　https://kyoei-syuppan.net/mobile/files/sakupo.html

《後期　算数》

1 (1) $2\frac{30}{49}$　(2)5番目の整数は…10033　495の約数は小さい順に…1，3，5，9，11，15，33，45，55，99，165，495

1番目と2番目の整数として決めた数はそれぞれ…33，5　(3)2401，1701，9261

2 (1)14.5，43.5　(2)11，10　(3)右図

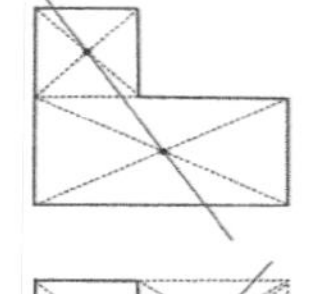

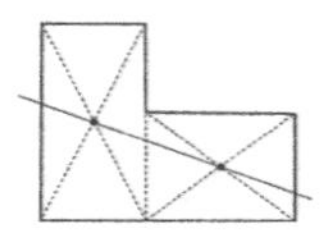

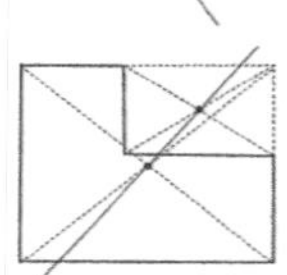

3 (1)12　(2)①ア．17.3　イ．34.6　ウ．5　エ．17.3　オ．52.0　②う

4 (1)A．13　B．17　C．20

※(2)①43　終わった日に働いた人…AとBとC　②23日，24日，25日，26日

※5 (1)49　(2)689　(3)94467

※の求め方は解説を参照してください。

《2023　前期　国語　解説》

一 ①　一期一会／一挙一動／一言一句　②　温故知新／一石二鳥／門外不出　③　開口一番／以心伝心／自由自在　⑮　主語は「おなかが」で、述語は「空いたね」である。　⑯　主語は「わたしは」で、述語は省略されている。　⑰　主語は省略されていて、述語は「見て(きたよ)」である。　⑱　主語は「わたしは」で、述語は「行って」と「勉強して(いたよ)」である。

二 **問二(1)**　筆者が「とらえ方に問題がある」と考えているのは、図の右側のイメージであり、人間は「対象である環境の外側にいるものとして」扱われ、環境は「外部から働きかけることができるもの として」扱われている。

(2)　(1)のとらえ方、つまり、人間は環境の外側にいて、環境は外部から働きかけるものというとらえ方をしていると、「徐々に、専門知識が必要な事柄については専門家に一任するようになり、やがて状況に対して自分で考えることを止めてしまいます」とある。よって、原子力発電を行うことによる放射能汚染の危険性という環境問題について、自分で考えず、専門家である科学者の判断にゆだねている、イが適する。

問三　――線部②は、前の段落にあるように、「世の中の大多数の人々」が「処置を見守るという選択をし」た状態、つまり、自分では環境問題に対して具体的な行動を起こさないという状態になり、やがて、専門家任せにして自分で考えるのをやめた状態である。また、最後から２段落目では、この状況を「行動主体となる主語は見失われてきました」と表現している。この状況では、環境と自分自身の関わりを感じられなくなる。

問四　オは、海洋汚染が自分達にまで影響してから行動を起こしているので、主体である「我々(自分達)」と客体である環境を「切り分けて物事をとらえ」ているとはいえない。よって、オが正解。

問五　――線部④の前後の段落の内容から読み取る。「風土は、自然と人間のあいだにあるひとまとまりの関係のこと。『風』は文化・民俗を～ひとつのまとまりとして存在する」や、「風土の視点において自然と人間は、自然が人間をつくり、また同時に自然は人間につくられる、という相互に定義し合う関係にある」、「風土は、その風土が形成される地域に暮らす・関わりのある人々の間で共有され、語られるもの」などから、関係性をまとめる。

問六　――線部⑤の後に書かれているように、「二項対立的な世界観における客観的対象としての『環境』では、全地球・全種的に共有しているひとつの環境があるということが前提になってい」る。しかし、前の段落に「個々の土地ごとに異なる風土があることを意味します」とあるように、「複数の異なる『私たち』をはじめから内化している風土は多元的な世界を前提にしている」。このように、多元的な世界を前提にし、個々の土地の風土、文化は異なるものだという考え方は、ウにあるように、地域ごとに形作られた文化の違いを認め合い、互いに尊重することにつながる。よって、ウが適する。

問七　直後に「そのヒントが『風土』という概念にあると考えています」とある。最後の段落で、これまでの環境問題の議論で重要視されてきた、環境のサステイナビリティの視点を片方に持ちながら、風土のサステイナビリティの視点を補うことで、当人を環境のなかに内化した視点から、日々をどのように暮らしていけばよいのかを考えることができるようになるのではないかと述べている。

問八　問三の解説にあるように、「主語の留守状態」は、環境と自身の関わりを感じられないという事態をまねく。一方、「風土」は「私たち」という主語で用いられるという特徴があり、環境について「思考を展開している私を環境のなかに内化した視点から、日々をどのように暮らしていけばよいのかを考えることができるようになる」。よって、エが適する。

三 **問三**　直前までの「そうだ、イヤな店番のことを書こうと思った。でも言葉が出てこない〜あせって、イライラしているうちに、店番のイヤな気分が、ちょっとずつ言葉になって出てき始めた。ひとつずつ書きつづっていくと、班ノートを２ページも使っていた」に着目する。ここには、「イヤな店番のこと」を書こうと思いつき、最初はうまくいかず苦戦していたが、次第にコツのようなものをつかみ始め、作業に夢中になり、気がつくと思いがけずたくさん書いていた様子が描かれている。自分の感情を言葉にし、詩という形で表現するのはおそらく初めてだった卓也は、「野球で得られる充実感とは別の感情」に満たされたのである。

問四　詩の中の「店番していると　子どもでもない　中学生でもない　おとなでもない　なんでもない　何だかわけのわからない　宙ぶらりんのぼくがいる」の部分で、「イヤな店番」をやっている時に感じる、何者でもないわけのわからない自分と、自分が誰なのかという不安を描いている。続いて、「同級生の女の子が」店に来たことで、「宙ぶらりんのひもが　ぷつんととつぜん切れて」という新しい展開をむかえ、「宙ぶらりん」から解放されるかと期待する。しかし、結局状況は変わらず、「あっぷあっぷと、　ぼくは水の中でも　宙ぶらりん」で、自分が誰なのかという不安からどうしても抜け出すことができない。

問五　志水先生は「宙ぶらりん」という詩について話す中で、「そういう（どんな子にも共有できる）マイナスの気持ちが表現されています。そして、そういう気持ちを〈宙ぶらりん〉という言葉で表したのがすばらしい。〈中途半端〉という言い方もあるが、それだと普通なんだ。〈宙ぶらりん〉という言葉を発見したことで、この文章が詩になり、全体が光り出したのです」と言っている。

問六　卓也が気づいたように、清田の詩は「同じ言葉とフレーズのくり返しで、どの連もたった一行が違うだけ」である。その中で自分がいつこわれても不思議ではない不安と、そういう自分のギリギリの状態を表現しているのが、「爆弾かかえて」と「人を殴りたいほど」である。そういう不安を誰もが抱えていて、「みんなもひとりぼっちなのをわかっているが」、その不安を他の人に伝えようとしたところで、本当に分かってもらえるわけではないので、やはり「ひとりぼっち」である。だから、結局は自分の心、孤独と向き合って対話し、「ひとりぼっちを辛抱」するしかない。よって、アが適する。

問七　後の方で、志水先生は、「この間の山口の詩の〈宙ぶらりん〉という言葉は、イヤな店番とむすびついて詩になったし、清田の〈ひとりぼっち〉は爆弾や殴るという暴力的な気分と合わさって、詩になっている。二人とも、知らず知らずに自分自身の本当の心を書いているんだよ」と、二人の詩の共通点をもう少し具体的に述べている。

問八　清田と卓也が、言葉にできない思いを詩の形で表現し、知らず知らずに自分自身の本当の心を書いているのを見て、清田の詩を卓也に読ませたことや、二人が感情をぶつけ合う様子を見て、「二人はいい友達になれるぞ〜二人とも初めて書いた詩で、お互いが、こんなに共鳴できるなんて、めったにないことだぞ。いい友達だ」などと言ったことから、志水先生の考えが読み取れる。

問九　志水先生は、新米で先生として経験が浅い。そのこともあってか、感動しやすく、その時の感情で物事を単純にとらえ、すぐにそれを口に出してしまう。だから、生徒から見ればこっけいであったり、時に迷惑だったりする。「ひとりぼっち」という詩は、人はわかり合えないものだという、清田の感情や人間観を表現したものである。しかし、志水先生はその部分を正確にとらえ、評価しながら、二人はいい友達になれるという、ある意味で逆の結論を引き出した。この点に限って言えば、志水先生の、物事をやや単純にとらえる言動が、清田をとまどわせ、うんざりさせた。部活動の時間を奪われている上に、このような一方的な決めつけをされたことに対し、清田は嫌気がさしているのである。

《2023　前期　算数　解説》

1

(1)　与式$=49\times\frac{1}{2}\times6\div7\times\frac{1}{7}=49\times3\times\frac{1}{7}\times\frac{1}{7}=$ **3**

(2)　与式$=(25.8+26+25)\div6=76.8\div6=$ **12.8**

(3)　与式より，$119\times(\frac{5}{17}+\square)-35\div(\frac{15}{65}-\frac{2}{65})=2023\div17$　　$119\times(\frac{5}{17}+\square)-35\div\frac{1}{5}=119$

$119\times(\frac{5}{17}+\square)-35\times5=119$　　$119\times(\frac{5}{17}+\square)=119+175$　　$\frac{5}{17}+\square=294\times\frac{1}{119}$　　$\square=\frac{42}{17}-\frac{5}{17}=\frac{37}{17}=$ **$2\frac{3}{17}$**

(4)　**【解き方】15 で割ると 9 余り，7 で割ると 1 余る数は，15 と 7 の公倍数より 6 小さい数である。**

15 と 7 の最小公倍数は 105 だから，15 と 7 の公倍数は 105 の倍数である。条件に合う数のうち 100 以上の最小の数は，$105\times\underline{2}-6=204$ である。10000 以下の最大の数は，$10000\div105=95$ 余り 25 より，$105\times\underline{95}-6=9969$ である。よって，求める個数は，$\underline{95}-\underline{2}+1=$ **94**(個)

(5)　**【解き方】Cさんの元の所持金を⑯，手もとに残ったお金を①とすると，貯金した金額は，⑯－①＝⑮となる。これがBさんの元の所持金の $1-\frac{1}{4}=\frac{3}{4}$ にあたる。**

Bさんの元の所持金は⑮$\div\frac{3}{4}=$⑳，Aさんの元の所持金は 1200 円＋⑮だから，3 人の元の所持金の合計は，(1200 円＋⑮)＋⑳＋⑯＝1200 円＋(51) と表せる。よって，(51) は 16500－1200＝15300(円)にあたるから，それぞれが貯金した金額は，$15300\times\frac{⑮}{(51)}=4500$(円)なので，3 人の貯金の合計は，$4500\times3=$ **13500**(円)

2

(1)　底面の半径が $3+1=4$ (cm)で高さが 5 cmの円柱から，底面の半径が 3 cmで高さが $5-1=4$ (cm)の円柱を除いた立体ができるので，体積は，

$4\times4\times3.14\times5-3\times3\times3.14\times4=(80-36)\times3.14=44\times3.14=$ **138.16**(cm³)

(2)　右図のように記号をおく。

三角形ABHの内角の和より，角ABH＝180°－90°－36°＝54°　角あ＝54°÷3＝**18°**

三角形FBCは直線AHについて対称だから，角FCB＝角FBC＝18°×2＝36°

三角形BCGの内角の和より，角BGC＝180°－18°－36°＝126°　角い＝**126°**

(3)　**【解き方】折り返したとき重なる図形は合同だから，右図のように角度がわかる。三角形BEC，三角形BEF，三角形FEDは同じ形であり，正三角形を半分にしてできる直角三角形である。**

DEの長さを1とすると，FE＝DE×2＝2，BE＝FE×2＝4，

CE＝BE÷2＝2だから，DC＝1＋2＝3

よって，AB＝DC＝3だから，ABの長さはDEの長さの**3**倍である。

三角形BDCの面積は 36÷2＝18(cm²)で，三角形BECと三角形BDCの面積比はCE：CD＝2：3だから，(三角形BECの面積)＝(三角形BDCの面積)$\times\frac{2}{3}=18\times\frac{2}{3}=12$(cm²)

よって，三角形BEFの面積も **12** cm²である。

(4)　**【解き方】求める面積は，右図の太線の正方形の面積と，その外側の4つの半円の面積の和から，白い葉っぱ型の図形の面積4つ分を引いた値(あたい)である。**

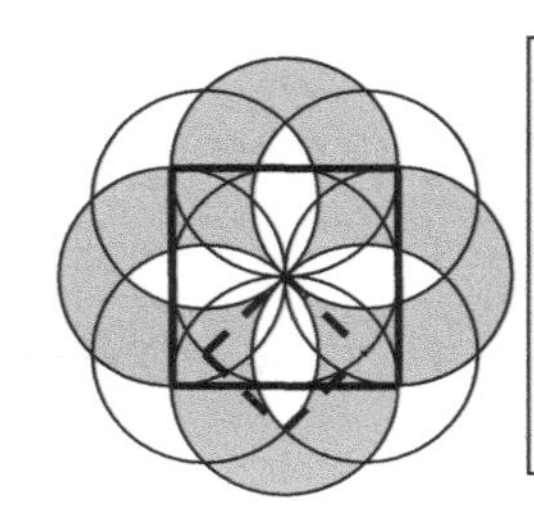

葉っぱ型の図形の面積

右の斜線部分の面積は，

(円の$\frac{1}{4}$の面積)×2－(正方形の面積)＝

$(1\times1\times3.14\times\frac{1}{4})\times2-1\times1=0.57$ だから，

(葉っぱ型の面積)＝(正方形の面積)×0.57

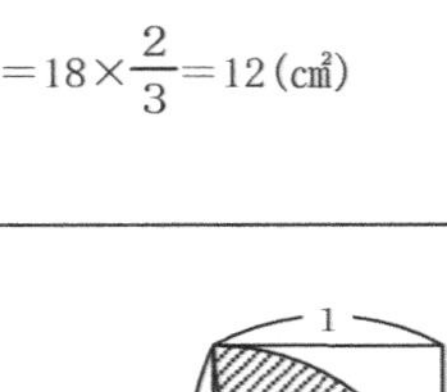

太線の正方形は１辺が４cmだから，面積は，４×４＝16(cm²)

外側の半円４つの面積の和は，（２×２×3.14÷２）×４＝８×3.14(cm²)

点線の正方形の１辺の長さは２cmだから，葉っぱ型の図形４つ分の面積は，（２×２×0.57）×４＝9.12(cm²)

よって，求める面積は，16＋８×3.14－9.12＝**32**(cm²)

3 ⑴　A→B→A，A→E→A，A→F→Aの**３**通りある。

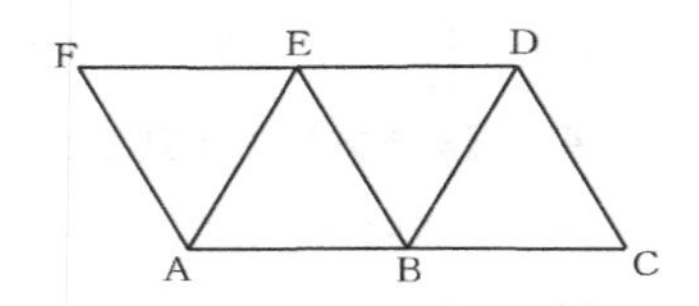

⑵　A→B→E→A，A→E→B→A，A→E→F→A，A→F→E→Aの**４**通りある。

⑶　**【解き方】一度も同じ道を通らずに戻ってくる場合と，同じ道を通る場合に分けて数える。**

一度も同じ道を通らずに戻ってくる動き方は，四角形ＡＢＤＥまたは四角形ＡＢＥＦの辺上を，時計回りか反時計回りで戻ってくる動き方だから，２×２＝４(通り)ある。

同じ道を通る場合，３回目に２回目に通った道を通り，４回目に１回目に通った道を通るから，２回目までの動き方を求めればよい。１回目にＢに動いたときの２回目の動き方は３通り，１回目にＥに動いたときの２回目の動き方は３通り，１回目にＦに動いたときの２回目の動き方は１通りだから，合わせて，３＋３＋１＝７(通り)

よって，求める動き方の数は，４＋７＝**11**(通り)

⑷　**【解き方】⑶で求めた動き方以外は，２回目に一度Ａに戻ってくる動き方である。**

２回目に一度Ａに戻ってくる動き方は，２回目までの動き方が⑴より３通り，３回目と４回目の動き方も同様に３通りだから，３×３＝９(通り)ある。

４秒後に初めてＡに戻ってくる動き方は⑶より11通りだから，求める動き方の数は，11＋９＝**20**(通り)

4 ⑴　**【解き方】同じ量の食塩水を混ぜたときにできる食塩水の濃度は，混ぜた２つの食塩水の濃度の平均と等しくなる。したがって，ＡとＢの濃度の和は３×２＝６(％)だから，ＡとＢは一方が１％，もう一方が５％である。よって，ＣとＤは一方が３％，もう一方が７％である。**

Ｃが３％，Ｄが７％とすると，含(ふく)まれる食塩の量は，$100\times\frac{3}{100}+200\times\frac{7}{100}=17$(g)だから，濃度は，
$\frac{17}{100+200}\times100=\frac{17}{3}=$ **$5\frac{2}{3}$(％)**

Ｃが７％，Ｄが３％とすると，含まれる食塩の量は，$100\times\frac{7}{100}+200\times\frac{3}{100}=13$(g)だから，濃度は，
$\frac{13}{100+200}\times100=\frac{13}{3}=$ **$4\frac{1}{3}$(％)**

⑵　**【解き方】⑴より，Ａ，Ｂ，Ｃ，Ｄの濃度は全部で２×２＝４(通り)考えられる。すべての場合について濃度を確認するが，てんびん図を使うよりも含まれる食塩の量を計算した方が簡単に求められる。**

Ａ，Ｂ，Ｃ，Ｄの濃度をそれぞれａ，ｂ，ｃ，ｄとすると，混ぜてできる食塩水の濃度は，
$(100\times\frac{a}{100}+200\times\frac{b}{100}+300\times\frac{c}{100}+400\times\frac{d}{100})\times\frac{1}{100+200+300+400}\times100=(a+2\times b+3\times c+4\times d)\times\frac{1}{10}$(％)

(ａ，ｂ，ｃ，ｄ)＝(１，５，３，７)のとき，$(1+2\times5+3\times3+4\times7)\times\frac{1}{10}=4.8$(％)

(ａ，ｂ，ｃ，ｄ)＝(１，５，７，３)のとき，$(1+2\times5+3\times7+4\times3)\times\frac{1}{10}=4.4$(％)

(ａ，ｂ，ｃ，ｄ)＝(５，１，３，７)のとき，$(5+2\times1+3\times3+4\times7)\times\frac{1}{10}=4.4$(％)

(ａ，ｂ，ｃ，ｄ)＝(５，１，７，３)のとき，$(5+2\times1+3\times7+4\times3)\times\frac{1}{10}=4$(％)

よって，考えられる濃度は，**４％，4.4％，4.8％**である。

(3)　**【解き方】Cの食塩水の濃度はBの濃度とEの濃度の間にある。(2)で調べた4通りの組み合わせのうち，この条件にあてはまるのは，(a，b，c，d)＝(5，1，3，7)のときである。**

Eの食塩水にBの食塩水を混ぜた操作について，右のてんびん図がかける。

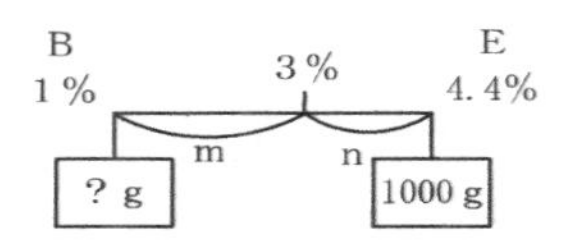

m：n＝(3－1)：(4.4－3)＝10：7だから，混ぜた食塩水の量の比は，7：10である。よって，Bから追加した食塩水は，$1000\times\frac{7}{10}=$**700**(g)

5 (1)　2人が1回目に出会うのは，2人が進んだ道のりの和が1200mになったときだから，1200÷(3＋7)＝120(秒後)である。このとき太郎さんは3×120＝360(m)進んでいたから，AからCまでの距離は**360**mである。

(2)　**【解き方】太郎さんと花子さんは3回出会うのだから，2回目に出会うのは，花子さんがAで折り返したあとに太郎さんを追い抜くときなので，右図のようになる。**

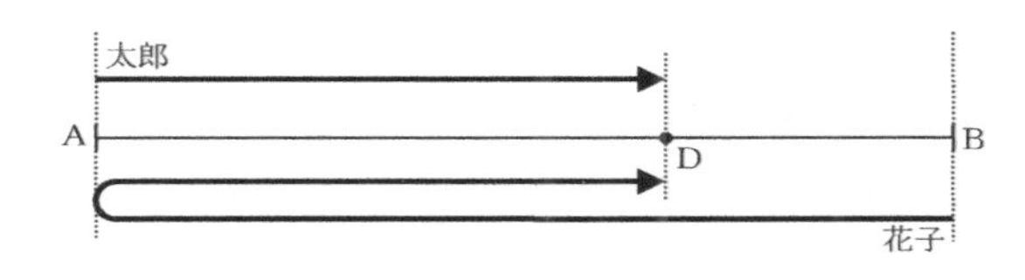

2回目に出会うのは，花子さんが太郎さんよりも1200m多く進んだときだから，移動時間だけ考えると，1200÷(7－3)＝300(秒後)である。Cで2人とも10秒間止まっていたので，Dで出会うのは，300＋10＝**310**(秒後)である。このとき太郎さんは3×300＝900(m)進んでいたから，AからDまでの距離は**900**mである。

(3)(ア)　**【解き方】ダイヤグラムをかき，次郎さんの速さが最も遅い場合はどのようなときか考える。**

次郎さんの速さが最も遅いのは，右図のように太郎さんと花子さんがCで出会ったと同時にCを通過し，太郎さんと花子さんがDを出発すると同時にDを通過する場合である。

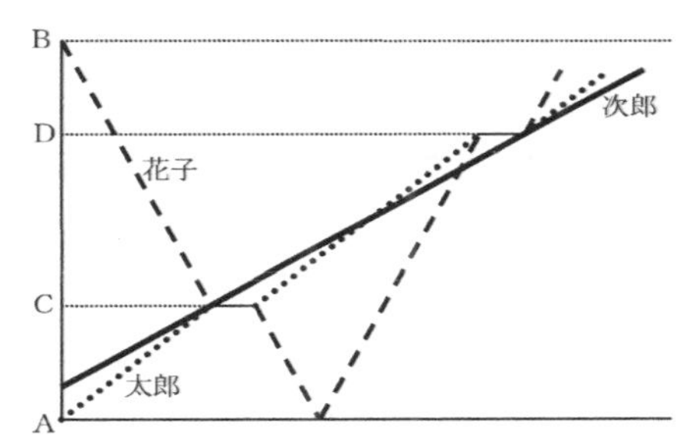

CからDまでの距離は900－360＝540(m)で，次郎さんがCからDまで進むのにかかった時間は，310＋10－120＝200(秒)

よって，求める速さは，毎秒$\frac{540}{200}$m＝毎秒**2.7**m

(イ)　**【解き方】太郎さんと花子さんが3回目に出会うまでの移動の様子は右図のようになる。このとき2人が進んだ道のりの和は，AB間の距離の3倍である。**

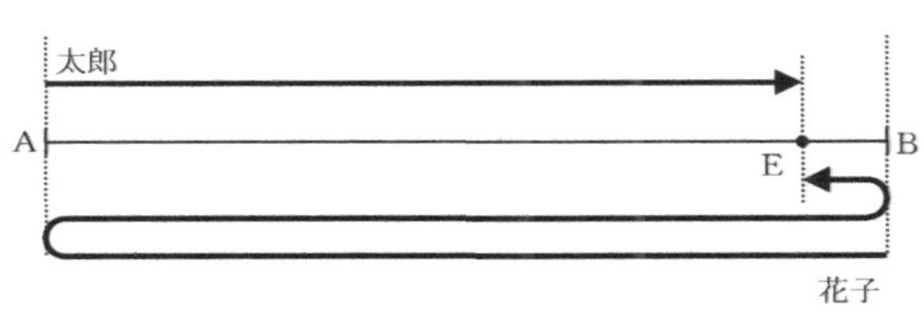

2人が3回目に出会うのは，移動時間だけ考えると，1200×3÷(3＋7)＝360(秒後)である。したがって，AからEまでの距離は，3×360＝1080(m)である。次郎さんがDからEまで進むのにかかる時間は，$(1080-900)\div2.7=\frac{200}{3}=66\frac{2}{3}$(秒)だから，次郎さんがEを通過するのは，太郎さんがAを出発してから，$310+10+66\frac{2}{3}=$**$386\frac{2}{3}$**(秒後)である。

太郎さんと花子さんがEで出会うのは，360＋10×2＝380(秒後)だから，$386\frac{2}{3}$秒後には2人ともEにいる。

よって，2人ともAからの距離は**1080**mである。

6 (1)　PA＝PBとなるようにPが動くとき，Pは面ABCD上でABを垂直に2等分する直線(右図の点線)上を動く。したがって，色をつけた部分の面積を求めればよいので，

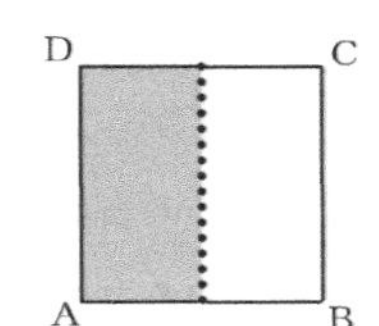

4×2＝**8**(㎠)

⑵　**【解き方】ＰＡ＝ＰＢとなるようにＰが動くとき，ＰはＡＢを垂直に２等分する平面(ＡＢ，ＤＣ，ＨＧ，ＥＦそれぞれの中点を通る平面)上を動く。したがって，ＰＡ≦ＰＢとなるのはこの平面上か，この平面より左側にＰがあるときである。**

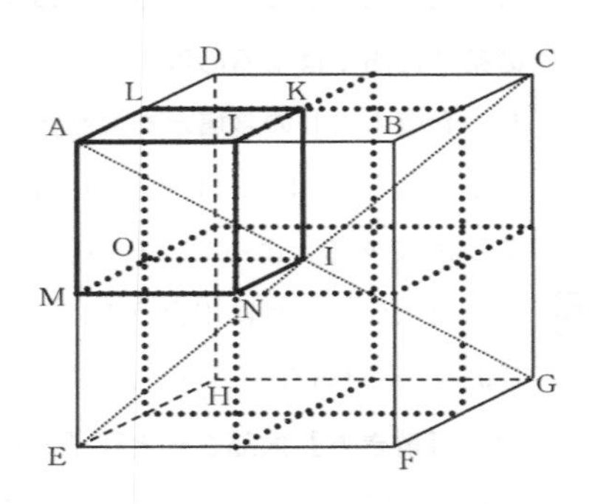

ＡＢを垂直に２等分する平面と，ＡＤを垂直に２等分する平面と，ＡＥを垂直に２等分する平面は，右図の太い点線のようになる。
したがって，立体Ｘは図の立方体ＡＪＫＬ－ＭＮＩＯだから，
その体積は，２×２×２＝**８**(㎤)

⑶　**【解き方】ＰＩ＝ＰＡとなるようにＰが動くとき，ＰはＡＩを垂直に２等分する平面上を動く。したがって，ＰＩ≦ＰＡとなるのはこの平面上か，この平面より右側にＰがあるときである。**

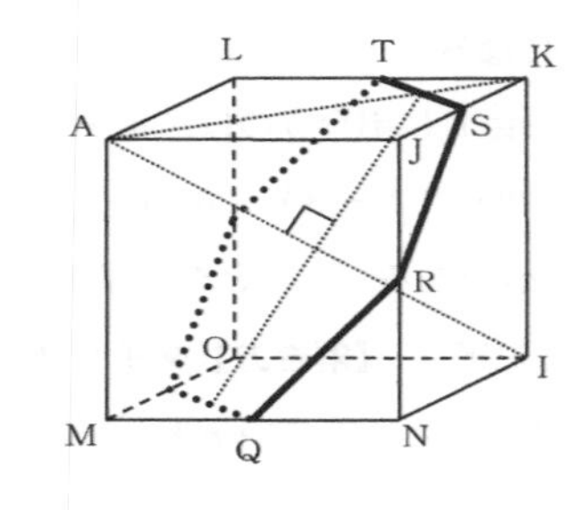

⑵と同様に記号をおく。四角形ＡＭＩＫはＡＫがＡＭよりも長い長方形だから，ＡＩを垂直に２等分する平面は右図の太線のようになる。
したがって，立体Ｘをこの平面で２つに分けたときに，Ｉをふくむ立体の辺の本数と面の個数を求めればよい。
三角形の面が３個，五角形の面が３個，六角形の面が１個あるから，
辺は，(３×３＋５×３＋６)÷２＝**15**(本)，面は３＋３＋１＝**７**(個)となる。

⑷　**【解き方】まず，⑶の立体Ｙの図において，Ｑ，Ｒ，Ｓの位置を考える。それがわかれば，残りの３つの平面の位置も図形の対称性から簡単にとることができる。**
ＲはＡとＩから等しい距離にある点だから，ＪＮの中点である。ＱもＡとＩから等しい距離にある点だから，ＡＱ＝ＩＱである。三角形ＡＭＱと三角形ＩＮＱにおいて，ＡＱ＝ＩＱ，ＡＭ＝ＩＮ，角ＡＭＱ＝角ＩＮＱ＝90°だから，２つの直角三角形は合同なので，ＭＱ＝ＮＱである。つまり，ＱはＭＮの中点である。同様に，ＳはＪＫの中点である。
したがって，Ｑ，Ｒ，Ｓを通る平面で立方体ＡＢＣＤ－ＥＦＧＨを切断したとき，ＳＴを延長した直線は，ＡＢを４等分する点のうちＢに最も近い点を通り，ＡＤを４等分する点のうちＤに最も近い点を通る。また，ＱＲを延長した直線は，ＡＢを４等分する点のうちＢに最も近い点を通り，ＡＥを４等分する点のうちＥに最も近い点を通る。
よって，立方体ＡＢＣＤ－ＥＦＧＨを，ＡＩ，ＢＩ，ＣＩ，ＤＩそれぞれを垂直に２等分する平面で切断すると右の図１(●は各辺の４等分点を表す)のようになり，立体Ｚは図２のようになる。

図１

図２

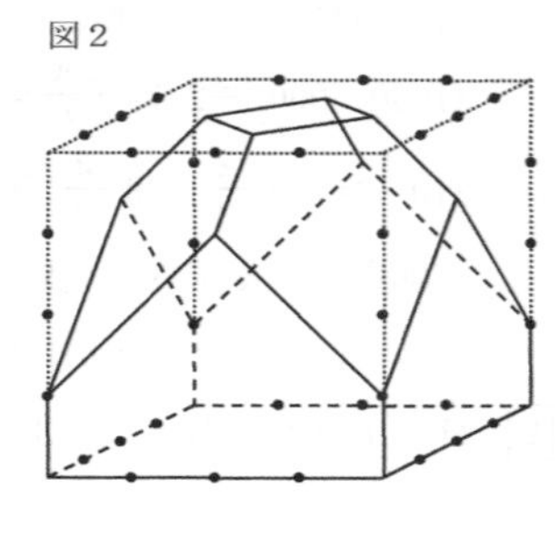

立体Ｚの表面のうち上の面は図３の色をつけた部分だから，面積は，２×２÷２＝２(㎠)
立体Ｚの表面のうち底面と垂直な面の１つは図４の色をつけた部分だから，面積は，１×４＋４×２÷２＝８(㎠)
立体Ｚの表面のうち下の面の面積は，４×４＝16(㎠)
以上より，求める面積は，２＋８×４＋16＝**50**(㎠)

図３

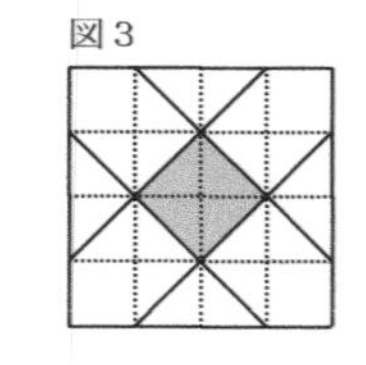

図４

《2023 前期 理科 解説》

1 問1(1) 全身を流れてきた血液は，大静脈(①)→右心房(あ，3)→右心室(う，4)→肺動脈(③)→肺→肺静脈(②)→左心房(い，1)→左心室(え，2)→大動脈(④)の順に流れ，再び全身へ送り出される。 (2) 6から5へ血液が流れる血管は，小腸で吸収された栄養分を肝臓へ送っている。よって，5が肝臓，6が小腸である。肝臓は最も大きな臓器だからウ，小腸は消化と吸収を行うのでイ，残ったアは7(じん臓)の説明である。

問2 カエル(両生類)の心臓は2心房1心室のイである。フナ(魚類)の心臓は1心房1心室のウ，トカゲ(は虫類)の心臓は不完全な2心房2心室のアである。

問3 えらで気体を交かんした血液は，心臓を通らずに腸をふくむ全身へ送られる。全身から戻ってきた血液は心臓内の部屋を通ってから，再びえらへ送られる。

問4 (2)(3)全身に血液を送り出す心臓の部屋は左心室，左心室から血液を送り出す血管は大動脈だから，左心室と大動脈の間に人工心臓をつなぐ。

問5(1) 「え」の容積が小さくなるときに血液が出ていくので，d→aのエが正答となる。この期間には，血液が左心室から出ていくので，左心室と大動脈の間の弁Bが開いている。 (2) a→bの期間では，「え」の容積は変わらいので，A，Bそれぞれの弁は閉まっている。 (3) 110－40＝70(mL) (4) 1時間→60 分より，1時間で70×60＝4200(回)はく動する。(3)より，1回のはく動で70mL→70ｇの血液が送り出されるので，1時間に送り出される血液は70×4200＝294000(ｇ)→294 kgであり，ヒトの重さの294÷60＝4.9(倍)である。 (5) 1時間→3600 秒に 294 kgの血液が送り出されるので，1秒間に$\frac{294}{3600}$kgの血液が送り出される。体重 60 kgのヒトの血液の重さは$60\times\frac{1}{13}=\frac{60}{13}$(kg)だから，血液が「え」を出てから「え」に戻るまでの時間は$\frac{60}{13}\div\frac{294}{3600}=56.5\cdots$→57秒となる。

2 問1 月は太陽の光を反射して光って見える。新月(キ)→三日月(ク)→上弦の月(ア)→満月(ウ)→下弦の月(オ)→新月の順に満ち欠けする。

問2 上弦の月は太陽が西の地平線付近にある午後6時ごろに真南に見え，その6時間後の真夜中に西にしずむ。

問3 太陽，地球，月の順に一直線にならぶ満月のときに起こる，月が地球のかげに入る現象を月食という。

問4 あ．$360\times\frac{30}{360}=30$(度) い．30 日間に月は地球のまわりを 390 度回転するので，1周(＝360 度回転)するのに $30\times\frac{360}{390}=27.6\cdots$→28 日となる。 う．地球から見る月の表面の模様がほとんど変わらないことから，月自身の回転の向きは，月が地球のまわりを1周する向きと同じ反時計回りである。 え．「い」で求めた日数と同じになるから，28 日である。

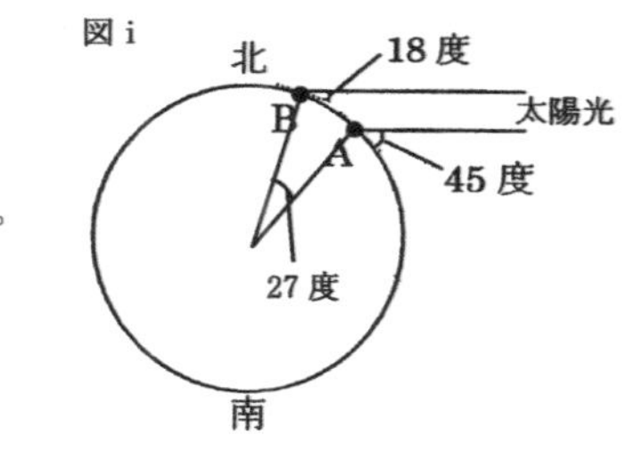

問5 3000 kmはなれた地点で太陽の高さが 45－18＝27(度)変化したことから，図ｉのように弧ＡＢの中心角は27 度である。よって，地球の周の長さは$3000\times\frac{360}{27}=40000$(km)となり，直径は40000÷3.14＝12738.8…→12700 kmとなる。

問6 図3のように月に地球の影が生じるとき，地球の直径と地球の影の直径の長さは同じである。月の直径は地球の影の直径の$2\div6=\frac{1}{3}$(倍)だから，月の直径は12700÷3＝4233.3…→4200 kmとなる。

問7 太陽，月，地球の順に一直線にならぶ新月のときに起こる，太陽が月にかくれる現象を日食という。

問8 実際の月の直径は $12700\times\frac{1}{4}=3175$(km)で，地球から見た太陽と月の大きさが同じだから，(太陽と地球の間の長さ)：(地球と月の間の長さ)＝(太陽の直径)：(月の直径)となり，1億5000 万：(地球と月の間の長さ)＝140 万：3175 である。よって，地球と月の間の長さは1億5000 万×$\frac{3175}{140万}$＝340178.5…→34 万kmとなる。

3 問1 ア，オでは二酸化炭素，イでは水素，ウでは塩化水素，エ，カでは酸素が発生する。

問2 水素がなくなるまでは，できた水の重さは加えた酸素の重さに比例する。加えた酸素の重さが 120 mgのとき，できた水の重さは$90\times\frac{120}{80}=135$(mg)である。

問３　表より，加えた二酸化炭素の重さが200 mgをこえると，できた水の重さは207 mgで一定になっている。これは，水素がすべて反応すると 207 mgの水ができることを示している。よって，できた水の重さが 207 mgのときの酸素の重さを求めると，$80\times\frac{207}{90}=184$(mg)となる。

問４　酸素が 184 mgまでは酸素の重さが増加すると，できた水の重さも一定の割合で増加し，酸素が 184 mg以上のとき，できた水の重さは207 mgで一定になる。

問５　(水素)：(酸素)：(水)＝23：184：207＝１：８：９

問６　問５より，(水素)：(酸素)＝１：８の重さの比で反応するので，60 mgの酸素と反応する水素は $60\times\frac{1}{8}=7.5$(mg)で，水素が $10-7.5=2.5$(mg)残る。

問７　水素と酸素の重さの比が１：８の割合のとき，つまり水素の重さが $100\times\frac{1}{1+8}=11.1\cdots$(mg)のとき，水素と酸素が過不足なく反応し，水の重さが最大になる。水の重さが最大になるまでは，水の重さは水素の重さに比例して一定の割合で増加し，水の重さが最大になってからは，水の重さは増加する水素の重さ(減少する酸素の重さ)に応じて，一定の割合で減少する。

問８　問５より，水の重さと酸素の重さの合計が水の重さになるので，合計 100 mgの水素と酸素がちょうど反応するとき，できた水の重さは100 mgである。

問９　水素(2.4Ｌ)200 mgと過不足なく反応する酸素は $200\times\frac{8}{1}=1600$(mg)，$2.4\times\frac{1600}{3200}=1.2$(Ｌ)である。よって，体積の比は2.4：1.2＝２：１となる。

問 10　問９と問題文より，気体の体積の割合が水素：酸素：ちっ素＝２：１：４になるとき，できる水の重さは最大になる。よって，水素の体積が $0.9\times\frac{2}{2+1+4}=\frac{1.8}{7}$(Ｌ)のときで，水素の重さは $200\times\frac{1.8}{7}\div2.4=\frac{150}{7}$(mg)だから，できる水の重さは $207\times\frac{150}{7}\div23=192.8\cdots\rightarrow193$ mgとなる。

4　**問１**　この問題のてこでは，左右にかたむけるはたらき〔積み木の数(個)×支点からの距離〕が左右で等しくなるときにつり合う。てこを左にかたむけるはたらきは２×10＝20 だから，てこを右にかたむけるはたらきも 20 になるように，20÷５＝４(個)の積み木をのせる。

問２　てこを左にかたむけるはたらきは１×10＋１×20＋１×30＝60 だから，てこを右にかたむけるはたらきも 60 になるように，支点からの距離が 60÷２＝30(cm)のＣに２個のおもりを乗せる。

問３　図ⅱのように，Ｉを支点とすると，支点より左側のかたむけるはたらきの方が大きくなるので，左のうでが下がって倒れる。

問４　図ⅲ参照。ウでは，２段目の左側の積み木を支点としたとき，支点より左側のかたむけるはたらきの方が大きくなるので，左のうでが下がって倒れる。

問５　図ⅳ参照。７個のせて，１段目の右側の積み木を支点としたとき，右のうでが下がって倒れる。

問６　ｃをぬき取ってもｄがａとｂを支えるので倒れない。ｃはＮにのせると倒れない。Ｍにのせるとｄを支点としたとき左のうでが下がって倒れ，Ｏ，Ｐにのせるとｄを支点としたとき右のうでが下がって倒れる。

問７　最後にＴを抜きとった時点では倒れず(図ｖ)，Ｚの積み木の上にのせると倒れた(図ⅵ)ことから，ｐとｒをぬき取ったことがわかる。なお，ｑをぬき取ったり，ｏとｐをぬき取ったりすると，ＳをＸの２つ上にのせたときに左のうでが下がって倒れる。

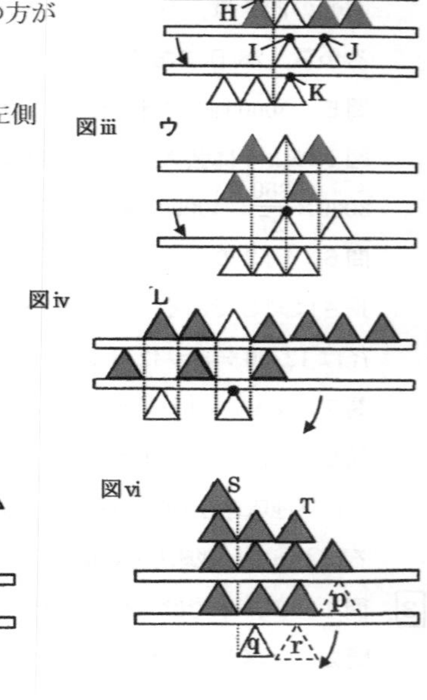

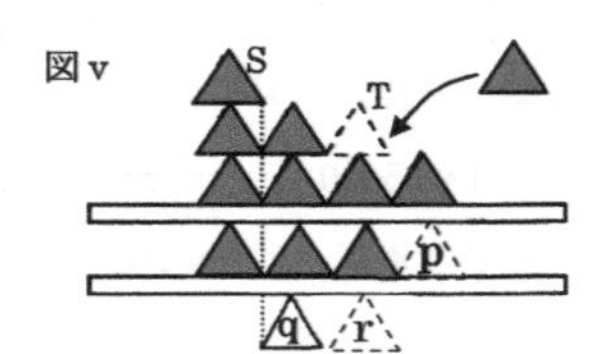

《2023　後期　国語　解説》

一 **問二**　直前の「わたしも進まなきゃいけないのだと宙は思う。きっと、いつまでもここで停滞していてはいけない。やっちゃんの死を抱えて、わたしなりに前を向いて生きていかなきゃいけない」より、やっちゃんの死を受けとめて前に進まなければならないという、宙の心情が読み取れる。この後、やっちゃんの店でパンケーキを作っていることから、――線部①では、前に進むために自分は何ができるかを考えていると推測できる。

問三　ここより前で、空気がよどんだ店内や、ほこりが載り、荒れているキッチンの様子が描かれている。また、直前の３文、特に「たくさんの幸福な思い出と味があった場所が、(やっちゃんという)主を喪って静かに朽ちようとしている」という部分からは、宙にとって大切で大好きだった場所が静かに失われようとしていることに加えて、この場所が朽ちていくことで、この場所を作り上げ、管理し、たくさんの料理を作り、思い出を与えてくれたやっちゃんの存在までもが消えそうになっていると感じていることが読み取れる。宙は、そうした状況に呆然とし、不安に押しつぶされそうになったが、「ぶるんと頭をふ」ることで、その気持ちを振り払おうとしている。

問四　――線部③の少し前で、「私、この味に救われたの。おかげで生きてこられたの。恭弘さんと一緒に、この味もなくなったと思ってた。でも、違うのね。あのひとは、ここにいた。そして、残せるのね。じゃあ私も、恭弘さんを残していけるのかしら」と智美が言っている。また、「だから生きていこうよ。ね」と呼びかける直子に対して、智美はうなずき、その目にはこれまでにはなかった光が宿っていた。こうした描写から、夫も夫の料理の味も失ったと思い、生きる意味を失っていた智美が、宙の作ったパンケーキを食べ、夫の味が残されていることに感動し、自分も夫の存在を残せることに気づいて、生きる意味を取りもどしたことが読み取れる。また、智美がパンケーキを口に入れるまでの間、宙はこのパンケーキに対する思いを智美に話している。この宙の思いが智美に伝わっていることも、この部分から読み取れる。よって、アが適する。

問五　問二の解説にあるように、宙はやっちゃんの死を受けとめて前に進まなければならないと思い、やっちゃんの店でパンケーキを作ることにした。パンケーキを作る途中で、宙は「ねえ、やっちゃん。ありがとう。やっちゃんがくれた思い出は、やっぱりいまでもわたしをやさしく包んで、わたしをわたしでいさせてくれる」と呼びかけ、自分を支えてくれたやっちゃんに感謝している。また、宙の作ったパンケーキは、悲しみに沈んでいた智美を元気づけ、生きる力や希望を与えた。智美に「ありがとう、宙ちゃん。私、もう大丈夫」と言われたことで、宙はこのことを実感し、自分もまた前に進めそうだと感じている。

問六　ウ．本文に出てくる「あの日」は、宙が初めてやっちゃんのパンケーキを食べた日である。生徒Ｂと生徒Ｃの発言から、ブックカバー裏の文章は、やっちゃんと宙が初めて出会った日の話であり、やっちゃんがパンケーキを作るよりも前の出来事を描いていることがわかる。よって、「宙と初めて出会った日が本文で出てきた『あの日』だね」という発言は誤りである。　オ．エで生徒Ｃが言っている「二人の考え方に共通点がある」というのは、料理は「誰かを豊かに生かし育てるものだ」というやっちゃんの考えと、料理には人を元気づける力があり、生きる力や希望を与えられるという宙の考え方に共通点があるということである。二人の考え方に共通点があるのは、カで生徒Ｃが言っているように、やっちゃんの思いが宙に自然に受け継がれたからである。このことから考えると、やっちゃんは、宙に「料理には人生を変える力があるのだと教え」ようとしたわけではなく、生徒Ｂの発言はややずれている。

二　問一　――線部①より前に、「『カリキュラム通りに学生をしっかり勉強させる』ことを目指した大学『改革』の背景にあった考え方は～知識や能力を『コンテンツ』としてとらえる考え方です。学費を払った分に見合うだけの知識や能力が得られる場として、つまり『知』を商品のように取引するような場へと大学は変化させられてきました」とある。つまり、勉強とは、カリキュラムに従って、「コンテンツ」化された既存(きそん)の知識や能力を得ることである。一方、大学の「存在根拠(こんきょ)」は、――線部①の後にあるように、「『まだ存在しない知』を生み出すこと」「新たな知見を創造」することである。

《2023　後期　算数　解説》

1　(1)　与式$=\{7+(8\times6-1)\div7\}\div\{7\times(1+6\div8)-7\}=(7+47\div7)\div(7\times\frac{7}{4}-7)=$
$(7+\frac{47}{7})\div(\frac{49}{4}-7)=\frac{96}{7}\div\frac{21}{4}=\frac{96}{7}\times\frac{4}{21}=\frac{128}{49}=$ **$2\frac{30}{49}$**

(2)　1番目が1000，2番目が1のとき，3番目は$1000+1\times3=1003$，4番目は$1+1003\times3=3010$，5番目は$1003+3010\times3=$ **10033** となる。

495を素因数分解すると，$495=3\times3\times5\times11$となるから，495の約数は，**1**と**495**，**3**と**165**，**5**と**99**，**9**と**55**，**11**と**45**，**15**と**33**である。

1番目の数を①，2番目の数を$\boxed{1}$とすると，3番目の数は①$+\boxed{1}\times3=$①$+\boxed{3}$，4番目の数は$\boxed{1}+$(①$+\boxed{3}$)$\times3=$③$+\boxed{10}$，5番目の数は(①$+\boxed{3}$)$+$(③$+\boxed{10}$)$\times3=$⑩$+\boxed{33}$となる。495の約数に11がふくまれ，$\boxed{33}$は11の倍数だから，⑩も11の倍数である。したがって，⑩は110，220，330，440のいずれかである。$\boxed{33}$は33の倍数で一の位が5だから，$33\times5=165$か$33\times15=495$だが，⑩は1以上の整数なので，$\boxed{33}=495$は条件に合わない。

よって，$\boxed{33}=165$だから，⑩$=330$なので，1番目の数は$330\div10=$ **33**，2番目の数は$165\div33=$ **5** である。

(3)　7を何個かかけ合わせてできる数は，㋐7，$7\times7=49$，$49\times7=343$，$343\times7=2401$，…だから，一の位が1となる最も小さい数は **2401** である。また，一の位は7→9→3→1→7→…と変化し，7を5個以上かけると4桁よりも桁数が多くなる。

3を何個かかけ合わせてできる数のうち4桁以下の数は，㋑3，$3\times3=9$，$9\times3=27$，$27\times3=81$，$81\times3=243$，$243\times3=729$，$729\times3=2187$，$2187\times3=6561$である。一の位は3→9→7→1→3→…と変化する。

3と7をどちらも1個以上かけ合わせてできる数のうち一の位が1の数は，下線部㋐の中の一の位が7の数と下線部㋑の中の一の位が3の数の積だから，$7\times3=21$か$7\times243=1701$である。また，㋐の中の一の位が3の数と㋑の中の一の位が7の数の積だから，$343\times27=9261$と343×2187だが，後者は明らかに4桁よりも桁数が多くなる。

また，㋐の中の一の位が1の数と㋑の中の一の位が1の数の積だから，2401×81と2401×6561だが，これらの計算結果は明らかに4桁よりも桁数が多くなる。よって，4桁の数は小さい順に，**1701**，**9261** である。

2　(1)　**【解き方】三角形ＡＩＤ，ＢＥＦ，ＣＧＨの面積の和については，隣辺比(りんぺんひ)の考え方を利用できる。**

三角形ＡＢＣの面積は，長方形の面積から3つの直角三角形の面積を引いて，

$7\times5-4\times3\div2-3\times5\div2-7\times2\div2=35-6-7.5-7=$ **14.5**(㎠)

三角形ＡＢＣと三角形ＡＩＤにおいて，角ＢＡＣ＋角ＤＡＩ＝180°だから，これらの角をはさむとなりあう辺の積の比が面積比と等しくなる。したがって，三角形ＡＢＣと三角形ＡＩＤの面積比は，

(ＡＢ×ＡＣ)：(ＡＤ×ＡＩ)＝1：1だから，三角形ＡＩＤの面積は14.5㎠である。

同様に，三角形ＢＥＦ，ＣＧＨの面積も14.5㎠だから，3つの三角形の面積の和は，$14.5\times3=$ **43.5**(㎠)

(2)　**【解き方】AとBが1回目にすれ違(ちが)ってから2回目にすれ違うまでの移動時間は，11＋9＝20(分)である。AとBの速さの和でXY間の道のりを進むと，20分で1往復するのだから，片道に20÷2＝10(分)かかる。**

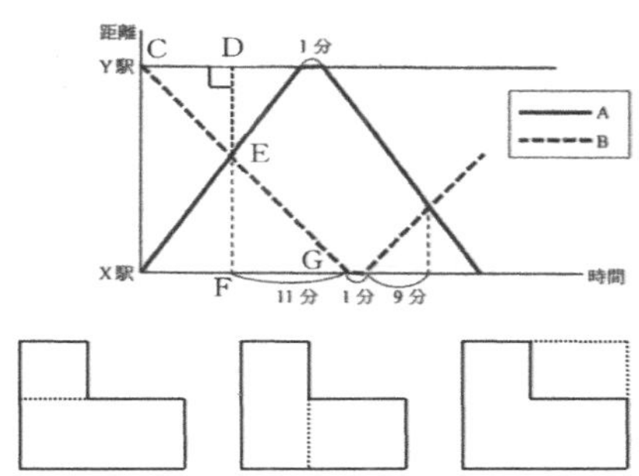

同時に出発してから1回目に出会うまでの時間は10分である。
右図の三角形GFEと三角形CDEは同じ形だから，
FE：DE＝GF：CD＝11：10
よって，AとBの速さの比は，FE：DE＝**11：10**

(3)　右図のように図3を2つの長方形に分けるか，1つの長方形から1つの長方形を除いた形ととらえればよい。

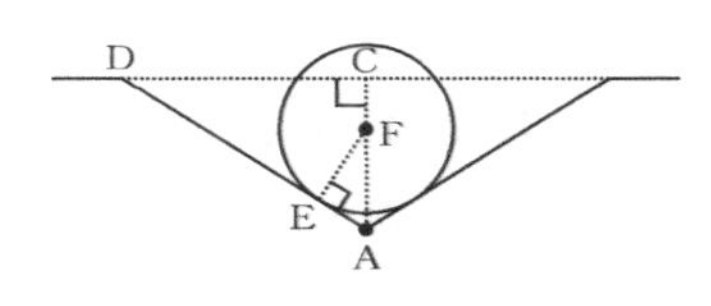

3　(1)　**【解き方】右のように作図する。Fは球の中心であり，AFの長さを求める。三角形ACDと三角形AEFが同じ形の直角三角形であることを利用する。**

三角形ACDにおいて，CD：AD＝$\frac{50}{2}$：30＝5：6だから，
EF：AF＝5：6である。よって，AF＝EF×$\frac{6}{5}$＝10×$\frac{6}{5}$＝**12**(cm)

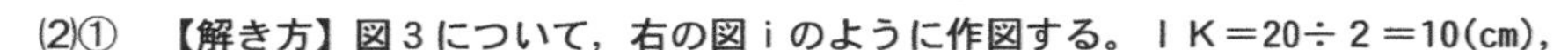

(2)①　**【解き方】図3について，右の図ⅰのように作図する。IK＝20÷2＝10(cm)，HB＝60÷2＝30(cm)だから，直角三角形BGKにおいて，BK：BG＝40：(30－10)＝2：1＝1：0.5である。したがって，角KBG＝60°なので，三角形BHJと三角形KIJは3つの内角が30°，60°，90°の直角三角形である。**

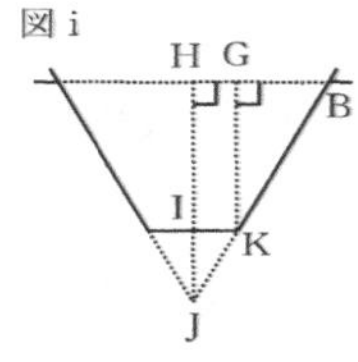

グラフがx＝アのところで折れているのは，アのときに図ⅲのようになるからである。それまでは図ⅱのようになり，xとyの値が等しくなる。したがって，ウ＝**5**

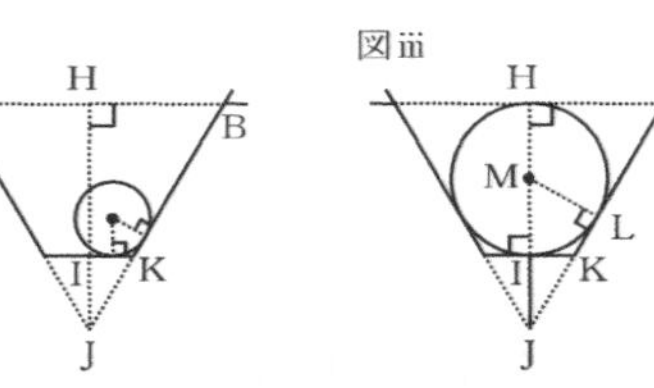

図ⅲで三角形MLJは3つの内角が30°，60°，90°の直角三角形である。MJ＝LM×$\frac{1}{0.5}$＝LM×2で，LM＝IMだから，
IM＝IJである。IJ＝IK×$\frac{0.866}{0.5}$＝10×1.732＝17.32(cm)だから，
IM＝LM＝17.32cmなので，ア＝エ＝**17.3**

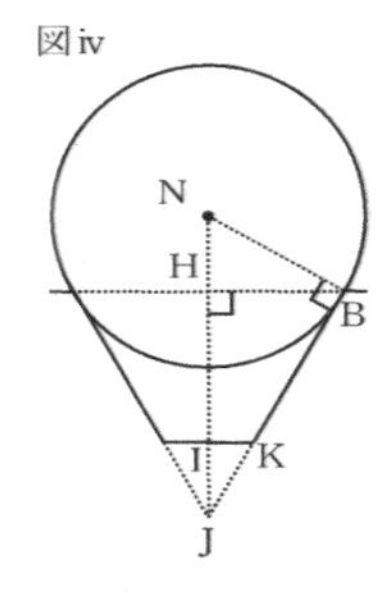

x＝イのとき，図ⅳのようになり，三角形NHBは3つの内角が30°，60°，90°の直角三角形だから，NB＝HB×$\frac{1}{0.866}$＝30×$\frac{1000}{866}$＝$\frac{15000}{433}$＝34.64…(cm)より，イ＝**34.6**
NJ＝NB×$\frac{1}{0.5}$＝$\frac{15000}{433}$×2＝$\frac{30000}{433}$(cm)で，
NI＝NJ－IJ＝$\frac{30000}{433}$－17.32＝(69.28…)－17.32＝51.96…(cm)だから，オ＝**52.0**

②　**【解き方】xが増え続ければyは増え続けるから，「あ」～「え」のいずれかだとはすぐにわかるがその先が難しい。試験時間内に答えを出すためには，「xがアからイまで増加したときよりもyが増える割合は小さくなるだろう」ということから「う」と「え」にしぼり，「え」だと割合が小さくなりすぎるから，「う」であろうという推測で「う」を選ぶしかなさそうである。もっと確実に「う」までしぼりこむためには，以下のように考える。**

図ⅲから図ⅳまでの間は，Jから球の中心までの長さは球の半径の2倍になるので，
xが1増えるとyは1×2＝2増える。
図ⅴのように三角形OHBが3：4：5の直角三角形になったとき，
OB＝HB×$\frac{5}{3}$＝50(cm)，OH＝HB×$\frac{4}{3}$＝40(cm)

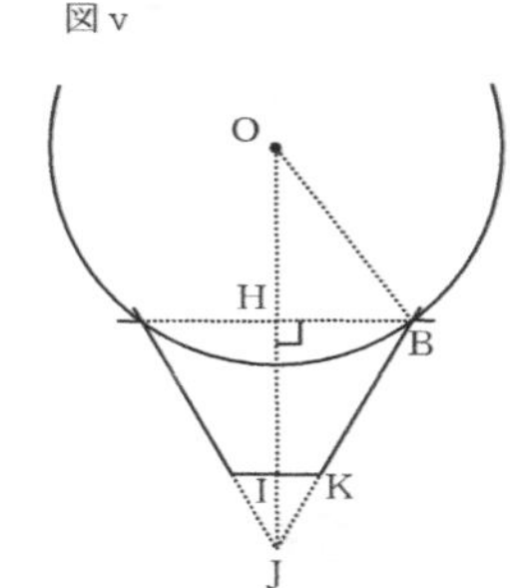

図ⅳでNH＝NB×$\frac{0.5}{1}$＝(34.64…)×$\frac{1}{2}$＝17.32…(㎝)だから，図ⅳから図ⅴまでの間は，xがおよそ50－34.64＝15.36増え，yがおよそ40－17.32＝22.68増えたので，xの増加量1に対してyの増加量は22.68÷15.36＝1.47…となり，確かに2より小さい。

図ⅵ

図ⅵのように三角形PHBが5：12：13の直角三角形になったとき，
PB＝HB×$\frac{13}{5}$＝78(㎝)，PH＝HB×$\frac{12}{5}$＝72(㎝)
図ⅴから図ⅵまでの間は，xが78－50＝28増え，yが72－40＝32増えたので，xの増加量1に対してyの増加量は32÷28＝1.14…となり，先ほどより少しだけ小さくなっている。
以上より，「う」が正しいとわかる。

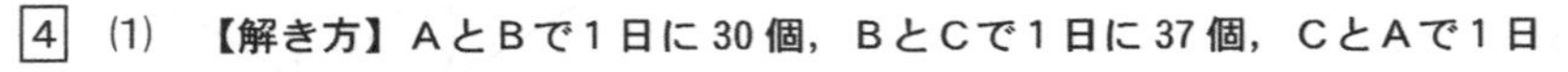

4 (1) **【解き方】AとBで1日に30個，BとCで1日に37個，CとAで1日に33個作るから，これらをすべて足して2で割ると，AとBとCで1日に(30＋37＋33)÷2＝50(個)となる。**
A＝(A＋B＋C)－(B＋C)だから，Aは1日に50－37＝**13**(個)作る。同様に，Bは1日に50－33＝**17**(個)，Cは1日に50－30＝**20**(個)作る。

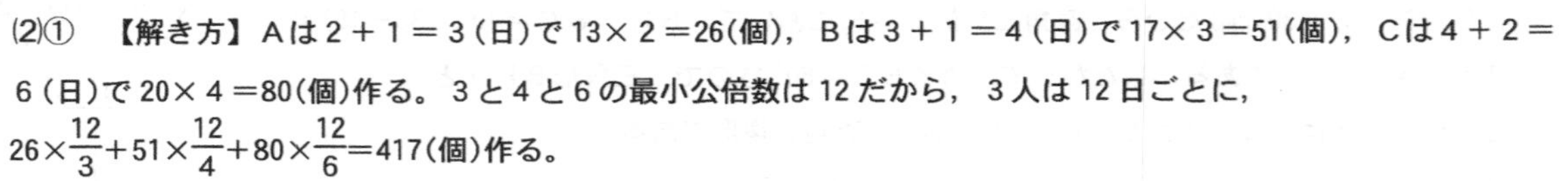

(2)① **【解き方】Aは2＋1＝3(日)で13×2＝26(個)，Bは3＋1＝4(日)で17×3＝51(個)，Cは4＋2＝6(日)で20×4＝80(個)作る。3と4と6の最小公倍数は12だから，3人は12日ごとに，26×$\frac{12}{3}$＋51×$\frac{12}{4}$＋80×$\frac{12}{6}$＝417(個)作る。**
1500÷417＝3余り249だから，12×3＝36(日目)で残り249個となる。
このあと6日間で，Aは26×2＝52(個)，Bは51＋17×2＝85(個)，Cは80個作るから，残りが，249－52－85－80＝32(個)となる。次の日は全員働くから50個作られるので，仕事が完了する。
よって，終わるのは36＋7＝**43**(日目)で，終わった日に働いたのは**A，B，C**全員である。

② **【解き方】49日目の時点でAとBが作った個数の合計を求め，Cの作った個数が何個以上何個以下かを考える。**
49÷12＝4余り1より，49日目の時点で，Aは(26×4)×4＋13＝429(個)，Bは(51×3)×4＋17＝629(個)作ったから，残り1500－429－629＝442(個)のうちCが作ったのは442－1＝441(個)以下である。50日目には3人で，13＋17＋10＝40(個)作ったから，49日目までにCが作った個数は442－40＝402(個)以上である。
49日目までにCが働く日数は，49日目をふくめて，(4×2)×4＋1＝33(日)である。33日間ずっと1日20個作ったとすると，20×33＝660(個)となり，441個より660－441＝219(個)多い。したがって，ケガをして1日10個作った日数は，219÷(20－10)＝21.9より，22日以上である。
1日10個作った日を1日ずつずらすと右表のように作った個数が変化するので，49日目の時点で1日10個作った日は，22日，23日，24日，25日のいずれかである。あと1日働くので，求める日数は，**23日，24日，25日，26日**である。

49日目の時点の内訳

1日20個の日	1日10個の日	作った個数
11日	22日	440個
10日	23日	430個
9日	24日	420個
8日	25日	410個
7日	26日	400個

5 (1) **【解き方】3段目の中央以外の8個の立方体はすべて青である。残りの立方体の色を，1段目と3段目の中央の立方体の色の組み合わせで場合分けして考える。**
(ⅰ)1段目と3段目の中央のどちらも透明の場合
2段目の4個はいずれも青なので，この場合の積み方は1通りある。
(ⅱ)1段目と3段目の中央のどちらか一方または両方が青の場合

１段目と３段目の中央の組み合わせは，青と青，青と透明，透明と青の３通りある。

２段目の４個はいずれも透明でも青でもいいので，２×２×２×２＝16(通り)ある。

したがって，この場合の積み方は，３×16＝48(通り)

(ⅰ)～(ⅱ)より全部で，１＋48＝**49**(通り)

⑵　【解き方】４段目の周囲の４×４－４＝12(個)の立方体は青になる。４段目の内部の４個の立方体に青がいくつあるかで，場合を分けて考える。

右の表１は，４段目の内部に青がいくつあるかで場合分けをして，４段目の内部と３段目それぞれの積み方の数を求めた結果をまとめた表である。積み方の数の求め方は，例えば㋒，㋓については以下のようになる。

㋒４段目の内部に青が２個あってとなりあっている場合

４段目の青の立方体の選び方は４通りある。

３段目は表のように３個だけがどちらでもよいので，積み方は２×２×２＝８(通り)ある。したがって，この場合の積み方は，

４×８＝32(通り)

表１

	４段目の内側４個	４段目の積み方(通り)	３段目	３段目の積み方(通り)
㋐	青が０個の場合 トト トト	1	アアア アアア アアア	1
㋑	青が１個の場合 例：アト トト	4	例：○アア アアア アアア	2
㋒	青が２個の場合① 例：アア トト	4	例：○○○ アアア アアア	２×２×２＝８
㋓	青が２個の場合② 例：アト トア	2	例：○アア アアア アア○	２×２＝４
㋔	青が３個の場合 例：アア アト	4	例：○○○ ○アア ○アア	２×２×２×２×２＝32
㋕	青が４個の場合 アア アア	1	○○○ ○○○ ○○○	２×２×２×２×２×２×２×２×２＝512

※「ア」は青，「ト」は透明，「○」はどちらでもよいことを表す。

㋓４段目の内部に青が２個あってとなりあっていない場合

４段目の青の立方体の選び方は２通りある。３段目は表のように２個だけがどちらでもよいので，積み方は２×２＝４(通り)ある。したがって，この場合の積み方は，２×４＝８(通り)

このように求めていくと，㋐は１×１＝１(通り)，㋑は４×２＝８(通り)，㋔は４×32＝128(通り)，㋕は１×512＝512(通り)だから，積み方は全部で，１＋８＋32＋８＋128＋512＝**689**(通り)

⑶　【解き方】⑵の表１を利用する。表１の「４段目の内側４個」を，「２段目と４段目の内側を合わせた見え方」と読みかえ，「３段目」を，「１段目と３段目を合わせた見え方」と読みかえる。

①「２段目と４段目の内側を合わせた見え方」が㋐の場合

２段目と４段目の積み方は１通りのままである。３段目は中央以外の８個は青である。１段目と３段目の中央の組み合わせは，青と青，青と透明，透明と青の３通りあるから，１段目と３段目の積み方は３通りある。したがって，㋐の場合は⑵のときと比べて３倍になる。

②「２段目と４段目の内側を合わせた見え方」が㋑の場合

２段目と４段目の積み方は，青に見えるところの積み方が青と青，青と透明，透明と青の３通りあるから，⑵のときと比べて３倍になる。１段目と３段目の中央の組み合わせは３通りだから，１段目と３段目の積み方は，⑵のときと比べて３倍になる。したがって，㋑の場合は⑵のときと比べて３×３＝９(倍)になる。

③「２段目と４段目の内側を合わせた見え方」が㋒の場合

２段目と４段目の積み方は，⑵のときと比べて３×３＝９(倍)になる。１段目と３段目の積み方は，⑵のときと

比べて３倍になる。したがって，㋒の場合は⑵のときと比べて９×３＝27(倍)になる。

④「２段目と４段目の内側を合わせた見え方」が㋓の場合

２段目と４段目の積み方は，⑵のときと比べて３×３＝９(倍)になる。１段目と３段目の積み方は，⑵のときと比べて３倍になる。したがって，㋓の場合は⑵のときと比べて９×３＝27(倍)になる。

⑤「２段目と４段目の内側を合わせた見え方」が㋔の場合

２段目と４段目の積み方は，⑵のときと比べて３×３×３＝27(倍)になる。１段目と３段目の積み方は，⑵のときと比べて３倍になる。したがって，㋔の場合は⑵のときと比べて27×３＝81(倍)になる。

⑥「２段目と４段目の内側を合わせた見え方」が㋕の場合

２段目と４段目の積み方は，⑵のときと比べて３×３×３×３＝81(倍)になる。１段目と３段目の中央の組み合わせは，⑵のときは２通りだったが，青と青，青と透明，透明と青，透明と透明のいずれでもよいので，$\frac{4}{2}$＝２(倍)になる。したがって，㋕の場合は⑵のときと比べて81×２＝162(倍)になる。

①～⑥と⑵より，積み方は全部で，

１×３＋８×９＋32×27＋８×27＋128×81＋512×162＝３＋72＋864＋216＋10368＋82944＝**94467**(通り)

白陵中学校【前期】【後期】

《前期　国語》

一 ①a．機会　b．器械　②a．得意　b．特異　③a．余地　b．予知　④a．支持　b．師事　⑤a．保証　b．保障　⑥聞く　⑦行く　⑧いる　⑨来る　⑩着る　⑪立つ　⑫射る　⑬取る　⑭ウ　⑮オ　⑯エ　⑰一　⑱七　⑲九　⑳八月が秋の中間の月に当たる

二 問一．a．原因　b．追求　c．達成　d．応　問二．イ　問三．血液型による性格判断にふれるたびに、その情報に合致する血液型の人を自分の経験の中から思い浮かべることで、情報を真実だととらえ、さらに日常生活においてその情報をより確実なものにする例に注目するようになる。　問四．血液型がA型の人で、A型の性格だとされる情報とは異なる性格の人物を思い出そうとすること。／A型の性格だとされる情報通りの性格の人物で、血液型がA型以外の人を思い出そうとすること。　問五．ア　問六．エ　問七．客観的な根拠に基づいていない事象が、真実として社会に浸透している状況は、人々をそれに沿った考え方や行動をさせることにより自己の存在を確かめさせようとする点で、非常に危険である。　問八．(1)Ⅰ．差別や偏～オタイプ　Ⅱ．人間が持～かねない　Ⅲ．五十種類以上もある血液型を、血液型占いの都合に合わせて四種類に分類している　(2)ウ

三 問一．A．耳　B．手　C．足　D．歯　問二．Ⅰ．ウ　Ⅱ．エ　Ⅲ．イ　Ⅳ．ア　問三．自分と同じように母は自ら好きな人と別れたが、痛くても私と生きていくことだけはあきらめようとしない、母の命懸けの思いを知り胸を打たれている。　問四．オ　問五．絵本を描くことで自らの夢を実現しようとしている青緒とは逆に、靴職人をあきらめようとしている自分には、絵本を手に取る資格がないと思ったから。　問六．はく人の個性に応じた靴を作ることで、その人の人生を支え、幸せにすることができる靴職人になること。　問七．ウ
問八．青緒が痛みをこらえ完成させた絵本から、靴作りの夢をあきらめないでほしいという思いを感じ、自分も靴を作り続けようと決意を新たにしている。

《前期　算数》

1 (1)$\frac{1}{6}$　(2)0.672　(3)$4\frac{1}{2}$　(4)15　(5)ア．741　イ．818

2 (1)55　(2)48　(3)15　(4)10.26

3 (1)三角形ＰＦＧ…9　三角形ＱＦＧ…30　(2)12　(3)$11\frac{1}{3}$秒後，$12\frac{2}{3}$秒後

4 (1)1618　(2)944　(3)1334

5 (1)7，30　(2)ア．6　イ．9　(3)11，15

6 (1－ア)右図　(1－イ)128　(2－ア)12　(2－イ)$28\frac{4}{5}$

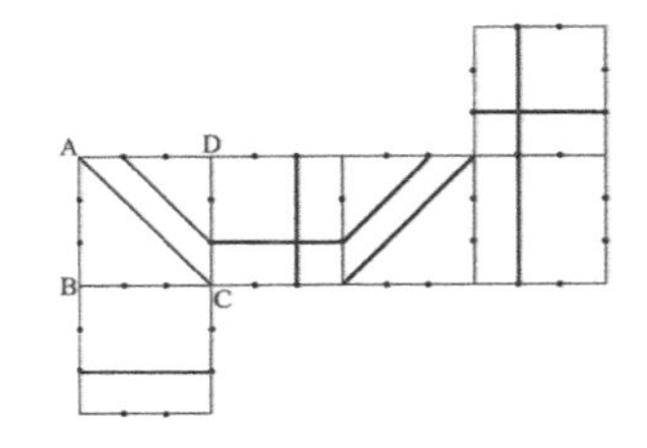

《前期　理科》

1 問１．だっし綿が実験結果と関係がないことを確かめる必要があるから。　問２．(あ)光〔別解〕だっし綿　(い)温度　問３．(う)水の減り　(え)水　問４．インゲンマメ…エ　イネ…ア　問５．イ，エ　問６．(か)，(き)　問７．ア　問８．発芽後すぐに成長できるので，種子内の養分が少なくてもよいから。

2 問１．ア　問２．エ　問３．青　問４．右グラフ　問５．①0.75　②0　問６．2.1，4.62　問７．ア，ウ　問８．2.24　問９．2.52，3.36

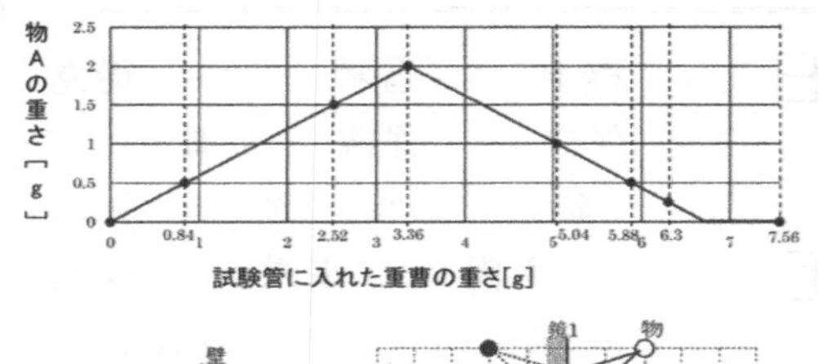

3 問１．早朝　問２．天体…北極星　かたむける角…35　問３．15　問４．表　問５．［12時／16時］　表…［あ／お］　裏…［A／U］　問６．20分進んでいる　問７．エ　問８．右図

4 問１．う　問２．右図　問３．ア　問４．24　問５．①キ　②ウ　問６．カ　問７．イ

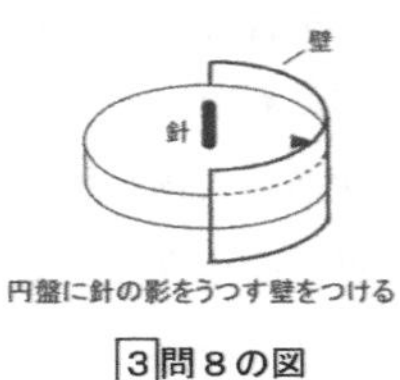

3問８の図

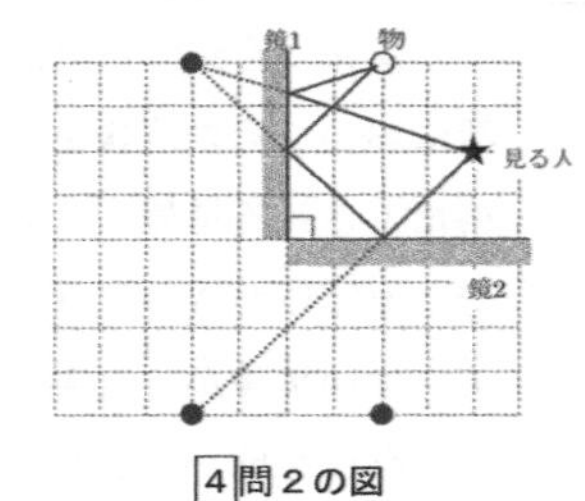

4問２の図

《後期　国語》

一 問一．a．調整　b．機会　c．成績　問二．トンボの羽化するさまを見て、生命のはかなさと力強さに心揺さぶられ、その感動を伝えようとしても、うまく伝えられないから。　問三．ア　問四．オ　問五．潰れて死んでしまったトンボだが、短い時間でも力強く生きていたことを感じ取る一方で、命が失われる切なさと、それが自分のせいであったかもしれないというやりきれなさをかみしめている。　問六．ウ　問七．人も状況も時間の中で移り変わってはいくが、あの夏の日に感じた生命のはかなさと尊さへの思いを、今も僕は抱き続けているという心情。　問八．(1)ウ　(2)エ

二 問一．日本ではサービスが行き届いているため、海外においても同様のサービスが当然あるものだと考えてしまい、結果として自分本位な行動をとってしまう点。

問二．〈作文のポイント〉

・最初に自分の主張、立場を明確に決め、その内容に沿って書いていく。

・わかりやすい表現を心がける。自信のない表現や漢字は使わない。

さらにくわしい作文の書き方・作文例はこちら！→

https://kyoei-syuppan.net/mobile/files/sakupo.html

《後期　算数》

1 (1)ア．108　イ．9　ウ．27　※(2)1832

2 (1)243　(2)3888

3 (1)$3\frac{1}{3}$　(2)$6\frac{27}{38}$

4 (1)右図　(2)37　(3)上．31　下．31　右．64　A．5

5 (1)5　(2)11　(3)165

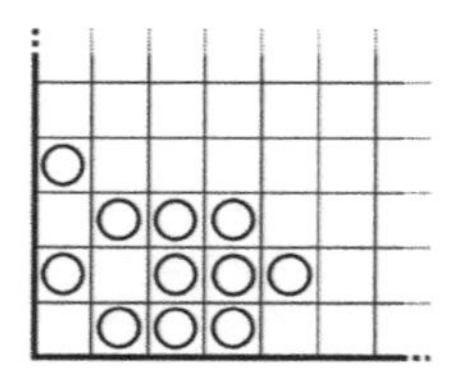

※の途中の計算は解説を参照してください。

←解答例は前のページにありますので，そちらをご覧ください。

《2022　前期　国語　解説》

二 問二　直前に「学生に性格テストをやってもらって～血液型と性格の間に関係がないことを教えています」とある。実際には「血液型と性格の間に関係がない」にもかかわらず、小さなクラスでは「たまたま血液型による性格の違(ちが)いが起こってしまうことがある」。一方、「ある程度大きなクラスだとそうしたランダムなかたよりが起こりにくくなる」。このことから、データ数の少ない調査は、データ数の多い調査よりも信頼性(しんらいせい)が低いことが読み取れる。よって、イが適する。

問三　――線部③の前に「そうした情報（＝血液型による性格判断）に接すると、まず、『ほんとうかな？』と考えて」みて、その情報にあてはまる人を「思い出すと～その情報を正しいものとして受け入れる」とある。つまり、血液型性格判断に接するたびに、その情報にあてはまる人を思い浮かべて、その情報は正しいと思うようになる。また、――線部③の５～７行後に、こうした「血液型性格判断が正しいと思ってしまう」と、「日常生活の中でも、血液型性格判断と一致(いっち)する例を見つけるたびに～ますますあたっていると思い込(こ)むようになる」とある。

問四　「その時」とは、「『Ａ型の人はこういった性格の持ち主だ』という情報を読んだり聞いたり」した時である。この時、人びとは、「まず、『ほんとうかな？』と考えて」みて、「ほんとうにそういった性格を持ったＡ型の人を思い出す」。この「逆」の行動を考えればよい。一つは、Ａ型の人でＡ型の情報にあてはまらない人を思い出そうとすることである。もう一つは、Ａ型の情報にあてはまる人でＡ型以外の人を思い出そうとすることである。

問五　血液型性格判断の、あたる、あたらないは、“Ａ型の人はこういった性格”“Ｏ型の人はこういった性格”という血液型ごとの性格の情報に、その血液型の人の性格が一致するかどうかということである。よって、ここで言う「客観的」とは、同じ血液型のすべての人を指す。また「主観的には『いつも』あたっていると思ってしまう」というのは、「自分自身や自分の知っている人にあてはまるということ」なので、「主観的」とは、自分が知っている人物の中で、血液型性格判断と一致する例を見出した特定の人物を指す。よって、アが適する。

問六　ここまでは、「血液型性格判断に根拠(こんきょ)がないのに、たくさんの人たちが信じてしまう」ことを、その理由とともに説明し、このような思い込みは、「差別や偏見(へんけん)のもとになっているステレオタイプについても言える」と述べている。こうした内容を踏まえて、――線部⑤以降では「血液型性格判断を信じている人の性格が、ほんとうに血液型性格判断の通りになる場合もある」ということに話が移っていく。つまり、筆者がより強く主張したいことへと論点が移っている。よって、エが適する。

問七　ここより前に「みんなが血液型判断をあたっていると思い込むことで、ほんとうにそうした性格特性を知らず知らずのうちに身につけるようになってきたということなんだと考えられます～まわりからの偏見(へんけん)にさらされていると、ほんとうにそうした偏見に応じた考え方をしたり、行動をするようになってしまう可能性がある」とあり、こうしたことには「十分に気をつけておかないといけない」と述べている。この部分を中心にまとめればよい。

問八(1)Ⅰ　本文の最後の段落に「こうしたことは血液型性格判断だけだとあんまり害はないけど～偏見やステレオタイプが予言の自己実現を生み出してしまうってことには十分に気をつけておかないといけない」とある。つまり、本文の筆者は血液型性格判断よりも「偏見やステレオタイプ」の方を問題視している。　Ⅱ　資料の筆者は、血液型占(うらな)いについて、「実は知らず知らずのうちに信じ込んでしまう危険性がある」と述べている。このことがもたらす具体的な問題について、企業(きぎょう)が血液型で人を分類し、排除(はいじょ)することで、「人間が持つ本来の可能性を摘(つ)み取りかねない」と説明している。　Ⅲ　資料にあって本文にない「情報、科学的な見地からの血液型性格判断に対する批判」は、資料の「血液型は細かく分類すれば～占いに好都合になっているだけなのだ」の部分である。

(2)　ウは「科学・技術を重視する企業の人が血液型性格判断を採用基準にする」が誤り。

三　著作権に関係する弊社の都合により本文を非掲載としておりますので、解説を省略させていただきます。ご不便をおかけし申し訳ございませんが、ご了承ください。

《2022　前期　算数　解説》

1　(1)　与式$=\frac{5}{6}\times\{(\frac{21}{35}-\frac{10}{35})\times\frac{7}{11}\}=\frac{5}{6}\times\frac{11}{35}\times\frac{7}{11}=\frac{1}{6}$

(2)　与式$=1.832\times\frac{5}{4}-2.427\div\frac{3}{2}=2.29-2.427\times\frac{2}{3}=2.29-1.618=0.672$

(3)　与式より，$4\div\{(□-\frac{1}{3})\div 5+\frac{7}{6}\}=10-8$　　$(□-\frac{1}{3})\div 5+\frac{7}{6}=4\div 2$　　$(□-\frac{1}{3})\div 5=2-\frac{7}{6}$

$□-\frac{1}{3}=\frac{5}{6}\times 5$　　$□=\frac{25}{6}+\frac{1}{3}=\frac{25}{6}+\frac{2}{6}=\frac{27}{6}=\frac{9}{2}=4\frac{1}{2}$

(4)　**【解き方】全体の仕事の量を，45と54と36の最小公倍数である540として考える。**

１日あたりの仕事の量は，Ａさんが540÷45＝12，Ｂさんが540÷54＝10，Ｃさんが540÷36＝15となるから，求める日数は，540÷(12＋10＋15)＝14余り22より，15日である。

(5)　Ａを78で割ったときの商は，9.5以上10.5未満である。よって，Ａは9.5×78＝741以上，10.5×78＝819未満だから，一番小さいものは$_ア$741，一番大きいものは$_イ$818である。

2　(1)　三角形ＤＡＢはＡＤ＝ＢＤの二等辺三角形だから，角ＤＡＢ＝(180°－44°)÷２＝68°

角ＣＡＤ＝90°－68°＝22°だから，三角形の外角の性質より，角あ＝33°＋22°＝55°

(2)　**【解き方】正六角形は右図のように面積が等しい18個の三角形に分けることができる。**

斜線部分に三角形は８個あるから，求める面積は，$108\times\frac{8}{18}=48$(㎠)

(3)　**【解き方】右図のように記号をおく。角ＰＨＲ＝角ＡＢＱ＝90°だから，三角形ＰＱＲの面積は，ＰＩ×ＲＣ÷２で求められる。**

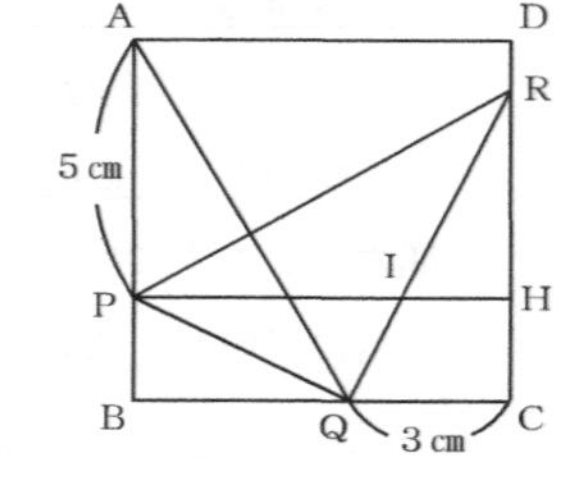

ＲＨ＝ＱＢ＝７－３＝４(㎝)，ＨＣ＝ＰＢ＝７－５＝２(㎝)

三角形ＲＩＨと三角形ＲＱＣは同じ形だから，

ＩＨ：ＱＣ＝ＲＨ：ＲＣ＝４：(４＋２)＝２：３，ＩＨ＝ＱＣ×$\frac{2}{3}$＝３×$\frac{2}{3}$＝２(㎝)

よって，三角形ＰＱＲの面積は，(７－２)×６÷２＝15(㎠)

(4)　**【解き方】正方形(ひし形)の面積は，(対角線)×(対角線)÷２で求められることを利用する。**

半径が６÷２＝３(㎝)の円の面積から，直角二等辺三角形８個の面積の和をひいて求める。

半径が３㎝の円の面積は，３×３×3.14＝28.26(㎠)

直角二等辺三角形を２個合わせると，対角線が３㎝の正方形ができる。その正方形の面積は３×３÷２＝$\frac{9}{2}$(㎠)だから，直角二等辺三角形８個の面積の和は，$\frac{9}{2}\times\frac{8}{2}=18$(㎠)

したがって，求める面積は，28.26－18＝10.26(㎠)

3　(1)　７秒後，ＰはＢＣ上にあり，ＢＰ＝７－６＝１(㎝)となる。ＱはＤＣ上にあり，ＤＱ＝７㎝となる。

三角形ＰＦＧは底辺をＧＦ＝６㎝とすると高さがＰＦ＝１＋２＝３(㎝)となるので，面積は，６×３÷２＝９(㎠)

三角形ＱＦＧは底辺をＧＦとすると高さがＤＥ＝10㎝となるので，面積は，６×10÷２＝30(㎠)

(2)　**【解き方】三角形ＰＦＧと三角形ＱＦＧの面積が等しくなるのは，ＰとＱが重なるときである。**

ＡＢ＋ＢＣ＋ＣＤ＝６＋(10－２)＋10＝24(㎝)であり，ＰとＱはそれぞれ，秒速１㎝で動くから，

求める時間は，24÷（1＋1）＝12（秒後）

(3)　**【解き方】(2)より，12 秒後に面積が等しくなるので，ここからの面積の変化から考える。**

12 秒後から，P，QがともにBC上にある間は，1秒間でGFを底辺としたときの高さの差が1＋1＝2（cm）増えるから，面積の差は6×2÷2＝6（㎠）増える。よって，面積の差が4㎠となるのは，12 秒後から，$1\times\frac{4}{6}=\frac{2}{3}$（秒）だけ前か後になったときだから，求める時間は，$12-\frac{2}{3}=11\frac{1}{3}$（秒後），$12+\frac{2}{3}=12\frac{2}{3}$（秒後）

どちらもP，QがBC上にあるから，正しい。

4 (1)　1～2022 のうち，5の倍数は，2022÷5＝404 余り2より 404 個あるから，求める枚数は，2022－404＝1618（枚）

(2)　**【解き方】2022 は5の倍数ではなく3の倍数なので，3の倍数が取り除かれるときに，最後に取り除かれる。3の倍数が取り除かれるとき，3と5の最小公倍数の 15 の倍数はすでに取り除かれていることに気をつける。**

5の倍数を取り除くとき，404 枚が取り除かれる。1～2022 のうち，3の倍数は 2022÷3＝674（個），15 の倍数は 2022÷15＝134 余り 12 より 134 個あるから，3の倍数を取り除くとき，674－134＝540（枚）が取り除かれる。

よって，2022 のカードは 404＋540＝944（番目）に取り除かれる。

(3)　**【解き方】2の倍数を取り除くとき，2と3の最小公倍数の6の倍数と，2と5の最小公倍数の 10 の倍数はすでに取り除かれていることに注意する。また，取り除くさいに，2と3と5の最小公倍数である 30 ごとに同じ枚数だけカードが取り除かれていく。**

3の倍数を取り除くまでに 994 枚のカードを取り除いたのだから，2の倍数を取り除くときの，1300－944＝356（番目）に取り除かれるカードを考えればよい。

1～30 までの整数のうち，取り除く2の倍数（6の倍数と 10 の倍数を除く）は，2，4，8，14，16，22，26，28 の8個ある。これを1周期とすると，1周期ごとに8個を取り除くのだから，356÷8＝44 余り4より，求める数は，45 周期目の4番目の数だから，30×44＋14＝1334 である。

5 (1)　Xに水を入れ始めてから，12 分 30 秒＋2分 30 秒＝15 分後にXが満水（水でいっぱい）になる。YにはXの3倍の水量で水を入れているのだから，Yに水を入れ始めてから 15÷3＝5（分後）にYが満水になる。

Xに水を入れ始めてから 12 分 30 秒後にYが満水になるのだから，Yに水を入れ始めたのは，Xに水を入れてから，12 分 30 秒－5分＝7分 30 秒後

(2)　**【解き方】Xを正面から見て，図ⅰのように作図する（太線は仕切り）とグラフから図ⅱのようなことがわかる。**

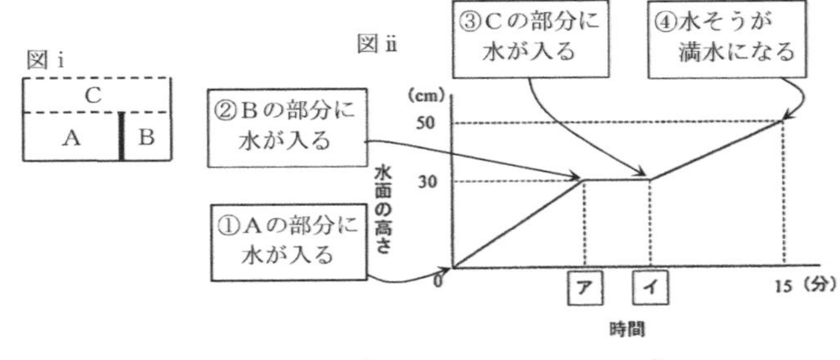

AとBを合わせた部分の体積は，水そうの体積の $\frac{30}{50}=\frac{3}{5}$（倍），Aの体積は，AとBを合わせた部分の体積の $\frac{60}{60+30}=\frac{2}{3}$（倍）だから，水そうの体積の $\frac{3}{5}\times\frac{2}{3}=\frac{2}{5}$（倍）である。水そうが満水になるのに 15 分かかるから，ア＝$15\times\frac{2}{5}=6$（分），イ＝$15\times\frac{3}{5}=9$（分）

(3)　**【解き方】Yに水を入れ始めてから，Yの水面の高さは1分間で何cm高くなるのかに注目して考える。**

Yは5分で満水になるので，水面の高さは1分間で 50÷5＝10（cm）高くなる。

(2)の図ⅱの③のとき，Yは水を入れ始めてから 9－7.5＝1.5（分後）だから，水面の高さは 10×1.5＝15（cm）である。このときのXとYの水面の高さの差は 30－15＝15（cm）である。③から④までで，Xの水面の高さは 15－9＝6（分）で 50－30＝20（cm）上がるから，1分間で $20\div6=\frac{10}{3}$（cm）上がる。よって，③から，水面の高さの差は1分間で $10-\frac{10}{3}=\frac{20}{3}$（cm）縮まるので，③から $15\div\frac{20}{3}=\frac{9}{4}=2\frac{1}{4}$（分後）の，$9+2\frac{1}{4}=11\frac{1}{4}$（分後），つまり，

11分($\frac{1}{4}$×60)秒後＝11分15秒後が求める時間である。

6 (1)(ア)　図1について，残りの頂点E，F，G，Hを図ⅰのようにかきこみ，図2に対応する頂点をかきこむと，図ⅱのようになる。この頂点の位置に注意して切り口をかき入れると，解答例のようになる。

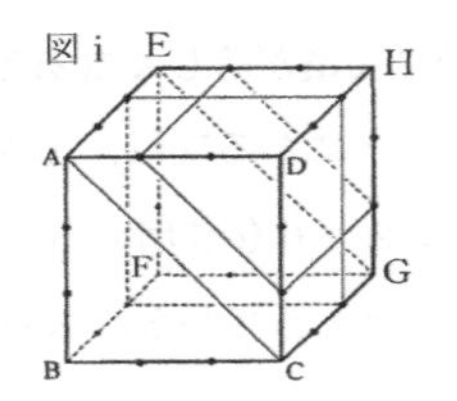

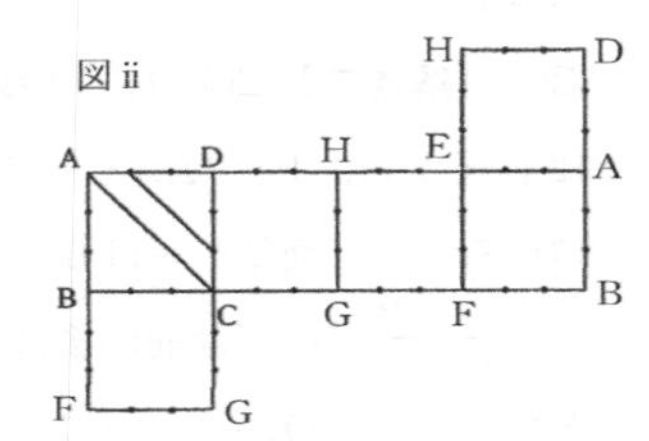

(イ)　【解き方】図ⅲのように記号をおくと，切り分けた立体のうち，体積が小さい立体は，㋐底面が三角形ＨＰＱで高さが12÷３＝４(㎝)の三角柱と，㋑底面が四角形ＰＱＧＥで高さが４㎝の四角柱の２つあるので，どちらがより体積が小さいか，底面積で比べる。

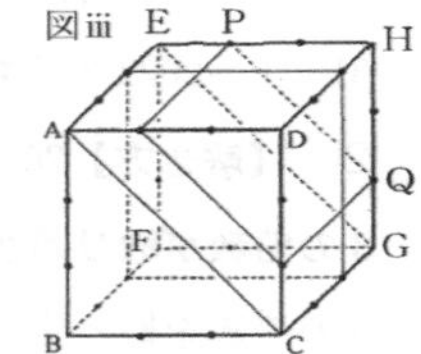

三角形ＨＰＱと三角形ＨＥＧは同じ形の三角形で，ＨＰ：ＨＥ＝２：３だから，面積の比は，(２×２)：(３×３)＝４：９　　よって，三角形ＨＰＱと四角形ＰＱＧＥの面積の比は４：(９－４)＝４：５だから，㋑より㋐の体積の方が小さい。

ＨＰ＝ＨＱ＝12×$\frac{2}{3}$＝８(㎝)だから，求める体積は，(８×８÷２)×４＝128(㎤)

(2)(ア)　展開図を組み立て，切り口を太線で表すと，図ⅳのようになる。

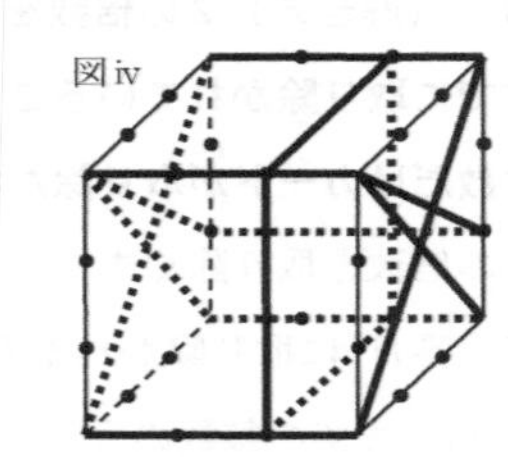

左右の面から見える切り口によって，立方体は６つに分けられ，前後上下の面から見える切り口によって，立方体は２つに分けられているので，立方体は６×２＝12(個)の立体に切り分けられたとわかる。

(イ)　【解き方】図ⅴは，図ⅳの右の面に記号をおいたものである。体積が最も小さい立体は，図ⅴの中で最も面積が小さい図形を底面とする，高さが12÷３＝４(㎝)の柱体である。

最も面積が小さい図形は，三角形ＩＮＯか三角形ＭＬＯである(三角形ＩＮＯと三角形ＫＮＯの面積が等しいから，四角形ＯＮＫＭは三角形ＩＮＯより明らかに面積が大きい)。

三角形ＩＪＯと三角形ＭＬＯは同じ形の三角形だから，ＩＯ：ＭＯ＝ＪＯ：ＬＯ＝ＩＪ：ＭＬ＝３：２

ＮＬ＝ＪＬ×$\frac{1}{2}$だから，ＮＯ＝ＮＬ－ＬＯ＝ＪＬ×$\frac{1}{2}$－ＪＬ×$\frac{2}{3+2}$＝ＪＬ×($\frac{1}{2}$－$\frac{2}{5}$)＝ＪＬ×$\frac{1}{10}$

三角形ＭＬＯの面積を１とすると，(三角形ＩＯＬの面積)＝(三角形ＭＬＯの面積)×$\frac{\text{IO}}{\text{MO}}$＝$\frac{3}{2}$

ＮＯ：ＬＯ＝ＪＬ×$\frac{1}{10}$：ＪＬ×$\frac{2}{5}$＝１：４より，(三角形ＩＮＯの面積)＝(三角形ＩＯＬの面積)×$\frac{\text{NO}}{\text{LO}}$＝$\frac{3}{2}$×$\frac{1}{4}$＝$\frac{3}{8}$

したがって，三角形ＩＮＯが最も面積が小さい。

(三角形ＩＮＯの面積)＝(三角形ＩＮＬの面積)×$\frac{\text{NO}}{\text{NL}}$＝(12×12×$\frac{1}{4}$)×$\frac{1}{1+4}$＝$\frac{36}{5}$(㎠)

よって，求める体積は，$\frac{36}{5}$×４＝$\frac{144}{5}$＝28$\frac{4}{5}$(㎤)

《2022　前期　理科　解説》

1 問１　ある１つの条件が結果にどのような影響(えいきょう)を与(あた)えるか確かめるときには，それ以外の条件はまったく同じにしなければならない。このように，条件を１つだけ変えて結果を比べる実験を対照実験という。

問２　実験１と２より，発芽には水が必要であることがわかる。また，実験３より，発芽には適切な温度が必要であることがわかる。また，実験２で，日光を当てた種子と当てなかった種子はどちらも発芽したので，発芽に光が必要ではないことがわかる。

問４　インゲンマメは子葉が２枚の双子葉類(そうしようるい)で，子葉が地上に出る。イネは子葉が１枚の単子葉類(たんしようるい)である。

問５　イとエはおもに脂肪(しぼう)がたくわえられている。

問6　ヨウ素液はデンプンに反応して青むらさき色に変化する。よって，BとCの両方がそろっている㈠と㈣では，デンプンが分解されてヨウ素液が反応せず，それ以外ではヨウ素液が反応するから，(お)には×，(か)と(き)には○が入る。

問7　結果が×になった㈨ではデンプンが分解された。㈨では，B→Cの順に置いたから，Bから出たものが台に残っていて，後から置いたCがそれを受け取ることでデンプンを分解するものを出したと考えられる。イが正しければ㈨では○，㈩では×になり，ウが正しいければ㈨と㈩の両方で×になる。

問8　発芽に日光が必要であるということは，発芽したときには日光が当たる環境(かんきょう)にあり，すぐに光合成を行って養分をつくることができるということである。

2　**問1**　ア○…液体をろうとに注ぐときには，ガラス棒を伝わらせ，ろうとのあしをビーカーのかべにつけて，液体が飛び散らないようにする。

問2　水素を燃やすと，空気中の酸素と結びついて水(水蒸気)ができる。

問3　ＢＴＢ溶液(ようえき)は酸性で黄色，中性で緑色，アルカリ性で青色になる。石灰水はアルカリ性である。

問4　表より，重曹(じゅうそう)の重さが3.36ｇになるまでは，重曹の重さが0.84ｇ増えるごとに物Ａの重さが0.50ｇ増え，重曹の重さが3.36ｇ以上になると，重曹の重さが0.84ｇ増えるごとに物Ａの重さが0.50ｇ減ることがわかる。よって，物Ａの重さが$5.88+0.84=6.72$(ｇ)のとき，物Ａの重さは０ｇになり，それ以上重曹の重さを増やしても，物Ａの重さは０ｇで一定になる。問５以降の問題は，このグラフの物Ａの重さが最大(2.00ｇ)になる点を基準にして，左右に同じだけはなれた点では，物Ａの重さが同じになると考えるとよい。

問5　①重曹の重さ5.46ｇは，物Ａの重さが最大になるときより$5.46-3.36=2.10$(ｇ)多い。よって，問４解説より，物Ａの重さは2.00ｇより$0.50\times\frac{2.10}{0.84}=1.25$(ｇ)少ない0.75ｇになる。　②問４解説より，重曹の重さが6.72ｇ以上であれば，物Ａの重さは０ｇである。

問6　物Ａの重さ1.25ｇは，物Ａの重さが最大になるときより$2.00-1.25=0.75$(ｇ)少ない。問４解説より，このようになるのは重曹の重さが3.36ｇより$0.84\times\frac{0.75}{0.50}=1.26$(ｇ)少ないときか多いときかのどちらかである。よって，$3.36-1.26=2.1$(ｇ)か，$3.36+1.26=4.62$(ｇ)である。

問7　ア○…問４より，重曹の重さが3.36ｇ以下のときは，重曹の重さを２倍にすれば，物Ａの重さも２倍になる。ウ○…物Ａの重さは，重曹の重さが1.24ｇのときには$0.50\times\frac{1.24}{0.84}=\frac{31}{42}$(ｇ)であり，重曹の重さが4.24ｇのとき(3.36ｇより0.88ｇ多いとき)には2.00ｇより$0.50\times\frac{0.88}{0.84}=\frac{22}{42}$(ｇ)少なく，$2.00-\frac{22}{42}=\frac{62}{42}$(ｇ)である。よって，$\frac{62}{42}\div\frac{31}{42}=2$(倍)になる。

問8　物Ａの重さが最大になるとき(重曹の重さ3.36ｇ)を基準に，同じだけ重曹の重さを増減させたときの物Ａの重さが等しくなるから，図ｉのような関係が成り立つ。よって，重曹の重さが$3.36\times\frac{2}{2+1}=2.24$(ｇ)であれば，その２倍の4.48ｇのときとできるＡの重さが同じになる。

図ｉ
2　2
0ｇ　3.36ｇ
2.24ｇ　1　1　4.48ｇ

問9　物Ａの重さが1.75ｇになるのは，重曹が$0.84\times\frac{1.75}{0.50}=2.94$(ｇ)，または，$3.36+(3.36-2.94)=3.78$(ｇ)反応したときである。よって，反応せずに残った重曹は，$6.30-2.94=3.36$(ｇ)か，$6.30-3.78=2.52$(ｇ)のどちらかである。

3　**問1**　太陽が低い位置にあるとき(早朝)の方が，１時間ごとの影(かげ)と影の間の角度が大きくなる。

問2　北極星は地軸(ちじく)の延長線付近にあるため，北の空では北極星がほとんど動かず，他の星が北極星を中心に反時計回りに回転しているように見える。また，地軸と針が平行になるとき，図ⅱのｂとｃは平行線の同位角で等しいから，ｃ＝90－35＝55(度)，ａ＝90－ｂ＝90－55＝35(度)となる。

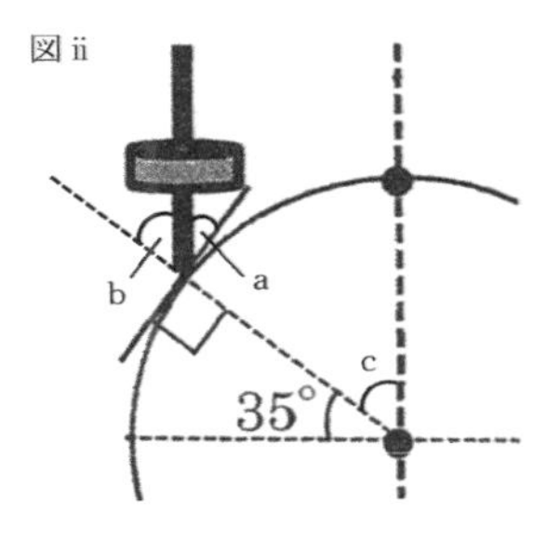

問3　コマ型日時計は時間帯によって目盛り間の角度が変わらない。地球は１日で１回転しているから，１日→24時間，１回転→360度より，１時間当たりの目盛り間の

角度を360÷24＝15(度)にすればよい。

問４　図１の夏至の日で，コマ型日時計の針を地軸と平行にすると，円盤(えんばん)の表に太陽の光が当たることがわかる。

問５　表…12時の太陽は真南にあるから，影はその反対方向の真北の「あ」にできる。また，12時の４時間後の16時の太陽は，真南から西に４目盛り分移動した方向にあるから，影は「あ」から東に４目盛り分移動した「お」の方向にできる。　裏…表と裏の記号の関係に注意する。「あ」の裏には「A」，「す」の裏には「M」，「き」の裏には「S」，「て」の裏には「G」がある。よって，「お」の裏にある「U」が16時にあたる目盛りである。

問６　千葉は明石より５度東にある。太陽は，東の地平線からのぼってくるから，太陽が真南にくる(影が「あ」の向きにできる)時刻は，千葉の方が$1\times\frac{5}{15}=\frac{1}{3}$(時間)→20分早い。つまり，問５のコマ型日時計が千葉で12時を示すときの実際の時刻は11時40分だから，日時計は20分進んでいることになる。

問７　春分・秋分の日には，太陽の光が針に対して垂直に当たる(円盤と平行になる)。太陽の光は円盤の表にも裏にも当たらず，円盤には針の影ができない。

4　**問１**　像は，鏡の光が当たる面に対して対称(たいしょう)の位置にできるから，鏡から左に３マス目の点に像を作るには，鏡から右に３マス目の点に物を置けばよい。

問２　鏡１による像Aは，物から左へ２＋２＝４(マス目)の点にでき，Aの鏡２による像Bは，Aから下へ４＋４＝８(マス目)の点にできる。また，鏡２による像Cは，物から下へ４＋４＝８(マス目)の点にできる。鏡１で１回反射して見える像はA，鏡１と鏡２で１回ずつ反射して見える像はBである。

問３　物１のつなぎ目付近に見える像は，鏡１と鏡２で１回ずつ反射したものである。よって，物２についても，鏡１と鏡２で１回ずつ反射して見える像を作図すると，つなぎ目から左に３マス，下に１マスの点にできる。よって，観察者からは，物１の像はつなぎ目の左側，物２の像はつなぎ目の右側に見える。

図iii

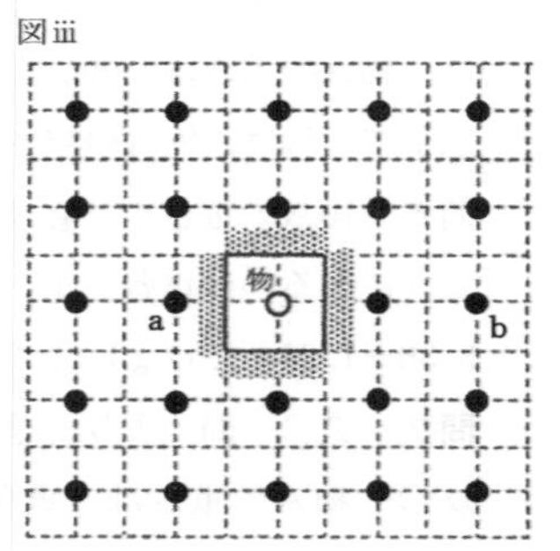

問４　図iii参照。例えば，aは左の鏡で１回反射してできた像であり，bはaが右の鏡で反射してできた像である。このように考えると，図のはん囲内では24個の像ができる。

図iv

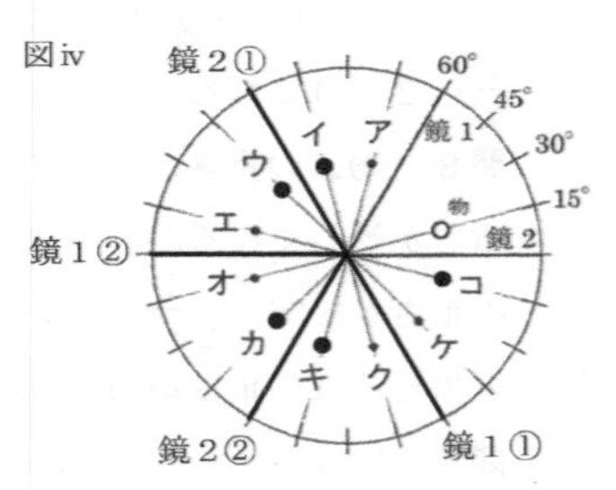

問５，６　図iv参照。鏡１と鏡２の角度は60度だから，60度ごとに鏡１の中の鏡２が，鏡２の中に鏡１が見えると考える。物の像ができる位置は時計回りに，鏡２から15度はなれたコ，鏡１①から45度はなれたキ，鏡２②から15度はなれたカ，鏡１②から45度はなれたウ，鏡２①から15度はなれたイとなる。イにできた像は鏡２から反時計回りに105度の位置にあるから，鏡２による像は鏡２から時計回りに105度の位置キにできる。同様に考えて，コにできた像は鏡１から時計回りに75度の位置にあるから，鏡１による像は鏡１から反時計回りに75度の位置ウにできる。

問７　物２の位置は図ivの物の位置と同じだから，つなぎ目付近ではカの位置に見える。同様に考えると，物１のつなぎ目付近の像は図ivのオの位置にできる。よって，観察者からは，物１の像はつなぎ目の右側，物２の像はつなぎ目の左側に見える。

《2022　後期　国語　解説》

一 問二　この後の内容から、ホナミさんのこのトンボへの思い入れや愛情の深さが読み取れる。また、半透明の細い胴体や、僅かな風に体を震わせるトンボの姿などからは、生命のはかなさが感じられる。そして、どんどん羽化が進む様子からは、生命のもつ力強さが感じられる。――線部①の３行前に「ホナミさんの声も少し震えて聞こえた」とある。ホナミさんは羽化の様子をくわしく説明しようとしているが、聞いている側からすればわかりづらい。ホナミさんの声が震えたり、伝わりづらい説明になったりしたのは、はかなくも力強いトンボの羽化に感動し、興奮しているからだと考えられる。

問三　翅の一枚の先端が潰れねじれたままのトンボを見ながら、「僕」は「明らかに問題～これでは飛べないのではないか～狩りをするどころかほかのトンボに狩られかねない」と思っている。おそらくホナミさんも同じようなことを考えているはずであり、自力では生きていけそうにないトンボを世話できないかと思い、――線部②のように言ったと考えられる。よって、アが適する。

問四　飛べないのではないかと心配していたトンボは、いつのまにかいなくなっていて、「僕」とホナミさんは「飛べたんだ！」「よかったですね」と喜びあった。羽化したトンボを見ることができた上に、トンボが無事に飛び立ったことで、「僕」はうれしくなるとともに、安心した。そのため、おだやかな気持ちになり、自然と自転車を漕ぐスピードもゆったりとしたものになったのである。よって、オが適する。

問五　布地を噛む強さと目の光が失われない様子から、「僕」は、このトンボが力強く生きていたことを感じ取っている。一方で、せっかく羽化したのにすぐに死んでしまったトンボを前にして、命のはかなさや、それが失われる切なさを感じている。また、どういう経緯でこのトンボが死んでしまったのかは分からないが、自分のリュックサックに潰れてくっついていた以上、もしかすると自分の不注意で死なせてしまったのかもしれないと思っている。

問六　――線部⑤の「猿の絵」や「抜け殻の標本」、「メダカの鉢」は、「僕」が家庭教師をしてもらっていたころにあったものである。これらの品々は、「僕」とホナミさんの思い出がつまったものである。しかし、それらはなくなっていて、トンボの羽化をいっしょに見た庭には、子育てで使っていると思われる「たくさんのタオルや肌着が干してあった」。こうした家の様子を見た「僕」は、ホナミさんの中では自分との思い出が薄れているということを感じている。そして、今でもトンボの頭を持っていて、ホナミさんとの思い出を大切にしている「僕」は、時の流れを感じ、感傷的になっていると思われる。よって、ウが適する。

問七　問五と問六の解説も参照。「僕」は、ホナミさんの中では自分との思い出が薄れているということを感じ、人も状況も時の流れとともに移り変わっていくことに感傷的になっている。一方で、トンボが死んでしまった日に見たトンボの目の光がまだ失われていないことは、この日感じた命のはかなさや力強さが、「僕」の中で失われていないことを表現している。

問八(1)　ウは「ホナミさんに共感してトンボに興味を向ける少年のような人物」が誤り。トンボが羽化したことを聞いた従兄は、「俺も見たかったなーと棒読みのように言った」。「棒読みのように言った」ということは、本当はあまり興味がないと考えられる。　(2)　エは「息つくひまを与えず～共感させている」が誤り。この文章で会話を改行せずに書き連ねていることは、こういった効果を生み出していない。

二 問一　この後にある自動ドアの話からまとめる。自動ドアに慣れている日本人は、日本にいる時と同じように「後ろの人のことなんか考えないで」ドアを開けたあとパッと手を放してしまい、「日本人のマナーはどうなっているんだ」と思わぬ誤解をされている。また、タクシーのドアも同じで、「日本人はタクシーを降りたあとドアを閉めずに行くと言われて評判が悪い」とある。日本はサービスがいいゆえに、海外で日本と同じように行動して、マナーが悪いと誤解されてしまうのである。

《2022　後期　算数　解説》

1 (1) **【解き方】正十二角形の中心をOとして，右のように作図する。**

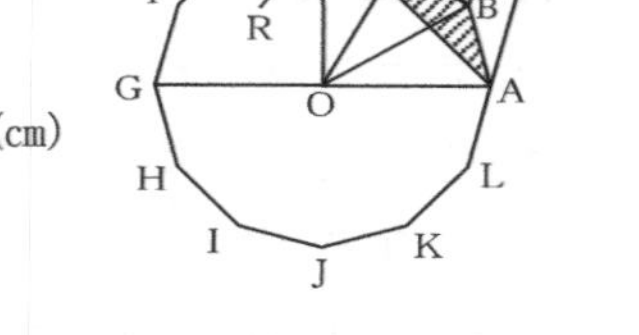

角AOB＝角BOC＝角COD＝360°÷12＝30°だから，角BOD＝30°＋30°＝60°，

OB＝OD＝12÷２＝６(cm)　　よって，三角形OBDは正三角形であり，

三角形ODRと三角形OBRは合同だから，ORとBDは垂直で，DR＝６÷２＝３(cm)

よって，三角形OCDの面積はOC×DR÷２＝６×３÷２＝９(㎠)だから，

正十二角形の面積は，９×12＝ア<u>108</u>(㎠)

四角形ABCDの面積は，三角形OAB，OBC，OCDの面積の和から，三角形OADの面積をひけばよいので，

９×３－６×６÷２＝27－18＝イ<u>９</u>(㎠)

角ADC＝角DAB＝(180°－30°)÷２－45°＝30°だから，AB，DCはそれぞれ角DAP，角ADPの二等分線である。また，ADとBCが平行だから，四角形ABCD，四角形PQBA，四角形DCQPは合同なので，

正三角形ADPと正三角形BCQの面積の差は，四角形ABCDの面積の３倍に等しく，９×３＝ウ<u>27</u>(㎠)

(2) **【解き方】１ｇあたりの金の体積→円柱の底面積→円柱の高さ，の順で求める。**

金は19.32ｇで１㎤だから，１ｇあたり，$1\div19.32=\frac{1}{19.32}=\frac{100}{1932}$(㎤)

円柱の底面の半径は0.0006÷２＝0.0003(cm)だから，底面積は，

$0.0003\times0.0003\times3.14=\frac{3}{10000}\times\frac{3}{10000}\times3.14=\frac{28.26}{100000000}=\frac{2826}{10000000000}$(㎠)

よって，円柱の高さは，$\frac{100}{1932}\div\frac{2826}{10000000000}\div100=\frac{10000000000}{5459832}=1831.5\cdots$より，1832ｍである。

2 (1) **【解き方】２種類の数字のうち，百の位の数をA，Aではない数をBとして，A，Bの選び方と，それによってつくられる数の種類を考える。**

Aの選び方は１～９の９通り(０だと３桁の整数にならない)，Bの選び方は０～９のうち，Aで選んだ数を除く９通りあるから，AとBの選び方は全部で，９×９＝81(通り)ある。

例えば，A＝１，B＝２としたとき，できる整数は，112，122，121の３個あるから，できる整数は全部で，81×３＝243(個)ある。

(2) **【解き方】(2)と同様にして，３種類の数字のうち，千の位の数をA，Aではない２つの数をB，C(BはCよりも上の位の数)として考える。**

Aの選び方は１～９の９通り，Bの選び方は０～９のうちAで選んだ数を除く９通り，Cの選び方は０～９のうちAとBで選んだ数を除く８通りあるから，A，B，Cの選び方は全部で，９×９×８＝648(通り)ある。

例えば，A＝１，B＝２，C＝３としたとき，できる整数は，1123，1213，1231，1223，1232，1233の６個あるから，できる整数は全部で，648×６＝3888(個)ある。

3 (1) **【解き方】弟と兄の，１分あたりの高さの変化に注目する。**

各地点まで移動する(300ｍ進む)のにかかる時間は，弟が300÷100＝３(分)，兄が300÷120＝2.5(分)

兄がAD間を進むときは兄の方が高く，兄がCにいるときは兄の方が低くなるので，兄がDC間を進むときに高さが同じになる。兄はDC間を進むとき，2.5分で高さが53－49＝４(ｍ)低くなるので，１分あたり４÷2.5＝1.6(ｍ)

低くなる。弟は3分後にB(高さ52m)に着き，そのときの兄の高さは53－1.6×(3－2.5)＝52.2(m)となる。
弟はBC間を進むとき，1分あたり(52－49)÷3＝1(m)低くなる。
したがって，弟がBに着いたときの，2人の高さの差は52.2－52＝0.2(m)で，ここからこの差は1分あたり
1.6－1＝0.6(m)小さくなるので，求める時間は，$3+0.2\div0.6=3+\frac{1}{3}=3\frac{1}{3}$(分後)

(2) (1)と同様に考える。兄がCにいるのは5分後で，このとき弟はBC間にいるので，高さの和は101mより低い。
兄がCB間を進むとき，高さは1分あたり(52－49)÷2.5＝1.2(m)高くなる。
弟がCにいるのは6分後で，このとき兄の高さは49＋1.2×(6－5)＝50.2(m)だから，高さの和は49＋50.2＝
99.2(m)となる。弟がCD間を進むとき，高さは1分あたり$(53-49)\div3=\frac{4}{3}$(m)高くなる。
よって，兄がCB間，弟がCD間を進むときは，高さの和が1分あたり$1.2+\frac{4}{3}=\frac{38}{15}$(m)大きくなる。
弟がCについてから，高さの和があと101－99.2＝1.8(m)大きくなればよいので，求める時間は，
$6+1.8\div\frac{38}{15}=6+\frac{9}{5}\times\frac{15}{38}=6\frac{27}{38}$(分後)

4 (1) **【解き方】1つ上のマスに動かすことを㋐，1つ下のマスに動かすことを㋑，石のある段の段数と同じ数だけ右のマスに動かすことを㋒として考える。**
1段目にいるときは㋑ができないことに注意すると，(1回目，2回目，3回目)の動かし方は，(㋐，㋐，㋐)
(㋐，㋐，㋑)(㋐，㋐，㋒)(㋐，㋑，㋐)(㋐，㋑，㋒)(㋐，㋒，㋐)(㋐，㋒，㋑)(㋐，㋒，㋒)(㋒，㋐，㋐)
(㋒，㋐，㋑)(㋒，㋐，㋒)(㋒，㋒，㋐)(㋒，㋒，㋒)の13通りある。そのうち，同じ下線どうしの動かし方は
同じマスに移動することになるので，解答例のように全部で11マスに○印が書かれる。

(2) (1)の表記をふまえる。例えば，最初に㋐を2回すると3段目にいるので，㋒で3つ右のマスに移動することになるから，最後に石は1＋3×(11－2)＝28(列目)にいる。同様にして，㋐の回数ごとに最後の列を調べると，
右表のようになる。よって，上に5回動いたときが一番右の列に動いており，その列は37列目である。

㋐の回数(回)	0	1	2	3	4	5	6	7	8	9	10	11
㋒の回数(回)	11	10	9	8	7	6	5	4	3	2	1	0
最後の列(列目)	12	21	28	33	36	37	36	33	28	21	12	1

(3) **【解き方】上，下，右に動かした回数を求めることと，Aまで動かしたときの回数を求めることから，126回でS→A→Bと動かす方法は1通りしかないのではないかと予想できる。ただし，1つ1つ移動パターンを調べていったのでは，とても試験時間内に答えにたどりつけそうもない。したがって，(2)をヒントにして1通りの移動のしかたのあたりをつける。**
(1)の表記をふまえる。SからAまで最少の回数での移動方法は，㋐×4→㋒の5回である。しかし，AとBでは段がちがっていて考えづらいので，Aの4つ下にある1段目で6列目のマスをCとすると，CからBに行く方法を考える。移動回数は，下線部の移動のうち㋒の1回を除いた，126－1＝125(回)である。
(2)で調べた内容では，㋐の回数と㋒の回数の差が小さくなるにつれて，より右の列に移動できた。
CからBまで最少の回数で行くためには，右図のように，「上の移動」→「右の移動」→「下の移動」で進むはずである。この3種類の移動の回数の比がおよそ，

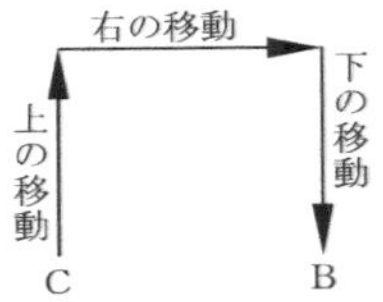

(上の移動)：(右の移動)：(下の移動)＝1：1：1か，
(上の移動)：(右の移動)：(下の移動)＝1：2：1ではないかと予想する。
(上の移動)：(右の移動)：(下の移動)＝1：1：1の場合，125÷3＝41余り2より，
(上の移動)＝42回，(右の移動)＝41回，(下の移動)＝42回とする。Cからこのように移動すると，
6＋(1＋42)×41＝1769(列目)に移動するので，2022列目には届かない。
(上の移動)：(右の移動)：(下の移動)＝1：2：1の場合，125÷4＝31余り1より，

(上の移動)＝31回，(右の移動)＝31×２＋１＝63(回)，(下の移動)＝31回とする。Ｃからこのように移動すると，６＋(１＋31)×63＝2022(列目)に移動する。

よって，ＳからＡを通ってＢに126回でたどりつく移動の方法は，㋐×４→㋒→㋐×27→㋒×63→㋑×31だから，移動回数は上が31回，右が１＋63＝64(回)，下が31回，ＳからＡまでの合計移動回数は５回である。

5 (1) 入れ方について，箱を上から見たときの図でまとめると，右のように全部で５通りある(長方形はＡを縦に置き，正方形はＡを横に２段で置いていることを表す)。

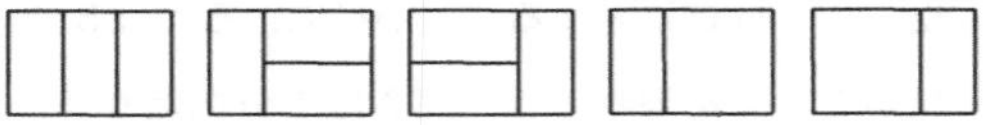

(2) **【解き方】２個の図Ｂに分かれるような入れ方と，そうでない入れ方のときで，場合わけをして考える。**

図ｉのように上から見たときに２個の図Ｂに分かれるとき，図Ｂの入れ方はそれぞれ３通りあるから，入れ方は全部で３×３＝９(通り)ある。

図ｉ 図Ｂ 図Ｂ

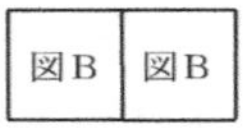

２個の図Ｂに分かれない置き方は，図ⅱのように２通りある。

図ⅱ

よって，求める置き方は全部で，９＋２＝11(通り)ある。

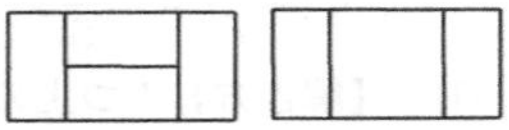

(3) **【解き方】２個の図２に分かれるような入れ方と，そうでない入れ方のときで，場合わけをして考える。**

図Ⅰのように上から見たときに２個の図２に分かれるとき，図２の分け方は２通りあり，図２の入れ方はそれぞれ11通りあるから，入れ方は全部で，２×(11×11)＝242(通り)ある。

図Ⅰ 図２ 図２ 図２ 図２

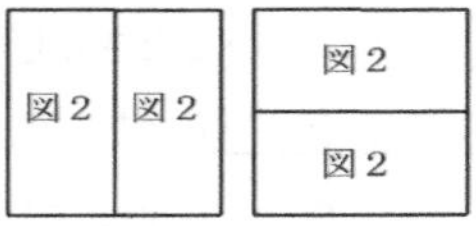

しかし，図Ⅰのように分けた場合，図Ⅱのように４個の図Ｂで分けられる分け方を重ねて数えてしまっている(図Ⅱのときは，図Ⅰのどちらの分け方もできてしまう)。図Ｂの入れ方はそれぞれ３通りあるから，図Ⅱのような入れ方は全部で３×３×３×３＝81(通り)ある。

図Ⅱ 図Ｂ 図Ｂ 図Ｂ 図Ｂ

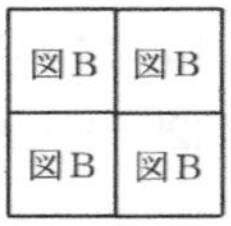

よって，２個の図２に分かれるような入れ方は全部で，242－81＝161(通り)ある。

２個の図２に分かれない置き方は，図Ⅲのように４通りある。

図Ⅲ

したがって，求める置き方は全部で，161＋４＝165(通り)ある。

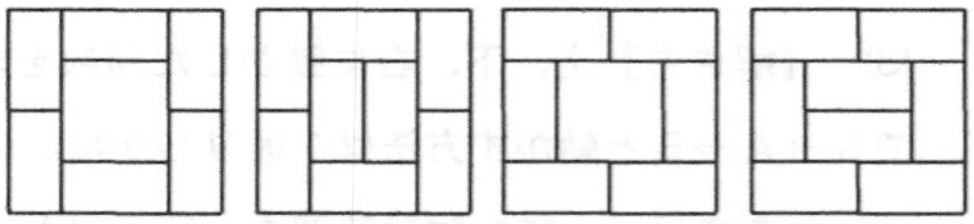

白陵中学校【前期】【後期】

《前期　国語》

一 ①言語道断　②未　③無　④非　⑤不　⑥調合　⑦身内　⑧対照　⑨イ　⑩ア　⑪キ　⑫イ　⑬ア　⑭ア　⑮イ　⑯イ　⑰十二時は午の時刻なので、それより前を午前、後を午後と呼ぶから。　⑱北東は丑寅で表すので、鬼は牛の角とトラがらの服で描かれる。

二 問一．a．機能　b．群　c．社交　d．果　問二．A．ウ　B．ア　C．イ　D．エ　問三．わかり合えないさみしさをいやそうと自分の思いを言葉で表現し伝えようとするのだが、身近な人でさえ考え方や感受性が異なり、わかり合うことは不可能なので、文学や日記を通じもう一人の自分と対話することになるという事情。　問四．エ　問五．青年期に親から自立していく際、共感や尊敬できる人の価値基準に影響を受けていくように、日本人は他者との関係性の中を生きていくものだから。　問六．④自己の考えを基準とする欧米文化において、他者の影響を受けてしまうことは個が確立できていないという点。　⑤相手との関係性を重んじる日本文化において、自分勝手な判断をすることは他者に配慮できていないという点。　問七．イ

三 問一．a．構　b．告　c．減　d．包　問二．Ⅰ．イ　Ⅱ．ア　問三．ウ　問四．わたしも昔　問五．母親の疲れ切った様子を見て、突然一緒に写真をとりたいなどというのはわがままだと気兼ねして、自分の本心をうまく話すことができなかったから。　問六．アイの寂しさにまだ気づいていない母親は、一緒に写真をとることが、アイにとってどれだけ重大であるかを理解できていなかったから。　問七．母親に心配かけまいと抑えてきた寂しさを、母親がしっかり受け止め理解してくれたと感じている。　問八．イ　問九．母親に自分の寂しさを理解してもらえたことで、素直な態度をとることができるようになり、以前のような親密な親子関係を取り戻した。そのことに対する深い喜びや安心感と、これからの家族の明るい未来を暗示している。

《前期　算数》

1 (1)7　(2)2.5　(3)$\frac{3}{629}$　(4)120　(5)26

2 (1)39.25　(2)イ．0.86　ウ．105　(3)エ．60　オ．3

3 A．(1)1円玉，2円玉，8円玉　(2)1円玉…0　2円玉…1　4円玉…0　8円玉…3
B．(1)1，2，3，4，5，6，10，12，15，20，30，60　(2)10

4 (1)16　(2)右図／$6\frac{2}{3}$

5 (1)1450　(2)午後1，51　(3)180

6 (1)38　(2)13　(3)55

側面ア

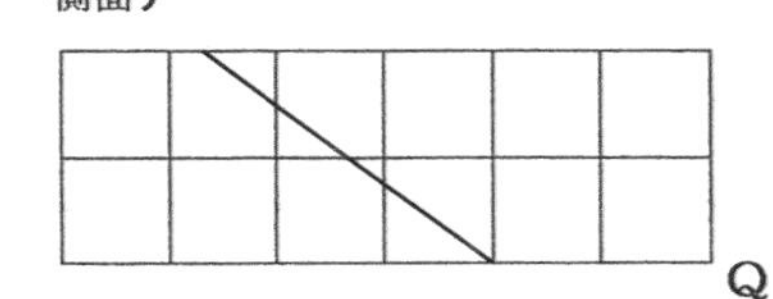

《前期　理科》

1 問1．えら　問2．ア，カ　問3．カ　問4．ウ　問5．エ，コ　問6．②　問7．⑤　問8．オ
問9．エサをにおいのない模型にかえて実験をする。
問10．オ，イ，ア，ウ，エ

2 問1．ア，エ　問2．18mLのとき…0.36　28mLのとき…0.4
問3．イ　問4．カ　問5．40　問6．キ
問7．(1)0.88　(2)右グラフ　問8．右グラフ

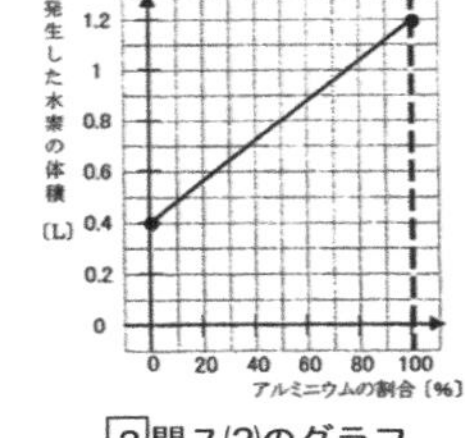

2問7(2)のグラフ

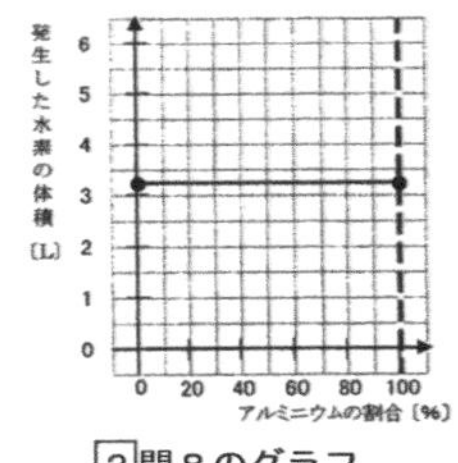

2問8のグラフ

3 問１．あ．55　い．78.4　　問２．31.6　　問３．角度…35／下図　　問４．下図

問５．方向…北　角度…55／下図　　問６．40000　　問７．緯度…北／26　経度…東／127.5

4 問１．ア，ウ　　問２．ア，イ　　問３．図13…ア　図14…ウ

問４．乾電池Ａ…(1，６)　乾電池Ｂ…(７，12)　豆電球Ｃ…(３，13)　豆電球Ｄ…(４，14)

問５．ｉ．(１，11)，(２，12)　ii．(１，６)，(７，12)　iii．(１，６)，(７，10)　　問６．２，３／７，８

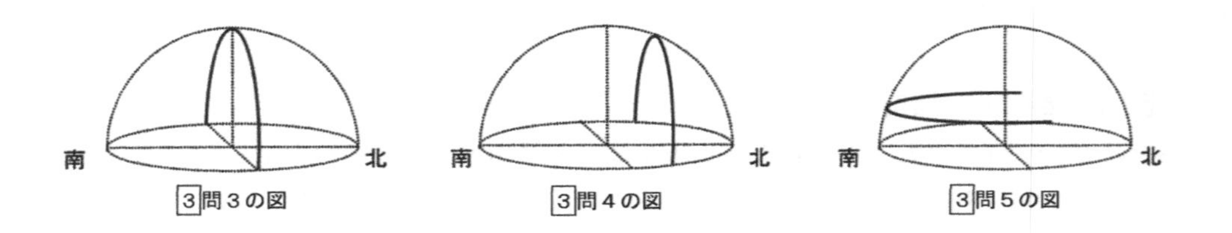

3問３の図　　3問４の図　　3問５の図

《後期　国語》

一 問一．ａ．死角　ｂ．路地　ｃ．無残　ｄ．図星　　問二．Ａ．ウ　Ｂ．オ　Ｃ．ア　Ｄ．イ

問三．自分の行動をとがめられると思いおびえていたが、逆に自分のことを心配する言葉をかけられたので緊張がとけてほっとしている。　　問四．エ　　問五．「琉生」は、まったく新しい環境での学校生活で、小学生のころのような人間関係を作ることができず、だからと言って、どう自分を新しく表現すればいいか分からなくなっているという思い。　　問六．ウ　　問七．小学校からの親友たちとの輪に入れなくなってしまった「琉生」が、その孤独感を言い出せず、いたずらをすることによって関心を引き、自分の存在と今の苦しい気持ちに気づいてもらおうとしたところ。　　問八．ア，カ

二 問一．周囲の物事に対して、偏見や先入観を持ったり、とらわれたりすることなく、ありのままを受け入れられる落ち着いた心の状態で、全体を見渡すばかりでなく、謙虚な姿勢で、自らが直接物事に取り組むことが大切である。

問二．〈作文のポイント〉

・最初に自分の主張、立場を明確に決め、その内容に沿って書いていく。

・わかりやすい表現を心がける。自信のない表現や漢字は使わない。

さらにくわしい作文の書き方・作文例はこちら！→

https://kyoei-syuppan.net/mobile/files/sakupo.html

《後期　算数》

1 (1)あ．２　い．２　う．32　え．12　　(2)456456456

2 (1)18　　(2)183

3 (1)６　　(2)６　　(3)８

4 (1)1024　　(2)512

5 (1)14，８　　(2)15，48　　(3)10，８，$21\frac{1}{3}$

白陵中学校【前期】

←解答例は前のページにありますので，そちらをご覧ください。

《2021　前期　国語　解説》

一 ⑱　図Aから、北東の方角は、丑と寅の間にあることがわかる。

二 **問三**　文章の最初から――線部①の前の行までの内容をしっかりと押さえる。人間は「だれもが切り離された存在」であり、「親ばかりでなく、同年代の友だちでさえわかり合えない。考え方が違う。価値観が違う」。「そんな切り離された人間と人間を結びつけてくれるのが言葉」であるが、「考え方も感受性も人それぞれであるため、いくら語り合ってもなかなかわかり合えない」。そして、「結局、人間は自分で自分を支えていくしかないのだということに行き着」き、「もう一人の自分との対話」を行おうとする。それは「文芸の形を取る」場合もあるし、「より一般的には、日記をつけるといった形を取る」。こうした内容をまとめて、――線部①で「そうした事情」とまとめている。

問四　２～３行前に「何もしないでいると、つい自分と向き合ってしまう。そこで、暇さえあればスマートフォンをいじり～面白そうな動画を見たりして、自意識が活性化する隙を与えないようにしている」とある。つまり、「自意識を麻痺させようと」するのは、「自分と向き合ってしまう」のを防ぐためである。なぜ、「自分と向き合ってしまう」のを防ごうとするのかというと、［A］の直後にあるように、「ずっと自分と向き合っているの」はきつく、「自分の未熟さ～孤独感～と絶えず向き合っていたら疲れてしまう」からである。よって、エが適する。

問五　筆者は、「僕が親の管理下から離れ、親から自立して動き始めた頃～共感する人や傾倒する人の価値観を基準に動いていたように思う」と自分の経験について述べた上で、「結局、僕たちは、個別性を自覚して生きるとはいっても、個として他者から切り離されて生きているわけではない～親からの自立というのは～親以外の人たちの影響を強く受けるようになっていくことを指すのではないだろうか。個を生きるのではなく、他者との関係性を生きる僕たち日本人には、他者から独立した自分などというものはない」とまとめている。この部分が、――線部③の理由になっている。

問六④　――線部④をふくむ一文の「そのような文化」が指すものは、「欧米の文化」「自己中心の文化」である。こうした文化では、「他者に影響されず自分を基準に判断」するので、「他者の影響を受けることは、個が確立していないという意味で未熟とみなされる」。　⑤　――線部⑤をふくむ一文の「そのような文化」が指すものは、「日本の文化」「間柄の文化」である。こうした文化では、「自分だけを基準とするのではなく他者の気持ちや立場に配慮して判断する」ので、「他者に配慮できないことは、自分勝手という意味で未熟とみなされる」。

問七　日本の文化は、「一方的な自己主張で人を困らせたり嫌な思いにさせたりしてはいけない」とする「間柄の文化」であり、「そのような文化のもとで自己形成してきた日本人は、何ごとに関しても自分だけを基準とするのではなく他者の気持ちや立場に配慮して判断する」。このように、日本人は他者との関係性を重視するので、「何らかの関係性」がないと、「自分を動かす行動原理がなくなってしまう」のである。よって、イが適する。

三 著作権に関係する弊社の都合により、本文を非掲載としておりますので、解説を省略させていただきます。ご不便をおかけし申し訳ございませんが、ご了承ください。

《2021　前期　算数　解説》

1 (1)　与式＝37－32＋２＝５＋２＝７

(2)　与式より，$5\div\square-(\frac{10}{15}+\frac{2}{15})=\frac{6}{5}$　　$5\div\square-\frac{4}{5}=\frac{6}{5}$　　$5\div\square=\frac{6}{5}+\frac{4}{5}$　　$5\div\square=2$

$\square=5\div2=2.5$

(3)　与式$=\frac{170}{51}+\frac{326}{51}-\frac{1079}{111}=\frac{496}{51}-\frac{1079}{111}=9\frac{37}{51}-9\frac{80}{111}=\frac{37\times37}{51\times37}-\frac{80\times17}{111\times17}=\frac{1369}{1887}-\frac{1360}{1887}=\frac{9}{1887}=\frac{3}{629}$

(4)　**【解き方】3分20秒間＝$3\frac{1}{3}$分間に2人が進む道のりの差は100mになる。**

兄は3分20秒間に$150\times3\frac{1}{3}=500$(m)走るから，弟は3分20秒間に500－100＝400(m)走ったことになる。

よって，弟の走る速さは，分速$(400\div3\frac{1}{3})$m＝分速$(400\times\frac{3}{10})$m＝分速120m

(5)　**【解き方】Bくんが5mを切り取ったあとの残りのロープの長さを⑤とおくと，Bくんが切り取ったロープの長さの合計は5m＋⑤×$\frac{3}{5}$＝5m＋③になる。**

Aくんは5mを切り取ったあと，2回目に切り取ったロープの長さと残したロープの長さの比は$\frac{2}{7}:(1-\frac{2}{7})=$ 2：5であり，Aくんが残りの$\frac{2}{7}$を切り取ったあとに残したロープの長さは(5m＋⑤)だから，Aくんが2回目に切り取ったロープの長さは，(5m＋⑤)×$\frac{2}{5}$＝2m＋②になる。

つまり，Aくんは5m＋(2m＋②)＝7m＋②を，Bくんは5m＋③を切り取ったことになる。2人の切り取ったロープの長さは等しいから，③－②＝①が7－5＝2(m)にあたる。

よって，Aくんが切り取ったロープの長さは7＋2×2＝11(m)，残したロープの長さは5＋2×5＝15(m)だから，初めのロープの長さは，11＋15＝26(m)

2　(1)　**【解き方】直角二等辺三角形と同じ面積の正方形を，右のように作図する。**

円の半径をr㎝とする。

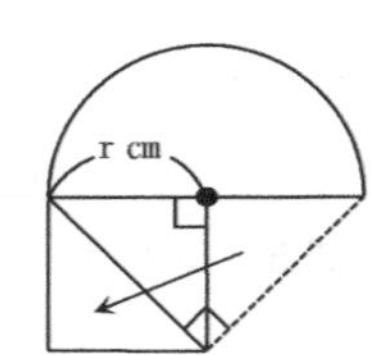

右図において，r×r＝25(㎠)だから，

半円の面積は，r×r×3.14÷2＝25×3.14÷2＝39.25(㎠)

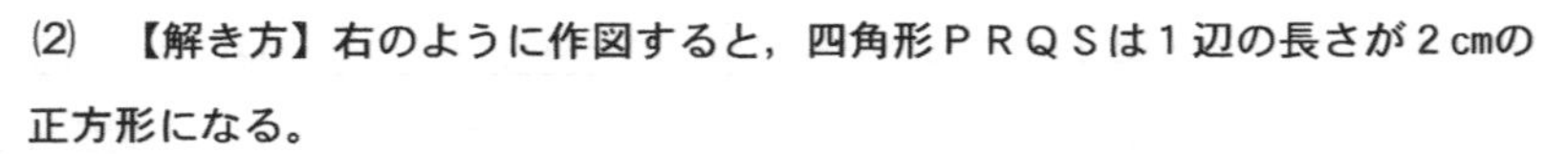

(2)　**【解き方】右のように作図すると，四角形PRQSは1辺の長さが2㎝の正方形になる。**

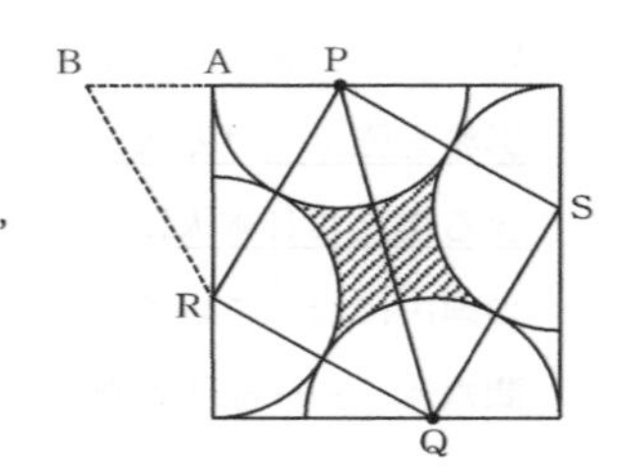

斜線部分の面積は，1辺が2㎝の正方形の面積から半径が1㎝の円の面積を引いて，

2×2－1×1×3.14＝4－3.14＝$_{イ}$<u>0.86</u>(㎠)

右図で，PQは正方形の対角線だから，角QPR＝45°である。

また，AP：PR＝1：2，角PAR＝90°だから，三角形ARPと合同な三角形ARBを作図すると，三角形BRPは正三角形になる。したがって，角APR＝60°

よって，角あ＝角APQ＝角APR＋角QPR＝60°＋45°＝$_{ウ}$<u>105°</u>

(3)　**【解き方】右図のように記号をおくと，DEとBCは平行だから，三角形ADEと三角形ABCは同じ形になる。**

右図で，DB＝5㎝だから，AD＝10－5＝5(㎝)

三角形ADEと三角形ABCの対応する辺の長さの比は，AD：AB＝5：10＝1：2

DE＝BC×$\frac{1}{2}$＝4×$\frac{1}{2}$＝2(㎝)より，台形BCEDの面積は，(2＋4)×5÷2＝15(㎠)

よって，水の体積は，15×4＝$_{エ}$<u>60</u>(㎤)

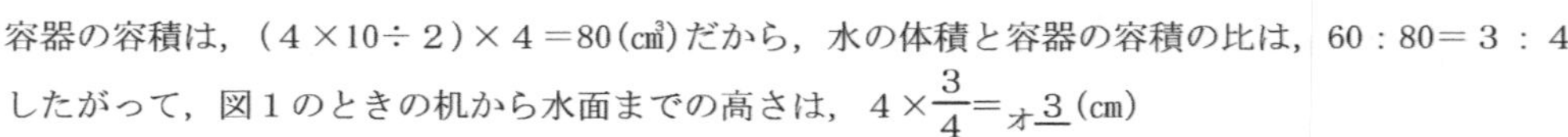

容器の容積は，(4×10÷2)×4＝80(㎤)だから，水の体積と容器の容積の比は，60：80＝3：4

したがって，図1のときの机から水面までの高さは，4×$\frac{3}{4}$＝$_{オ}$<u>3</u>(㎝)

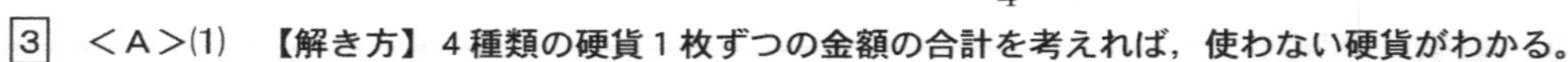

3　<A>(1)　**【解き方】4種類の硬貨1枚ずつの金額の合計を考えれば，使わない硬貨がわかる。**

4種類の硬貨1枚ずつの金額の合計は1＋2＋4＋8＝15(円)だから，15－11＝4(円分)を使わなければ11円を払うことができる。よって，使う硬貨は４円玉以外の１円玉，２円玉，８円玉である。

⑵　**【解き方】手元に残る硬貨の枚数を最大にするには，使う硬貨の枚数を最小にすればよい。つまり，金額の高い硬貨をできるだけ使った方が使う硬貨の枚数は少なくなる。**

26÷８＝３余り２より，８円玉を３枚使うと２円足りない。２÷２＝１より，２円玉を１枚使うと２円になる。

よって，２円玉１枚と８円玉３枚を使うときに手元に残った枚数は最大になる。

＜Ｂ＞⑴　【解き方】縦，横，高さをａ，ｂ，ｃ（ａ，ｂ，ｃは整数）とすると，ａ×ｂ×ｃ＝60になる。

ａ，ｂ，ｃは60の約数になる。よって，{１，２，３，４，５，６，10，12，15，20，30，60}

⑵　**【解き方】⑴をふまえて，ａ≧ｂ≧ｃとしてａの値を場合分けしていく。**

ａ＝60のとき，ｂ×ｃ＝１になるので，（ｂ，ｃ）＝（１，１）の１通りある。

ａ＝30のとき，ｂ×ｃ＝２になるので，（ｂ，ｃ）＝（２，１）の１通りある。

ａ＝20のとき，ｂ×ｃ＝３になるので，（ｂ，ｃ）＝（３，１）の１通りある。

ａ＝15のとき，ｂ×ｃ＝４になるので，（ｂ，ｃ）＝（４，１）（２，２）の２通りある。

ａ＝12のとき，ｂ×ｃ＝５になるので，（ｂ，ｃ）＝（５，１）の１通りある。

ａ＝10のとき，ｂ×ｃ＝６になるので，（ｂ，ｃ）＝（６，１）（３，２）の２通りある。

ａ＝６のとき，ｂ×ｃ＝10になるので，（ｂ，ｃ）＝（５，２）の１通りある。（10，１）はａ≧ｂ≧ｃに適さない。

ａ＝５のとき，ｂ×ｃ＝12になるので，（ｂ，ｃ）＝（４，３）の１通りある。（12，１）（６，２）は適さない。

ａ＝４以下のときは条件に合う数の組がない。よって，全部で１＋１＋１＋２＋１＋２＋１＋１＝10（種類）

4　⑴　**【解き方】右のように作図して，斜線部分が合同な三角形であることを利用して，三角形ＢＦＤの面積と長方形ＢＥＧＦの面積の和として求める。**

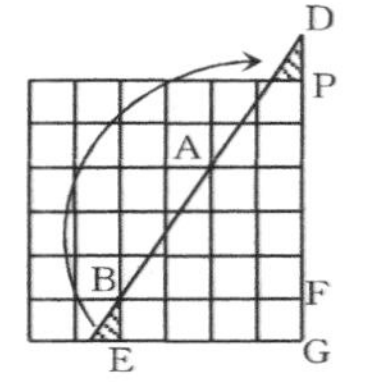

三角形ＢＦＤの面積は，４×６÷２＝12（㎠），長方形ＢＥＧＦの面積は１×４＝４（㎠）だから，求める面積は，12＋４＝16（㎠）

⑵　**【解き方】直方体に斜めに入れた切り口を考えるとき，右図のような切り口を１つの面とした三角すいを考えるとわかりやすい。同じ形をした三角形を利用して長さを求めていく。Ｄ，Ｅ，Ｇは⑴で利用した点である。**

ＤとＣが格子点になっているので，次の格子点Ｈの位置が決まる。三角形ＨＩＱは底面に平行な面の上にあるから，斜線を引いた直角三角形と三角形ＨＩＱは同じ形になる。

よって，ＩＱ：ＱＨ＝２：３になるから，Ｉも格子点とわかる。

三角形ＤＪＧも斜線を引いた直角三角形と同じ形なので，ＧＪ：ＤＧ＝２：３である。

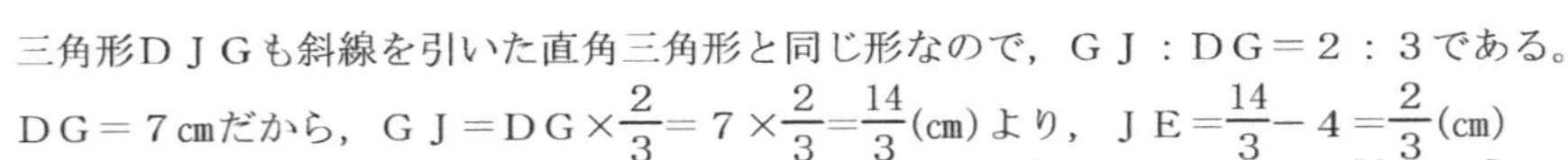

ＤＧ＝７㎝だから，$GJ=DG\times\frac{2}{3}=7\times\frac{2}{3}=\frac{14}{3}$（㎝）より，$JE=\frac{14}{3}-4=\frac{2}{3}$（㎝）

点Ｑを含む図形の面積は，$(GJ+IQ)\times GQ\div 2=(\frac{14}{3}+2)\times 2\div 2=\frac{20}{3}=6\frac{2}{3}$（㎠）

5　⑴　**【解き方】午前９時から午後４時までに何本のシャトルバスが発車するか求める。**

午前９時から午後４時（16時）までは，16－９＝７（時間）ある。７時間＝（７×60）分＝420分で，シャトルバスは420÷15＋１＝29（回）発車するから，すべてのシャトルバスが定員通り乗ると，最大で50×29＝1450（人）運ぶことができる。

⑵　**【解き方】980 番目の乗客が乗ったバスを特定する。**

980÷50＝19 余り 30 より，980 番目の乗客が乗るシャトルバスは 20 回目に発車するシャトルバスである。

最後のシャトルバスがQ地点に着くのは午後４時＋６分＝午後４時６分で，それまでシャトルバスは 15 分間隔でQ地点に到着しているから，最後のバスから数えて 29－20＝９(回)前に到着した 20 番目のシャトルバスは，午後４時６分の 15×９＝135(分前)に到着している。

135 分＝２時間 15 分より，求める時刻は，午後４時６分－２時間 15 分＝午後１時 51 分

⑶　**【解き方】午前 11 時から午後４時までに発車したシャトルバスの回数とシャトルバスで運んだ乗客の人数の合計を求めて，増えていった客の人数を引けばよい。**

午前 11 時から午後３時 50 分までは４時間 50 分＝(４×60＋50)分＝290(分)あるから，増えていった客の人数の合計は，$30\times\frac{290}{10}$＝870(人)である。午前 11 時から午後４時までは５時間＝(５×60)分＝300 分あるから，シャトルバスは，300÷15＋１＝21(回)発車し，50×21＝1050(人)の乗客を運んだことになる。よって，午前 11 時の時点で，Ｐ地点で待っていた客は，1050－870＝180(人)

6　⑴　**【解き方】Ｃは４秒消灯→３秒点灯の７秒を１つの周期として点灯している。**

90÷７＝12 余り６より，90 秒は周期を 12 回繰り返し，13 回目の周期の中で６－４＝２(秒)点灯しているから，点灯している時間の合計は，３×12＋２＝38(秒)

⑵　**【解き方】Ａは３秒間，Ｂは５秒間を周期としているから，３と５の最小公倍数である 15 秒間について，ＡとＢの点灯時間を調べる。右表の数値の５は，４秒から５秒までを５秒として考える。**

A | | |○| | |○| | |○| | |○| | |○|
5　10　15
B | | | |○|○| | | |○|○| | | |○|○|

右図より，最初の 15 秒間でＡとＢが同時に点灯しているのは２秒間である。

100÷15＝６余り 10 より，100 秒は，周期を６回繰り返した後の 10 秒までである。10 秒までにＡとＢが点灯している時間は１秒あるから，100 秒までに同時に点灯している時間は，２×６＋１＝13(秒)

⑶　**【解き方】３と５と７の最小公倍数は 105 だから，105 秒間に同時に点灯している時間を調べる。⑵より，ＡとＢが同時に点灯している時間は 15 の倍数秒，または(15 の倍数＋９)秒とわかる。**

105 秒までにＣが点灯しているのは，(５，６，７)(12，13，14)(19，20，21)(26，27，28)(33，34，35)(40，41，42)(47，48，49)(<u>54</u>，55，56)(61，62，63)(68，<u>69</u>，70)(<u>75</u>，76，77)(82，83，<u>84</u>)(89，<u>90</u>，91)(96，97，98)(103，104，<u>105</u>)の秒数である。

この中で 15 の倍数または 15 の倍数＋９である数は，下線を引いた６個の秒数である。つまり，初めからの 105 秒間に３つが同時に点灯している時間は６秒間ある。

1000÷105＝９余り 55 より，1000 秒までは９回の周期と周期の 55 秒までだから，３つが同時に点灯している時間は，６×９＋１＝55(秒)

《2021　前期　理科　解説》

1　**問１**　水中にすむオタマジャクシは，主にえらで呼吸している。

問２　ア×…こん虫はしょっ角をもつが，カエルはもたない。　カ×…カエルは体がしめった皮ふでおおわれている。

問３　カ○…カエルのような両生類は，からのない卵を水中に産んで，体外受精を行う。

問４　ウ○…オタマジャクシがカエルに変わるとき，後ろ足，前足の順に出てから尾がなくなる。

問5　エ○…トンボの幼虫(ヤゴ)は水中で，成虫は陸上で生活する。　コ○…ヤブカの幼虫(ボウフラ)は水中で，成虫は陸上で生活する。

問6　肺呼吸を始める②の段階から，肺がはたらく。

問7　⑤の段階では，オタマジャクシが体を休めることのできる陸を用意しないと，水におぼれて死ぬので，この段階でえらがはたらかなくなると考えられる。

問8　オ○…結果の表より，AとEのエサに体を向けた回数が多いことに着目する。これらのとき，幼虫をのばした方向に動かしていることがわかる。

問9　におい以外の条件が同じ実験の結果を比べる。

問10　オ(イネ)→イ(イナゴ)→ア(トノサマガエル)→ウ(アオダイショウ)→エ(イヌワシ)の順である。

2　問1　ア，エ○…炭酸水(二酸化炭素)，アンモニア水(アンモニア)は気体が水にとけてできる水よう液である。

問2　表より，発生した水素の体積が 0.4Lになるまでは，発生した水素の体積は加えた塩酸Bの体積に比例する。したがって，塩酸Bが 18mL のときは $0.02\times\frac{18}{1}=0.36$(L)，28mL のときは 0.4Lである。

問3　イ○…表より，水素を 0.4L発生させるのに必要な(Aとちょうど反応する)Bは $1\times\frac{0.4}{0.02}=20$(mL)となる。鉄の体積を2倍にすると，ちょうど反応するBの体積も2倍の 40mL になり，このとき発生する水素の体積も2倍の 0.8 Lになる。

問4　カ○…塩酸の濃度をBの 0.5 倍にしたので，同じ体積の水素を発生させるのに必要な塩酸の体積は2倍になる。したがって，発生した水素の体積は最大で 0.4Lで，Aをすべて反応させるには，$20\times2=40$(mL)必要である。

問5　1辺の長さがAの2倍の鉄の体積はAの $2\times2\times2=8$(倍)であり，塩酸ののう度はBの4倍だから，ちょうど反応するのは，塩酸を $20\times\frac{8}{4}=40$(mL)加えたときである。

問6　キ○…1辺の長さが半分になると，表面積は$\frac{1}{4}$倍になるので，8等分した立方体4個の表面積の合計がAの表面積と同じになる。したがって，鉄の体積がAの半分になるので，発生した水素の体積が最大で 0.2Lのグラフになる。

問7(1)　鉄 0.4gによって $0.4\times\frac{0.4}{1}=0.16$(L)の水素が発生し，アルミニウム 0.6gでは，$0.4\times\frac{0.6}{1}\times3=0.72$(L)の水素が発生し，合計で $0.16+0.72=0.88$(L)の水素が発生する。　(2)　鉄が1g(アルミニウムの割合が0%)のとき，発生する水素は 0.4L，アルミニウムが1g(アルミニウムの割合が 100%)のとき，発生する水素は $0.4\times3=1.2$(L)である。これらの点を結んだグラフになる。

問8　同じ体積で比べると鉄の重さはアルミニウムの3倍だから，同じ体積の鉄とアルミニウムから発生する水素の体積は同じで，鉄とアルミニウムの体積の割合によらず，発生する水素の体積は一定になる。鉄1gのときに水素は 0.4L発生するので，鉄の重さ $2.7\times3=8.1$(g)では，$0.4\times\frac{8.1}{1}=3.24$(L)の水素が発生する。

3　問1　図Iのように，平行線の同位角は等しいので，「あ」は $90-35=55$(°)となる。また，夏至の日には春分よりもじくのかたむきの分(23.4°)だけ南中高度が大きくなるので，「い」は $55+23.4=78.4$(°)となる。

図I

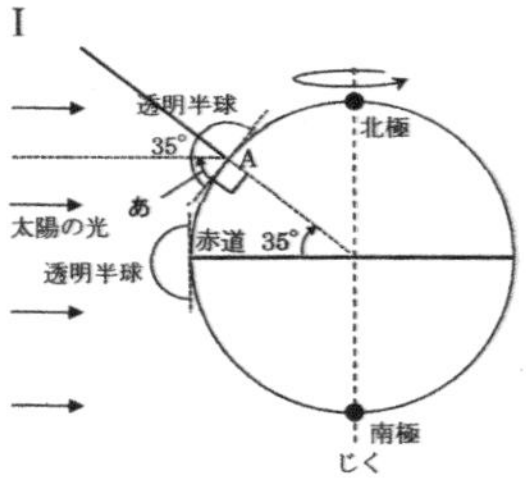

透明半球
北極
35°
A
あ
太陽の光
赤道　35°
透明半球
南極
じく

問2　冬至の日の北緯 35° の地点の南中高度と同じになる。冬至の日には春分よりもじくのかたむきの分(23.4°)だけ南中高度が小さくなるので，$55-23.4=31.6$(°)となる。

問3　春分の日で考える。春分の日のAでの南中高度は 55° だから，春分の日の赤道での太陽の南中高度の 90° にするには，透明半球を南に $90-55=35$(°)かたむければよい。

問４　春分の日の赤道上での太陽の道筋を，太陽の高度が23.4°低くなるように，北へ平行に動かす。

問５　問３では，透明半球を緯度の差の分だけ南にかたむけることで，より緯度の低い地点での太陽の道筋を書きこむことができたので，より緯度の高い地点での太陽の道筋を書きこむためには，透明半球を北にかたむければよい。北極点は北緯 90°だから，90－35＝55(°)かたむける。また，夏至の日の北極点では，１日中太陽がしずまない白夜になる。春分・秋分の日の北極点での太陽の道筋は，地平線を１周するので，夏至の日には，太陽の高度が常に23.4°になる。

問６　Ａと1000㎞はなれた地点の南中高度の差は55－46＝９(°)であり，これは緯度の差と同じである。地球１周で360°になるので，$1000\times\frac{360}{9}$＝40000(㎞)となる。

問７　緯度は南中高度，経度は南中時刻を比べて求める。夏至の日のＡの南中高度は 78.4°だから，ある地点とＡの南中高度の差は 87.4－78.4＝9.0(°)で，南中高度が高いある地点の方が南にあるので，北緯 35－9.0＝26(°)となる。日本の標準時の南中時刻は 12 時だから，ある地点と日本の標準時の南中時刻の差は 12 時 30 分－12 時＝30(分)である。南中時刻が遅いある地点の方が西にあり，経度が360÷24＝15(°)西に移動すると南中時刻は１時間→60 分遅くなるので 30 分では，$15\times\frac{30}{60}$＝7.5(°)経度が小さくなって，東経 135－7.5＝127.5(°)となる。

4　**問１**　ア，ウ○…豆電球が並列つなぎのアと乾電池が並列つなぎのウの明るさは図１と同じである。乾電池が直列つなぎのイは図１よりも明るく，(乾電池が並列つなぎで)豆電球が直列つなぎのエは図１よりも暗い。

問２　ア，イ○…アは３→２，イは１→４→９→６の順に，導線だけに非常に大きな電流が流れて危険である。ウ，エは乾電池１個と豆電球１個の回路になる。

問３　図13. ア○…２個の乾電池が並列つなぎになるように，１～４，６～９，11～14のうち２本をまたいで，２個の乾電池と１個の豆電球をつなぐ。　図 14. ウ○…２個の乾電池が直列つなぎになるように，１～４，６～９，11～14 をまたいで直列つなぎになるように２個の乾電池をつなぐ。さらに直列つなぎの乾電池と回路になるように豆電球をつなぐ。イは２個の乾電池の向きが反対であり，エは７と８の部分で導線と乾電池だけの回路ができる。

問４　乾電池のつなぎ方は，問３解説の図14と同様に考える。残りの穴に２個の乾電池を並列につなぐ。解答例以外に，乾電池Ａ(１，11)，乾電池Ｂ(12，７)，豆電球Ｃ(３，８)，豆電球Ｄ(４，９)なども考えられる。

問５ⅰ　２個の乾電池が直列つなぎ，２個の豆電球が並列つなぎになるようにする。１～４と11～14の金属板をまたいで２個の豆電球をつなぐ。　**ⅱ**　２個の乾電池が直列つなぎ，２個の豆電球が直列つなぎになるようにする。１～４と６～９をまたいで１個，６～９と11～14をまたいで１個の豆電球をつなぐ。　**ⅲ**　１個の乾電池に対して，２個の豆電球が直列つなぎになるようにする。解答例は左側の乾電池を使って，豆電球２個を直列つなぎにしているが，右側の乾電池を使ってもよい。

問６　７と 11 に差しこむとＡ，Ｄが光ったことから，２→１→６→７→11→12 の順に電流が流れ，１と２，６と７，11 と 12 はつながっていることがわかる。７と 14 に差しこむとＡ，Ｄが光ったことから，２→１→６→７→14→13→12 の順に電流が流れ，12～14 はつながっていることがわかる。３と７に差しこむとＡ，Ｂ，Ｃ，Ｄが光ったことから，２→１→６→７→３→４→９→８→13→12 の順に電流が流れ，３と４，８と９はつながっていることがわかる。したがって，金属板が切り取られているのは２と３の間と，７と８の間である。

《2021　後期　国語　解説》

一 問三　――線部①の前で、琉生は、夜中にシャッターやドアをたたいたことについて理由を聞かれてもだまっていた。この状況で圭一郎に名前を呼ばれたので、当然自分の行動をとがめられると思ったはずである。しかし、予想に反して、圭一郎は琉生のことを心配する言葉をかけた。そのため、少し緊張がとけたのである。

問四　直後に「中学で新しい友だちはできたけど、なんていうのか、心の底からばか笑いできなくてさ」より、琉生が新しい環境での人間関係に苦労していることがわかる。その後の「二人が送ってくれた画像の仮面が～うらやましかった」というのは、授業で作った仮面の画像を送ったことからうかがえる二人の様子、つまり同じクラスになった「ぼく」と圭一郎が、中学校でも慣れ親しんだ人間関係の中で楽しく過ごしている様子がうらやましかったということ。よって、エが適する。

問五　「ぼく」は、琉生が新しい環境での人間関係に苦労していると聞き、「見るもの、聞くもの、すべてが新しい中学校生活。新しい関係と新しい自分を、一から作り上げていくのは大変なことかもしれない」と感じている。「目や鼻や口、耳のない」のっぺらぼうは、顔や表情がない。これは、中学校生活で新しい自分を作ることができていない琉生の姿に通じるものがある。つまり、のっぺらぼうの仮面に、新しい環境で自分をどう表現すればよいか分からない琉生の思いが投影されているように感じたのである。

問六　直前に「琉生の中学校のことを聞いても、知らない人のことばかりでおもしろくなかった」とある。このことに思い当たったことで、琉生の気持ちを想像し、「ぼく」と圭一郎の話を聞いてもおもしろくなかったのだろうと思った。――線部⑤の直後の「琉生の気持ち、考えてなかったかもしれない」というのは、このことについて言ったもの。よって、ウが適する。

問七　直後に「素直じゃないくせに、さびしがり屋」とある。琉生は、新しい環境での人間関係に苦労していたが、「ぼく」と圭一郎が「たのしそうにしゃべっているのを」「通りの向こうからたまに見」るだけで、そこに加われなかった。つまり、素直にさびしい気持ちを打ち明けることができなかったのである。そこで取った行動が「夜中に喫茶店『パオーン』のシャッターを」叩くことだった。おじいちゃんが言うように、琉生がこのような事件を起こしたのは、自分の存在や気持ちに気づいてほしかったからだと考えられる。

問八　直前の４行の内容から、おじいちゃんが琉生のことを心配し、気づかっていることが読み取れる。琉生は、迷惑をかけたにもかかわらず、自分のことを気づかってくれるおじいちゃんに対し、申し訳なく思っている。よって、アは適する。また、問七の解説にあるように、琉生は自分の気持ちに気づいてほしくて今回の事件を引き起こした。おじいちゃんがそんな琉生の気持ちに気づいていたことを知り、琉生はうれしく思っていると考えられる。よって、カは適する。

二 著作権に関係する弊社の都合により、本文を非掲載としておりますので、解説を省略させていただきます。ご不便をおかけし申し訳ございませんが、ご了承ください。

《2021　後期　算数　解説》

1 (1) $\frac{1}{3}+\frac{1}{7}=\frac{7+3}{21}=\frac{10}{21}$だから，$\frac{20}{21}=\frac{10}{21}\times 2=(\frac{1}{3}+\frac{1}{7})\times 2=\frac{2}{3}+\frac{2}{7}$　よって，あ＝２，い＝２

$\frac{1}{43}+\frac{1}{47}=\frac{47+43}{2021}=\frac{90}{2021}$，2020÷90＝22 余り 40 より，$\frac{2020}{2021}=\frac{90}{2021}\times 22+\frac{40}{2021}=(\frac{1}{43}+\frac{1}{47})\times 22+\frac{40}{2021}=\frac{22}{43}+\frac{22}{47}+\frac{40}{2021}$

ここで，$\frac{1}{43}-\frac{1}{47}=\frac{4}{2021}$だから，$\frac{40}{2021}=(\frac{1}{43}-\frac{1}{47})\times10$

よって，$\frac{22}{43}+\frac{22}{47}+\frac{40}{2021}=\frac{22}{43}+\frac{22}{47}+(\frac{1}{43}-\frac{1}{47})\times10=\frac{22}{43}+\frac{22}{47}+\frac{10}{43}-\frac{10}{47}=\frac{32}{43}+\frac{12}{47}$　　よって，う＝32，え＝12

(2)　与式$=\frac{12345678.9\times2280}{555}+\frac{98765432.1\times152}{37}=\frac{12345678.9\times456}{111}+\frac{98765432.1\times456}{111}=$

$\frac{456}{111}\times(12345678.9+98765432.1)=\frac{456}{111}\times111111111=456\times1001001=456456456$

2 (1)　**【解き方】板の影は右図のようになる。同じ形の三角形を利用して，影の部分の長さを求めていく。**

右図で，三角形ＧＰＣと三角形ＧＤＡは同じ形の三角形で，

ＰＣ：ＤＡ＝４：２＝２：１だから，ＧＣ：ＧＡ＝２：１

よって，ＡはＧＣの真ん中の点だから，ＧＣ＝ＡＣ×２＝６(m)

三角形ＨＰＣと三角形ＨＥＢについても同様にして，ＣＨ＝ＢＣ×２＝８(m)

よって，板の影の面積は，６×８÷２－３×４÷２＝24－６＝18(㎡)

(2)　**【解き方】板が回転することでできる影は，Ｃを中心とした円を描いていく。そのとき，円の中心から最も遠い点と最も近い点を通る円の間を通ることに注意する。Ｇ，Ｈは(1)で使った点である。**

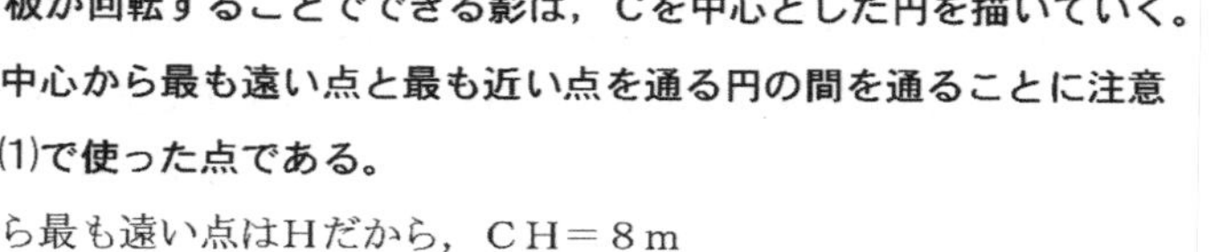

右図で，点Ｃから最も遠い点はＨだから，ＣＨ＝８m

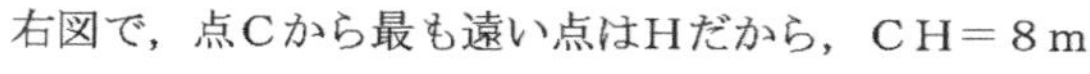

最も近い点はＣからＡＢに垂直に引いた線とＡＢが交わる点Ｉである。

三角形ＡＢＣと三角形ＡＣＩは同じ形で，３辺の長さの比は３：４：５だから，ＣＩ：ＡＣ＝４：５より，

ＣＩ＝ＡＣ×$\frac{4}{5}=\frac{12}{5}$＝2.4(m)

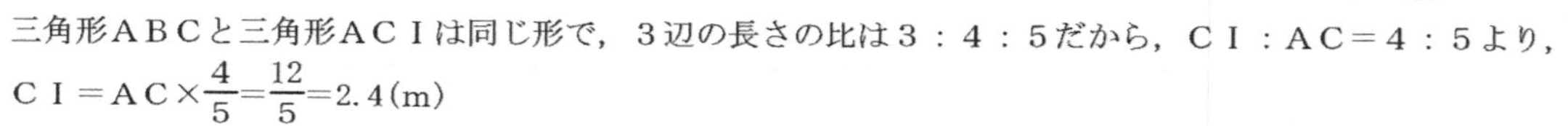

求める面積は，８×８×3.14－2.4×2.4×3.14＝(64－5.76)×3.14＝58.24×3.14＝182.8736(㎡)だから，小数第１位を四捨五入して，183㎡である。

3 (1)　**【解き方】四角形ＡＢＣＤと合同な四角形が，この立方体の中にいくつあるかを考える。**

４点Ａ，Ｂ，Ｃ，Ｄを通る円は，正方形ＡＢＣＤの４つの頂点を通る円である。立方体には正方形の面が６個あるから，４点Ａ，Ｂ，Ｃ，Ｄをすべて通る円と同じ大きさの円も６個ある。

(2)　**【解き方】四角形ＡＥＧＣと合同な四角形が，この立方体の中にいくつあるかを考える。**

正方形の対角線と立方体の１辺が縦と横になる長方形は，ＡＥＧＣ，ＡＢＧＨ，ＡＤＧＦ，ＢＣＨＥ，ＢＦＨＤ，ＣＤＥＦの６個あるから，４点Ａ，Ｅ，Ｇ，Ｃをすべて通る円と同じ大きさの円も６個ある。

(3)　**【解き方】３点だけを通る円は，右図のＡ，Ｃ，Ｆのような３点を通る円を描いたときである。この位置関係以外の３点を選ぶと，４点を通る円になってしまう。**

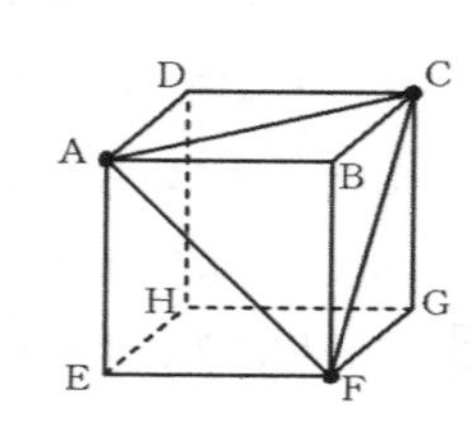

ちょうど３点を通る円になるのは，３点を通る平面で右図のような三角すいを切り取ったときの切り口の頂点を通るときである。このとき，三角すいの切断面を通らない頂点の選び方がＡ～Ｈまでの８通りあるから，ちょうど３点を通る円も８個ある。

4 (1)　**【解き方】４の倍数は下２けたが00または４の倍数になる。**

11～18，21～28，31～38，41～48，51～58，61～68，71～78，81～88までの数は，連続する８個の整数がそれぞれ並ぶから，連続する８個の整数の中に４の倍数は必ず２個ずつある。つまり１～８までの数字を使ってできる２けたの４の倍数は２×８＝16(個)ある。４けたの整数の上２けたには11～18，21～28，31～38，41～48，51～58，61～68，71～78，81～88までの８×８＝64(通り)の数をつくることができるから，全部で64×16＝1024(個)

(2)　【解き方】９の倍数は各位の数字の和が９で割り切れる数である。

１～８の数字を使ってできる３けたの９の倍数をＡとし，９の倍数でない数をＢとする。

Ｂは９の倍数でないから，Ｂ×10も９の倍数ではない。例えば，123は９で割り切れないから，123×10＝1230も９の倍数ではない。1230に１～８までの１けたの数を加えて９の倍数をつくるとき，加えることができる数は３の１つだけである。このように，Ｂ×10に１～８までの１けたの数を加えて９の倍数をつくるとき，できる９の倍数はそれぞれ１つだけある。つまり，４けたの９の倍数は３けたのＢの個数だけあることになる。

よって，３けたの９の倍数と４けたの９の倍数を合わせた個数は，ＡとＢを合わせた個数に等しい。ＡとＢを合わせた個数は，１～８の数字を使ってできる３けたの数の個数に等しく，８×８×８＝512(個)

5　**(1)　【解き方】Ａは最初の60秒間は，毎秒(0.75－0.50)ｍ＝毎秒0.25ｍの割合で上るから，60秒で0.25×60＝15(ｍ)上がり，その後の40秒間は，毎秒(0.50－0.40)ｍ＝毎秒0.1ｍの割合で下がるから，40秒で0.1×40＝４(ｍ)下る。つまり，100秒で15－４＝11(ｍ)上がる。周期の問題として解くとき，残りが15ｍ以下になるときに注意する。**

100÷11＝９余り１より，100×９＝900(秒後)の位置は，最初にＢがいた地点から１ｍの場所だが，100×８＝800(秒後)の位置を調べると，最初にＢがいた地点から，100－11×８＝12(ｍ)となり，次の60秒間の中で，最初にＢがいた地点を通り越すことがわかる。12ｍを上るのに12÷0.25＝48(秒)かかるから，最初にＢがいた地点に初めて着くのは，800＋48＝848(秒後)，つまり14分８秒後である。

(2)　【解き方】最初の60秒間に近づく距離と，次の40秒間に分けて考える。近づく割合は，川の流れの速さを考えても考えなくても同じ計算結果になる。

最初の60秒間は，毎秒(0.75＋0.60)ｍ＝毎秒1.35ｍの割合で近づくから，60秒間で1.35×60＝81(ｍ)近づき，残りはあと100－81＝19(ｍ)になる。次の40秒間は，毎秒(0.40＋0.60)ｍ＝毎秒１ｍの割合で近づくから，19ｍ近づくのに19÷１＝19(秒)かかる。したがって，ＢはＡと出会うまでに60＋19＝79(秒)かかる。

Ｂの下りと上りの速さの比は(60＋50)：(60－50)＝110：10＝11：１だから，下りと上りにかかる時間の比は，１：11になる。よって，往復にかかる時間は79×(１＋11)＝948(秒)である。

948÷60＝15余り48より，求める時間は，15分48秒後

(3)　【解き方】最初にＡとＢが出会ってから，Ａが速さを変えて上り始めるまでの時間とそのときのＡとＢの間の距離を考える。そこからは周期の問題として考える。

最初にＡとＢが出会うのは79秒後だから，Ａが再び上り始めるまで100－79＝21(秒)ある。この21秒間は，Ａは毎秒0.1ｍの割合で下り，Ｂは毎秒(0.60－0.50)ｍ＝毎秒0.1ｍの割合で上るから，ＡとＢの間の距離は，毎秒(0.1＋0.1)ｍ＝毎秒0.2ｍの割合で広がり，21秒間で0.2×21＝4.2(ｍ)になっている。次の100秒間で，Ａは15ｍ上って４ｍ下り，Ｂは0.1×100＝10(ｍ)上るから，この100秒間でＡはＢを１回追いぬき，その後Ｂと１回すれちがっている。つまり100秒間でＡとＢは２回出会っている。ＡとＢの間の距離は，結果として100秒間で11－10＝１(ｍ)近づくから，４ｍ近づくのに$100\times\frac{4}{1}$＝400(秒)かかり，最初から100＋400＝500(秒後)には，ＢがＡの4.2－４＝0.2(ｍ)上流にいて，これまでに１＋２×４＝９(回)出会っている。次の100秒間でＡは15ｍ上って４ｍ下り，Ｂは10ｍ上るから，ＡはＢを１回だけ追いぬき，その後出会うことはない。

ＡがＢとの0.2ｍの差を追いつくのに0.2÷(0.25－0.10)＝$\frac{4}{3}$(秒)かかるから，最後に出会うのは，２匹が泳ぎ始めてから，$500+\frac{4}{3}=501\frac{1}{3}$(秒後)のことである。出会った回数は９＋１＝10(回)で，これは２匹が泳ぎ始めてから８分$21\frac{1}{3}$秒後である。

白陵中学校【前期】【後期】

《前期 国語》

一 ①A. にんき B. ひとけ ②A. ぶんべつ B. ふんべつ ③A. じょうず B. うわて ④エ ⑤ウ ⑥オ ⑦イ ⑧ア ⑨冬 ⑩春 ⑪夏 ⑫馬 ⑬犬 ⑭牛 ⑮聞 ⑯破 ⑰泉 ⑱蚕 ⑲努力する人は成功する ⑳黒猫としかられたことは無関係だから。

二 問一. a. 操作 b. 後世 c. 地域 問二. A. オ B. ウ C. ア D. イ E. エ 問三. 大量の情報の中で表面的なキーワードだけを集めるだけで、詳しい内容までの理解や考察にはいたらず、未知の世界を知ろうともしなくなっている様子。 問四. 一般教養を学ぶことで、幅広い知識が身につき、それまでの固定観念から解放され自ら考えられるようになり、現代社会の様々な問題に対して柔軟な視点で対応できるようになるという意義。 問五. ウ 問六. 他の動物とは違って、人間は読書を通じて、時空を超えて多くの人と知を共有し、真理を探究してきた存在であるということ。 問七. 前者がまだ本を読もうという意志さえあれば読むことが可能であるのに対して、後者はそもそも読む能力を失っており、知を伝達して進化させることは不可能であるという点に違いがある。 問八. ア

三 問一. a. 絶句 b. 余計 c. 備 問二.「徹子」のためにと考えた行動が、二人の関係を周りが疑う結果を生み、「徹子」がさらにからかいの対象になってしまうということ。 問三.「徹子」よりも先に発言することで、からかわれている彼女を助けるために河原に来たという、自分がここに来た本当の理由を説明しなくてよくなるから。 問四. 前者は、服の汚れに気づかれたはずかしさをごまかそうとする作り笑いであるのに対して、後者は、大丈夫だと自分のことを気づかいはげましてくれる「おれ」の態度がうれしくて出た、心からの笑いであるという違い。 問五. イ 問六. (1)未来が見える (2)将来甲子園に出場する (3)オ (4)大切な友達である「おれ」がけがをし、「おれ」の未来が変わってしまったことを心から申し訳なく思っている

《前期 算数》

1 (1)5 (2)18.7 (3)$\frac{15}{22}$ (4)8.65

2 (1)ア. 7 イ. 64 ウ. 32 (2)5.652 (3)オ. 25 カ. 9 (4)235.5

3 (1)6 (2)13

4 (1)2.3 (2)50 (3)120

5 (1)(兄)…48 (弟)…32 (2)4, 36

6 (1)ア. 0.5 イ. 2 ウ. 5 エ. 3 (2)図…右図 面積…$3\frac{15}{28}$ (3)右図

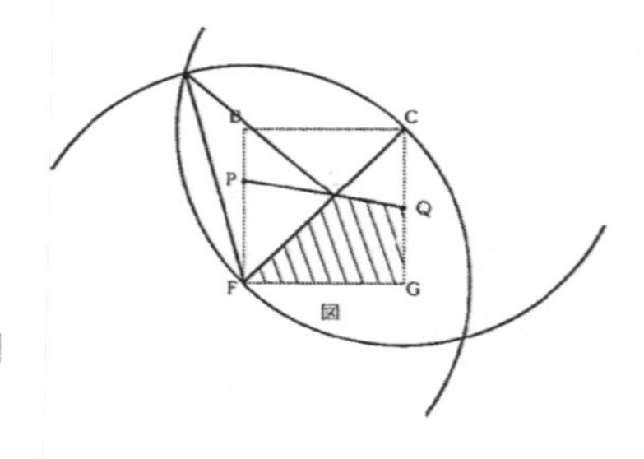

《前期 理科》

1 問1. ア 問2. つくられた養分が仕切られた部屋全体に行きわたりやすい。緑のつぶにまんべんなく光があたる。 問3. (1)A. ウ B. ア (2)エ 問4. イ 問5. (1)a. ミジンコ b. イカダモ c. ゾウリムシ

d．ミドリムシ　(2)b，d　(3)オ　　問6．ビニール袋の厚みが薄くなって，高倍率の対物レンズを使うことができる。生物の密度が高くなり探す範囲が狭くて済む。ピントを合わせやすくなる。　　問7．エ

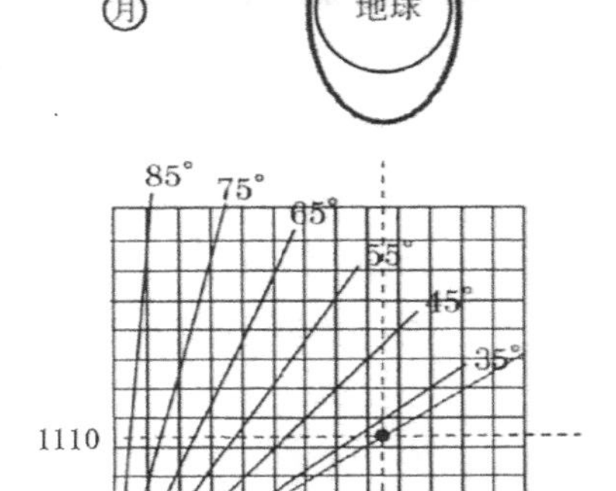

2 問1．オ　　問2．イ　　問3．1.1　　問4．イ　　問5．オ
問6．地球　　問7．満月／新月　　問8．10，24　　問9．右図

3 問1．エ　　問2．7.5　　問3．100　　問4．750　　問5．250
問6．600　　問7．240　　問8．1Lの油をできるだけ少量に分けて，Aを取り出すとよい。　　問9．4

4 問1．イ　　問2．4　　問3．111〔別解〕112　　問4．ウ　　問5．ア
問6．北／80／東／120　　問7．北／30／東／107
問8．図…右グラフ　記号…ア

《後期　国語》

一 問一．a．一層　b．終始　c．複雑　d．保護　e．誤解　　問二．A．ウ　B．カ　C．ア　D．オ　E．イ　　問三．他の生徒に笑われても逃げずに役をこなそうと真剣に踊っている壬生の姿を見て、他者の視線を気にしてばかりいる自分の態度は壬生に対して失礼だと痛感し、演じる覚悟ができたから。　　問四．ア
問五．自分への冷やかしに対して遠藤が言い返してくれたことをうれしく思い、感謝の気持ちを抱いてはいるものの、これまで一人で強がって生きてきただけに、素直に態度で表現できないから。　　問六．オ　　問七．引き受けたことには責任を持ち、また人の心の痛みが分かるゆえに、相手のことを考えずに傷つける人に対しては立ち向かっていくという、信念を貫いて生きていると感じられるところ。

二 問一．社会や学校で学んで得た知識をもとに自分なりの考えをもち、自分と異なる考えの人に対して、感情的になったり言い負かすことを目的としたりせず、敬意をもって議論をすることで、自己の考えを深めていくことのできる人。
問二．<作文のポイント>
・最初に自分の主張、立場を明確に決め、その内容に沿って書いていく。
・わかりやすい表現を心がける。自信のない表現や漢字は使わない。
さらにくわしい作文の書き方・作文例はこちら！→

http://bit.ly/JekfSh

《後期　算数》

1 (1)$1\frac{1}{3}$　　(2)42　　(3)1回で1111となって操作が終わる数…209，308，407，506，605，704，803，902
2回で1111となって操作が終わる数…154，253，352，451

2 (1)175　　(2)100　　(3)200

3 (1)(P)…40　(Q)…56　　(2)64　　(3)8

4 (1)18　　(2)36　　(3)540

5 (1)35　　(2)120　　(3)11.3

白陵中学校【前期】

←解答例は前のページにありますので，そちらをご覧ください。

―《2020　前期　国語　解説》

一　④「人造」とエの「年少」は、「人が造る」「年が少ない」というように、上の漢字が主語で下の漢字が述語の形になっている。

⑤「加熱」とウの「読書」は、「熱を加える」「書を読む」というように、「(下の漢字)を(上の漢字)する」の形になっている。

⑥「功罪」とオの「賛否」は、反対の意味の漢字の組み合わせになっている。

⑦「花束」とイの「海底」は、「花の束」「海の底」というように、上の漢字が下の漢字を修飾している。

⑧「学習」とアの「取得」は、同じような意味の漢字の組み合わせになっている。

⑳ 先生にしかられたのは、黒猫が目の前を横切ったからではない。黒猫が目の前を横切ったことと、先生にしかられたことの間には因果関係がなく、別々におきたことである。

二　**問三**　――線部①は、インターネットの世界と、そこにある情報を海にたとえて、大半の人々の情報摂取のしかたを表現したもの。「浅瀬で貝殻を」とるというのは、浅いところでしか情報を摂取していないことを表している。具体的には、「表面だけサーッとなでてキーワードだけ拾っており、くわしいところまでは読んでいない」「まとめサイトしか見」ず、それを読んだだけで「わかった気になる」といった状態である。当然、くわしい内容は知らず、深い考察もできない。深くもぐれば、「知らなかった世界が広がって」いて、未知のものに出合えるかもしれないのに、そうしようとしないのである。

問四　２行後に出てくる「リベラルアーツ」は、「一般教養」と似たような意味で使われている。古代ギリシャで生まれたリベラルアーツは、「幅広く実践的な知識」であり、「人間が偏見や習慣をふくめた呪縛から解放され、自分の意思で生きていくため」に必要なものである。そして、「自由七科」に経済学や自然科学などが加わって、より幅広くなった「現代のリベラルアーツ」も、こうした特徴を受け継いでいる。また、近年は、「問題解決には専門分野を超えた柔軟性が必要だと強く認識されて」いて、「リベラルアーツが重要視されるようになって」いると述べている。

問五　筆者は、ＡＩやこれに関する議論について説明した後で、「ＡＩが出てこようが出てこなかろうが、『自分の人生をいかに深く生きるか』が重要」だと述べ、「人生を深めるために、ＡＩや未来予測についての本を読むのはとても有意義だと思います～何が人間を人間たらしめるのだろうか？　自分は人間に何を求めているだろうか？」などと～思考を深めていくことで、人生を豊かにしていくことはできるはずです」と続けている。つまり、ＡＩというものを通して、人間や人生について深く考えることが重要だと述べているのである。よって、ウが適する。

問六　――線部④の「誇り」は、本を読まないことで失われるものである。直前の３段落で、本を読むことで可能になった、人類にしかできないことが説明されている。人間は、本を読むことにより、「知を多くの人と共有し、後世にも伝えていくこと」や「知を進化させていくこと」ができる、そしてそれを実際に行ってきた存在であり、このことを誇りとしている。

問七　「読まない」というのは、読むこともできるということが前提になっている。つまり、読むか読まないかを選択できる状態で、読まない方を選んだということである。一方、「読めない」というのは、読むことができないことを表している。本を「読めない」ようになってしまえば、人類が本を読むことで実現してきた「知を多くの人と共有し、後世にも伝えていくこと」や「知を進化させていくこと」が不可能になる。

問八　文章の前半では、「教養のための幅広い読書」が必要だと述べ、その理由として、近年は「問題解決には専門分野を超えた柔軟性」や「多角的な視点」が必要だと強く認識されていて、「幅広く実践的な知識」である「リベラルアーツが重要視され」ていることを挙げている。これと、アの前半の内容が一致する。また、ＡＩを取り上げた部分では、問五の解説にもあるように、「人生を深めるために、ＡＩや未来予測についての本を読むのはとても有意義」で、ＡＩというものを通して、人間や人生について深く考えることができると述べている。これと、アの後半の内容が一致する。

三 **問二**　徹子が一部の女子から馬鹿にされていることに気づいた「おれ」は、徹子を守るための「耳寄りなお得情報」を集め、それらを「ぜひとも徹子にしらせてやらなきゃと」思っている。ここで「おれ」が心配しているのは、徹子と話しているところを他の生徒に見られたり、内容を聞かれたりして、二人は付き合っているのではないかなどとあらぬ疑いをかけられることである。付き合っているなどと勘違いされれば、徹子がさらにからかわれることになり、徹子を守るための行動がかえって「裏目に出てしまう」と考えたのである。

問三　「おれ」は、徹子を守るための「耳寄りなお得情報」を伝えるために、さりげなく徹子を尾行した。その結果、「おれ」が今いるのは「通学路から外れすぎてい」る河原であり、なぜここにいるのかと問われれば、偶然を装うのは難しい。しかも、このときの状況を考えればこの質問をされる可能性は高い。――線部②の２行後に「こういうのは、先に言ったもん勝ちだ。そっちこそなんでここにと言われる前に、また早口で言う」とある。これと同様に、「徹子」よりも先に発言し、相手にしゃべらせなければ、「おれ」がここにいる本当の理由をきかれずにすむと考え、「急いで言った」のである。

問四　――線部③の直前の３行に着目する。「その顔は、また少し赤くなっている」より、徹子が、スカートのよごれに気づかれたことをはずかしいと思っていることが読み取れる。直後の、スカートのよごれは弟のせいだと話している部分や、「へらっと笑う」という笑い方からは、そのはずかしさをごまかそうとしていることがわかる。一方、――線部④の「くしゃくしゃっと～笑った」という笑い方は、心からの笑いである。自分が気にしていることをたずねたのに対して、「おれ」が「大丈夫だって」と答え、得意そうにＶサインをしたことがうれしく、自然に笑顔になったのである。

問五　５行前に「わざとおどけて、笑いを取るつもりで言ったのに、それほど受けなかった」とあり、「おれ」は期待が外れて少し残念に思っている。続いて徹子が言ったことに対して、「なんじゃそりゃと思う～コメントに困るようなことを言う」と感じ、とまどっている。そして、――線部⑤のような行動をとったのは、こうして二人きりで話していると「まるで彼氏彼女みたいじゃん、と気づいて、ふいに落ち着かなくなってきた」からである。よって、イが適する。

問六(1)　資料Ⅰで、小学校に上がる前の徹子は、護が将来野球で活躍する様子を「あの世界に入って」見て、「本当に、なんてすごいんだろう～ちゃんと夢をかなえて」と感じている。また、資料Ⅱには、母や友達が小さなけがをすることが「見えていた」のに「何もできなかった」とある。つまり、徹子は、将来起こることを見ることができるのである。　**(2)**　徹子は、護が小学校から野球を始め、「今まさにテレビで見たその場所で、ピッチャーの球を受け止めている」という未来を見ている。テレビを見た護が、「オレも絶対、甲子園行くしー」と言っていることから、テレビで見た場所が甲子園球場であることがわかる。　**(3)**　「護の高揚感が伝染したように、私も声をはずませた」「本当に、なんてすごいんだろう～ちゃんと夢をかなえて」「護の一番古い友達であることが、心底ほこらしくうれしかった」などから、護のことを大切に思っていることが読み取れる。よって、オが適する。

(4)　(　え　)の前までの、資料Ⅱに関する生徒の会話から、未来が見える徹子がとったある行動のせいで、護が事故にあい、その運命(未来)が変わってしまったことがわかる。資料Ⅱに「護のことだって、具体的にどうすれば償(つぐな)ったことになるのかわからない」とあり、自分のせいで護の未来が変わってしまったことに対して、申し訳なく思っていることが読み取れる。

《2020　前期　算数　解説》

1　(1)　与式より，$(6+2\times\square)\times3=6\times8$　　$6+2\times\square=48\div3$　　$2\times\square=16-6$　　$\square=10\div2=5$

(2)　与式$=17\times4\times\frac{3}{8}+17\times3\times\frac{1}{5}-17\times2\times\frac{1}{4}-17\times\frac{1}{2}=17\times(\frac{3}{2}+\frac{3}{5}-\frac{1}{2}-\frac{1}{2})=17\times(\frac{1}{2}+\frac{3}{5})=$
$17\times(\frac{5}{10}+\frac{6}{10})=17\times\frac{11}{10}=\frac{187}{10}=18.7$

(3)　与式$=\frac{3}{4}\div\{\frac{28}{5}-\frac{7}{8}\div(\frac{40}{36}-\frac{33}{36})\}=\frac{3}{4}\div(\frac{28}{5}-\frac{7}{8}\div\frac{7}{36})=\frac{3}{4}\div(\frac{28}{5}-\frac{7}{8}\times\frac{36}{7})=\frac{3}{4}\div(\frac{28}{5}-\frac{9}{2})=\frac{3}{4}\div(\frac{56}{10}-\frac{45}{10})=$
$\frac{3}{4}\div\frac{11}{10}=\frac{3}{4}\times\frac{10}{11}=\frac{15}{22}$

(4)　42.195 km＝42.195×1000＝42195(m)で，2時間1分39秒＝2×3600＋1×60＋39＝7299(秒)だから，
42195：50＝7299：□より，□＝8.649…　　小数第3位を四捨五入して，8.65秒

2　(1)　$\frac{2}{7}<\frac{\square}{15}<\frac{87}{20}$として考える。$\frac{2}{7}=\frac{\square}{15}$を解くと，$\square=\frac{2}{7}\times15=\frac{30}{7}=4.2\cdots$となるから，最小の[ア]は，15と互(たが)いに素な5以上の数である。5，6は15と互いに素ではないから，最小の[ア]＝7である。
$\frac{\square}{15}=\frac{87}{20}$を解くと，$\square=\frac{87}{20}\times15=\frac{261}{4}=65.25$となるから，最大の[ア]は，15と互いに素な65以下の数である。
65は15と互いに素ではないから，最大の[ア]＝64である。

7から64までの整数は，64－(7－1)＝58(個)ある。15と互いに素である数は，3の倍数でも5の倍数でもない数だから，これらを引いていく。64÷3＝21余り1より，1から64までに3の倍数は21個，6÷3＝2より，1から6までに3の倍数は2個あるから，7から64までに3の倍数は21－2＝19(個)ある。

64÷5＝12余り4より，1から64までに5の倍数は12個，6÷5＝1余り1より，1から6までに5の倍数は1個あるから，7から64までに5の倍数は12－1＝11(個)ある。

3と5の最小公倍数は15だから，64÷15＝4余り4より，1から64までに15の倍数は4個，1から6までに15の倍数はないから，7から64までに15の倍数は4個ある。よって，7から64の整数のうち，15と互いに素でない数は19＋11－4＝26(個)あるから，求める数は，58－26＝32(個)

(2)　右図のように記号をおく。四角形ABCDの内角の和より，
角DAB＝360－90－75－69＝126(度)だから，角OAE＝180－126＝54(度)
三角形OAEは，OA＝OEの二等辺三角形だから，角AOE＝180－54×2＝72(度)である。よって，斜線部分の面積は，$3\times3\times3.14\times\frac{72}{360}=5.652$(㎠)

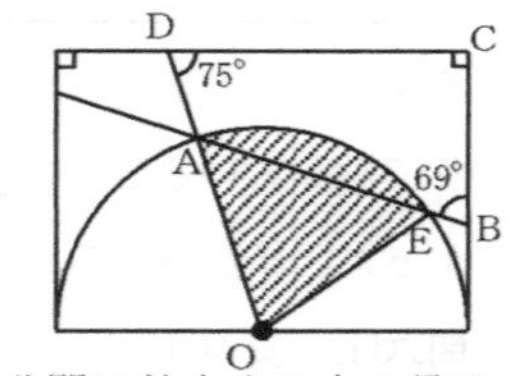

(3)　AとBを同時に使うと30分でいっぱいになるから，AとBの両方を使うとき，1分間に給水する水の量は，容器の体積の$\frac{1}{30}$になる。このうち，AとBの給水量の比は1.5：1＝3：2だから，1分間にAが給水できる水の量は，容器の体積の，$\frac{1}{30}\times\frac{3}{3+2}=\frac{1}{30}\times\frac{3}{5}=\frac{1}{50}$，1分間にBが給水できる水の量は，容器の体積の，$\frac{1}{30}-\frac{1}{50}=\frac{1}{75}$になる。空の容器が水でいっぱいになるまでの時間は，Aが$1\div\frac{1}{50}=50$(分)，Bが$1\div\frac{1}{75}=75$(分)だから，Aだけを用いた場合の方が，75－50＝25(分)短くなる。

44分間にAから入れる水の量は，容器の体積の$\frac{1}{50}\times44=\frac{22}{25}$が入るから，Bから入れた水の量は，容器の体積の$1-\frac{22}{25}=\frac{3}{25}$である。よって，AとBを同時に用いた時間は，$\frac{3}{25}\div\frac{1}{75}=9$(分間)

(4) できる立体は右図のようになる。下の段の円柱の体積と上の段の円柱の体積の和から，色のついた円柱の体積を引けばよい。

下の段の円柱は，底面の半径が $3+2=5$ (cm)で高さが 2 cmだから，体積は，

$5\times5\times3.14\times2=50\times3.14$ (cm³)

上の段の円柱は，底面の半径が 3 cmで高さが 3 cmだから，体積は，

$3\times3\times3.14\times3=27\times3.14$ (cm³)

色のついた円柱は，底面の半径が 1 cmで高さが $2+3-2-1=2$ (cm)だから，体積は，$1\times1\times3.14\times2=2\times3.14$ (cm³)

よって，求める体積は，$50\times3.14+27\times3.14-2\times3.14=(50+27-2)\times3.14=75\times3.14=235.5$ (cm³)

3 (1) $27\div15=1$ 余り 12 より，1 辺が 15mの正方形を置くと，右側に 15m×12mの長方形が残る。

$15\div12=1$ 余り 3 より，1 辺が 12mの正方形を置くと，下に $(15-12)\times12=3$ m×12mの長方形が残る。

$12\div3=4$ 余り 0 より，1 辺が 3 mの正方形が 4 枚置ける。よって，正方形は $1+1+4=6$ (枚)必要である。

(2) $20.77\div18.29=1$ 余り 2.48 より，1 辺が 18.29mの正方形を置くと，右側に 18.29m×2.48mの長方形が残る。$18.29\div2.48=7$ 余り 0.93 より，1 辺が 2.48mの正方形を 7 枚置くと，下側に 0.93m×2.48mの長方形が残る。$2.48\div0.93=2$ 余り 0.62 より，1 辺が 0.93mの正方形を 2 枚置くと，右側に 0.93m×0.62mの長方形が残る。$0.93\div0.62=1$ 余り 0.31 より，1 辺が 0.62mの正方形を 1 枚置くと，下側に 0.31m×0.62mの長方形が残る。$0.62\div0.31=2$ 余り 0 より，1 辺が 0.31mの正方形を 2 枚置ける。

よって，全部で，$1+7+2+1+2=13$ (枚)必要である。

4 (1) すべての食塩水の濃度が等しくなったから，AとBとCを混ぜて作った食塩水の濃度になったことになる。

Aには $200\times0.05=10$ (g)，Bには $500\times0.02=10$ (g)，Cには $300\times0.01=3$ (g)の食塩が入っていたから，全部を混ぜると，食塩が $10+10+3=23$ (g)入った，$200+500+300=1000$ (g)の食塩水ができる。その濃度は，

$23\div1000\times100=2.3$ (%)

(2) 天びん図を用いて考える。同じ量の食塩水を交換(こうかん)して混ぜるから，食塩水の重さは操作の前後で変わらない。

操作①をすると，Bの容器には濃度 2.3%の食塩水が 500 gできたことになる。

右図 1 で，うでの長さの比 a : b $=(5-2.3):(2.3-2)=9:1$ だから，Bの容器で混ぜ合わせた重さの比は 1 : 9 になる。比の数の $1+9=10$ が 500 gにあたるから，①でAからくみ取った食塩水の量は，$500\times\frac{1}{10}=50$ (g)

図1

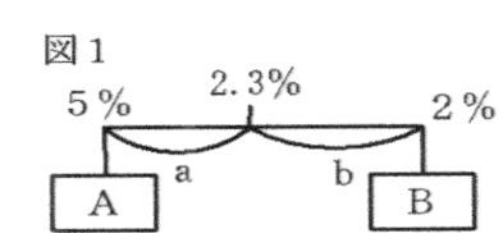

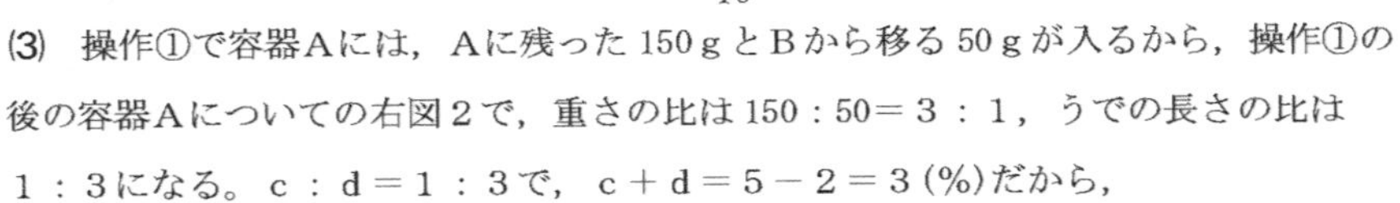

(3) 操作①で容器Aには，Aに残った 150 gとBから移る 50 gが入るから，操作①の後の容器Aについての右図 2 で，重さの比は 150 : 50 = 3 : 1，うでの長さの比は 1 : 3 になる。c : d = 1 : 3 で，$c+d=5-2=3$ (%)だから，

$c=3\times\frac{1}{1+3}=0.75$ (%)になるので，操作①の後の容器Aの中の食塩水の濃度は，

$5-0.75=4.25$ (%)になる。操作②の後の容器Cについての右図 3 で，うでの長さの比 e : f $=(4.25-2.3):(2.3-1)=3:2$ だから，容器Cで混ぜ合わせた重さの比は 2 : 3 になる。比の数の $2+3=5$ が 300 gにあたるから，②でAからくみ取った食塩水の量は，$300\times\frac{2}{5}=120$ (g)

図2

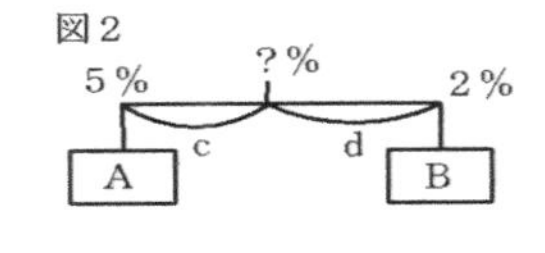

図3

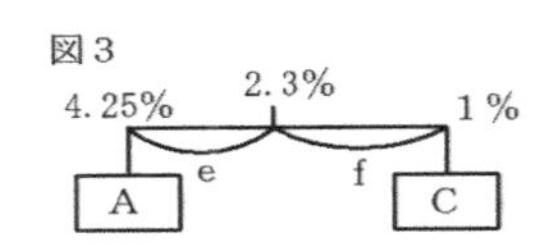

5 (1)　２人のＢ地点からの距離が等しくなるのは，兄がＡＢ間にいるときと，兄がＢＣ間にいるときの２通りと考えられる。

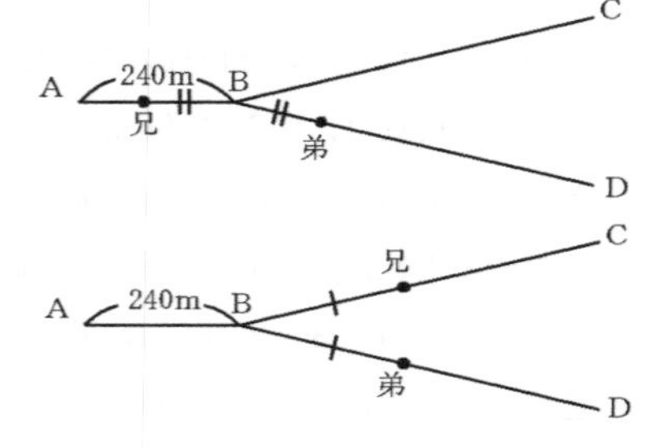

兄がＡＢ間にいるとき，

240m－(３分間に兄の進んだ距離)＝(３分間に弟の進んだ距離)となるから，(３分間に兄の進んだ距離)＋(３分間に弟の進んだ距離)＝240m より，１分間に兄と弟が進んだ距離の和，つまり２人の速さの和は，分速(240÷３)m＝分速 80m

兄がＢＣ間にいるとき，(15 分間に兄が進んだ距離)－240m＝(15 分間に弟が進んだ距離)となるから，(15 分間に兄が進んだ距離)－(15 分間に弟が進んだ距離)＝240m より，１分間に兄と弟が進んだ距離の差，つまり２人の速さの差は，分速(240÷15)m＝分速 16m

よって，兄の歩く速さは，分速{(80＋16)÷２}m＝分速 48m　　弟の歩く速さは，分速(48－16)m＝分速 32m

(2)　出発してから 41 分後には，兄と弟のＢ地点からの距離の差は，40×(48－32)－240－32×１＝368(m)になっている。ここから兄がＢ地点に向けて戻(もど)ると，Ｂ地点からの距離の差は，１分あたり 48＋32＝80(m)ずつ短くなるから，２人のＢ地点からの距離が等しくなるのに，368÷80＝4.6(分)，つまり，４分 36 秒かかる。

6 (1)　平行な平面には，平行な切り口ができるから，ＰＱとＡＲは平行になるので，右図１のようにＰからＣＧに垂直な線ＰＩを引くと，三角形ＰＩＱと三角形ＡＤＲは合同な直角三角形になる。よって，ＤＲ＝ＩＱ＝ＣＱ－ＣＩ＝1.5－１＝ア 0.5(cm)

また，ＰＱとＦＣの交わる点をＪとすると，立体②は，右図２のようになる。

三角形は，ＡＦＪ，ＡＦＥのイ２個，四角形は，ＡＥＨＲ，ＱＧＨＲ，ＪＦＧＱ，ＪＱＲＡ，ＥＦＧＨのウ５個である。このうち，台形はＡＥＨＲ，ＱＧＨＲ，ＪＱＲＡのエ３個である。

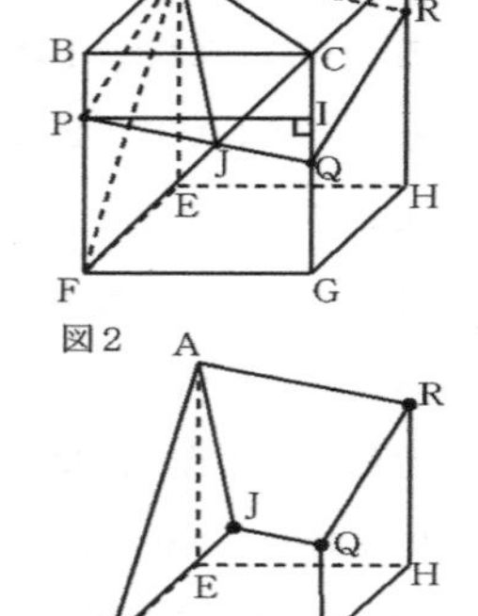

(2)　面③は，右図の四角形ＪＦＧＱであり，面積は，三角形ＦＧＣの面積から三角形ＪＱＣの面積を引いて求める。

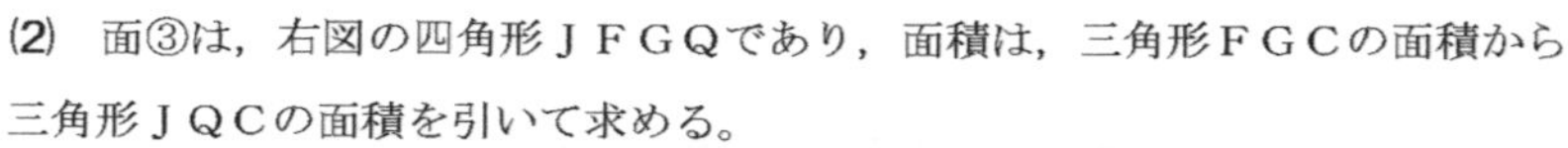

右図１で，三角形ＰＦＪと三角形ＱＣＪは同じ形の三角形であり，ＦＪ：ＣＪ＝ＰＦ：ＱＣ＝(３－１)：1.5＝４：３である。右図の「１つの角を共有する三角形の面積」の求め方を使うと，三角形ＦＧＣの面積が，$3\times3\div2=\dfrac{9}{2}$(cm²)で，三角形ＪＱＣの面積が，$\dfrac{9}{2}\times\dfrac{3}{4+3}\times\dfrac{1}{2}=\dfrac{27}{28}$(cm²)だから，求める面積は，$\dfrac{9}{2}-\dfrac{27}{28}=\dfrac{126}{28}-\dfrac{27}{28}=\dfrac{99}{28}=3\dfrac{15}{28}$(cm²)

１つの角を共有する三角形の面積

右図のように三角形ＰＱＲと三角形ＰＳＴが１つの角を共有するとき，三角形ＰＳＴの面積は，

(三角形ＰＱＲの面積)$\times\dfrac{PS}{PQ}\times\dfrac{PT}{PR}$

で求められる。

(3)　３点Ａ，Ｆ，Ｃを通る平面でこの立方体を切ると，切断面は正三角形ＡＦＣになることから，１辺がＣＦの正三角形の頂点を作図する。その頂点と，Ｆ，ＣＦとＰＱが交わる点をそれぞれ直線で結ぶ。

《2020　前期　理科　解説》

1 問１　ア○…けんび鏡の視野は上下左右が実際とは逆になっている。したがって，アワを右下に移動させたければ，スライドガラスを左上に動かす必要がある。

問３(1)　濃さが異なる水よう液をうすい膜で仕切ると，両方の水よう液の濃さを均一にしようとして，うすい水よう液から濃い水よう液に向かって水だけが移動することがある。膜Ａで仕切ったときに左側の水位が上がり，右側の水位が下がったのはそのためである。つまり，膜Ａは水を通すが，砂糖は通さないと考えられる。これに対し，膜Ｂでは水位の変化がなかったから，膜Ｂは砂糖と水の両方を通すか，両方とも通さないかのどちらかである。ここで，膜Ｂが仕切りＢと同じ性質であることに着目すると，仕切りＢが両方とも通さないとすると，細胞でつくられたでんぷんを全身に送ることができなくなる。したがって，膜Ｂは砂糖も水も通すと考えられる。

(2)　エ○…野菜に塩をかけると，野菜の中から水が出てきて，しおれてしまう。

問４　イ○…カナダモは外来種であり，繁殖力が強く，別の池に捨てるとその池の生態系を大きく変えてしまうことがあるので，別の池に捨ててはいけない。

問５(2)　ａとｃは動物，ｂは植物であり，ｄは動物と植物の両方の特徴をもつ。　(3)　ａやｃは，ｂやｄを食べる。ふつう，食べる生物は食べられる生物よりも体が大きい。したがって，４倍の対物レンズで観察したものがａ，10倍がｃ，40倍がｂとｄである。

問７　エ○…オカメゾウリムシの大きさは0.05㎜で，1.2㎜のきょりを３秒で移動したから，大きさが５ｍのものに置きかえると，３秒で移動したきょりが$5\times\frac{1.2}{0.05}=120(\mathrm{m})$になるということである。この速さは$\frac{120(\mathrm{m})}{3(秒)}=(秒速)40(\mathrm{m})$，つまり，１秒間で40ｍ→0.04㎞移動する速さだから，１時間→3600秒では0.04×3600＝144(㎞)移動することになる。

2　問１　下げんの月は，南の空で左半分が光って見える半月である。このとき，太陽は下げんの月の左側の地平線付近にある。南を向いたとき，左手側が東だから，太陽が東の地平線付近にあるオが正答となる。

問２　イ○…日本で右下が光って見える三日月は，西の地平線付近にある。このとき，南半球にあるオーストラリアでも三日月は西の地平線付近にある。ただし，オーストラリアでは，月が東の地平線からのぼり，北の空を通って，西の地平線に沈んでいくので，北を向いたとき，西が左手側であることから，左下が光って見える。

問３　月自体の大きさは変化しないから，見かけの大きさはきょりに反比例する。見かけの大きさが最も大きい満月はきょりが35万７千㎞，最も小さい満月はきょりが40万６千㎞のときだから，最も大きい満月の見かけの大きさは，最も小さい満月の$\frac{40万6千}{35万7千}=1.13\cdots\rightarrow1.1$倍である。

問４　例えば，満月のときには，太陽，地球，月の順に一直線に並んでいるので，地球は光が当たっていない面を月に向けていることになる(月から地球の光っている部分は見えない)。また，新月のときには，太陽，月，地球の順に一直線に並んでいるので，地球は光が当たっている面を月に向けていることになる(月からは満月のように見える)。つまり，月から見た地球の光り方は，同じ日に地球から見た月の光り方と逆になっていると考えればよい。したがって，黒い部分が三日月形になっているイが正答となる。

問５　オ○…月は，地球のまわりを１回公転する間に，１回自転をしているので，月から地球を観測すると，地球は常に同じ位置に見える。

問６　月食は，地球のかげに月が入ることで，月の全部または一部が欠けて見える現象である。つまり，満月の欠けた部分には地球のかげがうつっている。満月に地球のかげが円となってうつることはない(地球のかげの一部しかうつらない)ので，月から見ると，太陽より地球の方が大きく見える。

問７　問４解説より，太陽，月，地球が(順番を問わず)一直線に並ぶのは，満月と新月のときである。

問８　大潮の日には，満潮と干潮の差が大きくなるから，表の潮位の差に着目して，大潮の日は10日と24日だと考えられる。

問９　10日と24日の満潮と干潮の時刻に着目する。どちらも満潮が６時ごろと18時ごろ，干潮が０時ごろと12時ごろである。図Ⅰのように，満月の日で考えると，太陽が正面に来たときが12時ごろで，そこから反時計回りに90度自転するごとに６時間後の位置になる。したがって，満潮時刻である６時ごろと18時ごろの方向に円を引きのばしたような形にすればよい。なお，新月の日で考えても，同様の形になる。

図Ⅰ

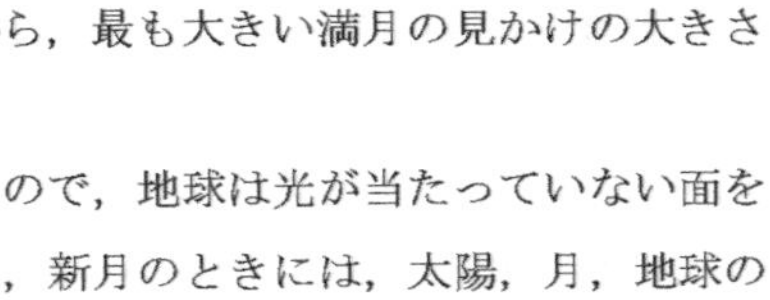

18時ごろ
12時ごろ
月
地球
太陽
０時ごろ
６時ごろ

3 問2　100ｇのかんそうコンブにはうまみ成分が1.6ｇ含(ふく)まれているから，500ｇのかんそうコンブには1.6ｇの５倍の8.0ｇのうまみ成分が含まれている。また，7.5ｇのうまみ成分は２Ｌの水酸化ナトリウム水よう液とちょうど反応するから，ちょうど反応した水酸化ナトリウム水よう液が0.16Ｌであれば，１Ｌの水に抽出(ちゅうしゅつ)されたうまみ成分は$7.5\times\frac{0.16}{2}=0.6$（ｇ）である。したがって，１Ｌの水にとけ出たうまみ成分の重さの割合は$\frac{0.6}{8.0}\times100=7.5$（％）である。

問３　20（個）÷0.2（Ｌ）＝100

問４　（油にとけているＡのこさ）＝３×（水にとけているＡのこさ）より，（油にとけているＡのこさ）：（水にとけているＡのこさ）＝３：１になる。油と水の体積が同じであれば，とけているＡの個数の比も３：１になるので，水にとけていた1000個のうち，油に移動したＡは$1000\times\frac{3}{3+1}=750$（個）である。

問５　Ａがはじめにどちらにとけていたかは関係ないので，問４と問５では，水と油にとけているＡの個数はそれぞれ同じになる。したがって，1000－750＝250（個）が正答となる。

問６　油：水において，体積比が0.5：１＝１：２のとき，とけているＡのこさが３：１になるのは，とけているＡの個数の比が（３×１）：（１×２）＝３：２になるときである。したがって，油に移動したＡは$1000\times\frac{3}{3+2}=600$（個）である。

問７　問６の後，水にとけているＡの個数は1000－600＝400（個）だから，問６と同様に考えて，油に移動したＡは$400\times\frac{3}{3+2}=240$（個）である。

問８　問４のように，１Ｌの油を１度にすべて使うと，油に移動するＡは750個である。これに対し，問６，７のように，１Ｌの油を２回に分けて0.5Ｌずつ使うと，油に移動するＡは600＋240＝840（個）である。つまり，油の量が１Ｌと決まっているのならば，１回に使う油の量をできるだけ少なくして，油にＡを移動させる作業を何回もくり返し行った方が，より多くのＡを油に移動させることができる。

問９　問５解説より，１回の作業で水に残るＡの個数が$\frac{250}{1000}=\frac{1}{4}$（倍）になると考えればよい。したがって，１回目で1024÷４＝256（個），２回目で256÷４＝64（個），３回目で64÷４＝16（個），４回目で16÷４＝４（個）になる。

4 問２　半径6400kmの円の円周を求めればよい。したがって，6400×２×3.14＝40192（km）→４万kmとなる。

問３　４万（km）÷360（°）＝111.1…→111km〔別解〕40192（km）÷360（°）＝111.6…→112km

問４　ウ○…飛行機の速さは時速1110kmだから，問３より，１時間でＯを中心とする円を1110÷111＝10（°）移動するということである。したがって，18時間では180°（半周分）移動する。

問５　ア○…図で，明石から真東に向かって飛んだ場合，北緯(ほくい)35°線から南にそれるように進んでいるから，北向きに力を加えればよい。

問６　飛行機が真南に飛ぶとき，１時間で南に10°移動するから，飛行機が着く場所の緯度は北緯80°である。また，表より，飛行機が北緯80°の地点に着いたとき，東経135°の地点は１時間で281km真東に移動している。緯度80°における経度１°の長さは19kmであり，281kmを経度にすると281÷19＝14.7…→15°だから，飛行機が着く場所の経度は，東経135°より15°西の東経120°である。

問７　飛行機が真北に飛ぶとき，３時間で北に30°移動するから，飛行機が着く場所の緯度は北緯30°である。また，シンガポールから飛び始めた飛行機が時速1674kmで真東に移動するのに対し，シンガポールの真北の北緯30°，東経100°の地点は時速1450kmで真東に移動するから，３時間後に飛行機が北緯30°の地点に着いたとき，飛行機は東経100°の地点より（1674－1450）×３＝672（km）真東にある。緯度30°における経度１°の長さは96kmであり，672kmを経度にすると672÷96＝７（°）だから，飛行機が着く場所の経度は，東経100°より７°東の東経107°である。

問８　グラフの横じくを真東に向かう自転の速さ，縦じくを真北に向かう飛行機の速さとする。飛行機が飛び始める緯度０°における自転の速さ（時速1674km）と飛行機の速さ（時速1110km）を表すグラフの交点を求めることで，飛行機が赤道に対してどれくらいの角度で飛び始めるのかがわかる。ここでは，この交点と原点を結ぶ直線の角度が35°より少し小さくなり，この角度が，飛行機が着くことのできる最も大きな緯度になる。最も大きな緯度に達すると，飛行機は赤道に向かって飛ぶようになり，Ｏを中心とする半径6400kmの円をえがくように，飛び始めた場所にもどってくる。

《2020　後期　国語　解説》

一　著作権に関係する弊社(へいしゃ)の都合により本文を非掲載(ひけいさい)としておりますので、解説を省略させていただきます。ご不便をおかけし申し訳ございませんが、ご了承(りょうしょう)ください。

二　**問一**　文章の中ほどに、「『教養人はまず専門人でなくてはならない』といえるでしょう」とある。その後で、「自分の中に議論や思考の『軸(じく)』を持つ」ことが大切で、「これは大学で学んだことでも、社会人として身につけた職務上の専門性でも構いません」と述べている。こうした、「学校での学びや社会人としての経験等を通じ」て身につけた「教養の土台」を、「軸」としてしっかり整理することを、筆者は「教養の土台を耕す」と表現している。さらに、この「教養の土台を耕す」うえで有効なのは、「異なる考えや意見を持つ人と建設的に議論し、思考を発展させていくという行動原理を持つこと」であり、「本質的な教養において重要なのは、自分とは考え方が異なる人と建設的に議論できる力だということもできます」と述べている。また、こうした議論をする際には、「相手と競うこと」や「相手を打ち負かそうとすること」はせず、「相手へのリスペクト」が重要だとも述べている。

《2020　後期　算数　解説》

1　(1)　右のように作図する。この図形は，ＢＤを軸とした線対称な図形だから，
㋐と㋑，㋒と㋓はそれぞれ合同な三角形である。
㋑と㋓の三角形は，底辺と高さが等しいので面積も等しくなる。
つまり，㋐，㋑，㋒，㋓はすべて面積が同じ三角形である。
㋐と㋑と㋓を合わせた三角形ＡＢＣの面積が，$2\times1\div2=1$(㎠)だから，
求める面積は，$1\div3\times4=\frac{4}{3}=1\frac{1}{3}$(㎠)

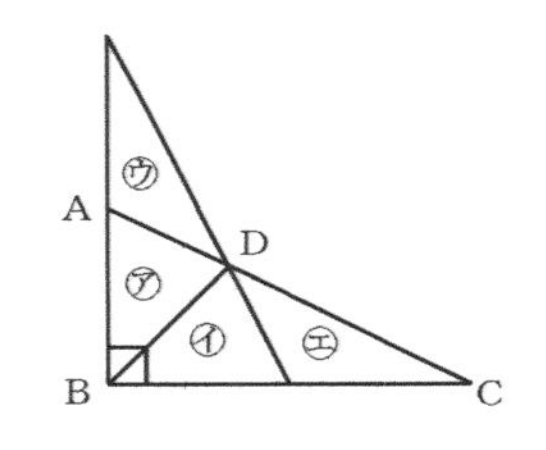

(2)　右のように作図する。三角形ＯＢＣは，ＯＢ＝ＯＣの二等辺三角形だから，
角ＯＢＣ＝角ＯＣＢ＝24度である。したがって，角ＡＣＢ＝角ＯＢＣだから，
錯角が等しいので，ＡＣとＢＯは平行である。また，三角形ＯＡＣは，
ＯＡ＝ＯＣの二等辺三角形だから，角ＯＡＣ＝角ＯＣＡ＝24＋24＝48(度)である。平行線の錯角は等しいから，角ＡＯＢ＝角ＯＡＣ＝48度である。三角形ＯＢＡは，ＯＢ＝ＯＡの二等辺三角形だから，角ＯＢＡ＝(180－48)÷２＝66(度)，角ａ＝角ＯＢＡ－角ＯＢＣ＝66－24＝42(度)

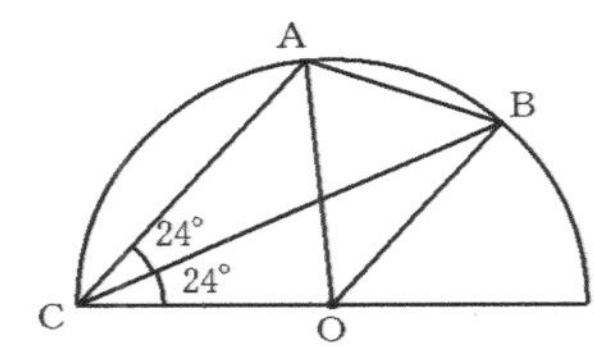

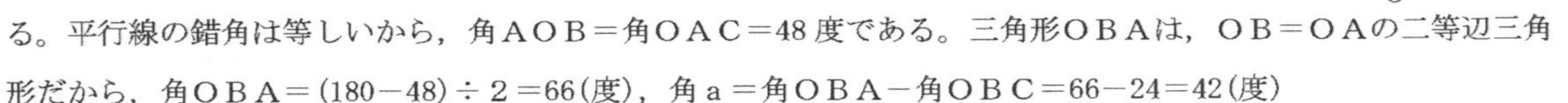

(3)　和が1111になるので，求める数は３けたの整数と判断できる。ａとｃを０でない１けたの整数，ｂを０～９の整数として，元の数は，100×ａ＋10×ｂ＋ｃ，逆順数は100×ｃ＋10×ｂ＋ａ，その和は
(100×ａ＋10×ｂ＋ｃ)＋(100×ｃ＋10×ｂ＋ａ)＝101×ａ＋101×ｃ＋20×ｂ＝101×(ａ＋ｃ)＋20×ｂと表せる。
ａ，ｃは１～９までの整数があてはまるから，ａ＋ｃは２以上18以下の整数なので，一の位を１にするためにはａ＋ｃ＝11に決まり，101×11＝1111より，ｂ＝０と決まる。よって，209，308，407，506，605，704，803，902が求める数である。

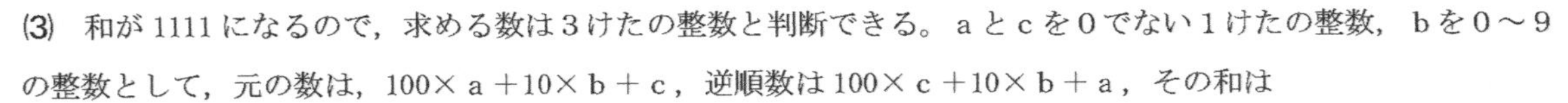

次に２回の操作で1111になるためには，１回目の操作で上記の８つの数のうちのいずれかになればよい。こちらの場合も，求める数は３けたの整数と判断できる。元の数を100×ｐ＋10×ｑ＋ｒ，逆順数を100×ｒ＋10×ｑ＋ｐ，和を101×(ｐ＋ｒ)＋20×ｑとする。ｐ＋ｒの値を定めて，それに対応するｑの値を調べていく。このとき，ｑには０～９までの整数があてはまるので，20×ｑの値の一の位は０であり，ｐ，ｒは１～９までの整数があては

まるから，p＋rは2以上18以下の整数である。そのため，p＋rに代入した数の一の位に注目する。

p＋r＝2のとき，101×2＋20×q＝202＋20×q，202＋20×q＝902より，q＝35は条件に合わない。

p＋r＝3のとき，101×3＋20×q＝303＋20×q，303＋20×q＝803より，q＝25は条件に合わない。

p＋r＝4のとき，101×4＋20×q＝404＋20×q，404＋20×q＝704より，q＝15は条件に合わない。

p＋r＝5のとき，101×5＋20×q＝505＋20×q，505＋20×q＝605より，q＝5は条件に合う。

p＋r＝6のとき，101×6＋20×q＝606＋20×q，606＋20×q＝506より，qの値を求められず，

p＋rが6以上になると，qの値を求められないとわかる。

よって，p＋r＝5のとき，q＝5だから，p＝1，q＝5，r＝4のときの154，p＝2，q＝5，r＝3のときの253，p＝3，q＝5，r＝2のときの352，p＝4，q＝5，r＝1のときの451の4個が条件に合う。

2 (1) 右図1のような天びん図で考える。

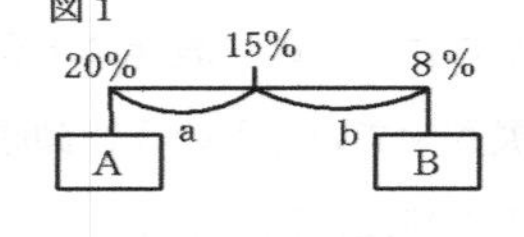

aとbのうでの長さの比a：b＝(20－15)：(15－8)＝5：7だから，混ぜ合わせたAとBの食塩水の量の比は7：5である。比の和の7＋5＝12が300gにあたるから，Aの食塩水は，$300\times\frac{7}{12}$＝175(g)必要である。

(2) 右図2で，c：d＝(18－15)＝(15－8)＝3：7だから，AとCを混ぜ合わせた食塩水とBの食塩水の重さの比は7：3である。Bの食塩水の重さが150gだから，AとCを混ぜ合わせた食塩水は，$150\times\frac{7}{3}$＝350(g)である。したがって，Aと混ぜ合わせた食塩水Cは，350－250＝100(g)

図2 18%　15%　8%　c　d　A+C　B　？g　150g

(3) 右図3で，AとCを混ぜ合わせた食塩水の重さの比は，250：100＝5：2だから，

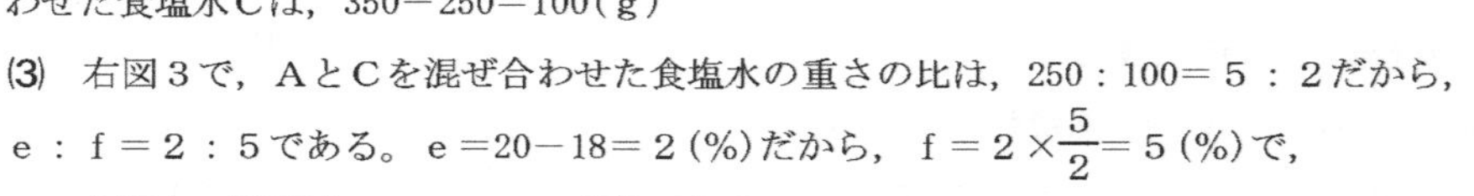

e：f＝2：5である。e＝20－18＝2(%)だから，$f=2\times\frac{5}{2}$＝5(%)で，

Cの食塩水の濃度は，18－5＝13(%)である。

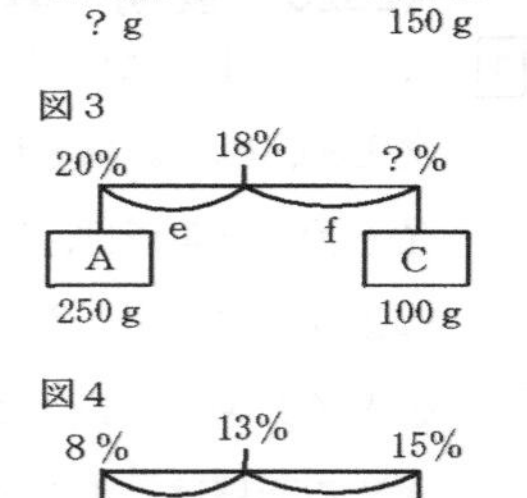

右図4で，g：h＝(13－8)：(15－13)＝5：2だから，Bと(2)のあとにできた食塩水の重さの比は2：5になる。(2)のあとにできた食塩水の重さは500gだから，混ぜ合わせたBは，$500\times\frac{2}{5}$＝200(g)

図4 8%　13%　15%　g　h　B　？g　500g

3 (1) Pは，直線部分を 40÷4＝10(秒)，半円部分を 60÷6＝10(秒)で動くから，10×2＋10×2＝40(秒)かかる。

Qは，直線部分を40÷5＝8(秒)，半円部分を60÷3＝20(秒)で動くから，8×2＋20×2＝56(秒)かかる。

(2) PとQが各区間を通過し終わる時間を表にすると，右のようになる。この表から，PがQに追いつくのはPが2周目のABの曲線部分を動いているときである。Pが2周目のAに着いたとき，Qは3×(60－56)＝12(cm)先を動いている。ここから，1秒あたり6－3＝3(cm)ずつ近づくから，PがQに追いつくのは，60＋12÷3＝64(秒後)

	C	D	A	B	C	D	A	B
P	10	20	30	40	50	60	70	80
Q			20	28	48	56	76	84

(3) QはPより直線部分では速いから，抜かれるのは曲線部分である。つまり，QがDに着くまでにPに追い抜かれなければよい。PはD地点からの一周に40秒かかり，QはA地点からD地点までを48秒かかるから，QはPより，48－40＝8(秒)以上早く動き始めなければならない。

4 (1) まず色を赤と青に固定して考える。1人が赤または青を出す場合は2通りあるから，3人が赤または青を出す場合は，2×2×2＝8(通り)ある。ただし，この中にはすべて赤，またはすべて青の2通りをふくんでいるから，3人が赤または青の2色を出す場合は，8－2＝6(通り)ある。赤と黄，青と黄の場合も6通りずつ考えられるから，求める出し方の数は，6×3＝18(通り)

(2) 4人の3色の選び方は3×3×3×3＝81(通り)ある。この中には4人が2色を選んだときと4人が1色を

選んだときも含んでいるので，これらを引いて求める。

⑴の解説と同じように考えると４人が２色を選ぶのは，$(2\times2\times2\times2-2)\times3=42$(通り)

４人が１色を選ぶのは，$(1\times1\times1\times1)\times3=3$(通り)

よって，カードの色が３種類となるような出し方は，$81-42-3=36$(通り)

⑶　⑵の解説と同じように考える。６人の３色の選び方は，$3\times3\times3\times3\times3\times3=729$(通り)

６人が２色を選ぶのは，$(2\times2\times2\times2\times2\times2-2)\times3=186$(通り)

６人が１色を選ぶのは，$(1\times1\times1\times1\times1\times1)\times3=3$(通り)

よって，全部で，$729-186-3=540$(通り)

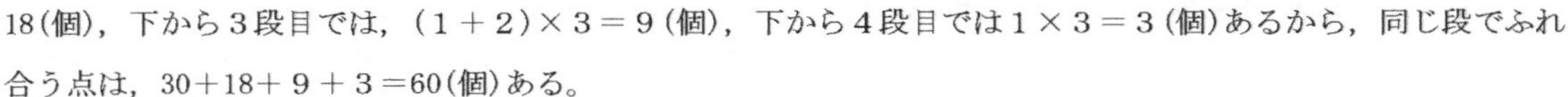

5　**⑴**　$1+(1+2)+(1+2+3)+(1+2+3+4)+(1+2+3+4+5)=1+3+6+10+15=35$(個)

⑵　同じ段の球にふれ合う点と，異なる段の球にふれ合う点を別々に数える。

同じ段の球にふれ合う点について，一番下の段に右のように作図すると，

ふれ合う点と斜線の三角形の辺の数が同じになるので，一番下の段では，

$(1+2+3+4)\times3=10\times3=30$(個)，下から２段目では，$(1+2+3)\times3=$ 18(個)，下から３段目では，$(1+2)\times3=9$(個)，下から４段目では $1\times3=3$(個)あるから，同じ段でふれ合う点は，$30+18+9+3=60$(個)ある。

異なる段でふれ合う点については，１つ上の段に球を１個おくと，下の３個の球とふれ合うことから，

下から２段目に 10 個の球をおくと，一番下の段とふれ合う点は，$3\times10=30$(個)ある。

下から３段目に６個の球をおくと，下から２段目の球とふれ合う点は，$3\times6=18$(個)ある。

下から４段目に３個の球をおくと，下から３段目の球とふれ合う点は，$3\times3=9$(個)ある。

下から５段目に１個の球をおくと，下から４段目の球とふれ合う点は，$3\times1=3$(個)ある。

異なる段の球とふれ合う点は全部で，$30+18+9+3=60$(個)あるから，ふれ合う点は全部で，$60+60=120$(個)

⑶　一番上の段の点Ａから，上から２段目の段の球との接点の１つを点Ｂとし，一番上の段の球の中心をＰ，上から２段目の段にある３つの球の中心をＱ，Ｒ，Ｓとすると，球の表面をたどって，一番上の段から上から２段目までいくとき，最も短い道のりは，右図①のＡからＢまでの曲線になる。三角すいＰＱＲＳは辺の長さがすべて２cmの三角すいであり，Ｂは辺ＰＲと球との交わる点である。

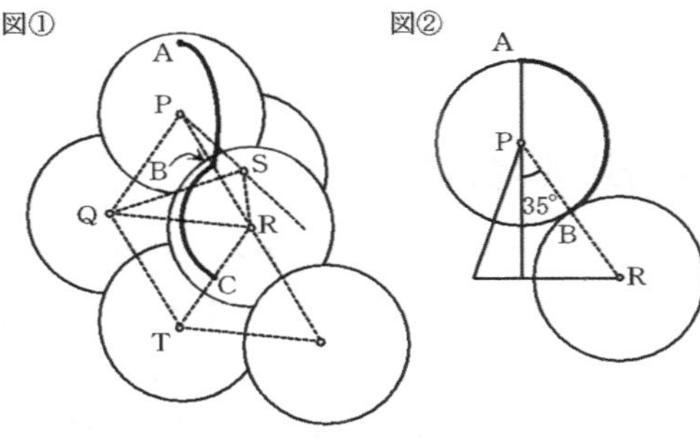

右図②において，角ＡＰＢ＝$180-35=145$(度)だから，

曲線ＡＢの長さは，$2\times3.14\times\frac{145}{360}$(cm)になる。

次に図①のように，上から２段目の球と上から３段目の球の接点の１つを点Ｃ，点Ｃが表面にある上から３段目の球の中心をＴとすると，三角形ＰＱＲと三角形ＴＱＲは，同じ平面上にある合同な正三角形だから，

角ＢＲＣ＝$60\times2=120$(度)である。したがって，上から２段目の球から上から３段目の球まで，球の表面をたどっていくとき，最も短い道のりは，$2\times3.14\times\frac{120}{360}$(cm)になる。上から３段目の球から上から４段目の球までたどるときの最も短い道のりも，同じ長さであり，上から４段目の球から一番下の段の球までたどるときの長さも同じである。

一番下の段の球から床までたどるときの最も短い道のりは，図②において点Ｂから，Ｒの真下にある球の表面上の点までたどる長さと同じであり，$180-35=145$(度)回転するから，ＡからＢまでの長さに等しい。

よって，求める長さは，$(2\times3.14\times\frac{145}{360})\times2+(2\times3.14\times\frac{120}{360})\times3=3.14\times(4\times\frac{29}{72}+6\times\frac{1}{3})=$
$3.14\times(\frac{29}{18}+2)=3.14\times\frac{65}{18}=11.33\cdots$より，小数第２位を四捨五入して 11.3 cmである。

■ ご使用にあたってのお願い・ご注意

（1）問題文等の非掲載

著作権上の都合により，問題文や図表などの一部を掲載できない場合があります。

誠に申し訳ございませんが，ご了承くださいますようお願いいたします。

（2）過去問における時事性

過去問題集は，学習指導要領の改訂や社会状況の変化，新たな発見などにより，現在とは異なる表記や解説になっている場合があります。過去問の特性上，出題当時のままで出版していますので，あらかじめご了承ください。

（3）配点

学校等から配点が公表されている場合は，記載しています。公表されていない場合は，記載していません。

独自の予想配点は，出題者の意図と異なる場合があり，お客様が学習するうえで誤った判断をしてしまう恐れがあるため記載していません。

（4）無断複製等の禁止

購入された個人のお客様が，ご家庭でご自身またはご家族の学習のためにコピーをすることは可能ですが，それ以外の目的でコピー，スキャン，転載（ブログ，ＳＮＳなどでの公開を含みます）などをすることは法律により禁止されています。学校や学習塾などで，児童生徒のためにコピーをして使用することも法律により禁止されています。

ご不明な点や，違法な疑いのある行為を確認された場合は，弊社までご連絡ください。

（5）けがに注意

この問題集は針を外して使用します。針を外すときは，けがをしないように注意してください。また，表紙カバーや問題用紙の端で手指を傷つけないように十分注意してください。

（6）正誤

制作には万全を期しておりますが，万が一誤りなどがございましたら，弊社までご連絡ください。

なお，誤りが判明した場合は，弊社ウェブサイトの「ご購入者様のページ」に掲載しておりますので，そちらもご確認ください。

■ お問い合わせ

解答例，解説，印刷，製本など，問題集発行におけるすべての責任は弊社にあります。

ご不明な点がございましたら，弊社ウェブサイトの「お問い合わせ」フォームよりご連絡ください。迅速に対応いたしますが，営業日の都合で回答に数日を要する場合があります。

ご入力いただいたメールアドレス宛に自動返信メールをお送りしています。自動返信メールが届かない場合は，「よくある質問」の「メールの問い合わせに対し返信がありません。」の項目をご確認ください。

また弊社営業日（平日）は，午前９時から午後５時まで，電話でのお問い合わせも受け付けています。

2025春

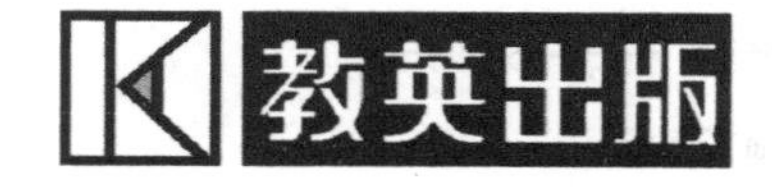

株式会社教英出版
〒422-8054　静岡県静岡市駿河区南安倍３丁目 12-28
TEL　054-288-2131　　FAX　054-288-2133
URL　https://kyoei-syuppan.net/
MAIL siteform@kyoei-syuppan.net

教英出版の中学受験対策

中学受験面接の基本がここに！
知っておくべき面接試問の要領

面接試験に，落ち着いて自信をもってのぞむためには，あらかじめ十分な準備をしておく必要があります。面接の心得や，受験生と保護者それぞれへの試問例など，面接対策に必要な知識を１冊にまとめました。

- 面接の形式や評価のポイント，マナー，当日までの準備など，面接の基本をていねいに指南「面接はこわくない！」
- 書き込み式なので，質問例に対する自分の答えを整理して本番直前まで使える
- ウェブサイトで質問音声による面接のシミュレーションができる

定価：770円（本体700円+税）

入試テクニックシリーズ

必修編

基本をおさえて実力アップ！
1冊で入試の全範囲を学べる！
基礎力養成に最適！

こんな受験生には必修編がおすすめ！
- 入試レベルの問題を解きたい
- 学校の勉強とのちがいを知りたい
- 入試問題を解く基礎力を固めたい

定価：1,100円（本体1,000+税）

発展編

応用力強化で合格をつかむ！
有名私立中の問題で
最適な解き方を学べる！

こんな受験生には発展編がおすすめ！
- もっと難しい問題を解きたい
- 難関中学校をめざしている
- 子どもに難問の解法を教えたい

定価：1,760円（本体1,600+税）

絶賛販売中！

詳しくは教英出版で検索

教英出版 検索

URL https://kyoei-syuppan.net/

教英出版の親子で取りくむシリーズ

公立中高一貫校とは?適性検査とは?受検を考えはじめた親子のための最初の1冊!

「概要編」では公立中高一貫校の仕組みや適性検査の特徴をわかりやすく説明し，「例題編」では実際の適性検査の中から，よく出題されるパターンの問題を厳選して紹介しています。実際の問題紙面も掲載しているので受検を身近に感じることができます。

- 公立中高一貫校を知ろう!
- 適性検査を知ろう!
- 教科的な問題〈適性検査ってこんな感じ〉
- 実技的な問題〈さらにはこんな問題も!〉
- おさえておきたいキーワード

定価:1,078円(本体980+税)

適性検査の作文問題にも対応!「書けない」を「書けた!」に導く合格レッスン

「実力養成レッスン」では，作文の技術や素材の見つけ方，書き方や教え方を対話形式でわかりやすく解説。実際の入試作文をもとに，とり外して使える解答用紙に書き込んでレッスンをします。赤ペンの添削例や，「添削チェックシート」を参考にすれば，お子さんが書いた作文をていねいに添削することができます。

- レッスン1 作文の基本と，書くための準備
- レッスン2 さまざまなテーマの入試作文
- レッスン3 長文の内容をふまえて書く入試作文
- 実力だめし!入試作文
- 別冊「添削チェックシート・解答用紙」付き

定価:1,155円(本体1,050+税)

絶賛販売中!

詳しくは教英出版で検索

教英出版 検索

URL https://kyoei-syuppan.net/

教英出版　2025年春受験用　中学入試問題集

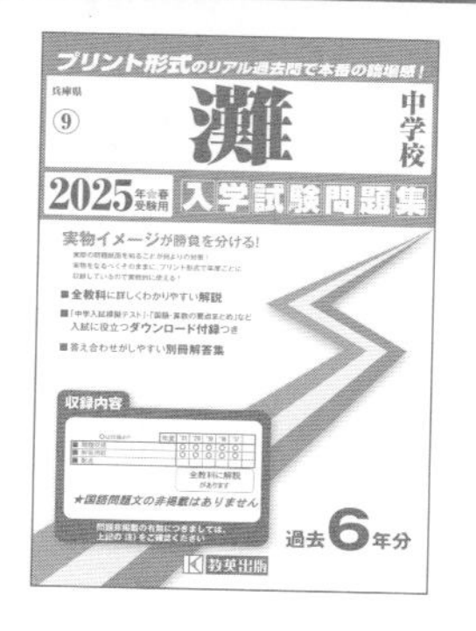

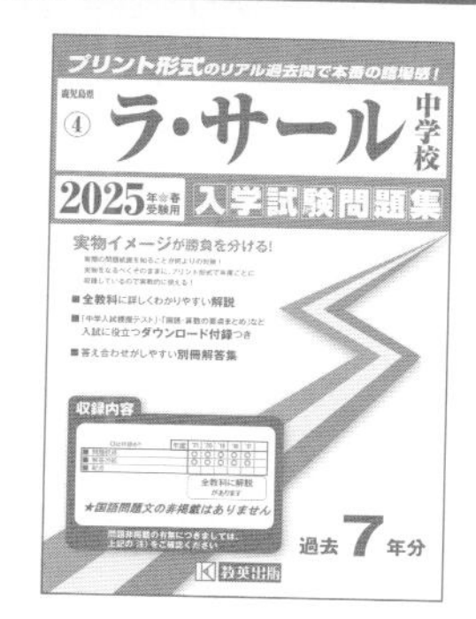

学校別問題集

✿はカラー問題対応

北海道

①[市立]札幌開成中等教育学校
②藤女子中学校
③北嶺中学校
④北星学園女子中学校
⑤札幌大谷中学校
⑥札幌光星中学校
⑦立命館慶祥中学校
⑧函館ラ・サール中学校

青森県

①[県立]三本木高等学校附属中学校

岩手県

①[県立]一関第一高等学校附属中学校

宮城県

①[県立]宮城県古川黎明中学校
②[県立]宮城県仙台二華中学校
③[市立]仙台青陵中等教育学校
④東北学院中学校
⑤仙台白百合学園中学校
⑥聖ウルスラ学院英智中学校
⑦宮城学院中学校
⑧秀光中学校
⑨古川学園中学校

秋田県

①[県立] 大館国際情報学院中学校 / 秋田南高等学校中等部 / 横手清陵学院中学校

山形県

①[県立] 東桜学館中学校 / 致道館中学校

福島県

①[県立] 会津学鳳中学校 / ふたば未来学園中学校

茨城県

①[県立] 日立第一高等学校附属中学校 / 太田第一高等学校附属中学校 / 水戸第一高等学校附属中学校 / 鉾田第一高等学校附属中学校 / 鹿島高等学校附属中学校 / 土浦第一高等学校附属中学校 / 竜ヶ崎第一高等学校附属中学校 / 下館第一高等学校附属中学校 / 下妻第一高等学校附属中学校 / 水海道第一高等学校附属中学校 / 勝田中等教育学校 / 並木中等教育学校 / 古河中等教育学校

栃木県

①[県立] 宇都宮東高等学校附属中学校 / 佐野高等学校附属中学校 / 矢板東高等学校附属中学校

群馬県

① [県立]中央中等教育学校 / [市立]四ツ葉学園中等教育学校 / [市立]太田中学校

埼玉県

①[県立]伊奈学園中学校
②[市立]浦和中学校
③[市立]大宮国際中等教育学校
④[市立]川口市立高等学校附属中学校

千葉県

①[県立] 千葉中学校 / 東葛飾中学校
②[市立]稲毛国際中等教育学校

東京都

①[国立]筑波大学附属駒場中学校
②[都立]白鷗高等学校附属中学校
③[都立]桜修館中等教育学校
④[都立]小石川中等教育学校
⑤[都立]両国高等学校附属中学校
⑥[都立]立川国際中等教育学校
⑦[都立]武蔵高等学校附属中学校
⑧[都立]大泉高等学校附属中学校
⑨[都立]富士高等学校附属中学校
⑩[都立]三鷹中等教育学校
⑪[都立]南多摩中等教育学校
⑫[区立]九段中等教育学校
⑬開成中学校
⑭麻布中学校
⑮桜蔭中学校
⑯女子学院中学校
✿⑰豊島岡女子学園中学校
⑱東京都市大学等々力中学校
⑲世田谷学園中学校
✿⑳広尾学園中学校(第2回)
✿㉑広尾学園中学校(医進・サイエンス回)
㉒渋谷教育学園渋谷中学校(第1回)
㉓渋谷教育学園渋谷中学校(第2回)
㉔東京農業大学第一高等学校中等部(2月1日 午後)
㉕東京農業大学第一高等学校中等部(2月2日 午後)

神奈川県

①[県立] 相模原中等教育学校 / 平塚中等教育学校
②[市立]南高等学校附属中学校
③[市立]横浜サイエンスフロンティア高等学校附属中学校
④[市立]川崎高等学校附属中学校
✿⑤聖光学院中学校
✿⑥浅野中学校
⑦洗足学園中学校
⑧法政大学第二中学校
⑨逗子開成中学校(1次)
⑩逗子開成中学校(2・3次)
⑪神奈川大学附属中学校(第1回)
⑫神奈川大学附属中学校(第2・3回)
⑬栄光学園中学校
⑭フェリス女学院中学校

新潟県

①[県立] 村上中等教育学校 / 柏崎翔洋中等教育学校 / 燕中等教育学校 / 津南中等教育学校 / 直江津中等教育学校 / 佐渡中等教育学校
②[市立]高志中等教育学校
③新潟第一中学校
④新潟明訓中学校

石川県

①[県立]金沢錦丘中学校
②星稜中学校

福井県

①[県立]高志中学校

山梨県

①山梨英和中学校
②山梨学院中学校
③駿台甲府中学校

長野県

①[県立] 屋代高等学校附属中学校 / 諏訪清陵高等学校附属中学校
②[市立]長野中学校

岐阜県

①岐阜東中学校
②鶯谷中学校
③岐阜聖徳学園大学附属中学校

静岡県

①[国立]静岡大学教育学部附属中学校(静岡・島田・浜松)
② [県立]清水南高等学校中等部 / [県立]浜松西高等学校中等部 / [市立]沼津高等学校中等部
③不二聖心女子学院中学校
④日本大学三島中学校
⑤加藤学園暁秀中学校
⑥星陵中学校
⑦東海大学付属静岡翔洋高等学校中等部
⑧静岡サレジオ中学校
⑨静岡英和女学院中学校
⑩静岡雙葉中学校
⑪静岡聖光学院中学校
⑫静岡学園中学校
⑬静岡大成中学校
⑭城南静岡中学校
⑮静岡北中学校
⑯ 常葉大学附属常葉中学校 / 常葉大学附属橘中学校 / 常葉大学附属菊川中学校
⑰藤枝明誠中学校
⑱浜松開誠館中学校
⑲静岡県西遠女子学園中学校
⑳浜松日体中学校
㉑浜松学芸中学校

愛知県

①[国立]愛知教育大学附属名古屋中学校
②愛知淑徳中学校
③ 名古屋経済大学市邨中学校 / 名古屋経済大学高蔵中学校
④金城学院中学校
⑤椙山女学園中学校
⑥東海中学校
⑦南山中学校男子部
⑧南山中学校女子部
⑨聖霊中学校
⑩滝中学校
⑪名古屋中学校
⑫大成中学校
⑬愛知中学校
⑭星城中学校
⑮名古屋葵大学中学校(名古屋女子大学中学校)
⑯愛知工業大学名電中学校
⑰海陽中等教育学校(特別給費生)
⑱海陽中等教育学校(I・II)
⑲中部大学春日丘中学校
新刊⑳名古屋国際中学校

三重県

①[国立]三重大学教育学部附属中学校
②暁中学校
③海星中学校
④四日市メリノール学院中学校
⑤高田中学校
⑥セントヨゼフ女子学園中学校
⑦三重中学校
⑧皇學館中学校
⑨鈴鹿中等教育学校
⑩津田学園中学校

滋賀県

①[国立]滋賀大学教育学部附属中学校
②[県立] 河瀬中学校 / 守山中学校 / 水口東中学校

京都府

①[国立]京都教育大学附属桃山中学校
②[府立]洛北高等学校附属中学校
③[府立]園部高等学校附属中学校
④[府立]福知山高等学校附属中学校
⑤[府立]南陽高等学校附属中学校
⑥[市立]西京高等学校附属中学校
⑦同志社中学校
⑧洛星中学校
⑨洛南高等学校附属中学校
⑩立命館中学校
⑪同志社国際中学校
⑫同志社女子中学校(前期日程)
⑬同志社女子中学校(後期日程)

大阪府

①[国立]大阪教育大学附属天王寺中学校
②[国立]大阪教育大学附属平野中学校
③[国立]大阪教育大学附属池田中学校

④[府立]富田林中学校
⑤[府立]咲くやこの花中学校
⑥[府立]水都国際中学校
⑦清風中学校
⑧高槻中学校（A日程）
⑨高槻中学校（B日程）
⑩明星中学校
⑪大阪女学院中学校
⑫大谷中学校
⑬四天王寺中学校
⑭帝塚山学院中学校
⑮大阪国際中学校
⑯大阪桐蔭中学校
⑰開明中学校
⑱関西大学第一中学校
⑲近畿大学附属中学校
⑳金蘭千里中学校
㉑金光八尾中学校
㉒清風南海中学校
㉓帝塚山学院泉ヶ丘中学校
㉔同志社香里中学校
㉕初芝立命館中学校
㉖関西大学中等部
㉗大阪星光学院中学校

兵庫県

①[国立]神戸大学附属中等教育学校
②[県立]兵庫県立大学附属中学校
③雲雀丘学園中学校
④関西学院中学部
⑤神戸女学院中学部
⑥甲陽学院中学校
⑦甲南中学校
⑧甲南女子中学校
⑨灘中学校
⑩親和中学校
⑪神戸海星女子学院中学校
⑫滝川中学校
⑬啓明学院中学校
⑭三田学園中学校
⑮淳心学院中学校
⑯仁川学院中学校
⑰六甲学院中学校
⑱須磨学園中学校(第1回入試)
⑲須磨学園中学校(第2回入試)
⑳須磨学園中学校(第3回入試)
㉑白陵中学校
㉒夙川中学校

奈良県

①[国立]奈良女子大学附属中等教育学校
②[国立]奈良教育大学附属中学校
③[県立] 国際中学校 / 青翔中学校
④[市立]一条高等学校附属中学校
⑤帝塚山中学校
⑥東大寺学園中学校
⑦奈良学園中学校
⑧西大和学園中学校

和歌山県

①[県立] 古佐田丘中学校 / 向陽中学校 / 桐蔭中学校 / 日高高等学校附属中学校 / 田辺中学校
②智辯学園和歌山中学校
③近畿大学附属和歌山中学校
④開智中学校

岡山県

①[県立]岡山操山中学校
②[県立]倉敷天城中学校
③[県立]岡山大安寺中等教育学校
④[県立]津山中学校
⑤岡山中学校
⑥清心中学校
⑦岡山白陵中学校
⑧金光学園中学校
⑨就実中学校
⑩岡山理科大学附属中学校
⑪山陽学園中学校

広島県

①[国立]広島大学附属中学校
②[国立]広島大学附属福山中学校
③[県立]広島中学校
④[県立]三次中学校
⑤[県立]広島叡智学園中学校
⑥[市立]広島中等教育学校
⑦[市立]福山中学校
⑧広島学院中学校
⑨広島女学院中学校
⑩修道中学校
⑪崇徳中学校
⑫比治山女子中学校
⑬福山暁の星女子中学校
⑭安田女子中学校
⑮広島なぎさ中学校
⑯広島城北中学校
⑰近畿大学附属広島中学校福山校
⑱盈進中学校
⑲如水館中学校
⑳ノートルダム清心中学校
㉑銀河学院中学校
㉒近畿大学附属広島中学校東広島校
㉓AICJ中学校
㉔広島国際学院中学校
㉕広島修道大学ひろしま協創中学校

山口県

①[県立] 下関中等教育学校 / 高森みどり中学校
②野田学園中学校

徳島県

①[県立] 富岡東中学校 / 川島中学校 / 城ノ内中等教育学校
②徳島文理中学校

香川県

①大手前丸亀中学校
②香川誠陵中学校

愛媛県

①[県立] 今治東中等教育学校 / 松山西中等教育学校
②愛光中学校
③済美平成中等教育学校
④新田青雲中等教育学校

高知県

①[県立] 安芸中学校 / 高知国際中学校 / 中村中学校

福岡県

①[国立]福岡教育大学附属中学校（福岡·小倉·久留米）
②[県立]
- 育徳館中学校
- 門司学園中学校
- 宗像中学校
- 嘉穂高等学校附属中学校
- 輝翔館中等教育学校

③西南学院中学校
④上智福岡中学校
⑤福岡女学院中学校
⑥福岡雙葉中学校
⑦照曜館中学校
⑧筑紫女学園中学校
⑨敬愛中学校
⑩久留米大学附設中学校
⑪飯塚日新館中学校
⑫明治学園中学校
⑬小倉日新館中学校
⑭久留米信愛中学校
⑮中村学園女子中学校
⑯福岡大学附属大濠中学校
⑰筑陽学園中学校
⑱九州国際大学付属中学校
⑲博多女子中学校
⑳東福岡自彊館中学校
㉑八女学院中学校

佐賀県

①[県立]
- 香楠中学校
- 致遠館中学校
- 唐津東中学校
- 武雄青陵中学校

②弘学館中学校
③東明館中学校
④佐賀清和中学校
⑤成穎中学校
⑥早稲田佐賀中学校

長崎県

①[県立]
- 長崎東中学校
- 佐世保北中学校
- 諫早高等学校附属中学校

②青雲中学校
③長崎南山中学校
④長崎日本大学中学校
⑤海星中学校

熊本県

①[県立]
- 玉名高等学校附属中学校
- 宇土中学校
- 八代中学校

②真和中学校
③九州学院中学校
④ルーテル学院中学校
⑤熊本信愛女学院中学校
⑥熊本マリスト学園中学校
⑦熊本学園大学付属中学校

大分県

①[県立]大分豊府中学校
②岩田中学校

宮崎県

①[県立]五ヶ瀬中等教育学校
②[県立]
- 宮崎西高等学校附属中学校
- 都城泉ヶ丘高等学校附属中学校

③宮崎日本大学中学校
④日向学院中学校
⑤宮崎第一中学校

鹿児島県

①[県立]楠隼中学校
②[市立]鹿児島玉龍中学校
③鹿児島修学館中学校
④ラ・サール中学校
⑤志學館中等部

沖縄県

①[県立]
- 与勝緑が丘中学校
- 開邦中学校
- 球陽中学校
- 名護高等学校附属桜中学校

もっと過去問シリーズ

北海道

北嶺中学校
7年分（算数・理科・社会）

静岡県

静岡大学教育学部附属中学校
（静岡·島田·浜松）
10年分（算数）

愛知県

愛知淑徳中学校
7年分（算数・理科・社会）
東海中学校
7年分（算数・理科・社会）
南山中学校男子部
7年分（算数・理科・社会）
南山中学校女子部
7年分（算数・理科・社会）
滝中学校
7年分（算数・理科・社会）
名古屋中学校
7年分（算数・理科・社会）

岡山県

岡山白陵中学校
7年分（算数・理科）

広島県

広島大学附属中学校
7年分（算数・理科・社会）
広島大学附属福山中学校
7年分（算数・理科・社会）
広島学院中学校
7年分（算数・理科・社会）
広島女学院中学校
7年分（算数・理科・社会）
修道中学校
7年分（算数・理科・社会）
ノートルダム清心中学校
7年分（算数・理科・社会）

愛媛県

愛光中学校
7年分（算数・理科・社会）

福岡県

福岡教育大学附属中学校
（福岡·小倉·久留米）
7年分（算数・理科・社会）
西南学院中学校
7年分（算数・理科・社会）
久留米大学附設中学校
7年分（算数・理科・社会）
福岡大学附属大濠中学校
7年分（算数・理科・社会）

佐賀県

早稲田佐賀中学校
7年分（算数・理科・社会）

長崎県

青雲中学校
7年分（算数・理科・社会）

鹿児島県

ラ·サール中学校
7年分（算数・理科・社会）

※もっと過去問シリーズは国語の収録はありません。

教英出版

〒422-8054
静岡県静岡市駿河区南安倍3丁目12－28
TEL 054-288-2131
FAX 054-288-2133
詳しくは教英出版で検索
教英出版 検索
URL https://kyoei-syuppan.net/

令和６年度

白陵中学校入学試験問題

国　　語

（前期）

受験番号	

注　意　１．時間は70分で，120点満点です。

２．開始の合図の後，まず問題用紙が１ページから19ページまで順になっているか確かめなさい。解答用紙は２枚あります。

３．表紙と解答用紙のそれぞれに受験番号を記入しなさい。

４．字数制限のある問いについては，句読点（くとうてん）なども１字として数えなさい。

K 教英出版

一　後の問いに答えなさい。（二十点）

問　次の四字熟語は、それぞれ一字誤っています。その漢字をぬき出し、それぞれ正しいものに直しなさい。

①意味身長　②不和雷同　③短刀直入　④起死会生

問　次の慣用句とその意味を見て、（　）内に入る体の一部を表す漢字一字をそれぞれ書きなさい。

⑤（　）が折れる　…苦労をする
⑥（　）を明かす　…相手を出しぬいておどろかせる
⑦猫の（　）　…たいへんせまい場所

問　次の熟語の、二つの漢字はどのような関係になっていますか。後のア～オの中から一つずつ選び、記号で答えなさい。

⑧安易　⑨明暗　⑩日照　⑪水面

ア　似た意味の漢字を並べたもの
イ　反対の意味の漢字を並べたもの
ウ　上の字が下の字を修飾（説明）するもの
エ　下の字が上の字の目的語（「～を」「～に」）になるもの
オ　上の字が主語、下の字が述語になるもの

問　次の文の様子に当てはまることわざや慣用句を、後のア～オの中から一つずつ選び、記号で答えなさい。

⑫チームの監督とコーチの意見が食いちがい、チームの作戦が統一できずに負けてしまった。

ア　船頭多くして船山に上る
イ　顔に泥をぬる
ウ　きまりが悪い
エ　寄らば大樹の陰
オ　溺れる者は藁をもつかむ

⑬「栄養のある物を食べるべきだ。」と言っていた友達が、おやつばかりを食べていて食事の量をへらしていた。

ア　飛んで火に入る夏の虫
イ　釈迦に説法
ウ　医者の不養生
エ　枚挙にいとまがない
オ　爪に火をともす

問　次の文章の——線部⑭～⑯を、正しい敬語に直しなさい。

先生、お久しぶりです。お元気でしょうか。

私が小学校を卒業してから、早くも半年がたち、中学校という新しい環境にも慣れて、部活や勉強に打ち込んでいます。先生は私たちの卒業式の日、「他人のことを気にせず、自分が誇れる大人になりなさい」と⑭申しました。最近その言葉の意味がわかり始めたように思います。先生は今年、小学校を退職されて、写真家になられる予定だと聞きました。今度、先生の撮られた写真を⑮ご覧になりたいと思っています。また、近々個展を開かれると聞きましたので、そちらにも⑯行きます。先生とお会いできる日を楽しみにしています。

問　日常の中で用いることばの中には、正確に表現しなくても通じるものがあります。次の――線部の表現を、例にならって、より正確な表現に直しなさい。

例：「ヤカンがわいた」→「ヤカンの中のお湯がわいた」

⑰彼は今、夏目漱石を読んでいる。

⑱向こうから麦わら帽子が歩いてきた。

問　次の文章はAを前提としてBを導いていいます。この展開には誤りがあるといえますが、それはなぜですか。その理由として最も適切なものを、後のア～オの中から一つ選び、解答欄⑲にその記号を答えなさい。

Aカラスは黒い。そして、カラスは鳥である。よって、B鳥は黒い。

ア　カラスは黒いと断言してしまっているが、白いカラスもいるかもしれないから。

イ　カラスが黒いからといって、鳥であるとは限らないから。

ウ　鳥には様々な種類があり、ハトやニワトリなどもいるから。

エ　私たちには黒く見える鳥だとしても、毛がぬけたら黒くないかもしれないから。

オ　カラスは黒い鳥だが、カラスの他にも黒い生き物はいるから。

2024(R6) 白陵中　前期
K 教英出版

二　次の文章を読んで、後の問いに答えなさい。（設問の都合上、本文の表記を一部変更しているところがあります。）（五十点）

「賢いヒト」を意味するホモ・サピエンスや、「作るヒト」を意味するホモ・ファベルと同様、①ホモ・ルーデンスとは「遊ぶヒト」を意味する言葉だ。それをそのままタイトルとした本のまえがきで*ホイジンガが言うように、「およそ人間の認識しうる底の底まで掘りさげて考えてみるならば、すべて人間の行なうことは遊びにすぎないようにみえると証明してゆく考えは、古くから行なわれていたものであった」。そして彼自身のうちでも、「人間文化は遊びのなかにおいて、遊びとして発生し、展開してきたのだ、という確信」がしだいに強まって、しまいにこの本を書くことになったのだという。

ここでは、ごく簡単にこのａメイチョを要約しておきたい。すでに、霊長類学者の山極とともに見たように、ホイジンガもまた「生活維持のための直接的な必要を超える」という遊びの特徴に注目している。彼はまずこんな問いを立てる。

〈いったい遊びの面白さというのは何だろう？　なぜ、赤ん坊は喜びのあまりきゃっきゃっと笑うのか。なぜ*賭博師はその情熱にのめりこんでしまうのか。②運動競技が何千という大観衆を熱狂に駆り立てるというのは、どうしてなのだ？〉

そして、彼はこの問いに答えるかわりに、問いそのもののなかに遊びの本質を見出すのだ。

〈じつはこの迫力、人を夢中にさせる力のなかにこそ遊びの本質があり、遊びに最初からｂコユウなあるものが秘められているのである〉というのも、③遊びは、理性的存在としてのホモ・サピエンスが「単なる理性的存在以上のものである」ことを示している。合理的な思考では、ふつう、原因と結果という因果関係で物事を説明しようとする。（　Ａ　）、ホイジンガによれば、因果関係を超えたところにこそ遊びの遊びたる所以がある。だから遊びは合理的説明をすりぬけるのだ。その意味で、遊びとは必要以上のもの、ホイジンガの言葉で言えば、「余計なものにすぎない」。そして、だからこそ、それはこの上なく大切なものなのである。

この「余計なもの」を学校教育の中心にすえたのが、「子どもの村」と呼ばれる全国に五つの学校である。その創設者で学園長の堀真一郎は、④「遊びたいと思わない」子どもの増加という現象に、現代社会の危機の深刻さを見ている（『きのくに子どもの村の教育』）。なぜ、子どもが遊びたいと思わなくなると問題なのだろう？　この問いに答えるには、そもそも、「子どもはなぜ遊ぶのか」と問う必要がある、と堀は言う。子どもはなぜ我を忘れて遊びに夢中になるのか。子どもにたずねれば、ほとんどの子は「楽しいから」と答えるだろう。

（　Ｂ　）、なぜ、遊びは楽しいのか？

遊びが楽しい理由として堀は、Ⅰ心身の爽快感、Ⅱ成長の喜び、Ⅲ自由の三つを挙げて、それぞれ次のように説明する。

Ⅰ「遊びに夢中になると、えもいわれぬ心地よい疲れを感じる。心ゆくまで遊んだあとのこの爽快感こそ、遊びの最も直接的な魅力といってもいいかもしれない」

Ⅱ「遊びの中には、適度の難しさがある。あるいは競争がある。たとえ一人遊びであったとしても、昨日はできなかったことが今日はできたという満足感がある。この満足感が得たくて、子どもは難しいことに挑戦する。挑戦し、その結果として『力がついた』とか『大きくなった』という実感が味わえる」

Ⅲ「遊びはなんといっても自由な活動である。何から自由か。まず、第一に物理的な制約からの自由がある。小さな子どもでも、遊びの中ではスーパーマンにでも、おひめさまにでもなれる。また、小さな石ころ一つがダイヤモンドになり、棒切れ一本が魔法の剣になるのだ。（中略）第二の自由は、大人からの指図や評価からの自由だ。遊びに夢中になっている時、子どもは大人の目を気にしない。遊べと命令されて遊ぶわけでもなければ、点数で評価されることもない」

遊びたいと思わない子どもはこれら三つの楽しさを知らないからだと思われる。心身の爽快感も、成長の喜びも、自由も、それを経験したことのない子どもには、不安や恐怖をかきたてるものとなっても不思議ではない。「子どもの村」学園に〝ふつうの学校〟から中途転入してくる生徒のなかには、教師からの指示がないとなかなか動けない者が多いという。教員（「子どもの村」では、「先生」ではなく、「大人」と呼ぶ）に向かって、「何をしてほしいか、言ってくれればいいのに」と不満をもらす子たちもいるそうだ。

「世界一自由な学校」として知られるサマーヒル・スクールの創設者A・S・ニイルを師とあおぐ堀は、⑤夢中で遊んでいるときの子どもを、師の言葉を借りて「自分自身の魂の船長」と呼ぶ。一方、遊びたがらない子どもたちが増えている現象を、社会心理学者のエーリッヒ・フロムの言い方にならって、現代版の＊「自由からの逃走」としてとらえる。事態は子どもに限るまい。子どもたちから遊びという根源的な欲求をうばってきた大人たちもまた、遊びの楽しさを忘れ、成長をあきらめ、自由をおそれて、そこからにげてきたのではないか。そしてその魂は、船長のいない船に乗って、どこか遠いところへ押し流されているらしいのだ。

さて、話をホイジンガに戻そう。

遊びは「生物学的にも論理的にも完全に定義することはできない」としつつも、ホイジンガはその本質を示す特徴を列挙している。そのうち、特にぼくたちにとって重要だと思われる点をいくつか挙げてみよう。ひとつは、遊びは自由な行動だ、ということ。それは身体的な欲求から行なわれるのでも、義務によって強いられるのでもない。遊びたくてたまらない、というときも、「遊びによって満足、楽しみが得られるというかぎりにおいて、遊びへの欲求が切実になる、というだけの話である」。

次に、⑥遊びは日常の外側にある、ということ。「日常生活から、ある一時的な活動の領域へとふみ出していくもの」だということは、子どもでもよくわかっている。これは生活そのものではなくて、単なる遊びにすぎないという意識をもってはいても、しかしだからといって、遊びが、ふまじめで、いい c［カゲン］で、くだらないものだとは限らない。それどころか、生活よりももっとまじめで、夢中になりすぎて、＊恍惚状態におちいることさえあるのだ。

「日常の外」という意識と関係して、空間的にも時間的にも、遊びにはここからここまでが遊びだという限定性がある。はじめがあり、終わりがある。その限定の内で、「プレイ」されるということも遊びの特徴だ。周囲から隔離されたその時空間は、その内側にいるものにとっては、そこにだけしかないような、きよめられて、特別な力を d［オ］びた、神聖な場となる可能性さえ秘めているのである。ホイジンガによれば、遊びの時空間のなかにいる者にとって、「遊びは秩序そのもの」だ。そして「どんなにわずかなものでも、秩序の違反は遊びをぶちこわし、遊びからその性格をうばい去って無価値なものにしてしまう」。

また、遊びが「日常の外」にあるということは、「必要や欲望の直接的満足という過程の外」にあって、日常生活に浸透している利害関係を超えているということでもある。ホイジンガが言うように、何か別の目的に仕えるのではなく、「それだけで完結している行為であり、その行為そのもののなかで満足を得ようとして行われる」のも、遊びの本質的な特徴なのである。

さて、「不要不急を避ける」ことがスローガンのようになった世界では、「自分は不要不急の存在ではないか」という不安がじわじわと広がっているように見えた。そんなとき、こうした不安にしっかり向き合うためにも、「遊び」がいよいよ重要になってきている。（　C　）、遊びは、ホイジンガが言うように、「要」や「急」で動いている日常世界の外側につくりだされる一種の聖域だからである。その本質は、「要」や「急」という言葉で表される経済的利害を超えたところに憩うことにある。

⑦「いっそのこと要からも急からもいったん解放されてみてはどうか」と、僧侶の阿純章は提案する。不要不急を避けるのではなく、逆に不要不急を受け入れてしまおうというのだ。つまり、遊ぶのである。利害、損得、義務、責任などからなる世間の枠組みからいったんはなれて、そこではムダで、無用で、不要で、役立たずだとされてきた物事を、だきしめてみるのだ。不要不急も、ムダも、遊びの別名である。

遊びとは、ぼくたち人間にとってのもっとも根源的な故郷のような場所だ。

（辻信一『ナマケモノ教授のムダのてつがく』さくら舎）

＊注　ホイジンガ＝オランダの歴史学者。
賭博師＝賭け事で生計を立てている人。
「自由からの逃走」＝社会心理学者のフロムが、第二次世界大戦前、なぜドイツの人々がナチスを支持したのかを分析したもの。フロムは、本来自由というものは、それによって生まれる孤独や責任をも受け止める覚悟が求められるものだが、当時の社会においては人々がそれらを受け止めきれず、結果として権威による支配を求め、権威へ服従するような「自由から逃走」する状態になってしまったと分析している。
恍惚＝ある物に心をうばわれて、うっとりする様子。

K 教英出版

問一　a［　］～d［　］のカタカナを漢字に直しなさい。

問二　（　A　）～（　C　）に入る最も適切な語を、次の中からそれぞれ一つずつ選び、記号で答えなさい。ただし、同じものを二回以上使ってはいけません。

ア　しかし　　イ　なぜなら　　ウ　では　　エ　だから

問三　――線部①とありますが、筆者がこのように述べている意図として最も適切なものを、次の中から一つ選び、記号で答えなさい。

ア　「賢い」や「作る」と同じように、人間進化を「遊ぶ」と関連づけると、人間特有の性質を失ってしまうことを示そうとする意図。

イ　「賢い」や「作る」に、「遊ぶ」という行動が加わることで、人間は他の動物と異なる進化をしてきたことを示そうとする意図。

ウ　「賢い」や「作る」という力を持ったことで、人間にとって重要な「遊ぶ」という行動が可能になったことを示そうとする意図。

エ　「賢い」や「作る」と並んで、「遊ぶ」という行為が、人間が持っている重要な特性の一つであることを示そうとする意図。

オ　「賢い」や「作る」以上に、「遊ぶ」という行為にこそ、人間にしか見られない特徴がふくまれていることを示そうとする意図。

問四　――線部②について、ある生徒が次のように発表しました。これを読んで、［　］に当てはまる具体的な事例を、考えて答えなさい。

～発表～

――線部②中の「運動競技」とは、「遊び」を説明するための一つの例です。「遊び」とは、「生活維持のための直接的な必要を超える」ものであり、明確な因果関係のない非合理的な性質を持つものだと説明されていました。このことをスポーツ観戦に当てはめてみると、たとえば、［　　　　　　　　］ということです。これが、「運動競技」の、また「遊び」の本質なのです。

問五 ――線部③とはどういうことですか、その説明として最も適切なものを、次の中から一つ選び、記号で答えなさい。

ア 遊びは論理的な説明の難しい行動であることから、人間は、一見すると合理的に思考する場面でも自己の信念にもとづいて行動する生き物であるといえ、信念を持つことが「人間」であるための条件になっているということ。

イ 遊びはその行動の要因を合理的に説明できない行動であることから、人間は、合理的ではない何かによって行動する生き物だといえ、その何かを持っていることが「人間」であることの証明となっているということ。

ウ 遊びは明確な因果関係によって説明できない行動であることから、人間は、道理にもとづいて考え行動する生き物だという考えは誤っているといえるが、「人間」であるためには社会における規則に従う必要があるということ。

エ 遊びはなぜ行うのかということが明確に説明できない行動であることから、人間は、道理よりも感情を優先させる生き物であるといえ、それが大自然の中で生きてきた「人間」本来のあり方を実証しているということ。

オ 遊びは科学的に立証することの難しい行動であることから、人間は、表面的には無意味に思えるものも大切にして行動する生き物であるといえるが、「人間」であるためには理屈によって思考する力が必要であるということ。

問六 ――線部④について、後の問いに答えなさい。

(1) 「遊びたいと思わない」子どもは、「遊び」をどのようなものととらえているのですか、本文中から十五字以内でぬき出して答えなさい。

(2) 『遊びたいと思わない』子どもの増加」が、深刻な現代社会の危機だといえるのはなぜですか、その理由を説明しなさい。

問七 ――線部⑤とありますが、なぜ「夢中で遊んでいるときの子ども」を、「自分自身の魂の船長」と呼ぶことができるのですか、その理由を説明した次の文の□に、適切な言葉を考えて入れなさい。

「夢中で遊んでいるときの子ども」は、[　　　　　　　　]から。

問八　――線部⑥とありますが、「日常の外側」にある遊びが行われる場に関する説明として最も適切なものを、次の中から一つ選び、記号で答えなさい。

ア　日常から切り離されているが、日常に通じる経験を養うための場であり、人々はまじめに「遊び」に取り組まなければならない。

イ　日常のある時空間とは別のものであり、その中で「遊び」に参加する者でなくても決してこわしてはいけない神聖な場である。

ウ　日常生活とは関係のない場であるがゆえに、人々がそのような場は必要ではないと判断すれば、存在できなくなる場である。

エ　日常から切り離されたところで成立し、遊びを特別で秩序ある場として成立させるために参加者は規則を守らなければならない。

オ　日常生活と異なる時空間で成立し、日常につかれた人々に定期的に「遊び」を提供し、彼らをいやすことを目的とした場である。

問九　――線部⑦のように「阿純章」が提案する理由を、筆者はどのように考えていますか、説明しなさい。

三　次の文章を読んで、後の問いに答えなさい。（五十点）

高校二年生の航大と凜は、親友である。凜は演劇部の部長をしており、来月の文化祭での発表をひかえている。そんな折、凜の不安そうな顔を見た航大は凜のことが心配になった。ある朝、花の水やりに来ていた凜とたまたま出会ったとき、劇の稽古が思うようにいっていないことを凜は初めて航大に打ち明けた。

航大は、じっと凜の横顔を見つめる。苦しそうというより、迷子みたいに心細そうな顔をしている。このまま文化祭当日をむかえれば、演劇部の部員たちは満足するだろう。しかし、それは凜の目指すゴールとは程遠い。彼女の心が満たされることはない。理想と現実との＊ギャップに加え、部長としての責任感が彼女をむしばんでいる。舞台の成功の線引きをどこにすべきか、決めかねているのだ。

凜がもう一度ため息をはいて、続ける。

「人からきらわれることがこわいから、仲間外れにされないように周りに合わせて笑って、空気を読まない言葉を口にしないように、いつも神経を張りめぐらせている。その結果、部長なのに部員に演技の要求ひとつできない。他人の目ばかり気にして、ひとりで勝手に思い悩んでいる。滑稽だよね。私はそんなうすっぺらな人間なんだよ」

凜の言葉は、何度も読み上げられたセリフのようによどみなかった。声に出さずとも、ずっとかかえ続けてきた想いだったのだろう。胸の奥底にためこんでいた自らへの不満が、せきを切ったようにあふれ出している。

困り果てる友人の横顔をながめていると、a［ハラ］の底から強い感情がわき上がってきた。彼女の助けになりたい、問題解決のための力になりたいという気持ちが全身をめぐり、体が熱を持ち始める。自分の中にある目に見えない何かが、Ⅰアクセルがふみこまれるのを待つ車のように振動している。

突然の衝動に航大はおどろくが、とまどいはなかった。なつかしい。自分はこの感覚を知っている。＊サッカー部をやめる前、悩むことがきらいだった自分は、いつだって思いのままに行動していた。

「うすっぺらじゃないだろ」

余計な一言は（　Ａ　）彼女をb［キズ］付けることになるかもしれないと知りながら、航大は反論した。指摘せずにはいられなかった。

凜が航大に視線を向ける。彼女は痛みにたえるように眉根を寄せていた。こい黒色の＊双眸が、なぐさめの言葉などいらないと拒絶している。

①自分が刃物を手にしているような気分になり、航大は息をのむ。これから口にしようとしている言葉は、果たして本当に彼女のためになるのだろうかと不安になる。口を閉ざし、沈黙に身をゆだねたくなった。

腰に手を置き、大きく息をはく。サッカーをしていたころ、PKをける前に必ずやっていた＊ルーティンだ。肺の中の空気と一緒に、不安と弱気を体外へと追いやる。緊張がほぐれ、心が落ち着いた。

一度口から出た言葉をなかったことにはできない。勢いに任せて、航大は続ける。

「誰にたのまれたわけでもないのに早起きして学校の花を世話しているような人間が、うすっぺらなわけがない」

「そんなの、たいしたことじゃないよ」

謙遜ではなく、本心からそう思っているのだろう。②凜の声には、つき放すようなとげとげしさがあった。

ひるまずに、航大は言葉を重ねる。

「おれが同じことをしていたら？」

「え？」

「おれや他の誰かが凜と同じことをしていても、たいしたことじゃないと思う？　それくらい普通のことだ、って」

「それは……」

凜は言葉につまり、困ったように眉をひそめた。Ⅱ沈黙が、彼女の答えを雄弁に語っている。他人に優しく、自分に厳しい。それは立派な心持ちだが、それ故に自らの美点を素直に受け入れられないことは、彼女の明確な欠点だ。Ⅲ屋根より高いハードルを見上げて嘆息するなんて、それこそ滑稽だ。

ⅰプランターに植えられた花の姿が頭にうかんだ。一見すると美しいその花も、よく観察してみれば、さき終わり、かれた花をいくつもその身に付けたままにしている。重苦しく、つらそうだ。

いまの自分に、彼女の悩みを解決する力はない。しかし、③彼女がかかえている不要なものを取り除くことくらいなら、自分にもできるのではないか、と航大は思う。＊花がらをつむように、不当に彼女の心を重くしているものたちを、ひとつひとつ取りはらう。それも、彼女の力になるということではないだろうか。

「誰だって人からきらわれることはこわいよ。おれもそうだ。いまだって、自分の行動は凜にとって迷惑なんじゃないかって不安になってる」

「そんな。迷惑なんかじゃないよ」

両手を大きく左右にふり、あわてた様子で凛が否定する。その大げさな仕草が（　Ｂ　）いつも通りで、航大は少し緊張がほぐれた。

普段のｃメイロウ快活な姿を、凛は本当の自分ではないと言った。でも、とっさに顔を出した彼女の一面は、航大のよく知る彼女だった。

やはりその顔も、彼女を形づくる一部なのだ。たとえ演じていたものであっても、いつわりではない。そのことにホッとした。

肩の力がぬける。重く考えることなんてないのではないかと思えてきた。普段通り、Ⅳ軽口のキャッチボールをするみたいに、思い付きを口にすればいい。それくらい気楽な方が、相手だって変に緊張しないで受け止められる。

「なあ、無責任な提案をしてもいいかな」

凛がけげんな顔で航大を見る。

「無責任な言葉なら、あんまり聞きたくないんだけど」

「それならやめとくよ」

航大があっさりと引き下がると、凛はムッとして唇をとがらせた。

「そんなふうに言われると、かえって気になっちゃうでしょ」

「それじゃあ、聞いてみる？」

かすかに＊逡巡するような間を置いてから、凛が首をｄタテにふる。

「聞くだけ聞いてあげる」

航大はうなずき、天井を見上げるようにして口を開く。

「今日の部活、休みにしたら」

期待外れの提案に失望したように、凛の表情がくもった。

「それは無理。ただでさえ稽古がうまくいってないのに、もう本番はすぐそこなんだよ。休んでる余裕なんてないって」

「でも、いまの状態で稽古したって意味がないんじゃないか？　部員は現状に満足していて、凛はそこに注文をつけられないでいるんだろ。それじゃあ改善のしようがない」

K 教英出版

淡々（たんたん）とした口調で航大が指摘すると、凜は口を閉ざしてうつむいた。彼女自身、そのことは痛いほど理解しているのだろう。
「休めば改善するってものでもないと思うけどさ、おれの知り合いの役者さんが言ってたんだよ。『適度に休まないと、良い芝居（しばい）なんてできない』って」
凜が口を開くが、言葉を発するよりも先に、何かに気付いてかたまった。眉をひそめて、航大をにらむ。
「それ、私が言った言葉でしょ」
航大が笑（え）みを深める。
「正解。よく気付いたな」
以前この場所で、彼女が言っていた言葉だ。雑談の中の軽口のひとつだが、まちがっているということもないだろう。休息は大事だ。陽（ひ）が出ていないときにii*ガザニアが花を閉じるのは、もちろん裏表があるからなんて理由ではない。それはきっと、余計なエネルギーを使わないようにするためだ。美しくさき続けるために、体を休める必要性を知っているからだ。
「気付くよ、それくらい。私をばかだと思ってるの？」
「まさか。天才だと思ってるよ」
「ばかにしてるでしょ」
「多少ね」
「そこはうそでも否定しなさいよ」
凜はムッとして眉根を寄せるが、くだらないやり取りにあきれたように、唇の端（はし）はかすかにつり上がっていた。雑談に興じているときの、いつもの調子だ。
彼女はじょうろをシンクの上に置き、思案するように腕（うで）を組む。
「休みねえ。休んだところでアレコレ考えちゃいそうだけど」
「アレコレ考えればいいさ。そして、今日で結論を出せばいい。このまま本番をむかえるのか、部の皆（みな）にもっと良いものを目指そうと提案するのか。結局のところ、問題はそこだろ」
凜は眉を八の字にする。

「それを決められないから、困ってるんだけど」

「だから、決めるためにもう一度、よく考えるんだよ。だいじょうぶ。どんな結論を出そうと、部員の皆は受け入れてくれるって」

無根拠で無責任な言葉だな、と航大は自分でも思う。ただ、V根拠はなくても、自信があった。皆が凜をしたうのは、彼女の優しさにひかれたからだ。その優しさは、決して演じられたものではない。人知れず自主的に校内の花の世話をするような女の子が、演技の要求をするくらいのことで、きらわれるわけがない。

「あんた、＊壮太くらいしかうちの部員に知り合いいないでしょ」と凜が唇をとがらせる。

「それじゃあ部員のことをよく知っている凜にきくけど、演劇部の皆さんは、部長にもっと上を目指そうと言われて、（　C　）話も聞かずに不満を口にするような連中なのか？」

「そんな人はいない、けど……」

凜は答えるが、なおも不安そうだった。一度うかんだ悪い想像は、簡単にはふりはらえないのだろう。

④航大は大げさなまでに背中を反らし、自分の胸をドンとたたいてみせる。

「だいじょうぶ。どうしても決められないんだったら、おれが決めてやるから」

「何でコウが決めるのよ」と凜が冷めた声で言う。

「だって、自分じゃ決められないんだろ？　どうせ決められないのなら、おれが決めたっていいじゃないか」

いいわけないでしょ、と凜があきれ顔で＊かぶりをふり、両手を上げて伸びをする。太陽から活力をもらうように、窓からさす陽光を全身で浴びる。

「あーあ。何か、あんたとアホな会話をしていたら、色々と悩んでいた自分がばかばかしく思えてきちゃった」

やや芝居がかったその口調は、航大へというより、自分自身を＊叱咤しているように感じられた。

「もう悩む必要はないぞ。おれに任せておけ」

「無責任男をたよるつもりはありません」

凜はキッパリと言い放ち、いどむように航大を指差して（　D　）笑った。

「あんたに決められるくらいなら、自分で決める」

航大は笑顔で肩をすくめる。
「できるといいな」
「おかげ様で、意地でも自分で決めてやろうって気になったよ」
⑤さわやかな笑顔をうかべて、凜はいたずらっぽく舌を出す。軽やかに[e]センゲンしたその声に、かげりの色はもうなかった。

（真紀涼介『勿忘草をさがして』東京創元社）

＊注　ギャップ＝大きなずれ。
サッカー部をやめる前＝航大は昨年ケンカに巻きこまれ、好きなサッカー部をやめざるを得なかった。
双眸＝両方のひとみ。
ルーティン＝決まりきった手順。
花がら＝かれた花のことで、花の生育にとっては好ましくないもの。
逡巡する＝ためらう。
ガザニア＝人が見ている太陽が出ている時だけ明るく花を開き、夜には花を閉じると以前凜が教えてくれた。
壮太＝演劇部の部員で、航大の友達。
かぶりをふり＝頭をふって承知しない。
叱咤している＝しかりつけるように、はげましている。

問一　[a]〜[e]のカタカナを漢字に直しなさい。

問二　（Ａ）〜（Ｄ）に入る最も適切な語を、次の中からそれぞれ一つずつ選び、記号で答えなさい。ただし、同じものを二回以上使ってはいけません。

ア　不敵に　イ　ほがらかに　ウ　ろくに　エ　余りに　オ　さらに

問三 ――線部①とありますが、ここからうかがえる「航大」の心情を説明しなさい。

問四 ――線部②とありますが、ここからうかがえる「凜」の心情を説明しなさい。

問五 ――線部③とは何ですか、わかりやすく説明しなさい。

問六 ――線部④とありますが、なぜ「航大」はこんな態度を取ったのですか、その理由を説明しなさい。

問七 ――線部⑤とありますが、このときの「凜」の様子の説明として最も適切なものを、次の中から一つ選び、記号で答えなさい。

ア 航大の言葉を完全に受け入れることはできないが、明るさを前面に出すことに自分らしさがあることだけは理解し、自分を励ます心の内に気づかれないように礼を言っている。

イ 自分の弱さを受け入れることによって悩みを乗り越えたとはいえ、結果的には航大の的外れなアドバイスに強く影響されていたことに気付き、苦笑を隠しつつ礼を言っている。

ウ 負けず嫌いの自分が今回の劇に関しては自信が持てず悩んでいたが、航大に助けてもらうことはより大きな混乱を招くと考え、明るい表情を作って形式的に礼を言っている。

エ 航大の滑稽とも思えるアドバイスに、部員のことを必要以上に気にかけて悩んでいた自分自身が逆に愚かに見え始め、感謝の言葉の裏に皮肉を込めながら礼を言っている。

オ 悩みが吹っ切れると同時に、航大の軽口が自分を気遣ったものだったことにも気付き、部員の視線を気にしすぎていた自分が恥ずかしく、照れながらも心から礼を言っている。

問八　次にあげるのは、＝線部ⅰ・ⅱについて、ある生徒が先生に質問し、先生が答えている場面です。［X］、［Y］に適切な言葉を入れなさい。ただし、［X］は本文中の一文をぬき出して最初の五字で答え、［Y］には自分で考えた二十字以内の言葉を入れなさい。

生徒：先生、登場人物の凛がいつも学校で花の世話をしているというストーリーに合わせているのでしょうか、本文には花に関する表現がいくつかありました。そのうち私は「プランターに植えられた花」と「ガザニア」が気になっています。

先生：どういう点が気になっているのですか？

生徒：「プランターに植えられた花」は、美しく見えても、「かれた花」を「身に付け」ており、「重苦しく、つらそう」なんですよね。一方の「ガザニア」は太陽が出ているときは花をさかせて、夜は花を閉じている。これらの表現には共通点があるような気がして……。

先生：おもしろいところに着目しましたね。これらはともに凛と重なっていると考えてみてはどうでしょう？　つまり、表面的には明るく見える凛ですが、今は「重苦しく、つらそう」なんですよね。これが「プランターに植えられた花」に凛が重ねられているという意味です。「［X］」とあるように、航大はそのような凛を救い出したいと考えていました。そしてその後、凛がさまざまに考えて前へと進めなかった時間も、ガザニアのように凛にとっては［Y］になるように努めているのではないでしょうか。

問九　本文について、後の問いに答えなさい。

(1)　～～～線部Ⅰ～Ⅴについての説明として適切ではないものを、次の中から一つ選び、記号で答えなさい。

ア　～～～線部Ⅰは、凛のためにできることをしてやりたいという航大の思いが、自分でもおさえきれないほど急激に強くなっていることを表している。

イ　～～～線部Ⅱは、はっきりとした意思は示さなくても、凛は自分の言葉を認めているにちがいないという、航大の確信する気持ちを表現している。

ウ　～～～線部Ⅲは、どうやっても到達することができない目標を自分で設定したうえで、そこから目を背けようとする凛の傾向を表している。

エ　～～線部Ⅳは、意識的に強い口調を用いたり、優しくなだめたりするのではなく、明るい口調でただ会話を交わし続けることを表現している。

オ　～～線部Ⅴは、凜と演劇部員の間の問題だと知りつつも、部員の考えを確認する必要などないという、航大の凜に対する強い信頼を表している。

(2)　本文の説明として最も適切なものを、次の中から一つ選び、記号で答えなさい。

ア　航大は、凜の様子をうかがいながら、明るさの中にも時に口調や態度を変えることで、彼女の苦しみを少しずつ取り除こうとしている。

イ　航大は、凜のために口にした言葉がかえって彼女を苦しめたのではないかと思い、話題を変えて普段通りの明るい凜に戻そうとしている。

ウ　航大は、わざと凜に気楽で無責任な言葉を投げかけることで、ふざけた態度をとる航大には任せておけないと凜に思わせようとしている。

エ　航大は、悩み苦しむ凜に対して冷淡な態度をとり、あえて彼女を見下すような発言を繰り返すことで、凜のやる気を引き出そうとしている。

オ　航大は、凜の助けになりたいという思いを隠しながら、彼女が自分自身の力で現在の状況からぬけ出すことができるように仕向けている。

（このページで、問題は終わりです。）

令和６年度

白陵中学校入学試験問題

算　　数

（前期）

受験番号	

注意　１．時間は70分で，120点満点です。

２．開始の合図の後，まず問題用紙が３枚，解答用紙が２枚そろっているかどうか確かめなさい。

３．表紙と解答用紙のそれぞれに，受験番号を記入しなさい。

４．問題用紙と解答用紙は，折ったり，切ったりしてはいけません。

５．問題の中の図は正確なものとは限りません。

中学前期　算数　問題用紙　＜No.1＞

注意：円周率は 3.14 として計算しなさい。

1 （20 点）

次の □ にあてはまる数を答えなさい。解答用紙に答えのみを記しなさい。

(1) $7.524 \div 1.8 - 0.8 \times 3.875 = \square$

(2) $9 - 8 \div \{7 - 6 \div (5 - \square)\} = 4$

(3) $\left(\dfrac{3}{7} - \dfrac{253}{\square}\right) \times \left(\dfrac{23}{17} + \dfrac{429}{221}\right) = 1$

(4) A 地点から B 地点までの道のりは 1km で，その途中に C 地点があります。

太郎君は，A 地点を出発して，A 地点と B 地点の間を 1 往復しました。A 地点から C 地点へは毎秒 1m の速さで，C 地点から A 地点へは毎秒 3m の速さで，B 地点と C 地点の間はどちらの方向にも毎秒 2m の速さで移動しました。このとき，A 地点から B 地点まで移動するのにかかった時間は，B 地点から A 地点まで移動するのにかかった時間のちょうど 2 倍でした。C 地点は A 地点から ［ ア ］ m のところにあり，往復にかかった時間の合計は ［ イ ］ 秒です。

K 教英出版

2 （20点）

次の ☐ にあてはまる数を答えなさい。解答用紙に答えのみを記しなさい。

(1) 図のように，同じ大きさの 2 つの正方形 ABCD，AEFG があり，点 D は直線 AF 上にあります。このとき，角**あ**の大きさは ☐ ° です。

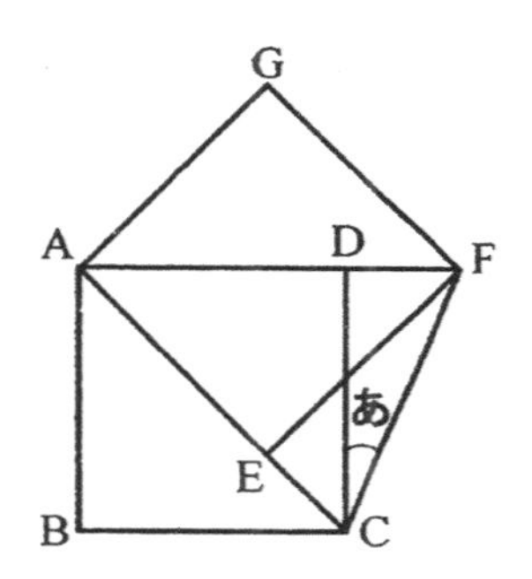

(2) 図のように，半径の長さが 6cm，中心角の大きさが 60° のおうぎ形の内側に，円がぴったりと入っています。このとき，斜線部の面積は ☐ cm^2 です。

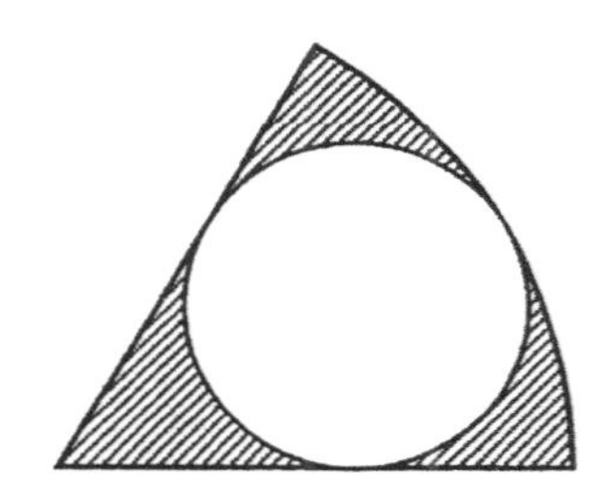

(3) 図のように，半径の長さが 1cm の円が，半径の長さが 3cm，中心角の大きさが 90° のおうぎ形の周にそって 1 周します。このとき，円が通過する部分の面積は ☐ cm^2 です。

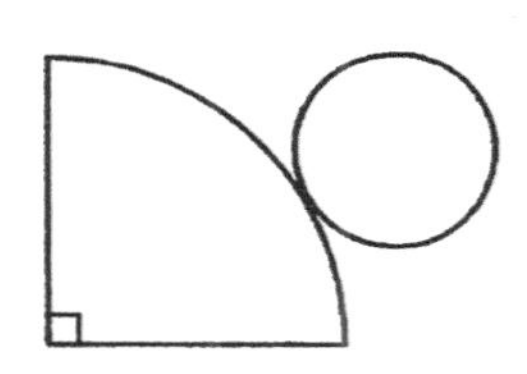

(4) 図のように，長方形 ABCD と点 P があります。三角形 ABP と三角形 CDP の面積比は 11:5 で，三角形 ABP と三角形 BCP の面積比は 9:7 です。三角形 BCP と三角形 ADP の面積比を最も簡単な整数の比で表すと， ア ： イ です。

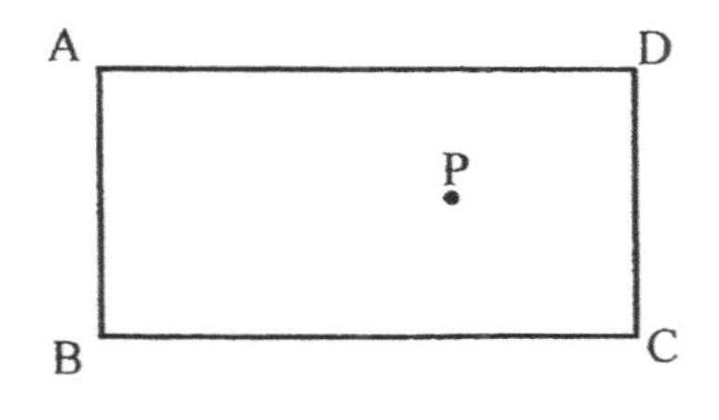

中学前期　算数　問題用紙　＜No.2＞

3　(20点)

図のように白のマス目と斜線の入ったマス目があります。最初，石はAのマスにあり，石が斜線のマスに移動するまで次の操作をくり返します。

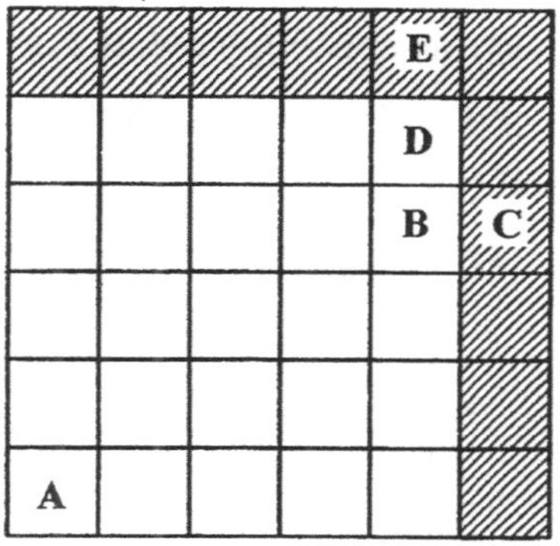

(操作)

さいころを1回振って，偶数の目が出れば右に，奇数の目が出れば上に，それぞれ出た目と同じ数だけ1マスずつ石を移動させる。ただし，移動の途中で斜線の入ったマスに移動した場合は，それ以上動かさない。

例えば，3回の操作で出た目が，2が2回，3が1回のとき，操作後に石はBのマスにあります。続けて4の目が出たとき，操作後に石はCのマスにあります。

次の問いに答えなさい。ただし，出た目の順番は考えないものとします。

(1)　3回の操作後に石がDのマスにありました。3種類の目が1回ずつ出たとき，どの目が出ましたか。解答用紙に答えのみを記しなさい。

(2)　何回かの操作後に石がDのマスにありました。それまでにどの目が何回ずつ出ましたか。(1)以外で考えられる組合せをすべて答えなさい。ただし，解答用紙に答えのみを(1)の解答のように記しなさい。

(3)　何回かの操作の後，最後に3の目が出て石がEのマスに移動しました。最後の3の目が出るまでに，どの目が何回ずつ出たかの組合せは何通りありますか。

K 教英出版

6 (20点)

一辺の長さが 6cm の立方体 ABCD-EFGH に穴をあけます。穴は，一つの立方体の面から向かい合う立方体の面まで，穴の側面が立方体の面に平行になるようにあけます。まず初めに，面 ABCD の図 1 のような位置から穴をあけると，図 2 のような立体ができました。

次の問いに答えなさい。

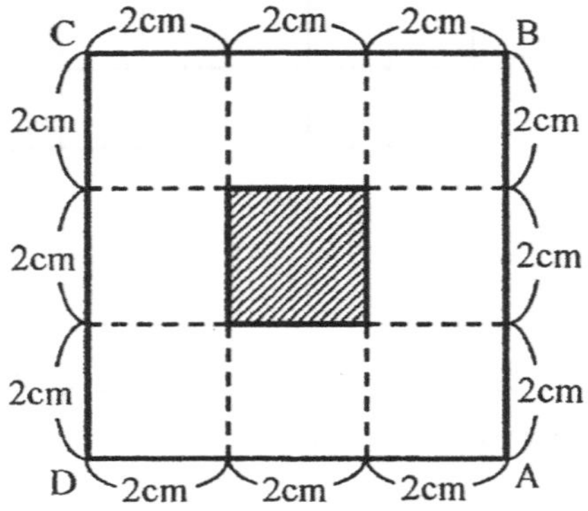

図 1

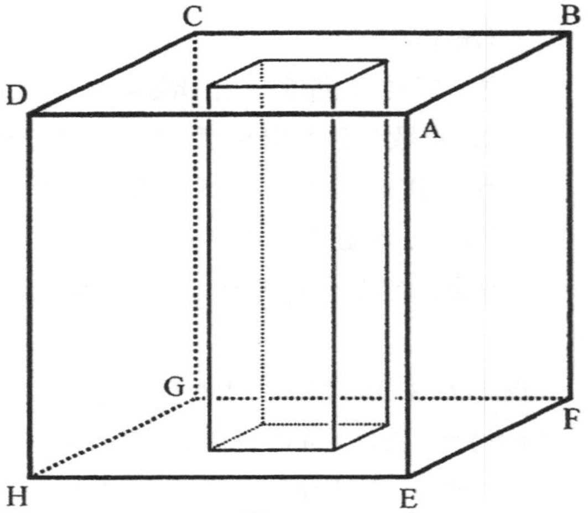

図 2

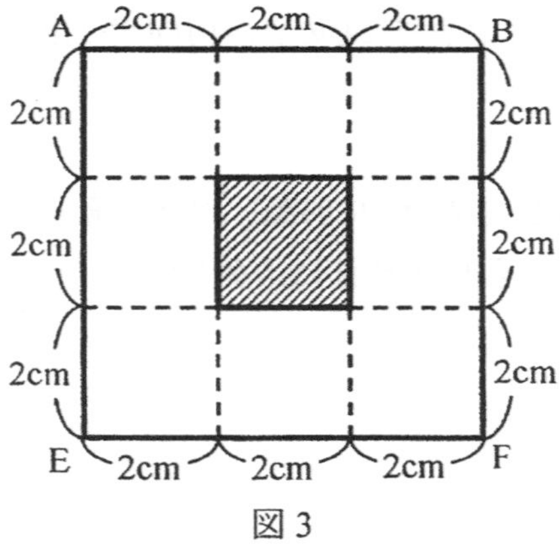

図 3

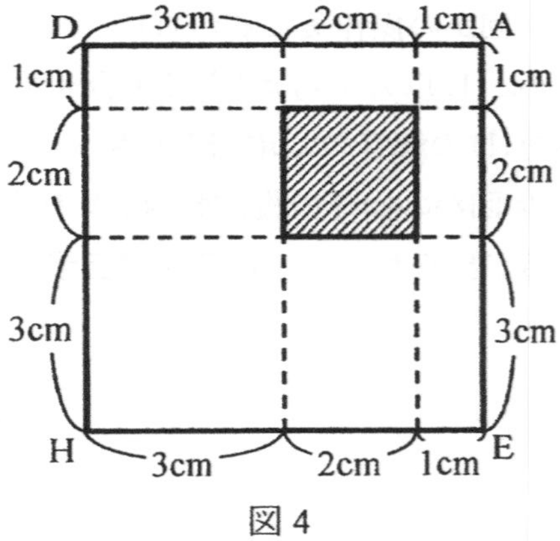

図 4

(1) 図 2 の立体の表面積を求めなさい。

(2) 図 2 の立体から，さらに，面 ABFE の図 3 のような位置から穴をあけました。穴をあけた後の立体の表面積を求めなさい。

(3) (2) で穴をあけた後，さらに，面 ADHE の図 4 のような位置から穴をあけました。穴をあけた後の立体の表面積を求めなさい。

4 (20 点)

直方体の形をした2つの空の水そうA，B が水平な地面に置かれています。これらの水そうの底面積はそれぞれ 500cm^2 と 300cm^2 で，高さはそれぞれ 80cm と 40cm です。図のように，A には高さが 50cm の位置に，穴の大きさが無視できるじゃ口が付いていて，B に水が流れるようになっています。

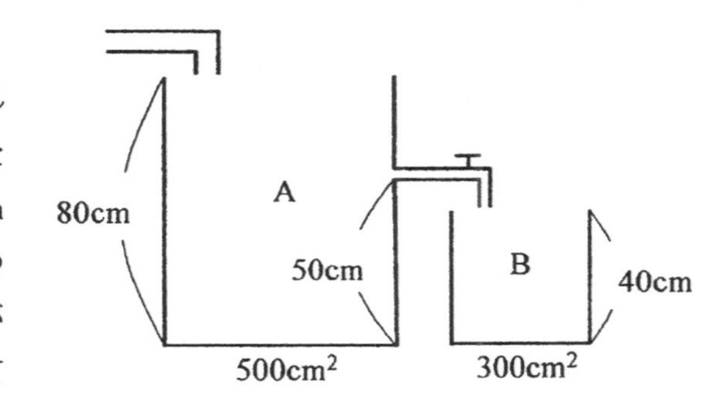

次の問いに答えなさい。

(1) A に 1 秒あたり 40cm^3 の割合で水を入れていくと，B に水が入り始めるのは A に水を入れ始めてから何分何秒後ですか。

(2) (1)で，じゃ口から 1 秒あたり 25 cm^3 の割合で B に水が流れるものとします。B の水そうがいっぱいになったとき，A の水そうに入っている水面の高さを求めなさい。

(3) (2)の後，水そう A，B を空にして，再び A に水を入れていきます。B に流れる 1 秒あたりの水の量を，A に入れる 1 秒あたりの水の量の何倍かにしたところ，A と B の水そうは同時にいっぱいになりました。何倍にしましたか。

中学前期　算数　問題用紙　＜No.3＞

5　（20点）

図のように１から92の番号が書かれたコインが左から順に一列に並んでいます。

次の操作をくり返し行い，コインの順番を入れかえます。

（操作）
一番左端(はし)にあるコインを取り除き，そのコインの右隣(どなり)にあったコインを一番右端に移動させる。

次の問いに答えなさい。

(1) 9回目の操作で取り除かれたコインに書かれた番号を答えなさい。

(2) 92が書かれたコインは何回目の操作で取り除かれますか。

(3) 並んでいるコインが2枚になったとき，残った2枚に書かれた番号を左から順に答えなさい。

問1　下線部①について、主にこん虫や動物が花粉を運ぶ植物を下からすべて選び、記号で答えなさい。

ア マツ　　イ リンゴ　　ウ スギ　　エ ヘチマ　　オ アブラナ

問2　下線部②について、主に種子をつくる以外の方法で子孫を残す植物を下からすべて選び、記号で答えなさい。

ア アサガオ　　イ ジャガイモ　　ウ ヒマワリ　　エ ダイズ　　オ チューリップ

問3　下線部③のようにする理由を簡単に説明しなさい。

問4　水に浮かぶウキクサの気こうは葉状体の表側と裏側のどちらに多く集まっていますか。下から一つ選び、記号で答えなさい。

ア 表側　　イ 裏側　　ウ 表側も裏側も変わらない

問5　容器 A でのウキクサの数の変化を表すグラフの大まかな形として適当なものを下から一つ選び、記号で答えなさい。

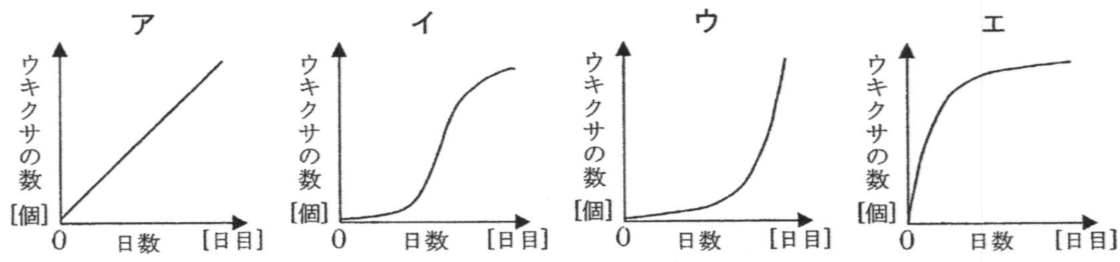

問6　密集してくると葉状体を 2 枚もつウキクサの数は増えずに、葉状体が 1 枚のウキクサの数が増えます。観察 16 日目に容器 A にあるウキクサには葉状体が 2 枚のものか 1 枚のものしかないと仮定すると、観察 16 日目に容器 A にある葉状体 1 枚のウキクサは何個ありますか。

問7　観察 16 日目より後は容器の中に葉状体が 2 枚のものか 1 枚のものしかないと仮定すると、葉状体が 2 枚のものはある数に近づきます。この数は容器 A と容器 B でそれぞれ約何個ですか。下から一つずつ選び、記号で答えなさい。

ア 180　　イ 240　　ウ 300　　エ 360　　オ 480　　カ 600

問8　結果から分かる、ウキクサの増え方のちがいに最も影響（えいきょう）を与えているものを下から一つ選び、記号で答えなさい。

ア 日光　　イ 池の水　　ウ 容器の形　　エ 容器の底面積　　オ 水深

2 次の文を読んで、各問いに答えなさい。(25 点)

地震が発生した場所を震源という。震源から出た地震のゆれは、震源を中心にあらゆる方向に伝わる。地震のゆれには大地を速く伝わるＰ波とゆっくり伝わるＳ波がある。Ｐ波とＳ波は同時に発生するが速さがちがうため、観測地点ではＰ波が到達してからＳ波が到達するまでに時間差ができる。大地の表面(地表と呼ぶ)近くで発生した地震のゆれが、地表上にある観測地点ＡからＤに到達した時刻を図１に示した。

観測地点	Ｐ波が到達した時刻	Ｓ波が到達した時刻
A	6 時 20 分 34 秒	6 時 20 分 36 秒
B	6 時 20 分 38 秒	6 時 20 分 44 秒
C	6 時 20 分 44 秒	6 時 20 分 56 秒
D	6 時 20 分 50 秒	(あ)

図 1

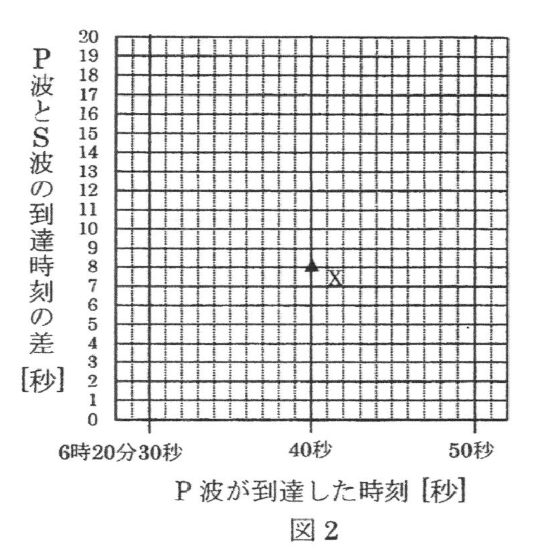

図 2

問1　Ｐ波が到達してからＳ波が到達するまでの時刻の差を、観測地点 A, B, C についてそれぞれ求め、図 2 に●をかきこみ、グラフを完成させなさい。例として、6 時 20 分 40 秒にＰ波が到達し、その 8 秒後にＳ波が到達した観測地点 X を図 2 に▲と記しています。

問2　観測地点 D にＳ波が到達した時刻(あ)を答えなさい。

問3　地震発生時刻は 6 時 20 分何秒ですか。何秒の部分を答えなさい。

問4　Ｐ波が大地を伝わる速さは秒速 6.4km です。Ｓ波が大地を伝わる速さは秒速何 km ですか。

大地を伝わるＰ波の速さが秒速 6.4km であることから、震源から 260km はなれた観測地点 E にＰ波が到達する時刻は 6 時 21 分 12.6 秒であると予測される。しかし、実際にはＰ波は予測より 0.8 秒早く到達した。同様に、震源から 295km, 365km はなれた観測地点 F, G にＰ波はそれぞれ予測よりも 1.6 秒, 3.2 秒早く到達した。

問5　予測よりもＰ波が早く到達するのは、震源からの距離が何 km よりも遠いときですか。

教英出版

問7　水 100g あたりにとかす砂糖の重さを 0 から 100g のはん囲で変化させて、**問6**と同様の手順を行いました。このとき容器 A が浮かび始める容器 B の水面の高さを表すグラフの大まかな形として適当なものを下から一つ選び、記号で答えなさい。

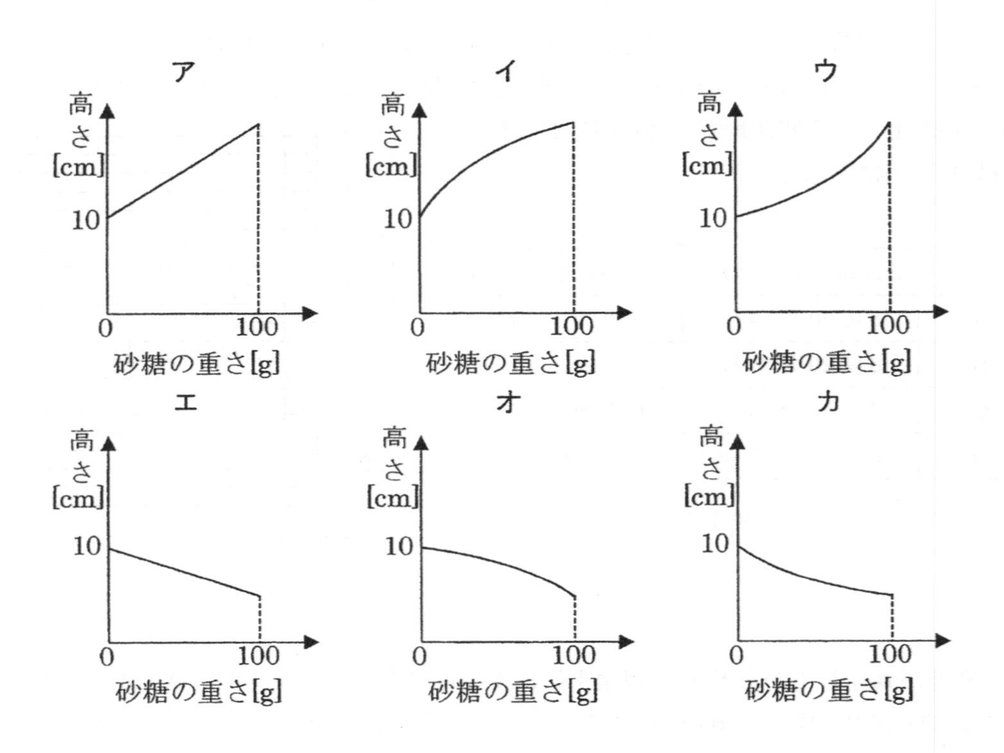

問8　右図のように、20g のボールを入れた容器 A が水に浮いています。容器 A からボールを取り出して、取り出したボールを容器 B の水に浮かべると、容器 B の水面の高さはボールを取り出す前と比べてどうなりますか。下から一つ選び、記号で答えなさい。

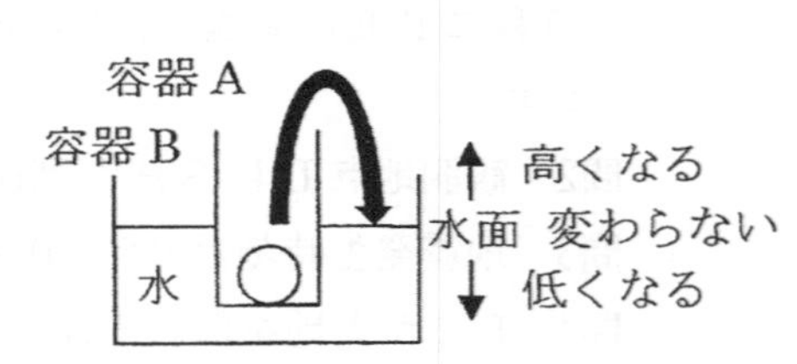

ア　高くなる　　　**イ**　低くなる　　　**ウ**　変わらない

4 次の文を読んで、各問いに答えなさい。(25点)

答えは必要ならば小数第一位を四捨五入して整数で答えなさい。

水100gを用意し、焼きミョウバンが最大何gとけるかを温度ごとに調べた。その結果、図1のグラフが得られた。

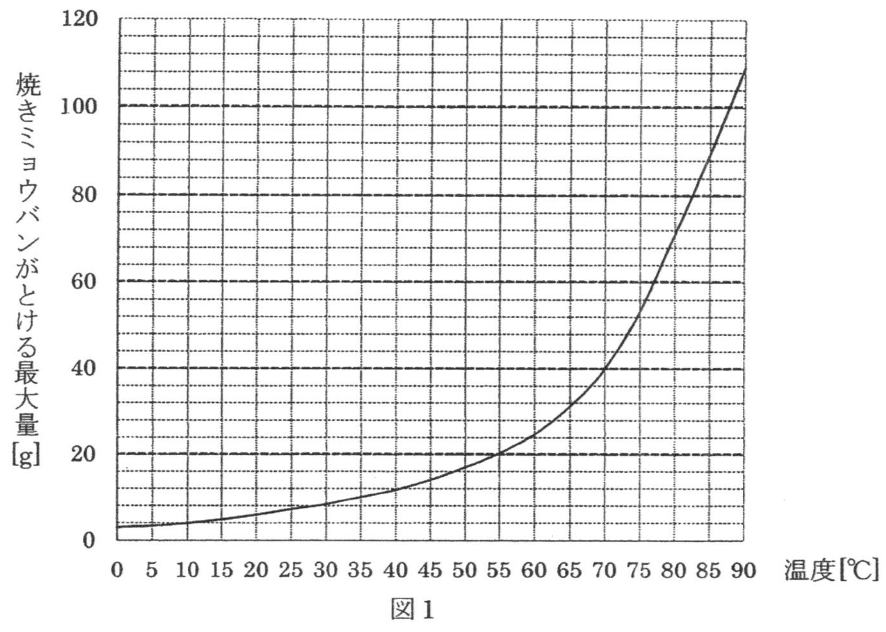

図1

問1 55℃の水50gに焼きミョウバン30gを加えたとき、とけ残る焼きミョウバンは何gですか。

問2 問1の水よう液ののう度は何%ですか。ただし、水よう液ののう度は下のようにして求めなさい。

$$(\text{のう度}[\%]) = \frac{(\text{とけている焼きミョウバンの重さ}[g])}{(\text{水の重さ}[g]) + (\text{とけている焼きミョウバンの重さ}[g])} \times 100$$

問3 問1の水よう液の温度を少しずつ上げていくと、何℃になったときとけ残りがなくなりますか。

問4 問3の水よう液の温度を下げて40℃にしたとき、焼きミョウバンが出てきたとします。出てきた焼きミョウバンは何gですか。

ミョウバンには「焼きミョウバン」と焼きミョウバンが水を取りこんだ「ミョウバン」がある。「焼きミョウバン」を高温の水にすべてとかした後に冷やすと、水よう液から水を取りこんだ「ミョウバン」が出てくる。そのため、実際に**問4**の作業をすると、出てきた固体の重さは求めた答えより大きくなる。また「ミョウバン」22gを十分に焼くと水蒸気10gと「焼きミョウバン」12gができる。これらから、次の①，②がわかる。①焼き

K 教英出版

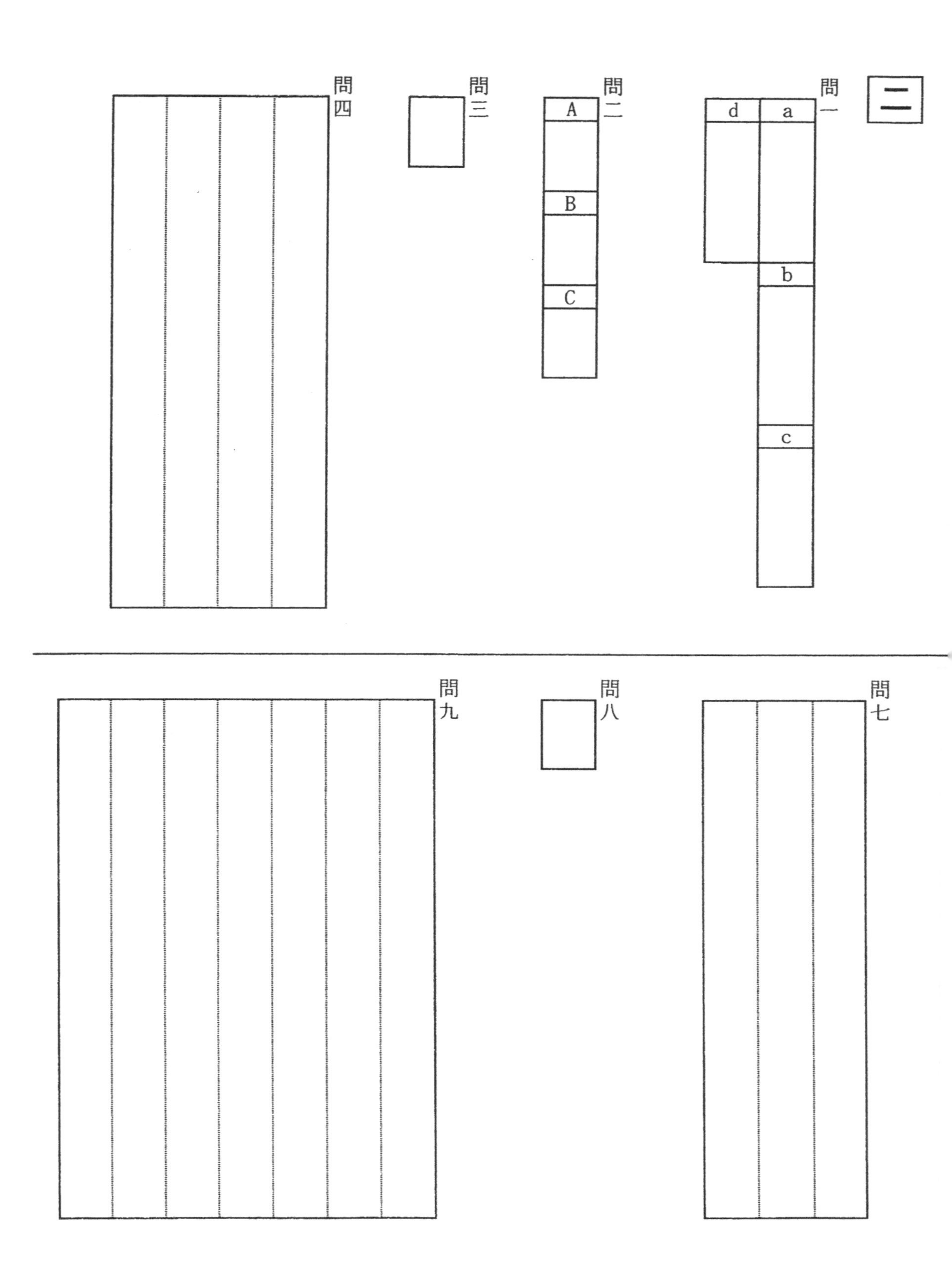
二
問一
a
b
c
d
問二
A
B
C
問三
問四
問七
問八
問九

国語　解答用紙（その二）

三

問一

a	b	c	d	e

問二

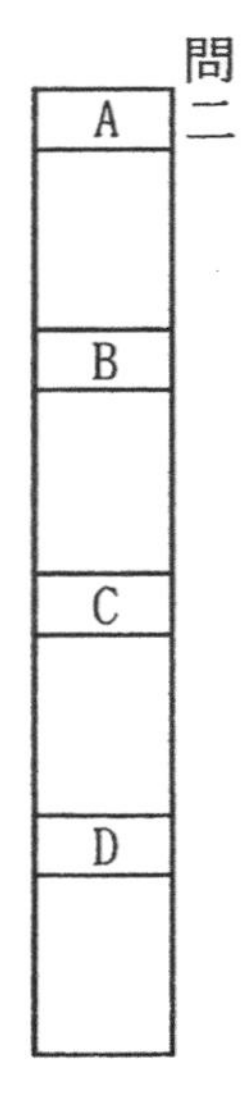

問五

問六

受験番号

中学前期　算数　解答用紙　<No.1>

1

(1)

(2)

(3)

(4) ア

イ

2

(1)

(2)

(3)

(4) ア

イ

3

(1)

が 1 回，　が 1 回，　が 1 回

(2)

(3)

通り

6

(1)

cm²

(2)

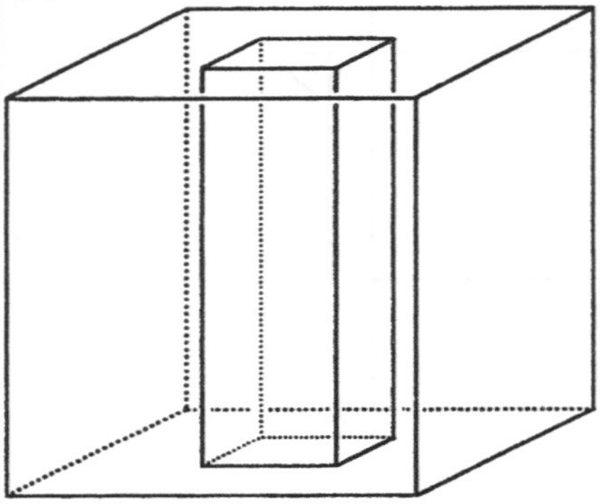

cm²

(3)

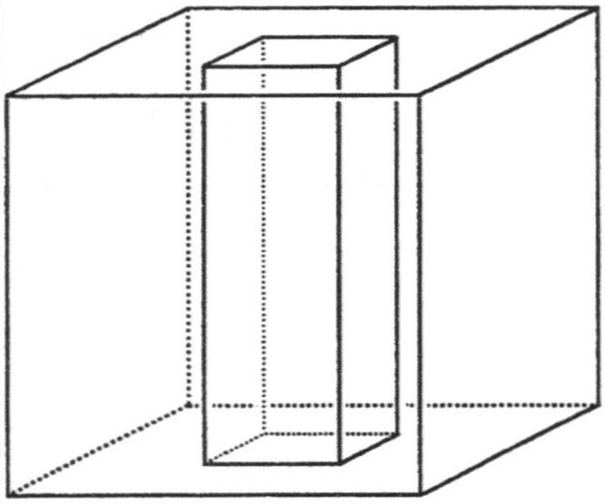

cm²

受験番号		小計		合計	

※120点満点

解答用紙

1

問1						
問2						
問3						
問4		問5		問6	個	
問7	容器A		容器B		問8	

小計	

2

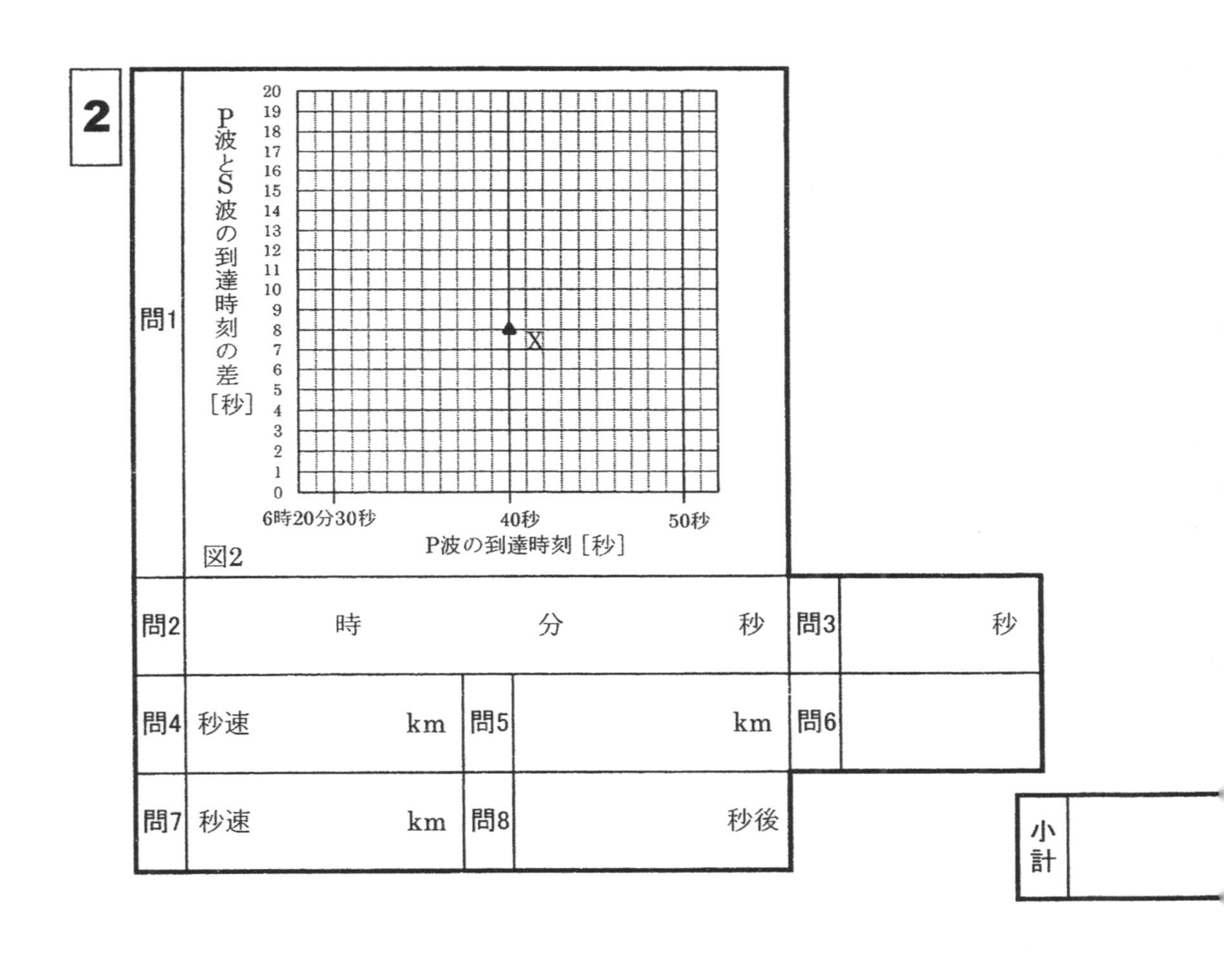

問2	時 分 秒	問3	秒
問4	秒速 km	問5	km
問6			
問7	秒速 km	問8	秒後

小計	

令和６年度

白陵中学校後期入学試験問題

国　　語

受験番号	

注 意　1．時間は60分で，100点満点です。

2．開始の合図の後，まず問題用紙が１ページから11ページまで順になっているか確かめなさい。解答用紙は２枚あります。

3．表紙と解答用紙のそれぞれに受験番号を記入しなさい。

4．字数制限のある問いについては，句読点（くとうてん）なども１字として数えなさい。

一

次の文章を読んで、後の問いに答えなさい。（六十点）

お詫び

著作権上の都合により、文章は掲載しておりません。
ご不便をおかけし、誠に申し訳ございません。

教英出版

お詫び

著作権上の都合により、文章は掲載しておりません。
ご不便をおかけし、誠に申し訳ございません。

教英出版

お詫び

著作権上の都合により、文章は掲載しておりません。
ご不便をおかけし、誠に申し訳ございません。

教英出版

お詫び
著作権上の都合により、文章は掲載しておりません。
ご不便をおかけし、誠に申し訳ございません。
教英出版

（早乙女朋子（さおとめともこ）『子役白書』集英社）

＊注　恍惚＝あるものに心をうばわれて、うっとりする様子。

問一　［a］〜［e］のカタカナを漢字に直しなさい。

問二　［X］に適切な漢字一字を入れ、慣用句を完成させなさい。

問三　＝線部Ⅰ〜Ⅲの語句の意味として最も適切なものを、次の中からそれぞれ一つずつ選び、記号で答えなさい。

Ⅰ「いくどとなく」

ア　どことなく　　イ　何度も　　ウ　時おり
エ　強く　　オ　心にもなく

Ⅱ「あっけにとられている」

ア　ぼうぜんとしている　　イ　声も出せないでいる　　ウ　がっかりしている
エ　夢心地になっている　　オ　うっとうしく感じている

Ⅲ「得体の知れない」

ア　正体不明の　　イ　得意げな　　ウ　感情のままの

エ　不定形な　　オ　反抗的な

問四　――線部①とありますが、「演じる」ことは「舞」にとってどのような意味を持っていますか。わかりやすく説明しなさい。

問五　――線部②とありますが、「舞」がこのように「感じた」のはなぜですか。その理由をわかりやすく説明しなさい。

問六　――線部③とありますが、本文にはこれと同じような「舞」の内面が、行動となって表れている箇所があります。その行動を――線部③よりも前からぬき出し、わかりやすくまとめなさい。

問七　――線部④とありますが、ここからうかがえる「舞」の心情を説明しなさい。

問八　～～線部A～Eの表現についての説明として最も適切なものを、次の中から一つ選び、記号で答えなさい。

ア　Aは、他の生徒のあり方に対して違和感を覚え、自分だけがしっくりとこない時間を過ごしている、学校生活における舞の内面を、象徴的に表現したものである。

イ　Bは、役を演じることに夢中になっている舞が、「淋しい」という感情でさえどのようなものなのかわからなくなってしまって混乱する内面を示している。

ウ　Cは、思いのままに振る舞うエイジとは対照的に、教師としてするべきことにこだわってばかりいる担任の愚かさを周囲に示そうとして取った舞の行動である。

教英出版

エ　Dは、担任の怒り(いか)は、何の罪もない自分にではなく、本来エイジに対して向けられるはずではないかという舞の疑問によってもたらされたことである。

オ　Eは、注意された舞が、表面的な行動ではあるが掃除を始めたにもかかわらず、しつこく嫌味(いやみ)を言い続ける担任に対して他の生徒がおびえていることを表現している。

問九　次の会話は、本文の内容について生徒たちが話し合っているものです。会話文中の――線部ア～オのうち、本文の内容として明らかに誤っているものを一つ選び、記号で答えなさい。

生徒A：ア舞は〈ミキ〉役を演じるということに集中して、学校生活に対しての興味を失っているんだね。

生徒B：加えて、自分の力で生きていく「外の世界」に踏(ふ)み出したことも大きいね。イ学校のような安全や安定が保障(ほしょう)されている場所への興味を失っているんだ。

生徒C：でも、本心からそうだとしたら、舞は担任の言葉に動揺(どうよう)することはなかったんじゃないか。

生徒D：そこが舞の感情の複雑な部分だと思うな。ウ舞は精神的に子供からぬけ出しつつあるけれども、その一方で、まだ大人との対等な関係には耐(た)えられていないように思える。エ大人と対等の世界へと足を踏み出したために、子供の世界での居場所(いばしょ)を失ってしまったとも言えるのだろうね。

生徒E：そう考えると、この文章の教師（担任）が単なる嫌(きら)われ役ではなく、舞と同じような存在として配置されていることも見えてくるな。オ舞が大人を見透(みす)かしているのと同様に、教師も舞の心情を把握(はあく)しているということか。

2 (20点)

右の図のように，1 辺が 6cm の正方形 ABCD があり，その辺 CD を 1 辺とする正三角形 ECD があります。点 P は A を出発して，A→B→C→D→A→…と正方形の辺にそって毎秒 3cm で動き，点 Q は点 E を出発して，E→D→C→E→…と正三角形の辺にそって毎秒 2cm で動きます。2 点 P，Q が同時に A，E をそれぞれ出発したとき，次の問いに答えなさい。

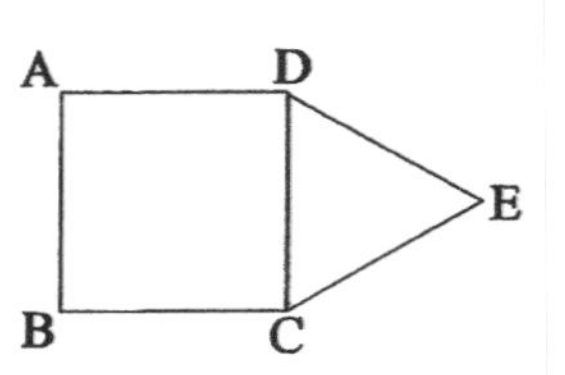

(1) 2 点 P，Q が最初に点 C で出会うのは，2 点が出発してから何秒後ですか。

□秒後

(2) 次の □ にあてはまる数を記しなさい。

2 点が出発してから 60 秒間で，2 点 P，Q が同時に辺 CD 上にあるのは，ちょうど C か D で出会っている時間を除いて，□秒後から□秒後までと，□秒後から□秒後までと，□秒後から□秒後までです。

(3) 2 点 P，Q が同時に辺 CD 上にある時間の合計が 60 秒になるのは，2 点が出発してから何秒後ですか。

(3)

□秒後

受験番号		小計	

中学後期　算数　問題・解答用紙　<No.2>

3 (20 点)

○が書かれたカードと×が書かれたカードが，袋の中に 1 枚ずつ入っています。この袋からカードを 1 枚取り出し，○と×のどちらが書かれているかを確認した後，袋に戻す作業を何回かくり返します。最初の点数を 0 点とし，次のルールにしたがって点数が変わります。

ルール

1. ○のカードを引くと，1 点増える。
2. ×のカードを引くと，そのときの点数が奇数ならば 1 点減り，偶数ならばちょうど半分になる。ただし，点数が 0 点の場合はそのまま 0 点になります。

例えば，3 回引いた結果が順に×○×となった場合は 0 点，5 回引いた結果が順に○○○○×となった場合は 2 点です。次の問いに答えなさい。

(1) この作業を 5 回くり返すとき，点数が 3 点となるようなカードの引き方は何通りありますか。

(2) この作業を 5 回くり返すとき，点数が 2 点以上となるようなカードの引き方は何通りありますか。

(1)

通り

(2)

通り

(1)

cm^2

(2)

cm

(3)

cm^2

受験番号		小計		合計	

※100点満点

問四

問五

問八

問九

問十

国語　解答用紙（その二）

二

問一

160　100

受験番号	

問二

300　200　100

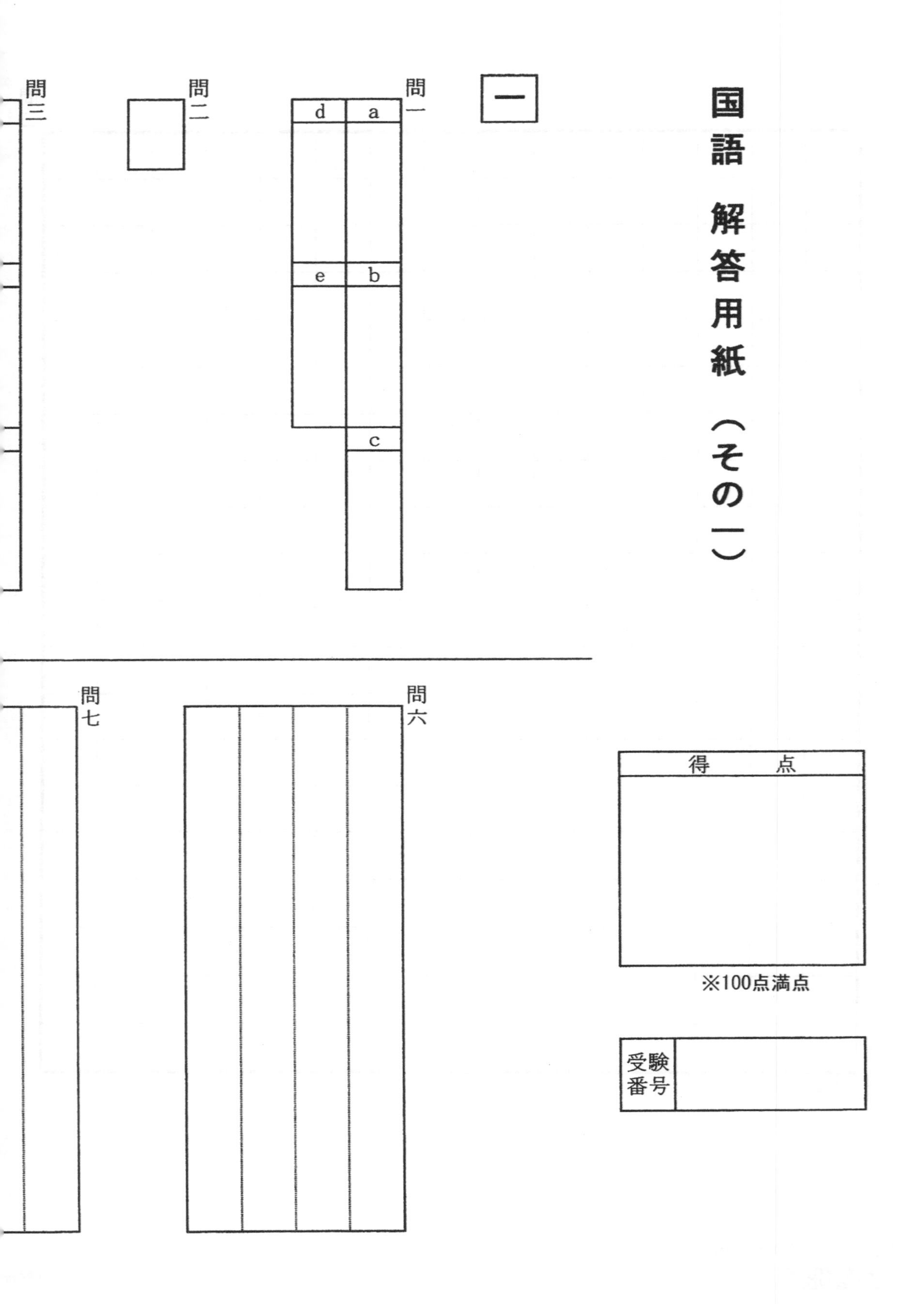
国語　解答用紙（その一）
一
問一
a
b
c
d
e
問二
問三
問六
問七
得　点
※100点満点
受験番号

中学後期　算数　問題・解答用紙　<No.3>

5 (20点)

半径6cmの球が3個あり，どの2つも互いに接するようにテーブルの上に置かれています。球が互いに接している3つの点をそれぞれA，B，Cとします。次の問いに答えなさい。

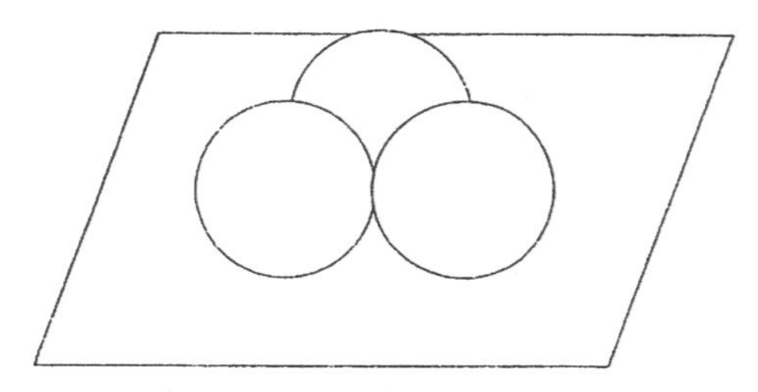

(1) 2点A，Bを通り，テーブルの面に垂直な平面で3個の球を切ったときの断面積の和は何 cm^2 ですか。右の図はこの3つの球と切断面を真上から見た様子を表したものです。

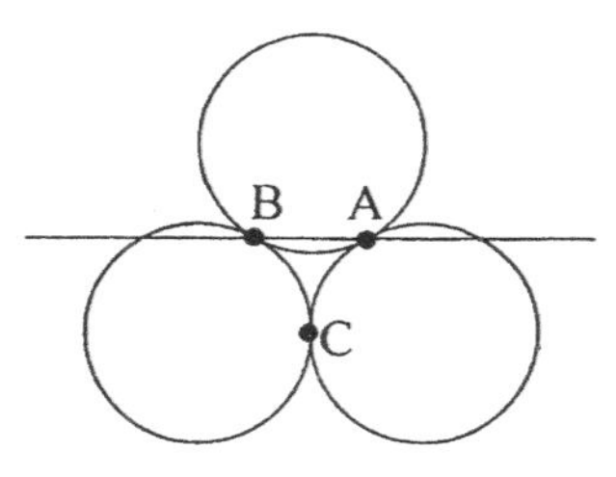

(2) 右の図のように，この3個の球の上に，4個目の半径6cmの球を乗せます。この球が，先においてある3個の球と接する点をD，E，Fとします。ただし，Cで接している2つの球と4個目の球との接点をE，Fとします。正三角形DEFの1辺の長さを求めなさい。

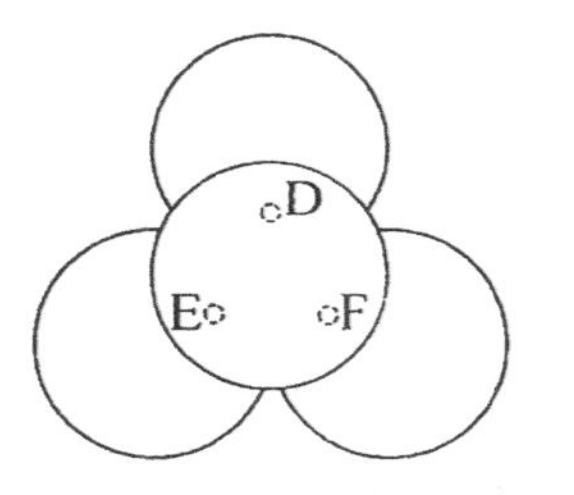

(3) (2)で，4点A，B，E，Fは1つの平面上にあります。この4点A，B，E，Fを通る平面で置かれている4個の球を切ったときの断面積の和は何 cm^2 ですか。

4 (20点)

2つの容器A，Bがあり，Aには濃度(のうど)5%の食塩水100グラムが，Bには濃度3%の食塩水200グラムが入っています。次の問いに答えなさい。

(1) Bから水を蒸発させて，濃度を5%にするためには，水を何グラム蒸発させればよいですか。

(2) AとBに同じ量だけ水を加えて，2つの容器に入っている食塩水の濃度を同じにするためには，水を何グラムずつ加えればよいですか。またそのとき食塩水の濃度は何パーセントになりますか。

(3) AとBに同じ濃度の食塩水を同じ量だけ加えたところ，Aに入っている食塩水の濃度は8%，Bに入っている食塩水の濃度は5%になりました。何パーセントの食塩水を何グラムずつ加えましたか。

(1) 　　　　　　　　グラム
(2) 　　　　グラム，　　　　%
(3) 　　　　%，　　　　グラム

受験番号		小計	

中学後期　算数　問題・解答用紙　<No.1>

注意：円周率は 3.14 として計算しなさい。

1　(20 点)

次の [　　] にあてはまる数を記しなさい。

(1)　$1\times1+1\times2+2\times3+3\times5+5\times8+8\times13+13\times21+21\times34$

を計算すると [　　　　] になります。

(2)

$\dfrac{1}{2024}=\dfrac{5}{8}-$ [　　] $=\dfrac{5}{8}-\dfrac{4}{11}-$ [　　]

(3)　右の図で，四角形 ABCD は長方形で，点 E は直線 AD のちょうど真ん中の点とします。三角形 DEG の面積が $2cm^2$ で，四角形 AFGE の面積が $9cm^2$ であるとき，FG と GD の長さの比は

[　　] : [　　] です。

また，四角形 BCGF（斜線部）の面積は

[　　　] cm^2 になります。

ただし，図が正確であるとは限りません。

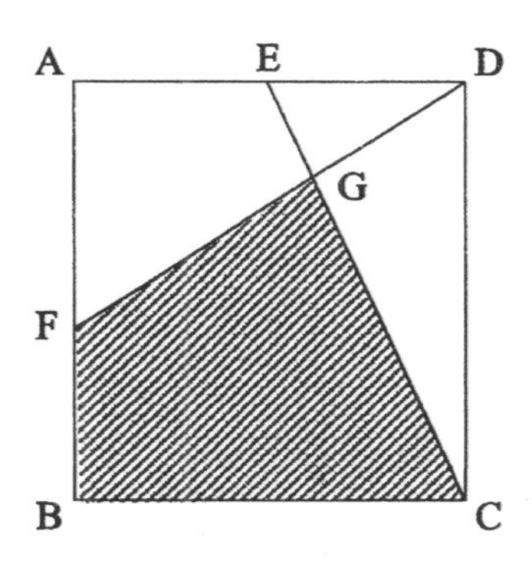

令和6年度

白陵中学校後期入学試験問題

算　　数

受験番号	

注 意　1．時間は60分で，100点満点です。

2．開始の合図の後，まず問題用紙（解答用紙をかねる）が3枚そろっているかどうか確かめなさい。

3．表紙と問題用紙（解答用紙をかねる）に受験番号を記入しなさい。

4．問題用紙（解答用紙をかねる）を折ったり，切ったりしてはいけません。

5．問題の中の図は正確なものとは限りません。

問十　次に挙げる文章は、ある生徒が本文を読んだうえで、内容についての自分の考えを発表したものです。これを読んで、――線部をわかりやすく説明しなさい。

～発表～

本文中の「仮面」という言葉が、私には印象的でした。私は「舞」が仮面を被っているのと同様に、この教師（担任）も仮面を被っているんじゃないかと思います。「舞」は「小学生役」という仮面を被っているのですが、教師も「教師役」の仮面を被っているということです。でも、それは「舞」や教師に限ったことではなく、私たちの誰もが仮面を被って生活していると言えるのではないでしょうか。

そもそも「仮面」って、私たちの内面の自由を確保するためのものでもありますよね。「仮面」は自分の感情を押し隠すためにも被られますが、仮面があるから、私たちは心の中では自由に振る舞えるとも言えるわけです。

少し話は変わるのですが、別の授業で「インターネット上での悪意ある発言」について勉強しました。インターネット上のやり取りではある程度情報が保護されていて、素性や名前がわからないようになっています。それこそ仮面をつけているのと同じ状態なのです。だから時に、自由が行き過ぎて悪い方向に振る舞ってしまうのでしょう。「舞」が「小学生役」という仮面を被っていたように、私たちは無数の仮面を使い分けて生活していると言えるのではないかと感じました。

二　次の文章を読んで、後の問いに答えなさい。（四十点）

私たちの知的活動は多岐にわたるが、そのなかからとくに*知的徳が重要な働きをするふたつの活動に注目しよう。真理の探究と*課題の解決である。このふたつの活動において知的徳がどのような働きをするかを見ていこう。

まず、真理の探究から見ていく。真理の探究は、たとえば、事件の真相を解明したり、事故の原因を明らかにしたりする知的活動である。それはようするに、何が真なのかを明らかにするものである。何が真なのかが明らかになれば、知識が獲得されることになるから、真理の探究は知識の獲得につながる。事故の原因が明らかになれば、その事故がどのようにして起こったのかについての知識が得られる。このような真理の探究において、知的徳はどんな働きをするだろうか。

さきに知的徳のひとつである「開かれた心」について簡単に触れた。開かれた心とは、自分と異なる考えの人の意見にも*真摯に耳を傾けることであり、独善に陥るのを防ぎ、正しい考えに至ることを可能にする。

しかし、人の意見を聞くことが重要だといっても、意見が多すぎる場合がある。たとえば、地球温暖化の問題について、私はそれを阻止するために、二酸化炭素の排出量を減らすべきだと考えているとしよう。これにたいして、そもそもこのままでも地球は温暖化しないと考える人や、温暖化してもそれほど大きな害はないと考える人もいるし、さらに、二酸化炭素の排出量を減らさなくても、温暖化を阻止する新しい技術がいずれ開発されるだろうと考える人もいる。このようにほとんど無数と言ってもいいくらい多くの意見があるような場合には、すべての意見に耳を傾けることは実際上不可能であろう。

他人の意見に耳を傾けることが重要だとしても、じっさいに耳を傾けるのはどうしても一部の意見にならざるをえない。では、どれだけの人のどんな意見に耳を傾ければよいのだろうか。この問題にたいして、一概にこうだと言えるような答えはない。たとえば、十人ほどのできるだけ異なる意見に耳を傾ければよい、というようなことは言えない。どれくらい多くの人のどんな意見に耳を傾けるべきかは、それぞれの場合で個別に判断するよりほかないのである。

　開かれた心というのは、たんに他人の意見を真摯に聞くだけではなく、どの人のどのような意見を真摯に聞くかをそれぞれの場合で個別に判断することも含む。いろいろな人と意見を交わすという経験を何度も積むことによって、それぞれの場合にどの意見に耳を傾けるべきかが判断できるようになってくる。このような判断力こそが、開かれた心という知的徳のもっとも重要な要素なのである。

　開かれた心のほかにも、真理の探究において重要な働きをする知的徳はいろいろある。つぎに、そのなかでもとくに興味深い「好奇心」について見ていこう。私たちは好奇心があるからこそ、真理の探究が可能なのだと言っても過言ではない。何らかの目的のために知ろうとするのではなく、ただただ知りたい。このような純粋な知的欲求が私たちを真理の探究に向かわせる。

　たとえば、生物学者は生物の複雑な生命活動をただただ明らかにしようとする。それが明らかになることで、作物の品種改良や病気の治療に役立つこともあるだろう。しかし、そのような実用的な目的とは関係なく、ただただ生命活動の実態を知りたいという純粋な好奇心から、知ろうとする。それを知ってどうするのかと問われても、「別にどうもしない、ただ知りたいのだ」と答える。知ることがすでに至高の喜びなのである。

　好奇心は「悦ばしき知識」へのひたすらな欲求である。真理の純粋な追求（つまり「真理のための真理の探究」）を行おうとする基礎科学は、好奇心をその原動力とする。それは「好奇心に駆動された研究（curiosity-driven research）」である。これにたいして、応用科学は好奇心というよりも、品種改良や新薬の開発といった実用的な目的にもとづく研究である。もちろん、応用科学も重要であるが、真理の探究という点で言えば、それをおもに担っているのは基礎科学である。

　科学もまた社会の役に立つべしという声が、昨今は*かまびすしい。基礎科学もまた、真理の探究にだけかまけているのではなく、何らかの役に立たなければならないというわけである。このようにプレッシャーをかけられると、基礎科学は立つ瀬がない。そもそも基礎科学は、実用的な価値の実現などまったく目的にしておらず、ただひたすら真理の探究だけを目的にしているからである。そのような基礎科学にどのようにして社会の役に立てと言うのか。それは基礎科学をやめて、応用科学になれと言うことに等しいのではないか。

教英出版

そもそも人間にはなぜ好奇心があるのだろうか。真理の探究によって得られた知識が何の実用的な役に立たないとすれば、人間は無駄なことに労力を費やしていることになる。そんな無駄なことをしているせいで、ひょっとしたら生き残ることができなかったかもしれない。では、なぜ人間は生き残ることができたのか。それは結局、真理の探究が結果的に、ある程度役に立ったからであろう。

じっさい、基礎科学は実用的な価値の実現を目的としていないにもかかわらず、大きな実用的価値を生み出すことがある。とくに世のなかを変えるような画期的な実用的価値は、むしろ基礎科学の成果からもたらされると言ってもよいだろう。ノーベル賞を授与された科学者はよく基礎科学の重要性を訴えるが、それは目的外の価値を生み出す基礎科学の力を訴えているのだと理解できよう。たとえば、二〇一八年にノーベル生理学・医学賞を受賞した本庶佑氏は、基礎科学に従事する若手の研究者に安定した地位と研究資金を提供するために、ノーベル賞の賞金をもとにして「有志基金」を設立した。ここには、基礎科学の重要性にたいする本庶氏の強い思いがうかがえる。

このように考えてくると、好奇心という知的徳は、真理の純粋な追求(「真理のための真理の探究」)を促すものであるとはいえ、結局は人類の生存に大きく貢献しているのである。

(信原幸弘『「覚える」と「わかる」』ちくまプリマー新書)

＊注　知的徳＝「徳」とは卓越した性格のことであり、「知的徳」とは知識の獲得にかかわる徳のことである。
課題の解決＝「課題の解決」については、この文章に引き続いて述べられている。
真摯＝まじめでひたむきな様子。
かまびすしい＝さわがしい。やかましい。

問一　筆者は「基礎科学」についてどのように述べているか、「応用科学」との違いを明らかにしながら一六〇字以内で説明しなさい。

問二　「好奇心という知的徳」がどのような働きをし、どう役に立つのか。あなた自身の経験にもとづきながら、自分の考えを三〇〇字以内で書きなさい。

（このページで、問題は終わりです。）

令和6年度

白陵中学校入学試験問題

理　　科

（前期）

受験番号	

注 意　1．時間は70分で，100点満点です。

2．開始の合図の後，まず問題用紙が1ページから8ページまで順になっているか確かめなさい。解答用紙は1枚です。

3．表紙と解答用紙に受験番号を記入しなさい。

1 次の文を読んで、各問いに答えなさい。(25点)

①種子をつくって子孫を残す植物や②種子とは別の方法で子孫を残す植物がある。池に浮(う)かぶウキクサ(図 1)という植物はどちらの方法でも子孫を残すことができる。条件が良ければ、2 枚の葉状体(葉と茎(くき)が一体になったもの)の間に小さな葉状体が出てきて、これがはなれて生長し、子孫を増やす(図 2)。

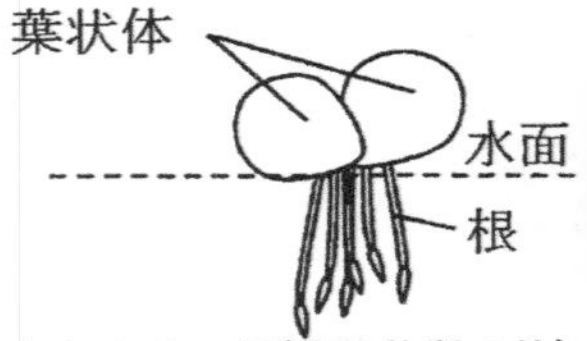

ウキクサ1個(葉状体数2枚)

図1

ウキクサの増え方

葉状体の生長

新しい葉状体

はなれる

新しい葉状体

生長する

図2

ウキクサ, ウキクサを採集した池の水, 温度計, 3つの容器(A:円柱形で底面積 27cm², B:円柱形で底面積 54cm², C:直方体で底面積 54cm²), そして容器 A, B, C を入れるのに十分大きな水そうを準備して、下の方法でウキクサが増える様子を観察した。

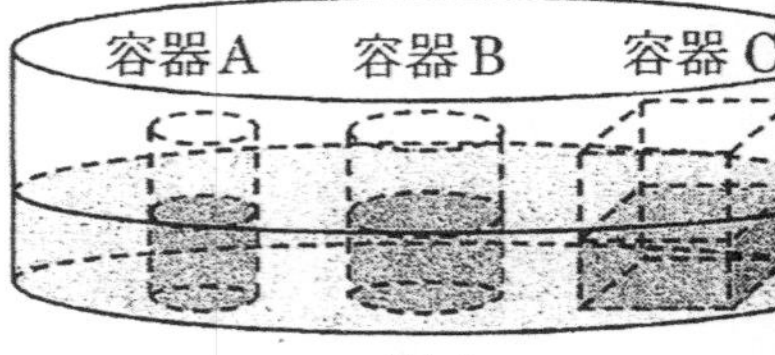

図3

方法

1. 容器 A, B, C に池の水を水深 3cm まで入れ、それぞれの容器に葉状体を 2 枚もつウキクサを 4 個ずつ入れる。
2. ③水をはった大きな水そうの中に容器 A, B, C を置いて(図 3)、室内の日当たりがよい場所に置く。
3. 数日おきにウキクサの数と葉状体の数を調べて記録する。この間、容器や水そう内の水が水深 3cm を保つように水を加える。気温や水温も測定して記録する。

観察を始めた日を 0 日目として、結果を下図の表に示した。

日目		0	2	5	7	9	11	14	16	18	21	25
大きな水そうの水温[℃]		23	26	25	25	24	20	21	22	24	25	25
容器A	ウキクサの数	4	5	9	16	25	52	108	188	225	252	271
	葉状体の数	8	9	16	29	50	104	216	362	404	432	451
	水温[℃]	23	26	25	25	24	20	21	22	24	25	25
容器B	ウキクサの数	4	5	9	16	27	54	109	219	377	450	505
	葉状体の数	8	9	16	29	53	104	216	427	734	808	864
	水温[℃]	23	26	25	25	24	20	21	22	24	25	25
容器C	ウキクサの数	4	5	9	16	27	54	109	217	377	441	498
	葉状体の数	8	9	16	29	53	104	217	425	733	800	857
	水温[℃]	23	26	25	25	24	20	21	22	24	25	25

K 教英出版

図３のように、大地の下にマントルと呼ばれる層がある。P 波は大地よりマントルの方が速く伝わるので、**問5**の答えよりも遠い観測地点 E や G では、大地を真っすぐ伝わるよりもマントルを経由した方が観測地点まで P 波が早く到達する。マントルを経由する場合、それぞれの観測地点には図の破線で示したような角度で２回折れ曲がる経路で伝わった P 波が最も早く到達する。左下に 60° の角をもつ直角三角形の辺の長さの比を示した。必要ならば使用しなさい。

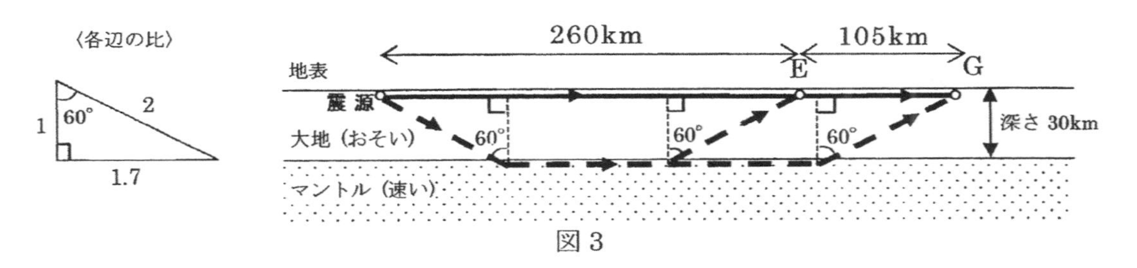

図３

問6　P 波が到達した時刻と震源から観測地点までの距離の関係を示したグラフの大まかな形として適当なものを下から一つ選び、記号で答えなさい。

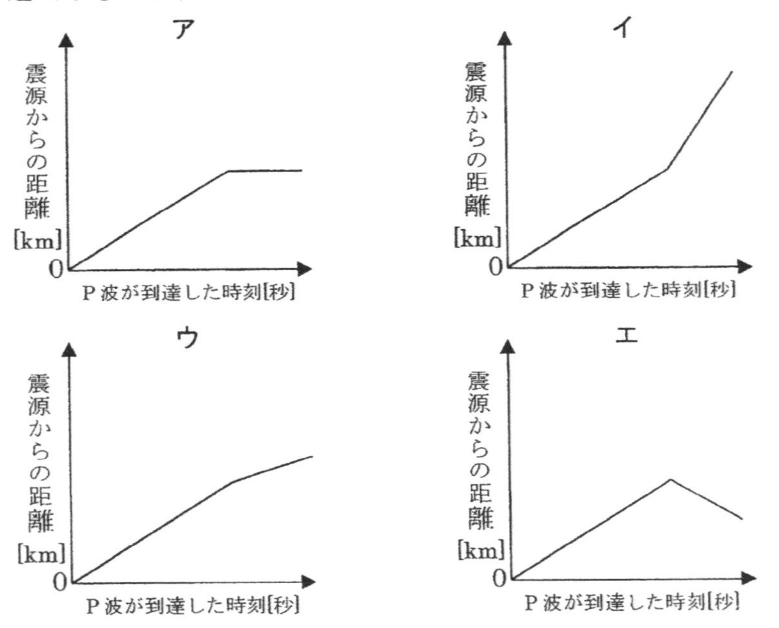

問7　観測地点 E, G には P 波が 6 時 21 分 11.8 秒, 6 時 21 分 25.8 秒に到達しました。マントルを伝わる P 波の速さは秒速何 km ですか。

問8　地表からマントルまでの深さは 30km です。震源から 325km はなれた観測地点にマントルを経由した P 波が伝わるのは地震発生から何秒後ですか。小数第一位までのがい数で答えなさい。

3 次の文を読んで、各問いに答えなさい。(25 点)

ものを液体に入れると、ものはものが押しのけた液体の重さと同じ大きさの力を上向きに受ける。図 1 のように重さ 20g のボールを水に浮かべる。ボールが浮かぶには 20g の力を上向きに受けている必要がある。ボールが押しのけた水は図 1 の▒部分にあたり、この部分の体積は□ cm^3 である(水 $1cm^3$ あたりの重さは 1g である)。

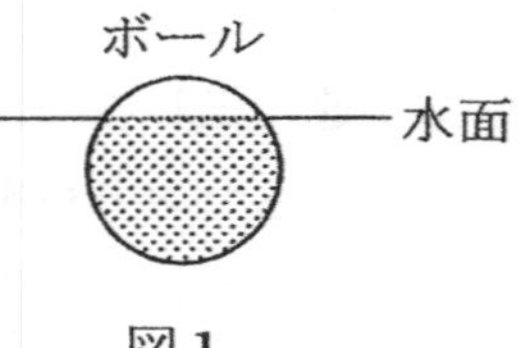

図 1

底面積 $10cm^2$ の容器 A と底面積 $50cm^2$ の容器 B がある。容器 B の内側には底からの高さが分かるようにめもりが記されている。図 2 のように容器 A を容器 B の中に立てて置き、容器 B にゆっくり水を注ぐと水面が容器 B の底から 10cm になったとき、容器 A が浮かび始めた(容器 A の底がほんの少しだけ浮いた)。

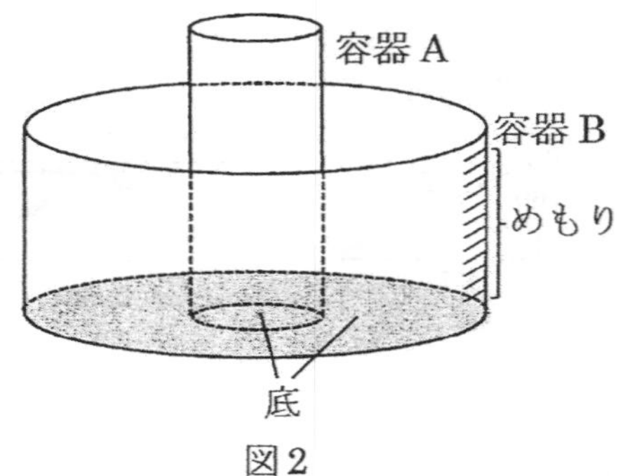

図 2

なお、容器 A がかたむくことはなく、問3から問7までは、容器 A，B にははじめは何も入っていないとする。

問1　文中の□に適当な数を入れなさい。

問2　容器 A の重さは何 g ですか。

問3　水の代わりに $1cm^3$ あたりの重さが 0.8g の油を容器 B に注いだ場合、容器 A が浮かび始めるのは、油面が容器 B の底から何 cm になったときですか。

問4　容器 A に水を $20cm^3$ 入れた後、容器 B に水を注ぎました。容器 A が浮かび始めるのは、水面が容器 B の底から何 cm になったときですか。

問5　容器 A を手で押さえながら容器 A に $1cm^3$ あたりの重さが 0.8g の油を注ぎ、容器 B には水面が容器 B の底から 15cm になるまで水を注ぎました。手を放しても容器 A が浮かばないようにするには、容器 A に少なくとも何 cm^3 の油を入れる必要がありますか。

問6　容器 A は空のまま、容器 B に水 100g あたり砂糖 25g をとかした砂糖水を注ぎます。容器 A が浮かび始めるのは容器 B の水面の高さが何 cm になったときですか。ただし、水に砂糖をとかしても体積は変化しないものとします。

ミョウバン水よう液を冷やして「ミョウバン」を22g取り出すと水よう液中の水が10g減る。反対に、②「ミョウバン」22gを水にとかすことは、水に水10gと「焼きミョウバン」12gを加えることになる。

問5　「焼きミョウバン」を高温の水にすべてとかしてから、十分に時間をかけて冷やすと「ミョウバン」が110g出てきました。このとき「ミョウバン」に取りこまれている水は何gですか。

問6　「ミョウバン」44gをすべてとかすためには70℃の水が少なくとも何g必要ですか。

70℃の水に、「焼きミョウバン」が最大何gとけるかを水の量を変えて調べた。その結果、図2のグラフが得られた。図2を使うと70℃の水に「ミョウバン」がとけ残るかどうかが判別できる。例えば70℃の水100gに「ミョウバン」22gを加える。このことは、水100gに水10gと「焼きミョウバン」12gを加える、すなわち水110gに「焼きミョウバン」12gを加えることになる(図2に●と記した)。図2から、水110gには「焼きミョウバン」が12g以上とけることが分かるため、水100gに「ミョウバン」22gはすべてとけるといえる。同様に70℃の水100gに「ミョウバン」176gを加えることは、水180gに「焼きミョウバン」96gを加えることになる(図2に▲と記した)。図2から、このとき「ミョウバン」はとけ残ることが分かる。

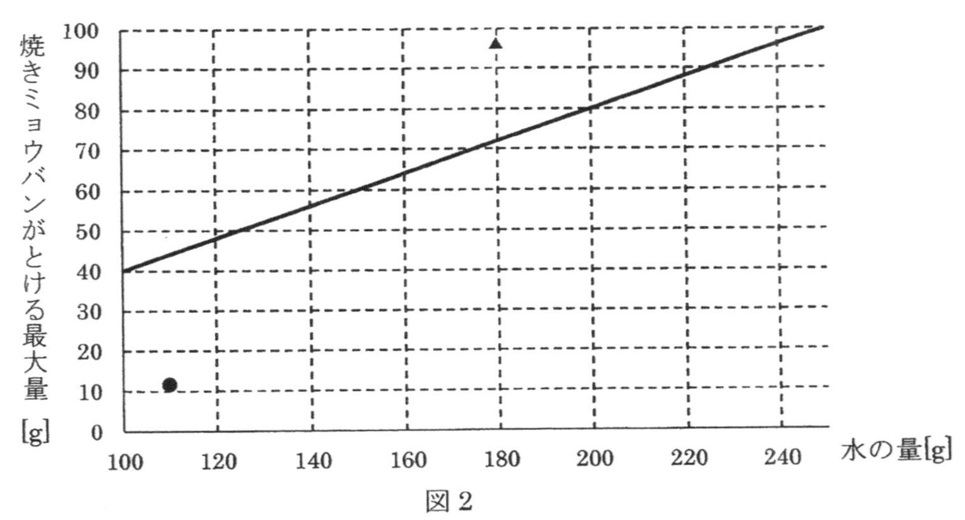

図2

問7　70℃の水100gに「ミョウバン」66gを加えるとどうなりますか。下から選び、記号で答えなさい。

ア　すべてとける　　　　**イ**　とけ残る

問8　70℃の水100gに「ミョウバン」が最大何gとけるかを求めなさい。

国語　解答用紙（その一）

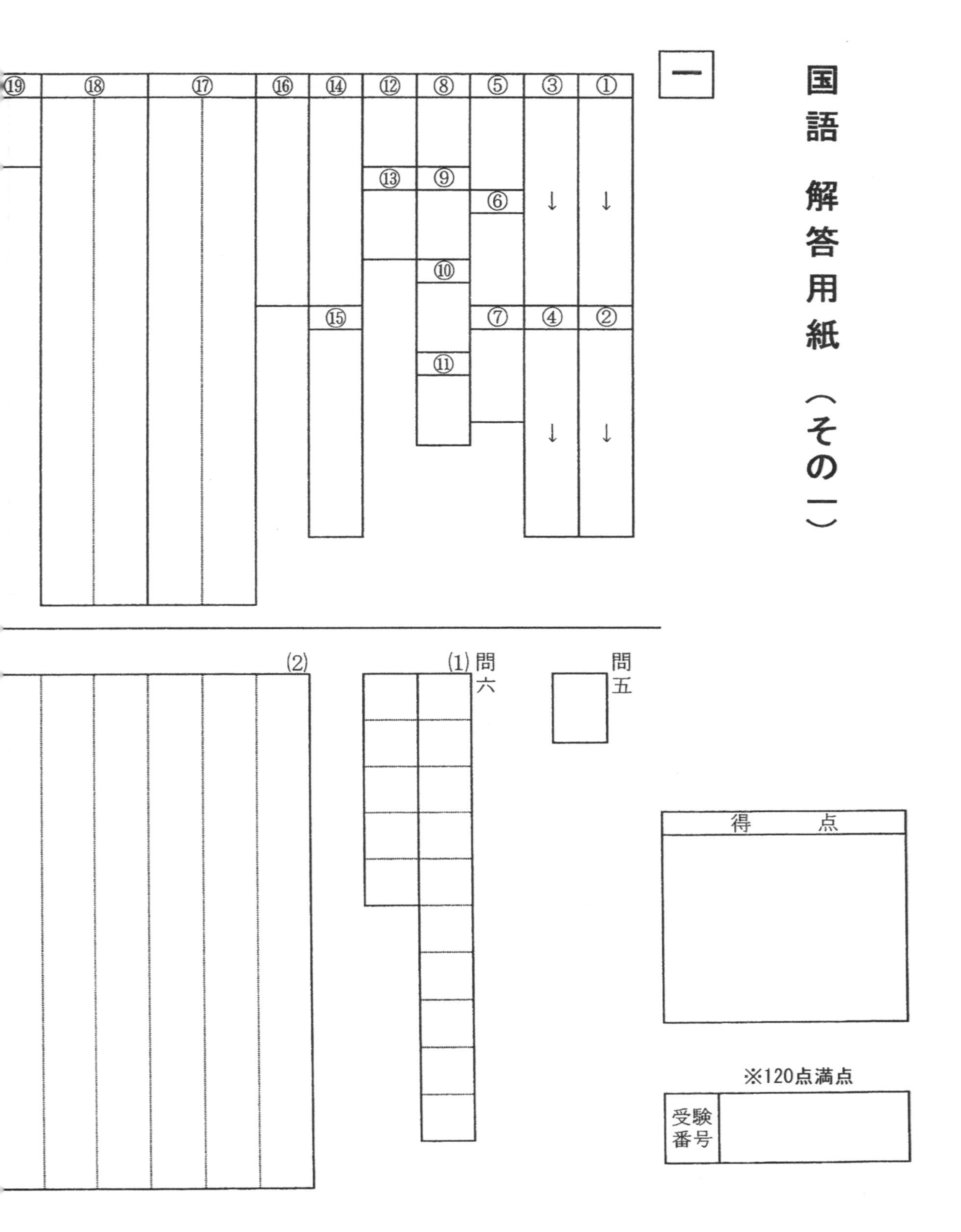

得　　点

※120点満点

受験番号	

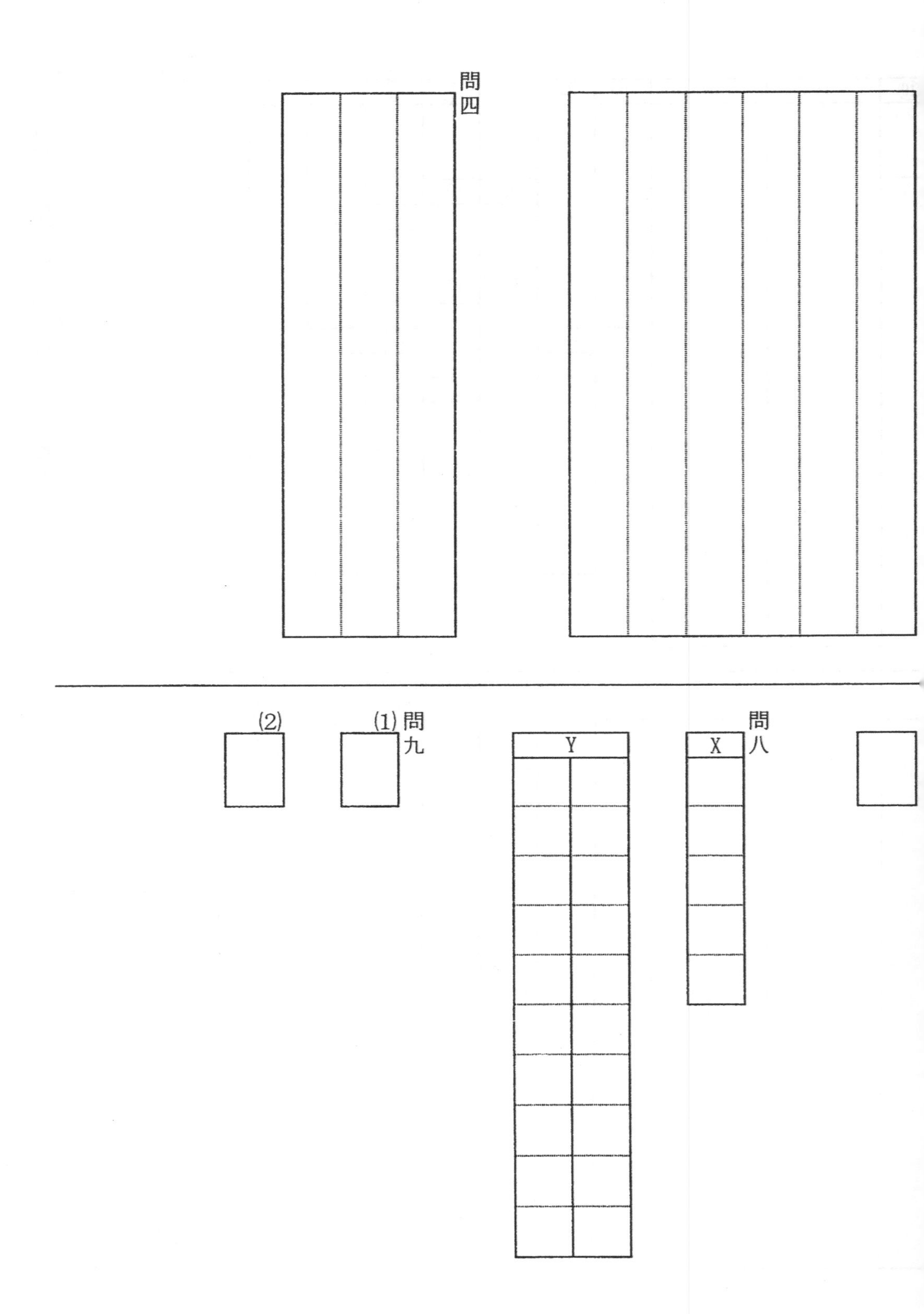
問四
問八
X
Y
問九
(1)
(2)

4

(1)

分　　　秒後

(2)

cm

(3)

倍

受験番号		小計	

中学前期　算数　解答用紙　<No.2>

5

(1)

(2)

回目

(3)

左から順に　　　,

3

問1		問2	g	問3	cm
問4	cm	問5	cm^3	問6	cm
問7		問8			

小計	

4

問1	g	問2	%	問3	℃
問4	g	問5	g	問6	g
問7		問8	g		

小計	

受験番号	

合計	

※100点満点

令和５年度

白陵中学校入学試験問題

国　　語

（前期）

受験番号	

注 意　１．時間は70分で，120点満点です。

２．開始の合図の後，まず問題用紙が１ページから17ページまで順になっているか確かめなさい。解答用紙は２枚あります。

３．表紙と解答用紙のそれぞれに受験番号を記入しなさい。

４．字数制限のある問いについては，句読点（くとうてん）なども１字として数えなさい。

2023(R5) 白陵中　前期
教英出版

一 後の問いに答えなさい。（二十点）

問 次の〔 〕内の漢字を組み合わせて三組の四字熟語を作るとき、使用しない漢字はどれか答えなさい。ただし、それぞれの漢字は一回しか用いないものとします。

① 〔一 一 期 挙 句 歩 一 一 一 会 動 言〕
② 〔温 鳥 門 一 故 外 石 不 代 知 新 出 二〕
③ 〔開 心 自 口 以 由 存 一 心 自 伝 番 在〕

問 次の□に共通して当てはまる、体の一部を表す語をそれぞれ答えなさい。

④ □がなる　□があがる　□におぼえがある
⑤ □で息をする　□で風を切る　□をならべる
⑥ □をつぶす　□が太い　□に命じる

問 次の俳句の季節を春・夏・秋・冬のいずれかでそれぞれ答えなさい。

⑦ ※　守屋真智子

※お詫び：著作権上の都合により、⑦の俳句は掲載しておりません。ご不便をおかけし、誠に申し訳ございません。　教英出版

⑧ 名月や池をめぐりて夜もすがら　松尾芭蕉
⑨ 若鮎の二手になりて上りけり　正岡子規

問 次の――線部の語が最も近い意味で使われているものを、後の中からそれぞれ一つずつ選び、記号で答えなさい。

⑩ お目が高い

ア 不合格の憂き目を見る
イ 温かい目で見守る
ウ 時代の変わり目に立ち会う
エ 彼には絵画を見る目がある
オ 目が悪いので、よく見えない

⑪ 宿をたつ

ア 布をたつ　イ 月日がたつ　ウ 望みをたつ　エ ビルがたつ　オ たつ鳥後を濁(にご)さず

⑫ 手が足りないので手伝ってください

ア 時間があれば手を貸してほしい　イ 手がかかる子ほどかわいい　ウ そんな手には乗らないぞ
エ 世界のすべてを手に入れる　オ 悪い仲間とは手を切る

⑬ 大臣の椅子(いす)をおりる

ア 舞台(ぶたい)の幕がおりる　イ ドラマの主役をおりる　ウ 空港で飛行機からおりる
エ 急いで山をおりる　オ 学校設立の認可(にんか)がおりる

⑭ ただ食べてばかりだ

ア ただでは済まないだろう　イ ただの紙切れじゃないか　ウ ただ一度のチャンスだ
エ ただ気になることがある　オ ただ時間だけが過ぎていく

問　次の会話文を読み、――線部⑮～⑱における主語・述語の対応の説明として最も適切なものを、次の中からそれぞれ一つずつ選び、記号で答えなさい。(なお、「何がどうする・どうである」という文では、「何が」を表す語句を主語、「どうする・どうである」を表す語句を述語と呼びます。)

Aさん「⑮おなかが空(す)いたね。今日の夕食は何が食べたい?」
Bさん「おせちもあきたし、ラーメンが良いなあ。」
Cさん「⑯わたしはうどん!」
Aさん「そういえば、二人はお正月をどう過ごした?」
Bさん「⑰家族と富士山で初日の出を見てきたよ。すごくきれいだった。」
Cさん「⑱わたしは初もうでに行って、あとはずっと勉強していたよ。」

ア　主語と述語が一対一で対応する
イ　主語か述語のどちらかが複数ある
ウ　主語か述語のどちらかが省略されている

問　太郎さんは、スピーチの中で南米のことを「地球の裏側」と表現したところ、ある人に「南米に対して失礼ではないか」と指摘(してき)されました。この人は、どのような点を失礼だと感じたといえるでしょうか。解答欄(らん)⑲に三十字以内で答えなさい。

K 教英出版

二

次の文章は、工藤尚悟著『私たちのサステイナビリティ―まもり、つくり、次世代につなげる』の一節です。「サステイナビリティ」という用語は「持続可能性」と訳されることが多いですが、筆者はこの言葉を次の［　］内のように定義し、環境問題に取り組もうとしています。これをふまえて、後の問いに答えなさい。（設問の都合上、本文を省略、改変したところがあります。）（五十点）

> サステイナビリティとは、今日まで私たちの社会のなかで大事にされてきたことをまもりながら、これから新しく私たちの社会のなかで大切にされてほしいことをきちんと大切にできるような仕組みをつくり、さらにそのような考え方を次世代につなげる、という考え方のこと。

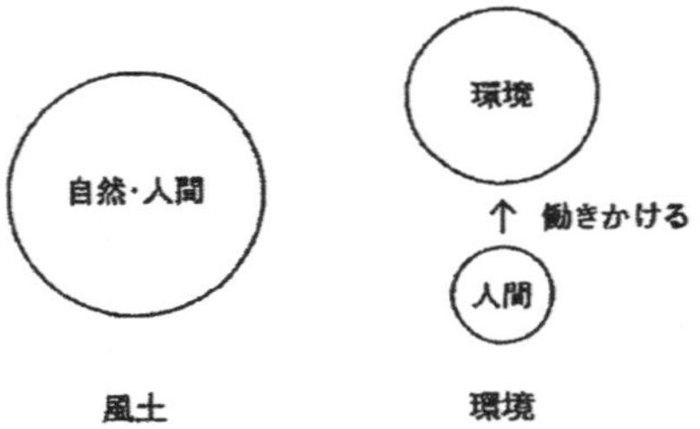

環境
↑ 働きかける
人間
環境

自然・人間
風土

図　環境と人間の関係性

環境問題に対して具体的な行動を起こすことが難しいのは、環境よりも経済性を優先する仕組みになっているということと共に、①「環境」という言葉が前提とする人間と自然の関係性に原因があるのではないでしょうか。環境問題について話しているとき、私たちは環境が観察でき、分析できて、より好ましい状態に変化させていくために、外部から働きかけることができるものとして扱っています。こうした前提において、環境に働きかける私（＝人間）は、対象である環境の外側にいるものとして扱われます。この様子を画にすると、ちょうど図の「環境と人間の関係性」の右側のイメージです。

対象である環境に外部化されたところに立っていると、まるで気候変動という流行り病にかかってしまった「環境」という患者さんに対し、処方箋を出す医師のように、私（＝人間）は第三者的に環境と向き合うことになります。こうしたものの見方は、状況を＊俯瞰して適切な対処を考えるということにおいては有効ですが、こと環境については、人間も環境のなかにいる存在ですから、このとらえ方は実際の状況とのズレがあります。

さらに留意すべきことは、全ての人が医師になれるわけではないので、世の中の大多数の人々は処置を見守るという選択をします。その間、自分も流行り病にかからないように、手洗いやうがいなどの予防策に努めます。予防策に努めるのですが、意外と徹底するわけでもなかったりします。なぜなら、万が一に病にかかってしまっても医師が治してくれるだろうと高を括っているからです。病には治療法があるだろうと信じているのです。こうして徐々に、専門知識が必要な事柄については専門家に一任するようになり、やがて状況に対して自分で考えることを止めてしまいます。環境問題に関しても、専門家が処方してくれた技術や a セイド に従うことによって、地球生態系の b キョヨウ 範囲内で暮らしていける仕組みが社会に導入されるようになる日を安静にしながら待つ、ということが賢い選択のように思えてきます。

　このように、対象を外部に切り出して、それぞれの分野の専門家に対応策を提案してもらうという構造がつくられていくことで起きるのは、②「主語の留守状態」であり、やがて「『環境』には『私』がいない」という状態になります。「環境—人間」というように、③主体と客体を切り分けて物事をとらえることは、近代科学の基礎的な作法です。私たちはこの作法にすっかり慣れてしまっており、これによって導き出されることを客観的な事実とし、主観的な意見を＊凌駕するものとして扱ってきました。しかし、環境問題における人間は、環境それ自体の内側に居ますから、客観的な事実を導きだす当人の主観的な意見もはじめからそこに含まれることになります。輪の外側をなぞっていたら実は輪の一部が捻れてつながっていて、いつの間にか輪の内側をなぞることになるメビウスの輪のような感覚かもしれません。こうした視点の捻れをどのように解消したらよいのでしょうか。私は、そのヒントが「風土」という概念にあると考えています。

　環境（Environment）の語源には「周辺」という意味がありますが、日本語には環境の他にも人間と自然の関係をとらえるときに用いられる表現があります。それは「風土」です。風土の定義に関する議論は色々ありますが、本書では以下のように考えたいと思います。

　風土は、自然と人間のあいだにあるひとまとまりの関係のこと。「風」は文化・民俗を、「土」は土地・地域を表し、これらは互いに独立してあるのではなく、ひとつのまとまりとして不可分に存在する。風土の視点において自然と人間は、自然が人間をつくり、また同時に自然は人間につくられる、という相互に定義し合う関係にある。こうした相互に定義し合う関係性を「逆限定の関係」と表現したいと思います。

④こうした自然と人間の関係性を絵にしたものが、図の左側のイメージです。

　その上で、風土は「私たち」という主語で用いられるという特徴があると考えています。なぜならあるひとつの風土は、その風土が形成される地域に暮らす・関わりのある人々の間で共有され、語られるものだからです。風土は個人が認知できますが、個人が単独で形成することはできません。風土は常にある地域に暮らす・関わりのある人たち（＝私たち）を主語として語られます。例えば、「この町では～」、「この地域では～」、「うちらは～」というような表現がこれにあたります。

　このように、風土は「私たち」という主語を伴って、人間と自然とのあいだのひとまとまりの関係性を表しています。このことは同時に、個々の土地ごとに異なる風土があることを意味します。つまり、地域Aに暮らす私たちにとっての風土と、地域Bに暮らすあなたたち（地域

Aのそれとは別の私たち）にとっての風土は異なるということです。

⑤異なる風土を語るいくつもの「私たち」があることを認めることで、多元的な世界観を受け入れることができます。「環境―人間」というような、二項対立的な世界観における客観的対象としての「環境」では、全地球・全種的に共有しているひとつの環境があるということが前提になっていますが、複数の異なる「私たち」をはじめから内化している風土は多元的な世界を前提にしているのです。

風土では自然と人間が不可分なひとまとまりの関係としてありますから、この風土の視点においてサステイナビリティを考え行動する（＝「何をまもり、つくり、つなげていきたいのか」を考え行動する）ことが、ひいては自然をつくることになり、そうしてまた、つくった自然に人間がつくられる関係へ展開していくことと同義になります。このことを従来の「環境のサステイナビリティ」に対し、「風土のサステイナビリティ」と呼びたいと思います。

気候変動や地球温暖化に代表されるこれまでの環境問題の議論では、その影響範囲が全地球であることから、環境のサステイナビリティが重要視されてきました。この視点を用いることで、地球環境の状態を俯瞰的に把握することはできるようになりました。しかし、実際に課題に向き合うcダンカイにおいて、行動主体となる主語は見失われてきました。

環境のサステイナビリティの視点によって観察・分析・介入を検討した情報は、状況に対する対処療法的な視点を与えてくれます。このような視点を片方に持ちながら、「私たち」という主語を用いてより実際の体験としての自然と人間の関係性についての情報を与えてくれる、風土のサステイナビリティの視点をdオギナうと、今度は思考を展開している私を環境のなかに内化した視点から、日々をどのように暮らしていけばよいのかを考えることができるようになるのではないでしょうか。

（工藤尚悟『私たちのサステイナビリティ ―まもり、つくり、次世代につなげる』岩波ジュニア新書）

＊注　俯瞰＝全体を上から見ること。　凌駕＝他の者を凌いで上に出ること。

問一 a［　］～ d［　］のカタカナを漢字に直しなさい。

問二 ――線部①について、後の問いに答えなさい。

(1) 筆者は、どのような「人間と自然の関係性」のとらえ方に問題があるとしていますか。解答欄に合わせて二十字以内で答えなさい。

人間は（　　　　　　　　）である。

(2) (1)で答えたようなとらえ方にもとづいた、環境問題への対応の具体例として最も適切なものを、次の中から一つ選び、記号で答えなさい。

ア 世界中で飢餓に苦しむ人がいるのを知りながら、消費期限が近いという理由で、大量の食品がゴミとして廃棄されてしまう。

イ 放射能汚染の危険性を感じながらも、原子力発電の是非についてはよくわからないので、結局は科学者の判断にゆだねてしまう。

ウ 環境の悪化が問題なのはわかるが、何から対策してよいかわからず、何となく支持者の多い政治家の言うとおりにしてしまう。

エ 地球温暖化の一因が火力発電での二酸化炭素の排出だと知っていても、暑さに耐えきれず、エアコンの設定温度を下げてしまう。

オ 乱獲などにより数が減っていると知りながらも、他人よりも多く金を稼ぐために、希少な動物を捕獲し販売してしまう。

問三 ――線部②とありますが、どのようになると言っているのですか、四十字以内で説明しなさい。

問四 ――線部③とありますが、ここでの「近代科学の基礎的な作法」を用いたものとして適切でないものを、次の中から一つ選び、記号で答えなさい。

ア 天体望遠鏡で宇宙を観察することで、全ての惑星が太陽の周りを公転するという学説を裏付けた。

イ リンゴが落下するのを見て、全ての物質は互いに引き寄せる作用を及ぼしあっていることを発見した。

ウ 大きさの異なる二つの物体を同時に落とすと同時に着地したことから、物体の落下時間は質量とは関係ないことがわかった。

エ 同種でも生息場所によって体の形が違うことから、環境に適した個体が生き残ることで種が共通の祖先から分化することを知った。

オ 化学物質による海洋の汚染が、そこに棲む魚だけでなくそれを食べる我々にまで影響したことから、生態系全体の破壊を警告した。

問五　━━線部④とありますが、図の左側のイメージについて説明しなさい。

問六　━━線部⑤とありますが、これにもとづくと、今後どうしていくことが考えられますか。その説明として最も適切なものを、次の中から一つ選び、記号で答えなさい。

ア　生態系の影響を受けにくい大都市圏よりも、影響を受けやすい農村の風土を優先的に守るようにする。
イ　環境保全も大切ではあるが、人類の文明の象徴である経済発展をも考慮に入れバランスを維持していく。
ウ　地域ごとに形作られた文化の違いを認め合い、互いに尊重しながら自分だけの利害関係にとらわれないようにする。
エ　地球温暖化の影響で海面が上昇し、国土が小さくなっている太平洋上の国々を守ることを最も重要な課題として考えていく。
オ　環境や経済、社会のあり方を関連させて考えるのではなく、一つ一つを独立した固有のものであるととらえるようにする。

問七　━━線部とありますが、筆者はこの問いの答えをどのように考えていますか。本文全体をふまえて、わかりやすく説明しなさい。

問八　本文の解釈として正しいものを、次の中から一つ選び、記号で答えなさい。

ア　私たちは近代科学の作法によって、客観的に事実を見つめることができるとされてきたが、問題解決には役に立たなかった。
イ　自然は人間と不可分な関係にあるので、今後も環境にやさしいエネルギーとしての利用価値は高まっていく。
ウ　従来の「環境のサステイナビリティ」という考え方を改め、「風土のサステイナビリティ」を大切にすべきである。
エ　「私たち」という主語を用いることで、環境問題を自分の事としてとらえ、かつ風土の多様性を認めることができる。
オ　環境とは自然と人類全体の一つのまとまりとしてとらえられるべきであり、ある個人の主観的な欲望を考慮に入れてはならない。

三 次の文章を読んで、後の問いに答えなさい。(五十点)

山口卓也は小さいころから野球一筋、小学校では有名なピッチャー。野球をするため私立の中学に行きたかったが、金銭的なこともあり、あきらめるしかなかった。家の花屋の仕事もいやいや手伝っている。清田は昨年両親を事故で亡くし、九州から上京し、叔母の世話になっている。中学で野球部に入った二人はバッテリー(ピッチャーとキャッチャー)を組むことになった。もともと清田もピッチャーとして自信を持っており勝負をいどんだが、卓也の投球に舌を巻き、自らキャッチャーを志願した。担任の志水先生は新米でとても泣き虫。

身の回りのことを自分の言葉で書けと言われても、何をどんな風に書いていいか、卓也には全然分からない。清田も今ごろ、班ノートを書いているのだろうか。どんな文章を書いてくるのだろう。気になるが、そんなことより自分の班ノートを書かなくてはいけない。

店のざわつきが気になる。母親の「ありがとうございます」のかん高い声がイラつく。父親のせいで店番させられることがムカつく。そうだ、イヤな店番のことを書こうと思った。でも、言葉が出てこない、出てこない。出てこない、とあせって、イライラしている内に、店番のイヤな気分が、ちょっとずつ言葉になって出てき始めた。ひとつずつ書きつづっていくと、班ノートを2ページも使っていた。

みんなが書いている文章とは［ A ］ちがうと思ったが、①野球で得られる充実感とは別の感情が、卓也を満たしていた。

こんな気分は初めてだった。

翌日の朝のホームルームの後、卓也は志水先生に班ノートをわたした。

「おお、山口、本当に書いてきたんだ。これはおどろきだな。清田はどうだ?」

教室の後ろの席にすわっている清田に向かって、志水先生が声をかける。

「書いてません」

清田は相変わらずのふてくされ声で答える。

「でも、必ず書いてこいよ、いいな」

志水先生が念をおすが、清田はそれには答えない。志水先生はそれ以上言わずに、卓也の班ノートを開くと、卓也の書いた文章を目で追っている。読み終えて頭を上げた志水先生の目には涙がいっぱいたまっていた。

「山口、これは詩だよ。［ B ］詩だ。いい詩だよ」

先生に「いい詩だ」「いい詩だ」と言われても、何が「いい詩」なのか卓也には分からないが、［ C ］、「いい詩だ」とほめられたことがうれしかった。卓也は自分の席にもどりながら、昨日、班ノートを書き終えた後と同じ、妙に豊かな気分になっている。

席に着いて前を見ると、志水先生が卓也の詩を、黒板に書き始めている。

「宙ぶらりん」

ぼくの家は花屋
町の小さな花屋
店番していると
子どもでもない
中学生でもない
おとなでもない
なんでもない
何だかわけのわからない
宙ぶらりんのぼくがいる
でも、同級生の女の子が
お母さんと花を買いにくると
宙ぶらりんのひもが
ぷつんととつぜん切れて
宙ぶらりんのぼくは
どさっと花の上に落とされる
きれいな花の上に落ちても
花の水がひっくり返り
店じゅう水であふれ
いくらもがいても
出られなくて
②あっぷあっぷと、
ぼくは水の中でも
宙ぶらりん

黒板いっぱいに卓也の詩が書かれた。

タイミングよく、ホームルームのあとの一時間目の授業は、国語である。

「③これは立派な詩だ。いい詩だ」

志水先生は声をふるわせて、同じセリフをくり返し、目には涙が光っている。

「みんな、この詩を小さな声で、各自、読んでみてください。〈花屋〉の言葉でクラスの誰が書いた詩か、大体みんな分かるだろうけど、そんなことはどうでもよろしい。この詩には、家が花屋であっても花屋でなくても、どんな子にも共有できるはずかしい、さびしい、いやだ……にげ出したい……それから、あとどんな感情があるかなあ……まあ、そういうマイナスの気持ちが、表現されています。そして、そういう気持ちを〈宙ぶらりん〉という言葉で表したのがすばらしい。〈中途半端〉という言い方もあるが、それだと普通なんだ。〈宙ぶらりん〉という言葉を発見したことで、この文章が詩になり、全体が光り出したのです」

志水先生は、自分の言葉に感きわまり、涙を流している。泣いている先生を見て、クスクス笑っている生徒も何人かいるが、クラスのほとんどの子が、卓也の詩だと気づいていて、卓也の方に視線を向けてくるからはずかしくてしょうがない。

「志水先生、もういいから、やめてよ。黒板消して、早く教科書にいって！」

と、心の中でさけび続ける。さっきのほめられたうれしい気分などふっ飛んで、［D］顔が上げられない。

卓也は顔をふせたまま、2列先の清田を見ると、清田は、ひじをついた手にほおをのせて、aマドの外の遠くをじっと見ていた。

こういう教室の空気を、清田はどう思っているのだろう。班ノートでも、卓也に対する対抗心をむき出しにしてくるのだろうか。それとも、書くことがないと言って、ずっと班ノートを書かずに、志水先生に抵抗するのだろうか。

「……、班ノートからこんないい詩が生まれるとは思っていませんでした。みなさん、班ノートを書くのが面倒くさいと思わず、これからも、正直に書いてください」

志水先生はズボンのポケットからハンカチを取り出し、涙をぬぐった。

その日の野球部の練習は声出しだけではなく、キャッチボールもさせてもらえた。清田はしっかり卓也の球を受けてくれるが、ひと言も口を開かなかった。

それからしばらく経って、放課後、また、卓也と清田の二人が残された。

2023(R5) 白陵中　前期
K 教英出版

「山口、今日、清田も班ノートにいい詩を書いてきたんだよ」
「先生、わざわざ、山口に見せることないじゃないか！」
「誰でも読んでいい班ノートだから、一番最初に、山口に読ませたいんだ。山口、読んでみろ」
「やめろよ」と言う、清田をしり目に、志水先生が清田のページを開いて、卓也に班ノートをわたした。角ばったきれいな字がきちょうめんにｂ［ナラ］んでいる。

④「ひとりぼっち」

ひとりぼっち
ひとりぼっち
爆弾(ばくだん)かかえて
みんなもひとりぼっちなのを
わかっているから
オレはひとりぼっちを
辛抱(しんぼう)できる

ひとりぼっち
ひとりぼっち
人を殴(なぐ)りたいほど
みんなもひとりぼっちなのを
わかっているから
オレはひとりぼっちを
辛抱できる

ひとりぼっち
ひとりぼっち
月がひと間を照らして
みんなもひとりぼっちなのを
わかっているから
オレはひとりぼっちを
辛抱できる

清田が班ノートを書いてきたのは、意外だった。卓也は漠然と、清田が班ノートをずっと書いてこないと思っていたからだ。それに、中学生とは思えないくらいのきれいな大人びた字を、清田が書くことにもおどろいた。

卓也は声には出さず、目で追いながら清田の詩を読んだ。

清田の詩は、同じ言葉と＊フレーズのくり返しで、どの＊連もたった一行がちがうだけだ。それに乱暴でけんか早い清田が、〈ひとりぼっち〉や〈辛抱〉という言葉を使っていることが不思議で、卓也は胸の辺りがざわざわするような気分になった。

「どうだ、山口。清田の詩もいいだろ」

「はい。よかったです」

「どこがよかったか、言ってみろ」

「どこがって言われても……んっと、〈ひとりぼっち〉のくり返しが、読んでて気持ちよかったです。それに、なんだかヘンな気持ちになりました」

「そうだよな。先生もそうなったよ。⑤山口の詩の〈宙ぶらりん〉も、清田の〈ひとりぼっち〉も、言葉はちがうが、つきつめていくと結局は一緒になるんだ、分かるか？」

「いや……分かりません」

「清田はどうだ？」

そう言っている志水先生の目に、もう涙がたまっている。

清田は、卓也に自分の詩を読まれることを嫌がっていた割には、ふてくされた態度を取りながらも、おとなしく二人のやり取りを聞いてい

たが、

「先生、なんでオレの詩で涙なんか出すんですか。やめてくださいよ」

と、志水先生にからんでくる。

「いいじゃないか、涙出したって。詩に清田の心が見えて、自然と泣けてくるんだから、仕様がないじゃないか」

「大人の男が、それも先生が生徒の詩を読んで泣くなんて、カッコ悪いですよ」

清田がどこまでも志水先生にからむのは、いい詩だとほめられたことに照れているからだ。

「でも、清田さあ、ぼくも、この詩、いい詩だと思う。だって、読んでて、清田のことちょっと分かった気がした」

と、卓也が言う。

「山口、詩でオレのことが分かるの？　詩らしい言葉を辞書から拾ってきて、ならべただけだよ。オレの心から出てきた言葉じゃなくて、うその言葉ばっかりで書いているだけだよ。それを真面目くさって読んじゃってさあ」

「そうなの？　うそなの？」

「そうだよ」

「じゃあ、班ノート、書かなきゃいいじゃないか。その方が清田らしいよ」

卓也は思っていたことを、清田にぶつけた。

「放(ほ)っといてくれよ。オレの勝手だろ！」

志水先生はポケットのハンカチで、涙と鼻水をぬぐうと、

「詩は、全部を本当の言葉で書かなくてもいいんだぞ。清田が詩らしくなるうその言葉を、辞書から拾って書いたとしても、言葉を選ぶという時点で、清田の心がｃ[ウツ]されているんだ。だから、うその言葉はないんだ。ひとりぼっちという言葉はありふれた言葉だけど、ひとりぼっちという言葉と爆弾がくっつくことによって、清田の心になるんだ」

卓也には志水先生の言っていることが難しくて、よく理解できなかったが、うその言葉も本当の言葉になることがあるのだということを、先生は言っているのだと思った。

「この間の山口の詩の〈宙ぶらりん〉という言葉は、イヤな店番とむすびついて詩になったし、清田の〈ひとりぼっち〉は爆弾や殴るという暴力的な気分と合わさって、詩になっている。二人とも、知らず知らずに自分自身の本当の心を書いているんだよ」

志水先生は、そう言葉を続けながら、また、涙と鼻水をｄ[タ]らしている。

「先生、鼻水出して、カッコ悪いですよ。先生がさっき言ってたうそか本当かっていうなら、〈ひとりぼっち〉の言葉は、オレの本当の言葉

です。実際、オレ、ひとりぼっちだから」

「えっ、清田、ひとりぼっちなの？」

「お前はひとりぼっちじゃないのかよ」

「だって、ウチは花屋をやっているから、いつもお客さんや誰やかやいるし、口うるさい両親もいるし、商店街からはざわざわした音が聞こえてくるし、ひとりぼっちになりたくてもなれないよ」

卓也の反応に、清田が半笑いの表情をする。

「山口、お前はお坊ちゃんだからさあ、オレのひとりぼっちが分かんないんだよ」

清田が卓也をあおる。

清田が神社の空き地で、卓也のキャッチャーをやってくれると言った時、卓也は、清田と友達になれるかもと思ったが、今は、友達になれないと思っている。清田が e トキオリ 見せる、卓也を小馬鹿にする態度が気に入らない。

「お坊ちゃんだなんて、馬鹿にした言い方するなよ！　清田にだって、ボクの宙ぶらりんが分かんないだろ！」

大家の息子というだけで、いけ好かない木崎芳雄に父親がペコペコしている小さな花屋の子が、なんでお坊ちゃんなんだよ！

私立中学校にも行かせてもらえない家の子が、なんでお坊ちゃんなんだよ！

人手が足りないからって店番させられる子が、なんでお坊ちゃんなんだよ！

清田に言い返したいセリフが、卓也の頭の中をぐるぐる回っている。

すると志水先生が、

「いいなあ、⑥二人はいい友達になれるぞ。よかったなあ。二人とも初めて書いた詩で、お互いが、こんなに共鳴できるなんて、めったにないことだぞ。いい友達だ。いいか、たのむから、山口も清田も詩を書き続けろ。絶対に書き続けろよ」

と、またまた、声をつまらせている。

⑦清田が、もう、うんざりだといわんばかりに、椅子から立ち上がった。

「先生、詩の話はもういいですか。オレたち部活なんです」

「おーそうか。ふたりは野球部だったな。ごめん、ごめん」

志水先生から［ E ］解放された卓也と清田は、急いでユニフォームに着がえて、教室から飛び出した。

（ねじめ正一『泣き虫先生』新日本出版社）

＊注　フレーズ＝まとまった意味を持つ語句。　連＝一定数の詩行が集まったもの。

問一　ａ～ｅのカタカナを漢字に直しなさい。

問二　Ａ～Ｅに入る適切な語を、次の中からそれぞれ一つずつ選び、記号で答えなさい。ただし、同じものを二回以上使ってはいけません。

ア　とにかく　イ　ずいぶん　ウ　じつに　エ　まさしく　オ　やっと　カ　とても

問三　――線部①とありますが、卓也はなぜ「別の感情」に満たされたのですか、三十字以内で説明しなさい。

問四　――線部②とありますが、「宙ぶらりん」は「ぼく」のどのような状態を表していますか、説明しなさい。

問五　――線部③とありますが、志水先生は卓也の詩のどういう点を「立派な詩」「いい詩」と言っているのですか、説明しなさい。

問六　――線部④について、この詩における「ひとりぼっち」の説明として最も適切なものを、次の中から一つ選び、記号で答えなさい。

ア　自分がいつこわれても不思議ではない不安を他者には分かってもらえず、結局は自分の心と対話していくしかない孤独を誰もが抱えているということ。

イ　自分の中にある不可解なもう一人の自分に浸食されていくのに、誰にも分かってもらえず、周りを威圧することで自分の弱さをかくしているということ。

ウ　自分の心がこわされていく不安におそわれると、恐怖から他者を攻撃してしまうが、逆に自分の内にある弱さに打ちひしがれているということ。

エ　弱い自分を見すかされないよう周りを威嚇しているが、他者に八つ当たりするしかない自分への劣等感はどんどん大きくなっているということ。

オ　他人の視線ばかり気にしているにもかかわらず、自分のことを理解しない周囲の責任にすることで、自尊心を保とうとしているということ。

問七　――線部⑤とありますが、このように志水先生が言った理由を説明しなさい。

問八　――線部⑥とありますが、志水先生はなぜ「二人はいい友達になれる」と言ったのですか、説明しなさい。

問九　――線部⑦とありますが、ここから読み取れる清田の心情を説明しなさい。

（このページで、問題は終わりです。）

令和５年度

白陵中学校後期入学試験問題

国　　語

受験番号	

注 意　１．時間は60分で，100点満点です。

２．開始の合図の後，まず問題用紙が１ページから11ページまで順になっているか確かめなさい。解答用紙は２枚あります。

３．表紙と解答用紙のそれぞれに受験番号を記入しなさい。

４．字数制限のある問いについては，句読点なども１字として数えなさい。

解答用紙

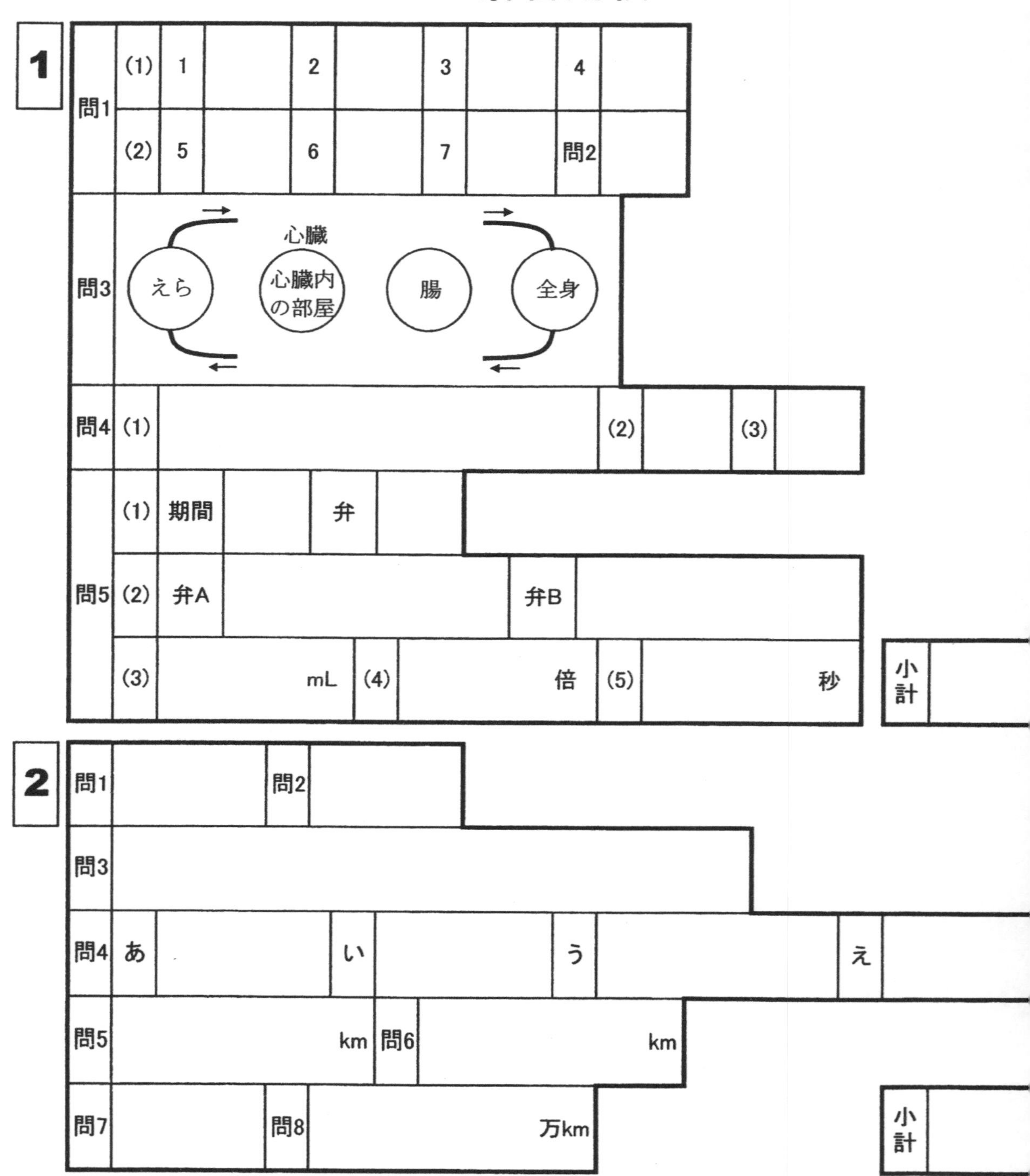

1
問1
(1)
1
2
3
4
(2)
5
6
7
問2
問3
心臓
えら
心臓内の部屋
腸
全身
問4
(1)
(2)
(3)
問5
(1)
期間
弁
(2)
弁A
弁B
(3)
mL
(4)
倍
(5)
秒
小計
2
問1
問2
問3
問4
あ
い
う
え
問5
km
問6
km
問7
問8
万km
小計

6

(1)

cm^2

(2)

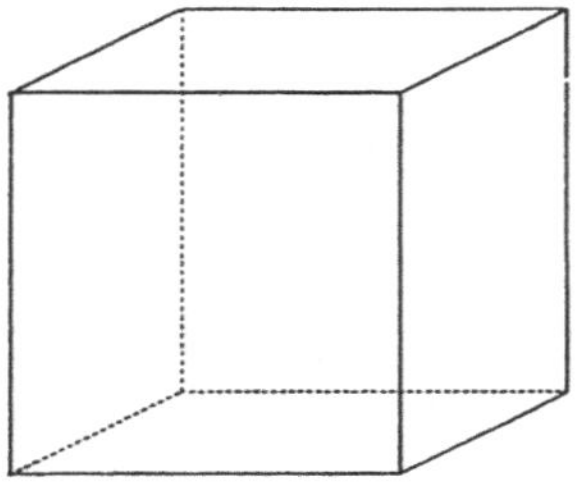

cm^3

(3) 辺の本数

本

面の個数

個

(4)

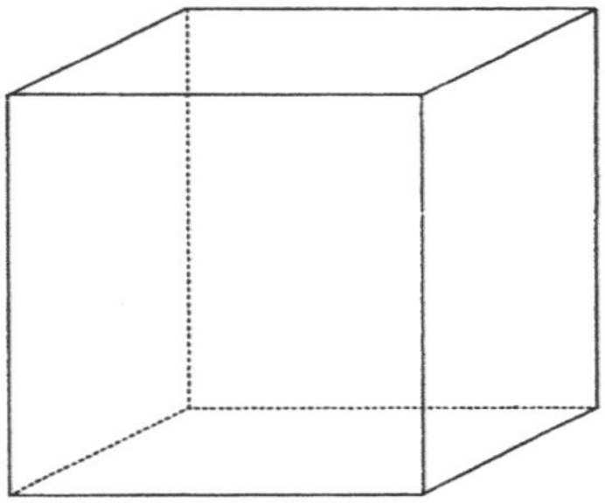

cm^2

受験番号		小計		合計	

※120点満点

中学前期　算数　解答用紙　<No.1>

1

(1)	(2)	(3)	(4)	(5)

2

(1)	(2) ア	(2) イ
(3) ア	(3) イ	(4)

3

(1) 通り	(2) 通り

(3)

通り

(4)

通り

国語　解答用紙（その二）

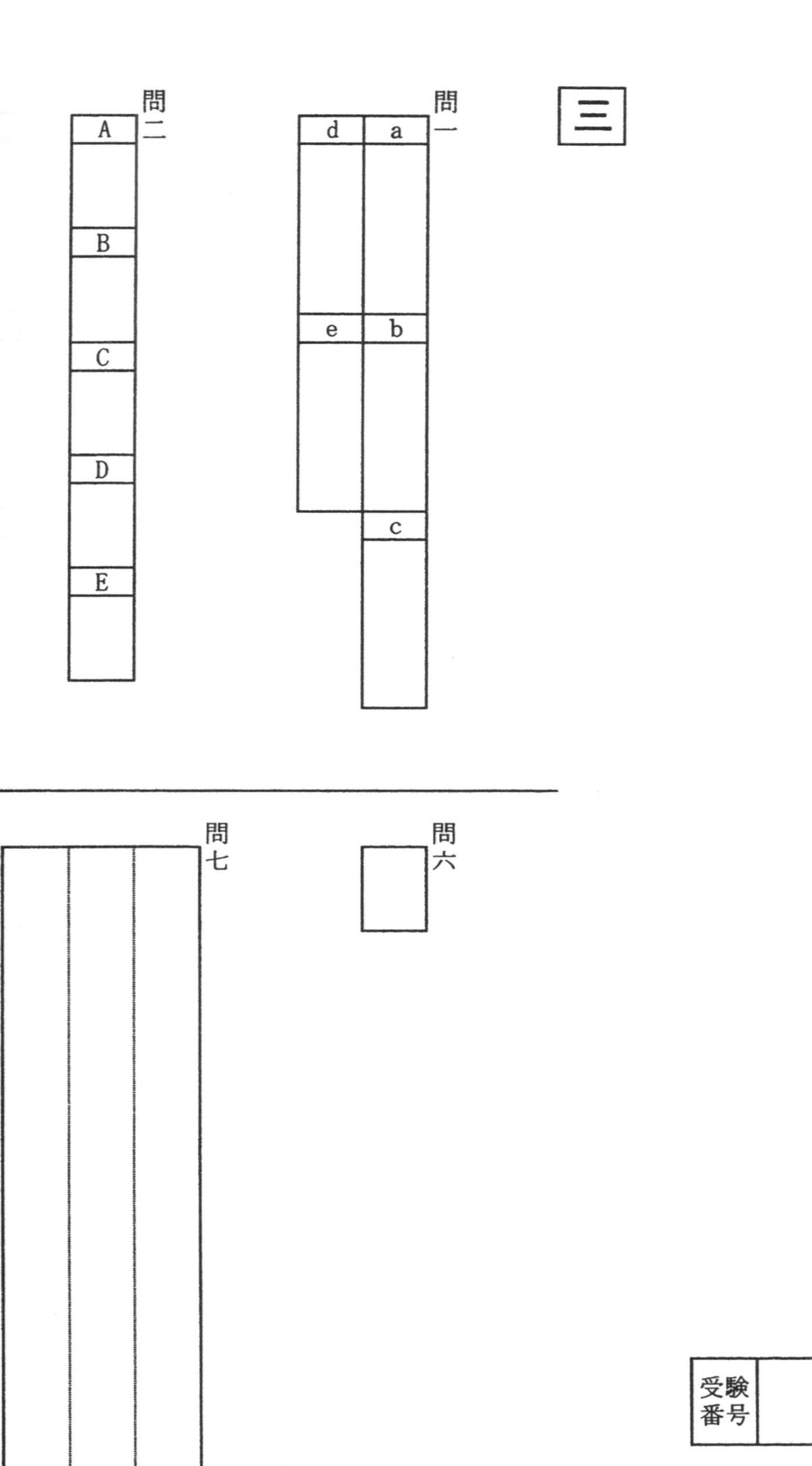

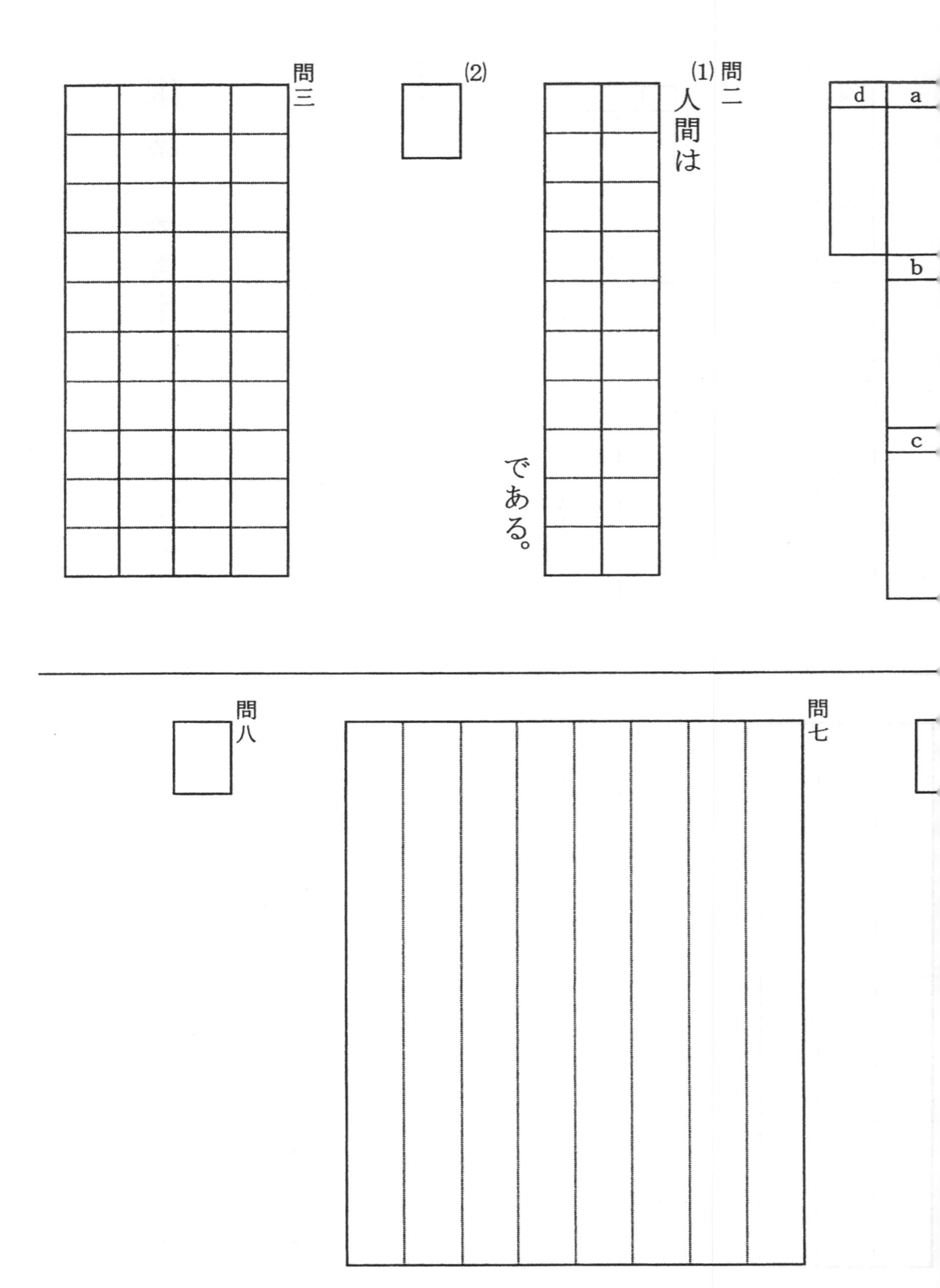
問二
(1)
人間は
である。
(2)
問三
a
b
c
d
問七
問八
【解答

4 次の文を読んで、各問いに答えなさい。(25点)

図1のような一辺が10cmの正三角柱の積み木と、重さ0の板がたくさんある。この積み木は図2のように底面に少しへこみがあるため、上に重ねることができる(以降の図では、へこみを省略する)。図3のように、支点より10cm左側と右側に積み木を1つずつのせると水平につり合い、倒(たお)れなかった。

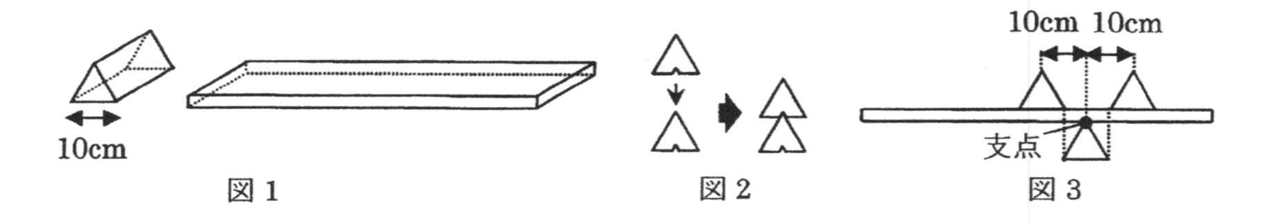

図1　図2　図3

問1　右図のように、Oより10cm左側に積み木を2つ，Oより5cm右側に積み木をいくつかのせて水平につり合わせます。Oより5cm右側には積み木をいくつのせるとよいですか。

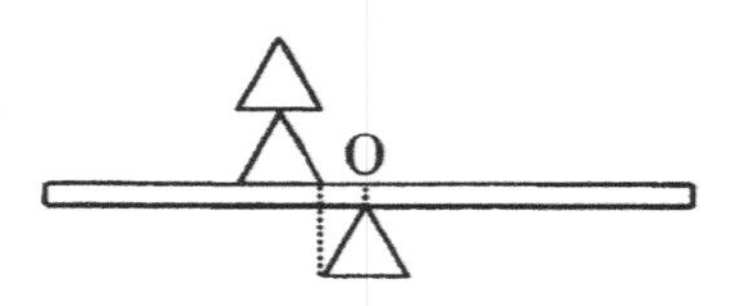

問2　右図のように、Oより10cm，20cm，30cm左側にそれぞれ積み木を1つずつのせ、Oより右側のA，B，Cに積み木を合わせて2つのせて水平につり合わせます。A，B，Cそれぞれに積み木をいくつのせるとよいですか。

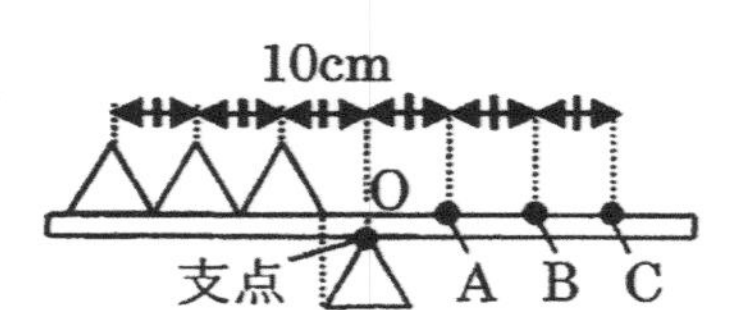

図4のとき「左のうでが下がる」，図5のとき「右のうでが下がる」という。

図6のとき、水平につり合う理由を次のように考えることができる。図7のようにDを支点にすると、左の3つの積み木だけならつり合うので、残った右はしの積み木で右のうでが下がる。しかし、図6のようにEに積み木があると、Eの積み木が右のうでを支えるのでうでが下がらない。同様に、図8のとき左のうでが下がるが、図6のようにDに積み木があるので左のうでが下がらない。

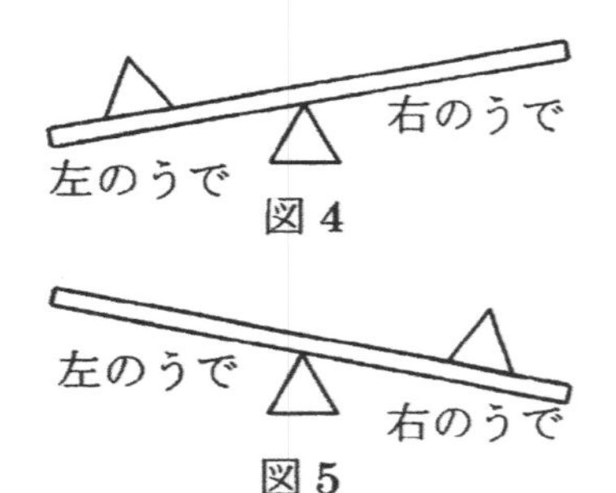

図4
図5

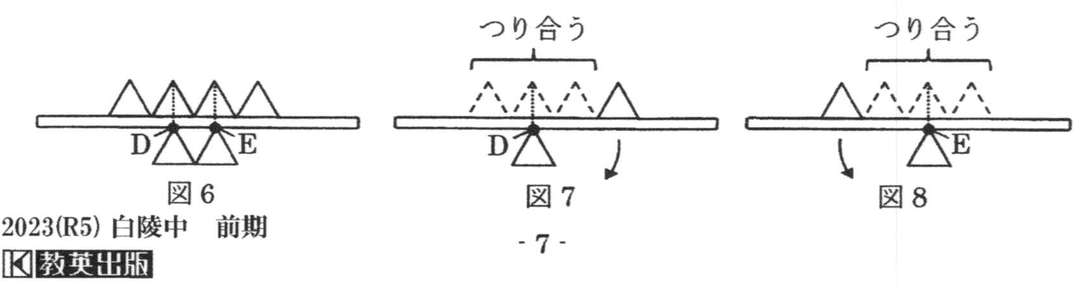

図6　図7　図8

問7　水素と酸素を合わせて 100mg にした気体を反応させて水をつくりました。混ぜた気体 100mg 中にふくまれる水素の重さを 0mg から 100mg まで変えたとき、できた水の重さを表すグラフのがい形として最も適切なものを下から一つ選び、記号で答えなさい。

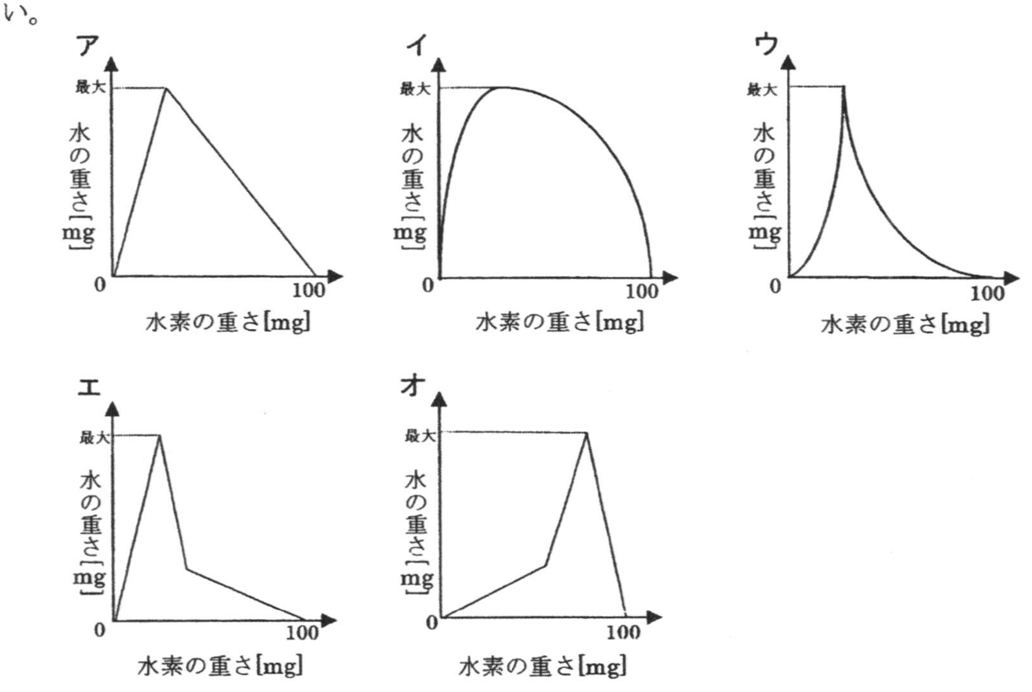

問8　問7のとき、できた水は最大で何 mg ですか。

問9　体積 2.4L の水素と酸素の重さはそれぞれ 200mg, 3200mg です。水素と酸素が過不足なく反応して水になったとき、反応した水素と酸素の体積の比を、最も簡単な整数で表しなさい。

問10　空気にはちっ素と酸素が 4：1 の体積の比でふくまれています。水素と空気が合計 0.9L 入った気体を用意します。この気体にふくまれる水素の体積を 0L から 0.9L まで変えてこの気体を燃焼させるとき、最大で何 mg の水ができますか。一の位までのがい数で答えなさい。このとき、ちっ素は反応しません。

2 次の文を読んで、各問いに答えなさい。(25 点)

新月から次の新月までに、月の形の見え方は図 1 のように変わっていく。

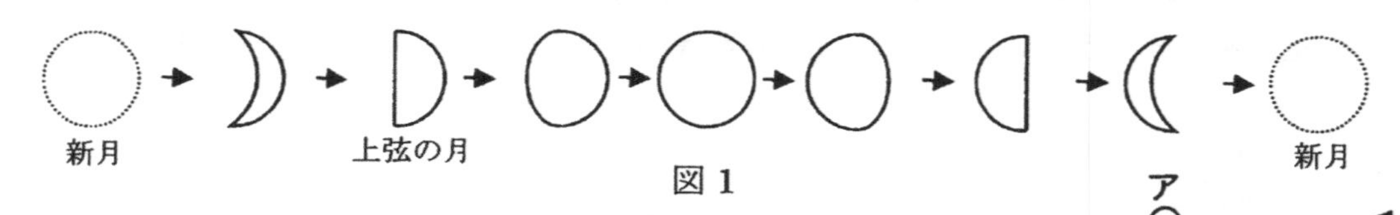

図 1

問1　上弦の月が見える日の、地球に対する月の位置を右から一つ選び、記号で答えなさい。

問2　上弦の月が西にしずむ時刻を下から一つ選び、記号で答えなさい。

ア　早朝　イ　正午　ウ　夕刻　エ　真夜中

問3　右の上図のように、月が地球のまわりを回る道筋と地球が太陽のまわりを回る道筋は同じ面にはありません。右の下図のように地球の道筋と月の道筋が同じ面にあるとすると、満月のたびにある出来事が起こります。その出来事とは何ですか。

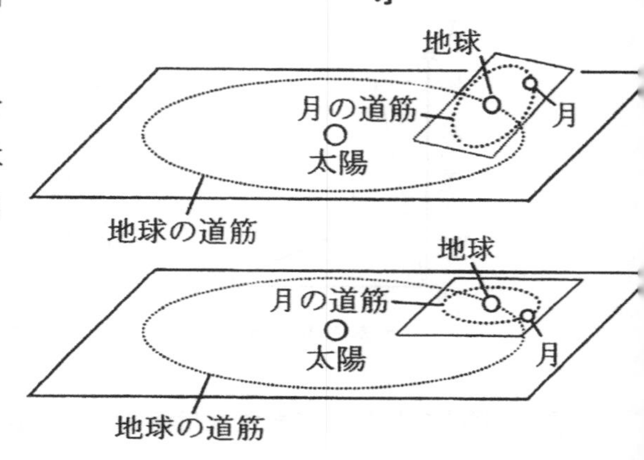

問4　(　　　) に最も適切な数や語句を入れて文を完成させなさい。数は一の位までのがい数で答えなさい。(う) は適切な方を選びなさい。ただし、計算を簡単にするため 1 年を 360 日とします。さらに、問3右の下図のように地球の道筋と月の道筋が同じ面にあるとします。

新月から次の新月までは 30 日です。地球は太陽のまわりを 360 日かけて反時計まわりに回るので、30 日間に地球が太陽のまわりを回る角度は (あ) 度です。その間に月は地球のまわりを 1 周と (あ) 度回るので、月が地球のまわりを 1 周するには (い) 日かかることが分かります。

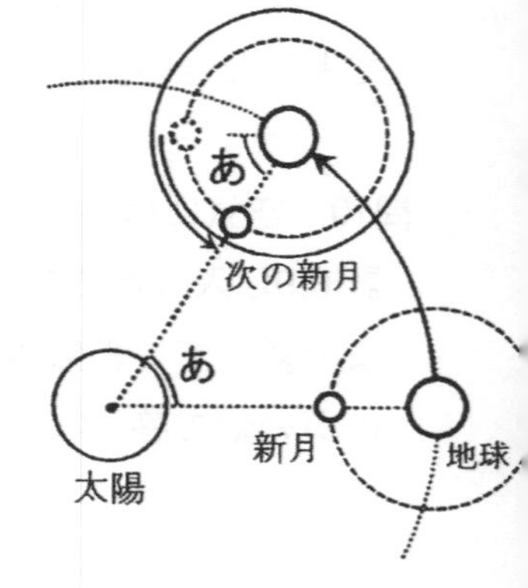

月は地球のまわりを回りながら、月自身も回転しています。地球から見る月の表面の模様がほとんど変わらないことから考えて、月自身は (う　時計 / 反時計) まわりに (え) 日かけて 1 回転していることが分かります。

問3　右図はフナのえらから出た血液がえらにもどるまでの流れの一部を示しています。**問1**の図を参考にして、えらから出た血液がえらにもどるまでの流れをかきなさい。

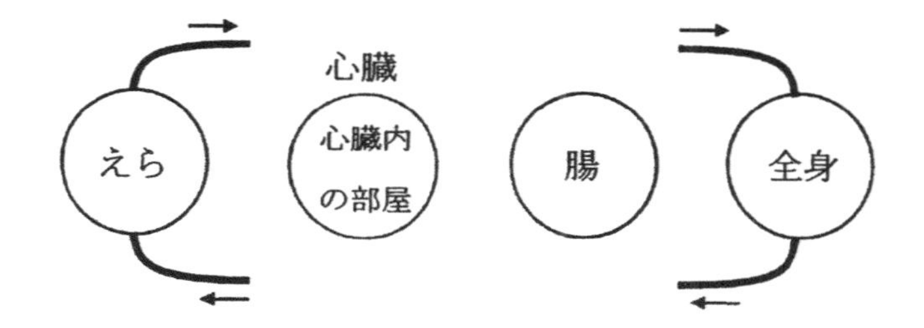

問4　(　　　)に適切な語句や記号を入れて文を完成させなさい。

心臓は正確なリズムで血液を送り続けています。病気でリズムがくるうと、心臓の筋肉に電気信号を送って規則正しいはく動をさせる「(　1　)」という機器を使うことがあります。

血液を送り出すポンプとしてのはたらきが大きく低下した場合は「人工心臓」を用いることがあります。「人工心臓」は、心臓のポンプのはたらきを機械で置きかえたものです。全身へ血液を送り出す機能を人工心臓で置きかえるとき、図1の部屋（　2　）と血管（　3　）の間に「人工心臓」をつなぎます。

問5　右図は心臓がはく動している時の心臓の部屋**え**の容積と部屋**え**のかべが血液をおす強さの関係を示しています。部屋**え**の様子はa→b→c→d→aのように変わっていきます。

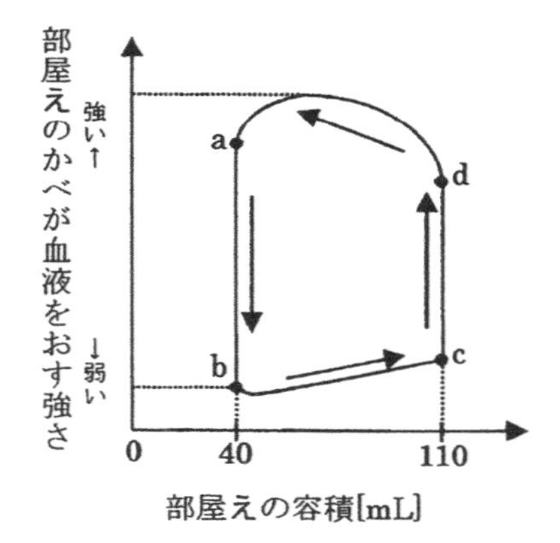

(1)　部屋**え**から血液が出ていく期間を下から一つ選び、記号で答えなさい。また、この期間に開いている弁を図1から一つ選び、記号で答えなさい。

ア　a→b　　イ　b→c　　ウ　c→d　　エ　d→a

(2)　a→b の期間では弁A, Bは開いているか閉まっているかそれぞれ答えなさい。

(3)　1回のはく動で部屋**え**から出ていく血液の体積は何mLですか。

(4)　心臓のはく動が1分間あたり70回のとき、1時間に部屋**え**から送り出される血液の重さは体重60kgのヒトの重さの何倍ですか。血液1mLの重さを1gとして答えなさい。

(5)　ヒトの血液の重さは体重の約13分の1です。(4)のとき、血液が部屋**え**を出てから次に部屋**え**にもどるまでの時間は平均して何秒ですか。一の位までのがい数で答えなさい。

6 (20点)

一辺の長さが4cmの立方体ABCD-EFGHがあります。また，対角線AGと対角線CEの交点をIとします。この立方体の面上や内部を動く点Pを考えます。

次の問いに答えなさい。ただし，2点M，Nに対して，点Pが点Nよりも点Mに近い，または，点Pが2点M，Nから等しい距離（きょり）にあるとき，PM ≦ PN と表すことにします。

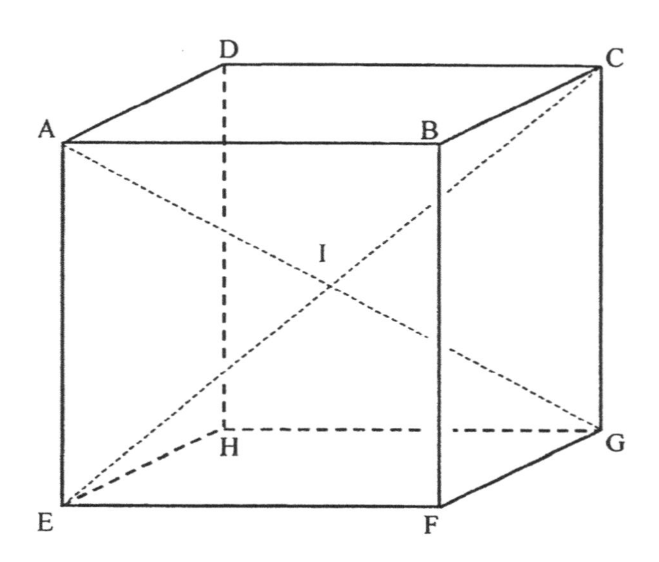

(1) 点Pが，PA ≦ PB を満たすように立方体の面ABCD上を動くとき，点Pの動く部分の面積を求めなさい。解答用紙に答えのみを記しなさい。

(2) 点Pが，PA ≦ PB, PA ≦ PD, PA ≦ PE をすべて満たすように立方体の面上と内部を動くとき，点Pの動く部分を立体Xとします。立体Xの体積を求めなさい。

(3) 点Pが，PI ≦ PA を満たすように(2)の立体Xの面上と内部を動くとき，点Pの動く部分を立体Yとします。立体Yの辺の本数と，面の個数を求めなさい。解答用紙に答えのみ記しなさい。

(4) 点Pが，PI ≦ PA, PI ≦ PB, PI ≦ PC, PI ≦ PD をすべて満たすように立方体の面上と内部を動くとき，点Pの動く部分を立体Zとします。立体Zの表面のうち，立方体ABCD-EFGHの表面でもある部分の面積を求めなさい。

中学前期　算数　問題用紙　<No.2>

3 (20 点)

次のような図形があります。点 P は点 A から出発して，1 秒ごとにとなり合ういずれかの頂点に次々と移動していきます。

次の問いに答えなさい。

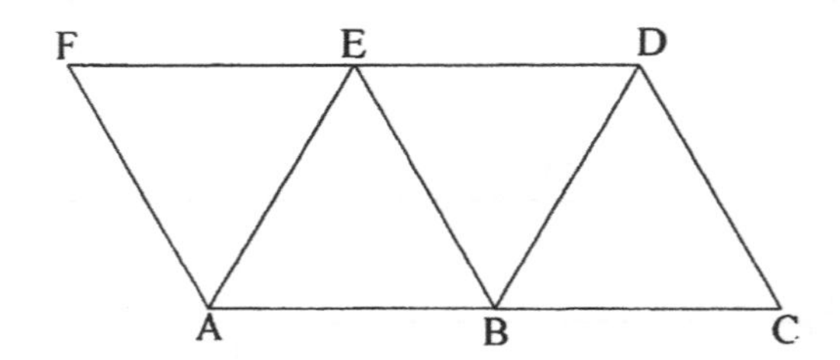

(1)　2 秒後に点 P が点 A の位置にあるような動き方は何通りありますか。解答用紙に答えのみを記しなさい。

(2)　3 秒後に点 P が点 A の位置にあるような動き方は何通りありますか。解答用紙に答えのみを記しなさい。

(3)　4 秒後に初めて点 P が点 A の位置に戻るような動き方は何通りありますか。

(4)　4 秒後に点 P が点 A の位置にあるような動き方は何通りありますか。

K 教英出版

2 （20点）

次の □ にあてはまる数を答えなさい。解答用紙に答えのみを記しなさい。

(1) 右のような図形を，直線 L の周りに 1 回転させてできる立体の体積は □ cm^3 です。

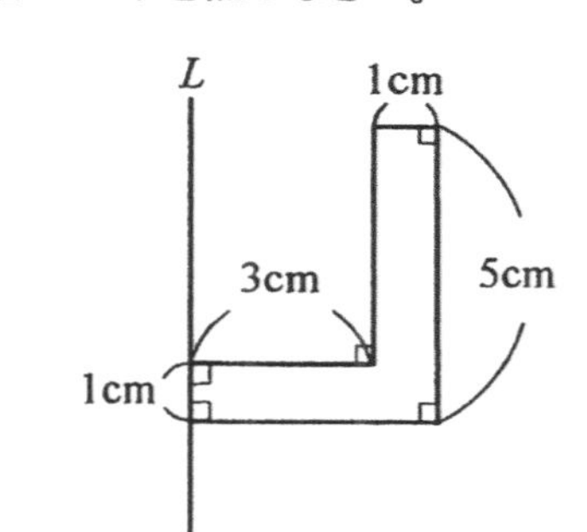

(2) 右の図は，辺 AB の長さと辺 AC の長さが等しい二等辺三角形 ABC において，角 B を 3 等分する直線 BD, BE を引いたものです。

このとき，角**あ**の大きさは ［ア］°，角**い**の大きさは ［イ］° です。

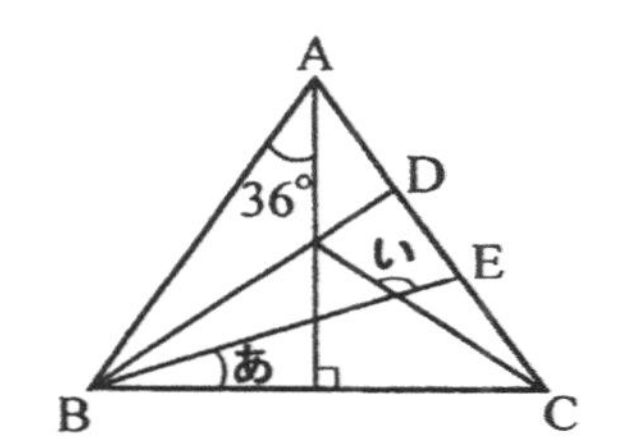

(3) 右の図は，面積が $36cm^2$ である長方形 ABCD を直線 BE で折り曲げ，頂点 C を辺 AD 上の点 F に重ねたものです。このとき，直線 AB の長さは，直線 DE の長さの ［ア］ 倍です。また，三角形 BEF の面積は ［イ］ cm^2 です。

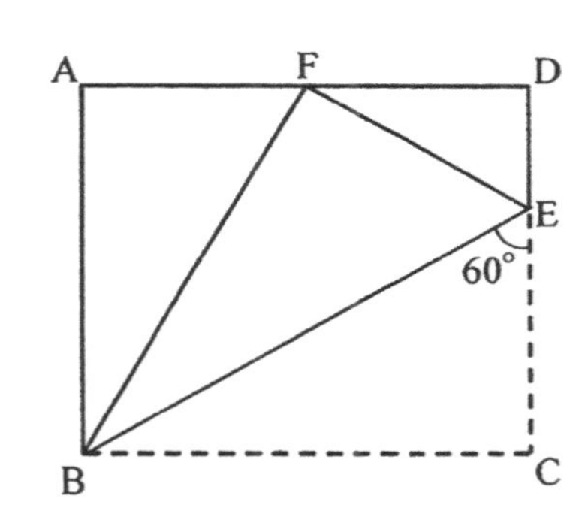

(4) 右の図は，中央に直径 4cm の円をかき，その円周を 8 等分する点を中心とする直径 4cm の円を 8 個かいたものです。斜線部分全体の面積は □ cm^2 です。

令和５年度

白陵中学校入学試験問題

算　　数

（前期）

受験番号	

注 意　1．時間は 70 分で，120 点満点です。

2．開始の合図の後，まず問題用紙が 3 枚，解答用紙が 2 枚そろっているかどうか確かめなさい。

3．表紙と解答用紙のそれぞれに，受験番号を記入しなさい。

4．問題用紙と解答用紙は，折ったり，切ったりしてはいけません。

5．問題の中の図は正確なものとは限りません。

中学前期　算数　問題用紙　<No.1>

注意：円周率は 3.14 として計算しなさい。

1 (20 点)

次の $\boxed{}$ にあてはまる数を答えなさい。解答用紙に答えのみを記しなさい。

(1) $49 \div 2 \times 6 \div (19 - 3 \times 4) \div 7 = \boxed{}$

(2) $(12.6 + 13.2 + 12.9 + 12.7 + 13.1 + 12.3) \div 6 = \boxed{}$

(3) $17 \times \left\{ 119 \times \left(\frac{5}{17} + \boxed{} \right) - 35 \div \left(\frac{3}{13} - \frac{2}{65} \right) \right\} = 2023$

(4) ある整数を 15 で割ると 9 余り，7 で割ると 1 余ります。このような整数のうち，100 以上 10000 以下であるものは全部で $\boxed{}$ 個あります。

(5) A さん，B さん，C さんの 3 人の所持金の合計は，16500 円です。3 人がそれぞれ同じ金額ずつ貯金すると，A さんは 1200 円だけ手元に残り，B さんは自分の元の所持金の $\frac{1}{4}$ だけ手元に残り，C さんは自分の元の所持金の $\frac{1}{16}$ だけ手元に残ります。このとき，3 人の貯金の合計は $\boxed{}$ 円になります。

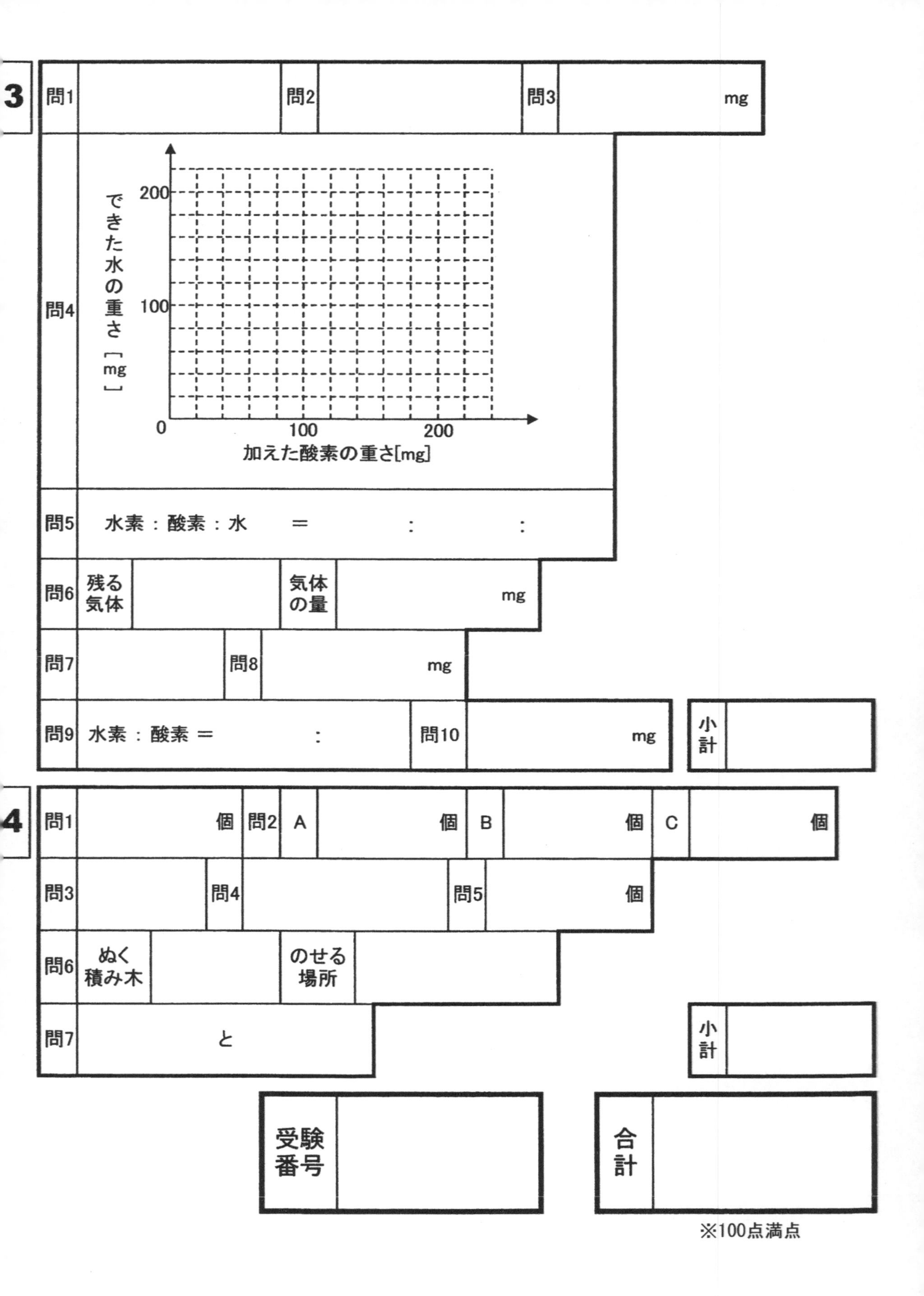

3

問1		問2		問3	mg

問4

問5	水素：酸素：水　＝　　：　　：

問6	残る気体		気体の量	mg

問7		問8	mg

問9	水素：酸素 ＝　　：	問10	mg

小計	

4

問1	個	問2	A	個	B	個	C	個

問3		問4		問5	個

問6	ぬく積み木		のせる場所	

問7	と

小計	

受験番号	

合計	

※100点満点

中学前期　算数　解答用紙　<No.2>

5

(1)

秒後　m

(2)

秒後	m

(3)（ア）

毎秒　m

(3)（イ）

秒後	太郎　m	花子　m

4

(1)

(2)

(3)

g

受験番号		小計	

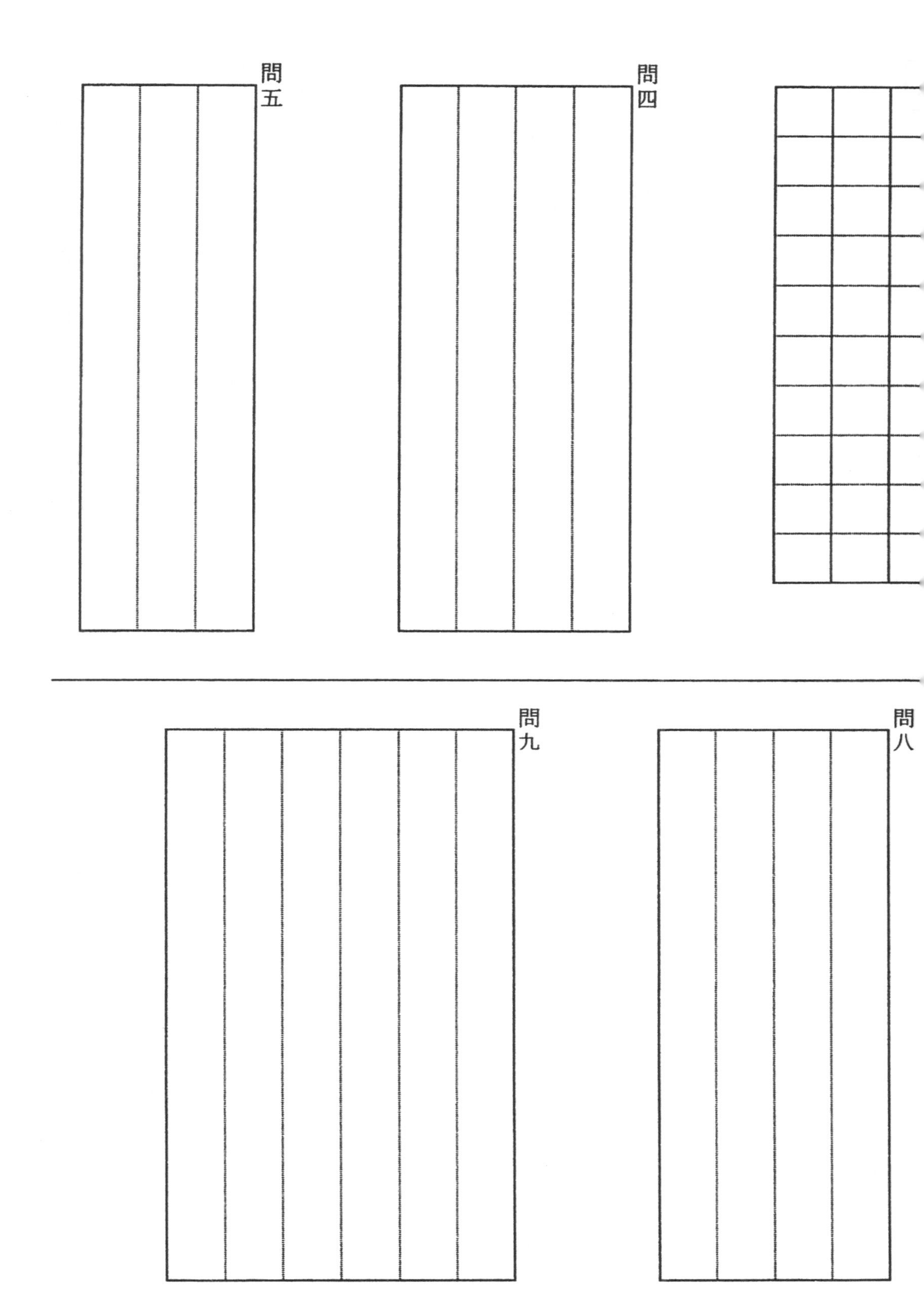
問五
問四
問九
問八

国語　解答用紙（その一）

一

①
②
③
④
⑤
⑥
⑦
⑧
⑨
⑩
⑪
⑫
⑬
⑭
⑮
⑯
⑰
⑱
⑲

問四

問五

得　　点

※120点満点

受験番号	

図９のとき、２段目と３段目は図６と同じなので、３段目がＤやＥを支点にして倒れることはない。しかし、２段目と３段目はＧの右側に積み木がかたよっているので、１段目のＧよりも右に積み木がない図９の場合は倒れる。

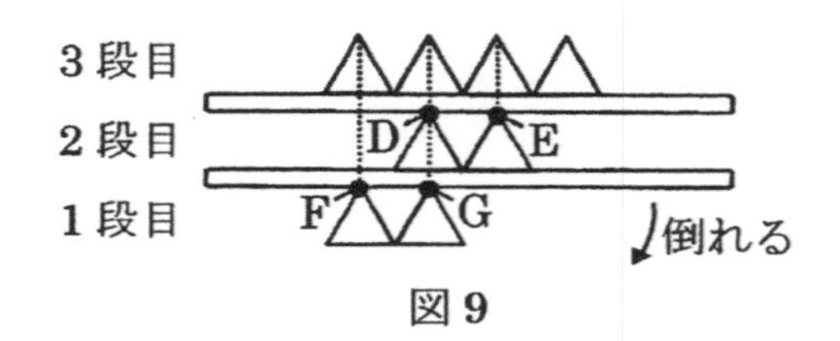

図９

問3　右図のとき倒れます。どの点を支点に倒れ始めますか。右図から一つ選び、記号で答えなさい。

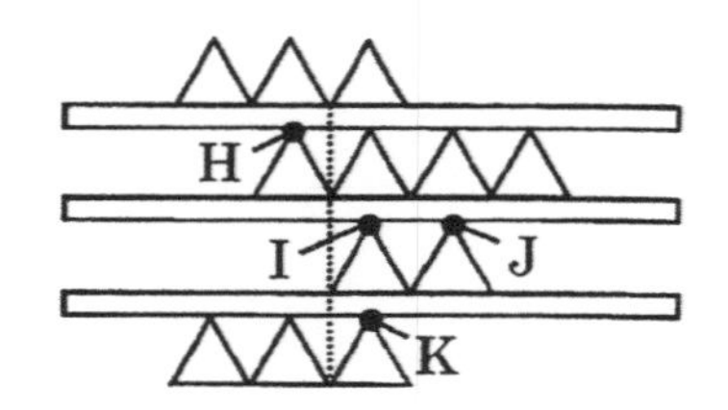

問4　水平につり合うものを下からすべて選び、記号で答えなさい。

ア

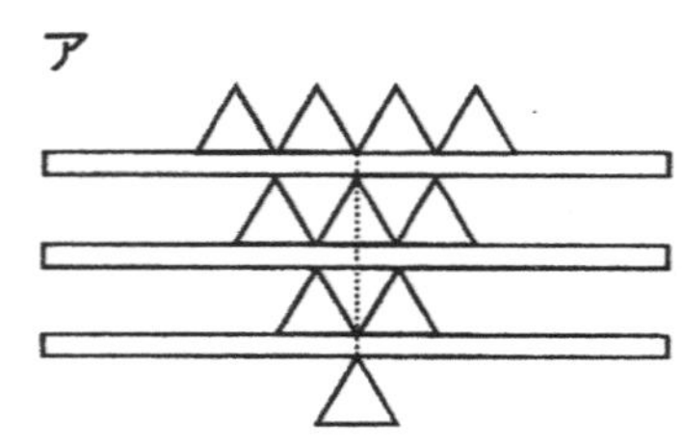

イ

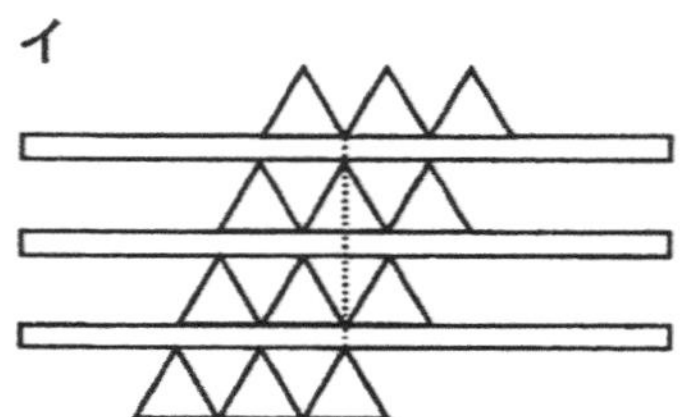

ウ

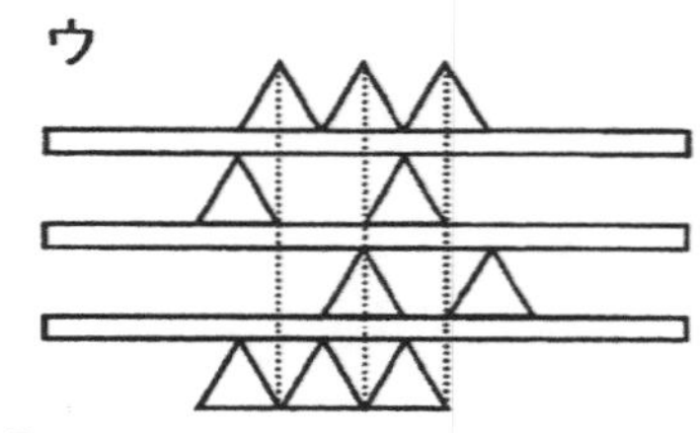

問5　右図のように３段目にＬから順に１つずつ積み木を右に並べてのせていきます（図は積み木を３つのせたときです）。倒れるのは積み木をいくつのせたときですか。

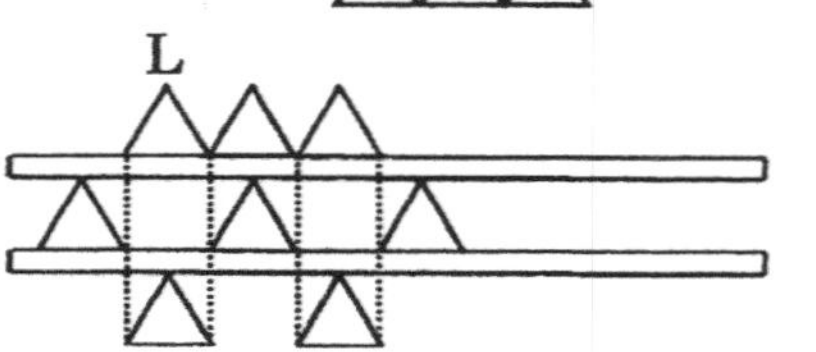

問6　右図のａからｈの積み木のうち、ぬき取っても倒れないものを一つ選び、記号で答えなさい。次に、ぬき取った積み木をＭからＰのどこかにのせました。倒れないのはどこにのせたときですか。すべて選び、記号で答えなさい。

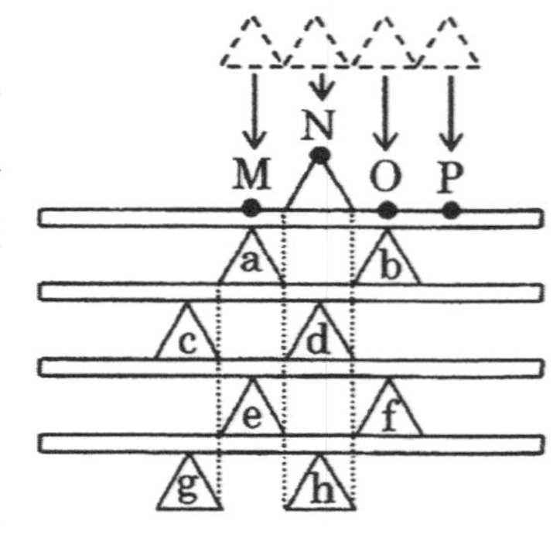

問7　右図で、初めにｍからｒの６つの積み木のうち２つをぬき取り、X, Yの積み木の上に１つずつのせました。次に、Ｓの積み木をぬき取り、Ｘの積み木の２つ上にのせました。この間、水平につり合ったままでした。最後にＴの積み木をぬき取り、Ｚの積み木の上にのせると倒れました。初めにぬき取った２つの積み木を記号で答えなさい。

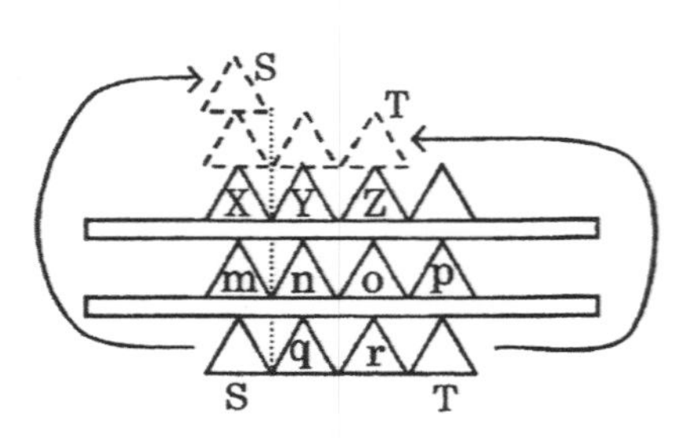

3 次の文を読んで、各問いに答えなさい。(25点)

水素を空気中で燃焼させると、酸素と反応して水ができる。23 mg の水素に酸素を加えて燃焼させた。加えた酸素の重さとできた水の重さの関係を表にまとめた。

表 23mg の水素に加えた酸素の重さとできた水の重さ

加えた酸素の重さ〔mg〕	0	80	120	160	200	240
できた水の重さ〔mg〕	0	90	(あ)	180	207	207

問1 次の気体の中で、酸素がふくまれているものはどれですか。下からすべて選び、記号で答えなさい。

ア 石灰石にうすい塩酸を加えるとできる気体
イ アルミニウムにうすい塩酸を加えるとできる気体
ウ うすい塩酸を温めるとでる気体
エ 二酸化マンガンにオキシドールを加えるとできる気体
オ 炭酸水を温めるとでる気体
カ 植物の葉に光をあてるとできる気体

問2 (あ) に適切な数を入れなさい。

問3 23mg の水素をすべて反応させて水にするには、少なくとも何 mg の酸素が必要ですか。

問4 23mg の水素に加えた酸素の重さとできた水の重さの関係をグラフに表しなさい。

問5 水素と酸素が過不足なく反応して水になったとき、反応した水素と酸素，できた水の重さの比を、最も簡単な整数で表しなさい。

問6 10mg の水素に 60mg の酸素を加え、反応させました。どちらの気体が何 mg 残りますか。

地球の直径は太陽の高さから求めることができる。右図において、点Aでの太陽の高さが45度であった。同じ時刻に、点Aから北へ3000kmはなれた点Bでの太陽の高さが18度であった。

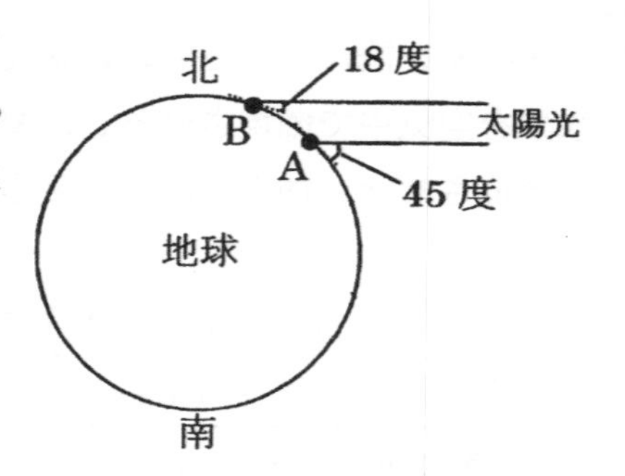

問5 地球の直径は何kmですか。円周率を3.14として、百の位までのがい数で答えなさい。

月食のとき、図2のように月を写真にとると、月に映った地球の影から月の直径を求めることができる。写真では月の直径が2cmであった。月に映る地球の影の曲がり方から地球を予測してえがき、えがいた地球の直径を測ればよい。作業の結果、写真で求めた地球の直径が6cmであった。ここでは、簡単にするため、図3のように太陽光は平行であるとして、月に生じる地球の影は図3のようにしてできると考える。

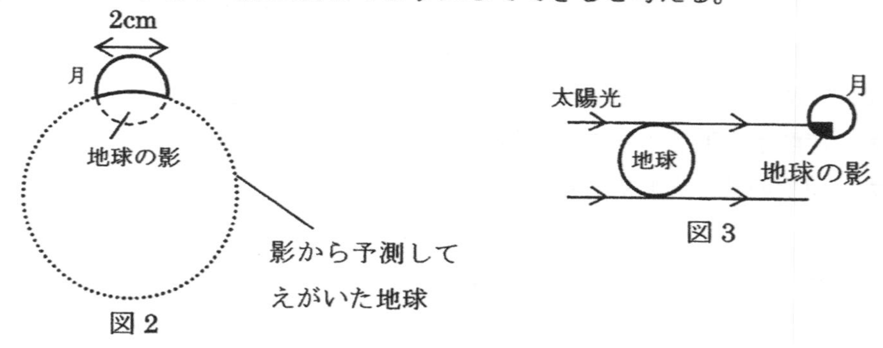

図2　　図3

問6 上のようにして考えたとき、月の直径は何kmですか。百の位までのがい数で答えなさい。

実際の太陽光が平行ではないことから月の直径は地球の直径の約$\frac{1}{4}$倍である。太陽と地球の間の長さや太陽の直径も別の観測から求めることができ、それぞれ約1億5000万km，約140万kmである。

問7 地球から見た太陽と月の大きさが同じであるため、地球から見ると太陽全体が月にかくれることがあります。このとき、同じ直線上に太陽，地球，月が並ぶ順を、下から一つ選び、記号で答えなさい。

ア　地球，太陽，月

イ　太陽，月，地球

ウ　月，地球，太陽

問8 地球と月の間の長さは何万kmですか。上から二けたのがい数で答えなさい。

1 次の文を読んで、各問いに答えなさい。(25点)

図1はヒトの心臓を体の前から見た図である。心臓には4つの部屋**あ**，**い**，**う**，**え**があり、その順に太い血管①，②，③，④とつながっている。心臓は、筋肉が縮んだりゆるんだりして、血液を勢いよく送り出している。この動きを心臓のはく動という。心臓の内部には2種類の弁Aと弁Bがあり、はく動の際に弁が開閉することで、血液を逆流させずに送り出す。

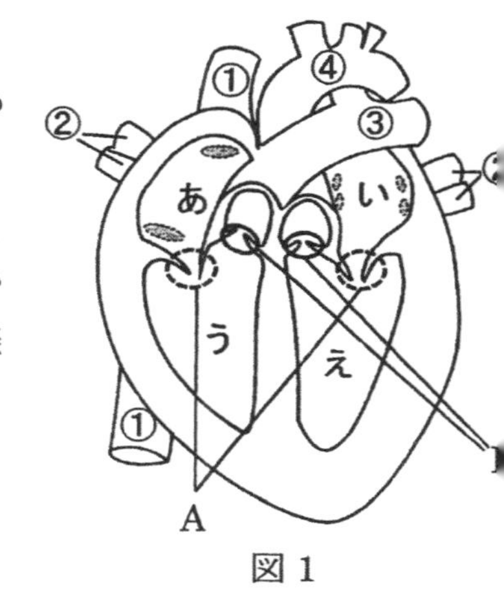

図1

問1　下図はヒトの肺から出た血液が肺にもどるまでの流れを示しています。

(1)　下図の心臓の1から4の部屋はそれぞれ図1の**あ**から**え**のどの部屋にあたりますか。それぞれ記号で答えなさい。

(2)　下の**ア**から**ウ**で説明される臓器はそれぞれ5から7のいずれかに当てはまります。適切な場所に記号を入れなさい。

ア　血液の中から不要なものをこし出し、にょうをつくる臓器。

イ　消化器の一部で、消化と吸収を行う臓器。内側のかべはひだ状になっている。

ウ　様々な働きをする体内で最も大きな臓器。吸収された養分をためたり、体の中の有害なものを無害なものに変えたりする。

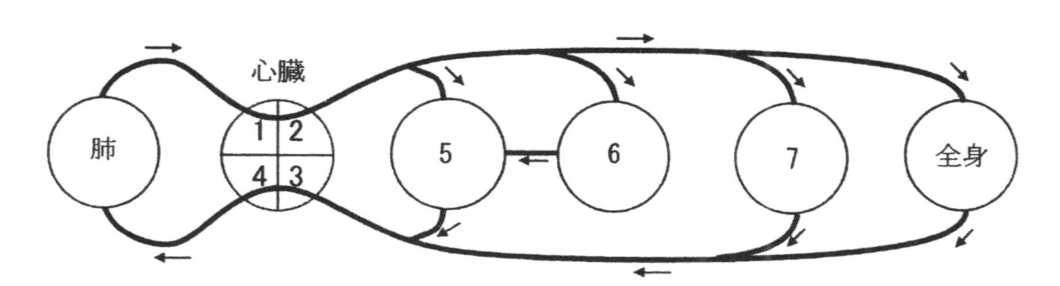

問2　右図はフナ，カエル，トカゲのうちのどれかの心臓の図です。カエルの心臓の図を一つ選び、記号で答えなさい。

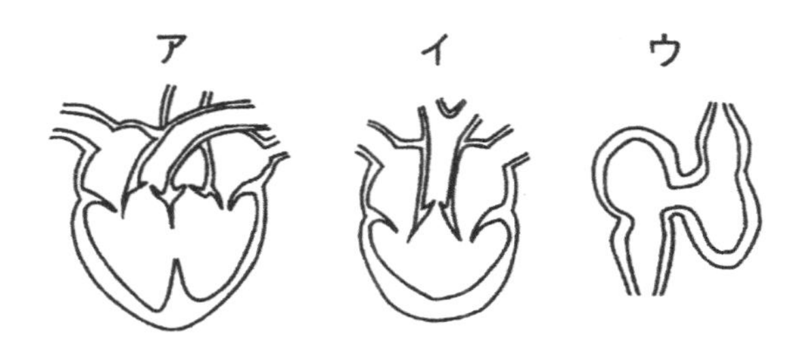

令和５年度

白陵中学校入学試験問題

理　　科

（前期）

受験番号	

注 意　１．時間は70分で，100点満点です。

２．開始の合図の後，まず問題用紙が１ページから８ページまで順になっているか確かめなさい。解答用紙は１枚です。

３．表紙と解答用紙に受験番号を記入しなさい。

中学前期　算数　問題用紙　<No.3>

5 (20 点)

2 つの地点 A，B を結ぶ 1200m の道を，太郎さんと花子さんが移動します。太郎さんは A 地点から B 地点まで毎秒 3m の速さで走ります。花子さんは，太郎さんが A 地点を出発するのと同時に B 地点を出発し，太郎さんが B 地点に到(とう)着するまで，自転車で毎秒 7m の速さで B 地点と A 地点を往復し続けます。ただし，2 人は出会うたびにその場所で 10 秒間止まってから動き出します。このとき 2 人はちょうど 3 回出会います。1 回目，2 回目，3 回目に出会った地点をそれぞれ C 地点，D 地点，E 地点とします。

次の問いに答えなさい。

(1) 太郎さんが C 地点に着くのは，太郎さんが A 地点を出発してから何秒後ですか。また，A 地点から C 地点までの距離(きょり)は何 m ですか。解答用紙に答えのみを記しなさい。

(2) 太郎さんが D 地点に着くのは，太郎さんが A 地点を出発してから何秒後ですか。また，A 地点から D 地点までの距離は何 m ですか。

(3) 次郎さんは，太郎さんが A 地点を出発するより前に A 地点を出発し，一定の速さで B 地点まで走りました。このとき，次郎さんは C 地点でも D 地点でも，太郎さんと花子さんに出会いました。

(ア) 次郎さんの走る速さは，最も遅(おそ)くて毎秒何 m ですか。

(イ) 次郎さんが (ア) で求めた速さで走ったとき，次郎さんが E 地点を通過するのは，太郎さんが A 地点を出発してから何秒後ですか。また，このとき太郎さんと花子さんの，A 地点からの距離はそれぞれ何 m ですか。

4 (20点)

4つの容器 A, B, C, D に食塩水がたくさん入っています。それぞれの容器に入っている食塩水の濃度はすべて異なり, 1%, 3%, 5%, 7%のいずれかです。A と B から食塩水を 100g ずつ取り出して混ぜると, 3%の食塩水ができました。

次の問いに答えなさい。

(1) C と D から食塩水をそれぞれ 100g, 200g 取り出して混ぜると, 何%の食塩水ができますか。考えられるものをすべて答えなさい。

(2) A, B, C, D から食塩水をそれぞれ 100g, 200g, 300g, 400g 取り出して混ぜると, 何%の食塩水ができますか。考えられるものをすべて答えなさい。

(3) A, B, C, D から食塩水をそれぞれ 100g, 200g, 300g, 400g 取り出して混ぜた食塩水を空の容器 E に入れました。さらにそこへ, B から食塩水を何 g か追加して混ぜたところ, E の食塩水の濃度と C の食塩水の濃度が等しくなりました。B から追加した食塩水は何 g ですか。

一　次の文章を読んで、後の問いに答えなさい。（六十点）

高校三年生の川瀬宙は母（花野）と二人で暮らしている。母の幼なじみの佐伯恭弘（やっちゃん）は、近所の商店街で妻（智美）と母（直子）と洋食店を営んでおり、宙にとっては父親代わりの存在だった。あるとき、佐伯が交通事故に巻きこまれて亡くなってしまう。

「じゃあ、おやすみ。またね」
手をふり、＊遠宮が去って行く。その背中を見送りながら、わたしも進まなきゃいけないのだと宙は思う。きっと、いつまでもここで停滞していてはいけない。やっちゃんの死を抱えて、わたしなりに前を向いて生きていかなきゃいけない。みんな、そうしているのだ。
もう一度、空を仰ぐ。①宙は長い間、星々をにらむように見つめ続けた。

日曜日の朝早く、宙は佐伯家を訪れた。出迎えた直子は、宙のいでたちを見て不思議そうに首を傾げた。
「どうしたんだい、宙ちゃん」
「お店を、使わせてください」
ジャージにスニーカー、掃除道具を提げた宙は、深々と頭を下げた。
「お店って、何をするつもりだい？　悪いけど、もう、開ける気はないんだよ」
「分かってます。あの、少しだけ、貸してもらえませんか」
お掃除もします、そう言うと、直子は少しだけ考えるそぶりを見せた後、「いいよ」とうなずいた。
「他でもない宙ちゃんだし、恭弘だって嫌とは言わないだろうさ。好きにしてちょうだい」
「ありがとうございます！」
鍵を預かって、店に回る。数ヶ月前までぴかぴかに磨かれていたドアノブや窓ガラスが汚れているのを見て、宙の胸がぎゅっと痛んだ。泣き出しそうになるのを堪え、店内に入る。
いつだっていい香りに満ちていた店内は空気がよどみ、どこかほこり臭かった。窓際の花はすべて枯れ、土の表面がひび割れている。佐伯が亡くなった後、誰も手入れする余裕がなかったのだろう。
厨房に足を踏み入れて、宙は息を呑んだ。きれいに磨き上げられていたコンロは薄くほこりが載っていて、佐伯が休憩中に愛用していた丸椅子はころんと倒れたまま。どうしてだか床にフライパンが転がっていて、シンクの中にはいつのともしれないガラスのコップがあった。

教英出版

初めてここに入ったときに感じた空気、香り、すがすがしさが、かき消えていた。清涼な雰囲気に満たされ、大好きだと直感した場所。たくさんの幸福な思い出と味があった場所が、主を喪って静かに朽ちようとしている。

②「やっちゃん……」

熱のないキッチンの中央で宙は少しだけ立ちつくし、それからぶるんと頭をふった。わたしはここに、aカンショウに浸りに来たわけではない。

「よし」

持ってきた荷物の中から、宙はエプロンとゴム手袋を取り出した。掃除道具入れからモップやバケツを取り出し、買ってきた雑巾をざぶざぶ洗う。店内の窓を全て開け放つと、初冬の冷えた風がびゅうと舞いこんだ。空気が洗い清められていく。

雑巾と掃除用洗剤を手に、宙は小さくつぶやいた。ここを、かつてのようにぴかぴかにしてやる。

窓を拭き、ドアノブを磨く。椅子にテーブル、床を丁寧に拭き上げる。鉢植えの枯れた花を処分し、生花店に走った。華やかなbハナタバを作ってもらい、それを店内の様々なところに生けた。キッチンも、店内と同様に磨き上げる。スイッチの切られた冷蔵庫から、換気扇まで。

夢中で掃除をしていると、出入り口ドアにつけられたカウベルが鳴り、「川瀬さん」と声がした。キッチンから店内に顔を出せば、遠宮が立っていた。片手に買い物袋を提げている。

「言われた通り買い物してきたけど、何してるの」

「え、もう来てくれたの？　早い！」

「いや、指定された時間通りだけど」

遠宮が壁掛け時計を指し、時間を見た宙は「うわあ」と声を上げる。

「もうこんな時間！　掃除に熱中してた」

「何するの、ここで」

「ちょ、ちょっと待ってね。そこらへん、座ってて。掃除したから、きれいでしょ」

掃除道具を片付け、汚れてしまったエプロンを脱ぐ。佐伯がいたころと同じくらいきれいになった店内、キッチンを見回して、宙はうなずいた。それから新しいエプロンを身に着ける。

「準備は、整った」

宙は、ふう、と深く息を吐く。これが、わたしの第一歩。わたしだって、前に進むのだ。

「ねえ、何するのさ。いい加減教えてよ」
「パンケーキを、作るの」
きっぱりと、宙は言った。
古びてぼろぼろになったノートを、丸椅子に置いた。一ページ目を開く。子ども拙い字が並んでいるのをそっと撫でて、宙は「見ててね」とつぶやいた。
卵、牛乳。小麦粉に砂糖、バニラエッセンス。バターにイチゴジャム、メープルシロップ。
割った卵を手際よくかきcマぜながら、宙は思い返す。幼かったころ、佐伯がここでこうしてパンケーキを作ってくれたことを。魔法のように手際よくメレンゲを作り、ふわふわのパンケーキを作ってくれた。哀しくてつぶれそうな心をふわふわにしてくれた、魔法のパンケーキ。甘い湯気の向こうの笑顔を、いまでも覚えている。
「へえ、すげえ。うまいもんだね」
「ねえ、遠宮くん。智美さんと直子さんを呼んできてくれるかな。お店の方の出入り口から入ってって言ってね。それから、接客業の経験、ある?」
訊くと、遠宮は察したらしい。少し困ったように頭を掻いて「文化祭のときにちょっと。まあ、善処するよ」と言った。
佐伯dジキデンの焼きたてのパンケーキを、この店で食べてもらいたい。＊あの日、自分が貰った愛情とやさしさを、いま返すのだ。
フライパンにバターを入れ、ほどよく溶けたところでいったん濡れ布巾の上に載せ、温度を調節する。ふたたび火にかけて、もったりした生地を流しこむ。
『いいぞ、宙。うまいじゃん』
どこかから声が聞こえた気がする。ああ、そうだ。あのときそう言って、教えてくれたんだった。鮮やかに蘇る。
やっちゃん。ねえ、やっちゃん。ありがとう。やっちゃんがくれた思い出は、やっぱりいまでもわたしをやさしく包んで、わたしをわたしでいさせてくれる。
甘い香りが満ちるころ、カウベルが鳴った。
「あら、いい匂い……」
「本当、ですね」
戸惑うふたりの声がする。

「お席へどうぞ。ええと……あの窓際はどうでしょう。花がきれいだ」
遠宮くん、ナイス。そこはサエキの一等いい席で、わたしもそこに座ってほしいと思ってた。宙は心の中でガッツポーズをして、それから焼き上がったパンケーキを皿に移した。
パンケーキを載せたトレイを手に、ふたりの許に向かう。
「お待たせしました。やっちゃんの、パンケーキです」
きつね色に焼けた、ふっくらとしたパンケーキは、我ながらいい出来だった。かつて佐伯が作ってくれたものと、きっと変わらない。香りも、味も。こめた思いも。
「まあ、宙ちゃんが作ったの」
直子が目を細める。
「恭弘が作ったみたい。そっくり。ここまでふわっとさせるのって、難しいのにねえ」
懐かしそうに言う直子の正面に座る智美は、目の前に置かれた皿をじっと見ていた。
「智美さん、食べてください。このパンケーキは、元気の出る魔法のパンケーキなんです。初めて食べたのはわたしが小学校一年生のときで、これを食べて元気になったんです。やっちゃんってすごいと思って、レシピを教えてもらって、何度も作ってきた」
智美はぼんやりと、皿を見つめる。その目には感情の色が見えない。わたしじゃだめなのかと足元がすっと冷えたけれど、宙は続けた。
「きっと、美味しいから。だから、食べてみてください」
自分のしていることは、間違っているかもしれない。こんなことじゃ、智美の心は少しも癒されないかもしれない。でも、信じたい。このパンケーキは元気の出る魔法のパンケーキだと。
宙はパンケーキにバターをひとかけと、クジラ印のイチゴジャムを載せた。
「これ、いつもわたしが食べていた組み合わせです。って、やっちゃんのイチゴジャムは手作りだったけど……。いいイチゴがなくて」
ひとくちでいい、食べてほしい。そう願いながらフォークとナイフを渡すと、智美はのろりと受け取った。それから小さく切り分け、口に運ぶ。
ゆっくりと咀嚼した智美の目から、涙があふれた。その涙を拭うこともせず、智美はパンケーキにフォークを刺す。次のひとくちは、大きかった。
「……の味ね」

果たして、智美がぽつりとつぶやく。

「え？」

「恭弘さんの、味ね。恭弘さんの、やさしい味」

泣きながら、智美が言う。私、この味に救われたの。おかげで生きてこられたの。恭弘さんと一緒に、この味もなくなったと思ってた。でも、違うのね。あのひとは、ここにいた。そして、残せるのね。じゃあ私も、恭弘さんを残していけるのかしら。

直子がその言葉にうなずく。

「当たり前だよ、智ちゃん。だから生きていこうよ。ね」

智美はそれにゆっくりうなずき、それから隣に立つ宙を見上げた。濡れた目に、これまでにはなかった光がeヤドっている。

「ありがとう、宙ちゃん。私、もう大丈夫」

その言葉に、宙は耐えきれずに泣いた。

③やっちゃん、わたし、進めそうだよ。

（町田そのこ『宙ごはん』小学館）

＊注　遠宮＝宙の高校の同級生。
　　あの日＝小学一年生の頃、母親の花野と大喧嘩して泣きじゃくる宙に、佐伯はパンケーキを作った。そのパンケーキはとてもおいしく、宙を元気にし、花野と仲直りするきっかけになった。

問一　a［　］～e［　］のカタカナを漢字に直しなさい。

問二　――線部①とありますが、ここから読み取れる宙の心情を説明しなさい。

問三　――線部②とありますが、ここから読み取れる宙の心情を説明しなさい。

問四　＝＝線部の後の場面から読み取れる、智美の心情の変化の説明として最も適切なものを、次の中から一つ選び、記号で答えなさい。

ア　夫も夫の作る料理の味も失ったと深い悲しみにくれて生きる意味を見失っていたが、宙の作るパンケーキに込められた思いに触れ、夫のやさしい味が受け継がれていることに感動し、生きる希望を持てるようになった。

イ　夫が死んだことで、その料理の味も永遠に失われてしまったと思い込み、宙が夫の料理を再現しようとすることにも否定的だったが、宙の作るパンケーキが夫の味そのものであったことにおどろき、宙が立派に成長したことを心からうれしく思うようになった。

ウ　夫の死によって、夫の料理の味が失われてしまったことになげき絶望していたが、宙の作るパンケーキから夫の料理を思い出したことで、死んだあとも夫は自分の心の中に生きていることを確信し、夫の料理は自分が引き継いでいこうと考えるようになった。

エ　夫の作る料理のやさしい味は、夫にしか生み出せないと信じ、その死を悲しむばかりだったが、宙が作るパンケーキを目にした瞬間、夫の味を再現しようとする懸命な努力に気づき、妻である自分も夫のために何かしたいと前向きに考えるようになった。

オ　夫が死に、慣れ親しんだやさしい味が失われたことを悲しむあまり、宙が自分を心配して作ったパンケーキにすら関心を持てないでいたが、パンケーキに夫の作る料理の面影を感じたことで、宙の深い悲しみに気づき、宙と共に生きていこうと思えるようになった。

問五　――線部③とありますが、ここには宙のどのような思いが込められていますか、説明しなさい。

問六　本文を読んだ先生と生徒A～Cが会話しています。会話文と資料を読み、後の問いに答えなさい。

生徒A　先生。この小説のブックカバーの裏にこんな文章がありました。
生徒B　ぼくにも読ませて。へえ、おもしろいなあ。やっちゃんと宙が初めて出会ったときの話なんだね。
生徒C　それならやっちゃんが宙に魔法のパンケーキを作るもっと前の出来事と考えられるね。
先生　おもしろいものを見つけたね。その文章と本文とを読みくらべて見ようか。

2 (20点)

(1), (2)は ＿＿ にあてはまる数を記しなさい。(3)は図に示しなさい。

(1) 1目盛りが1cmの方眼紙に，右の図のように三角形ABCをかきました。この三角形ABCの

面積は ＿＿ cm^2 です。

さらに，三角形ABCの3つの辺のそれぞれを一辺とする正方形ADEB, BFGC, CHIAを右の図のようにかきます。

このとき，3つの三角形AID, BEF, CGHの

面積の和は ＿＿ cm^2 です。

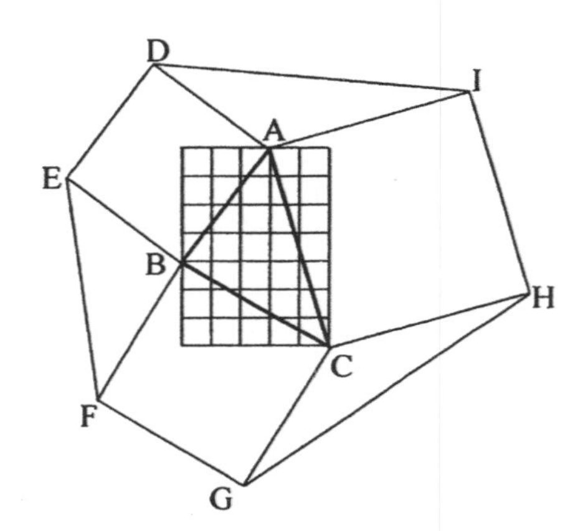

(2) 2台のケーブルカーA, BがX駅とY駅の間をそれぞれ一定の速さで往復しています。初め，A, Bは同時に各駅を出発しました。下のグラフは出発してからの時間とX駅からのA, Bの距離(きょり)の関係をそれぞれ表しています。

このとき，A, Bの速さの比は ＿＿ : ＿＿ です。

距離
1分
Y駅
A
B
X駅
時間
11分　1分　9分

受験番号		小計	

中学後期　算数　問題・解答用紙　<No.2>

(3) 図形の面積を 2 等分する直線の引き方を考えます。例えば，図 1 の長方形では，図 2 のように 2 本の対角線を補助線として，それらの交点を通る直線が求める直線になります。この場合は，直線の引き方が何通りもあります。

図 3 の図形で，面積を 2 等分する直線の引き方を 3 通り表しなさい。必要な補助線は点線で示しなさい。

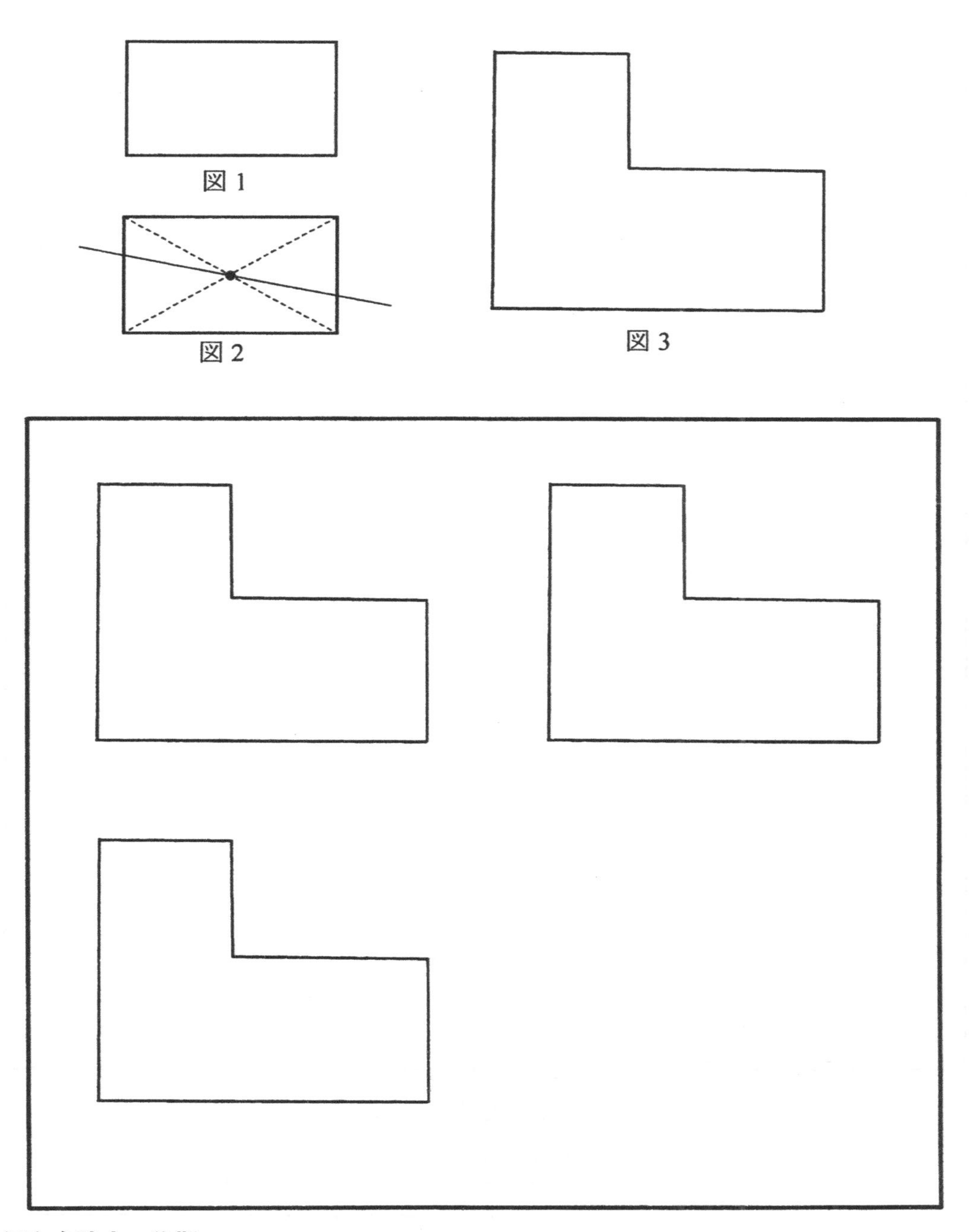

(2)②

受験番号		小計	

中学後期　算数　問題・解答用紙　<No.4>

5 (20点)

ガラスでできた透明(とうめい)なブロックと，すべての側面が青く不透明なブロックが，それぞれたくさんあります。ブロックはすべて一辺が 10cm の立方体です。この 2 種類のブロックを赤いシートの上でピラミッド型に積み上げます。

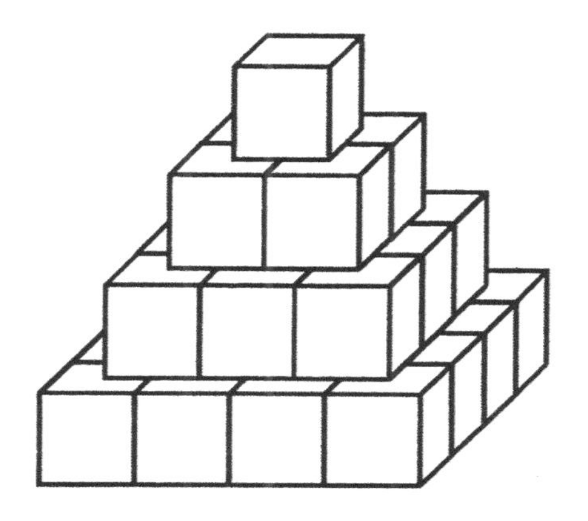

ここで，ピラミッド型に積むとは，例えば 4 段のときは，一番上の段から順番に 1 個，4 個，9 個，16 個のブロックを図のように向きをそろえて積むことです。上から見ると，一辺が 10cm，20cm，30cm，40cm の，中央がそろった正方形になります。

次の (1)，(2)，(3) のそれぞれの場合で，上から見たときシートの赤色が見えないような積み方は何通りあるか答えなさい。ただし，使うブロックは 1 種類だけでもよく，積み上げた立体を回転して同じ積み方になる場合も異なる積み方として考えることにします。

(1) 一辺が 30cm の正方形の赤いシートの上で，3 段のピラミッド型に積む。

(2) 一辺が 40cm の正方形の赤いシートの上で，4 段のピラミッド型に積む。ただし，一番上の段と上から 2 段目はすべて透明なブロックを使う。

(3) 一辺が 40cm の正方形の赤いシートの上で，4 段のピラミッド型に積む。

(1)

通り

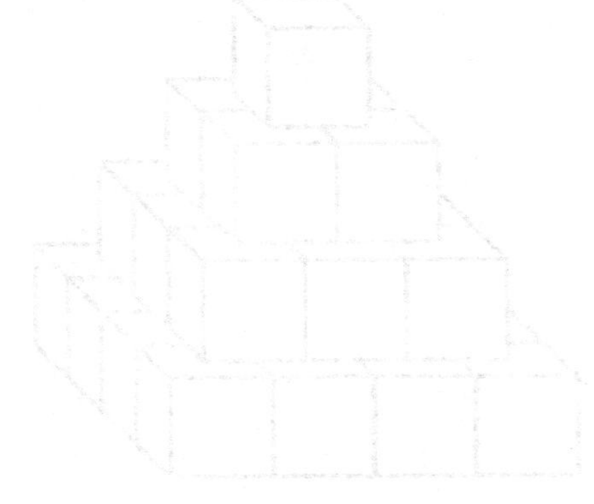

問三

問四

問六

国語　解答用紙（その二）

二

問一

80

受験番号

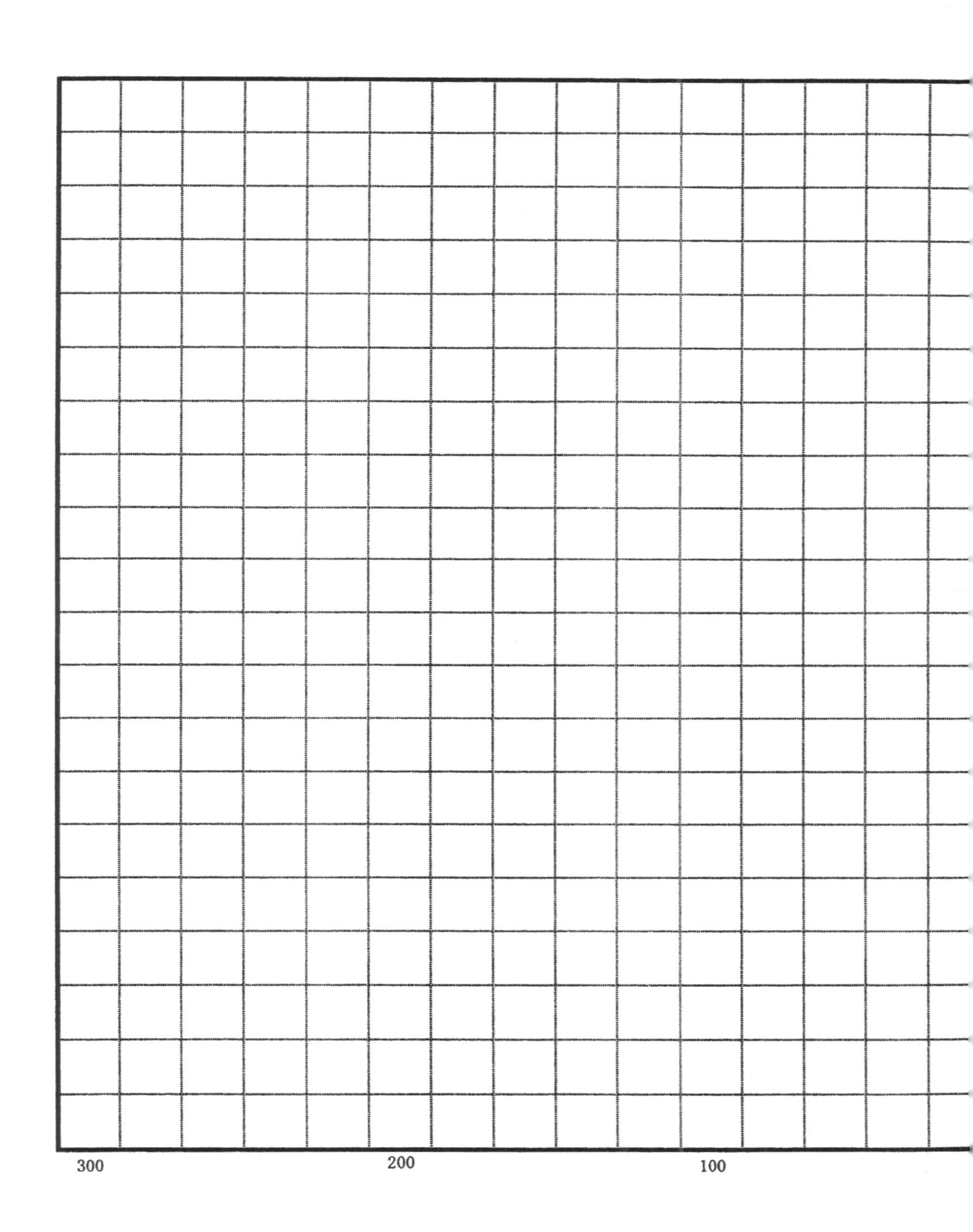
300
200
100

国語　解答用紙（その一）

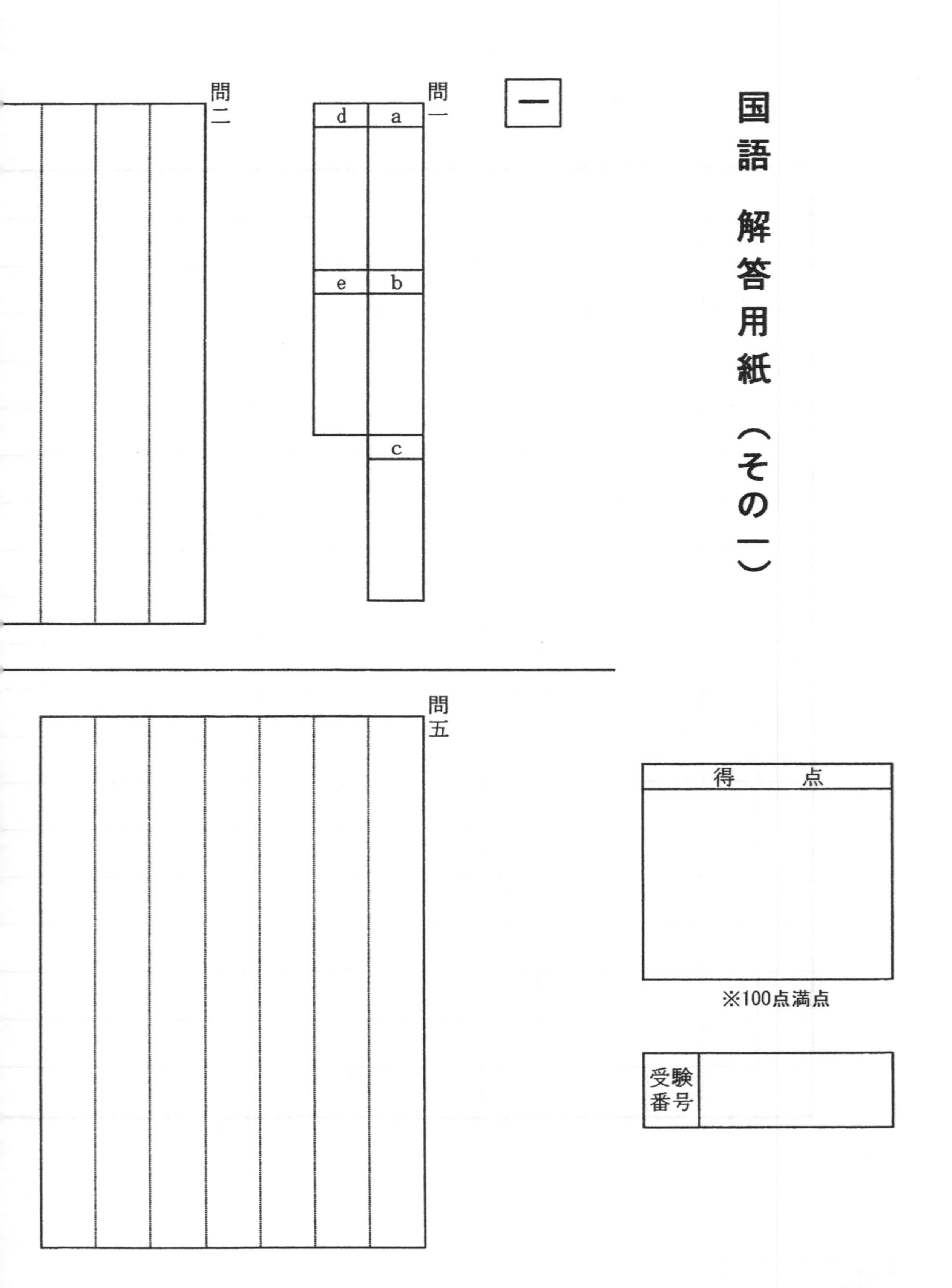

(2)

通り

(3)

通り

受験番号		小計		合計	

※100点満点

中学後期　算数　問題・解答用紙　<No.3>

4　(20 点)

A, B, C の 3 人が働いて，ある品物を作ります。A と B の 2 人で働くと 1 日に 30 個，B と C の 2 人で働くと 1 日に 37 個，C と A の 2 人で働くと 1 日に 33 個の品物を作ります。A と B と C が 1 日に作る品物の個数はそれぞれ一定です。次の問いに答えなさい。

(1)　A, B, C はそれぞれ 1 日に何個の品物を作りますか。答えのみを記しなさい。

(2)　この品物を A, B, C の 3 人があわせて 1500 個作る仕事があります。A, B, C の3人は同じ日に働き始めて，A は 2 日働いて 1 日休み，B は 3 日働いて 1 日休み，C は 4 日働いて 2 日休むことをくり返します。

①　この仕事は何日目に終わりますか。また，終わった日に働いた人を全員答えなさい。

②　ある日，働いた後に C がケガをしてしまい，この仕事が終わるまでは，C が働く日に作る品物の個数が 1 日 10 個に減りました。すると，50 日目にこの仕事は終わりました。C がケガをした状態で働いた日数は何日ですか。考えられる日数をすべて答えなさい。ただし，ケガをした日は含みません。

(1) A	B	C
個	個	個

(2) ①

日目，終わった日に働いた人…

3 (20 点)

図 1 のように，真っすぐな溝(みぞ)に球を置くところを考えます。次の問いに答えなさい。答えのみを記しなさい。

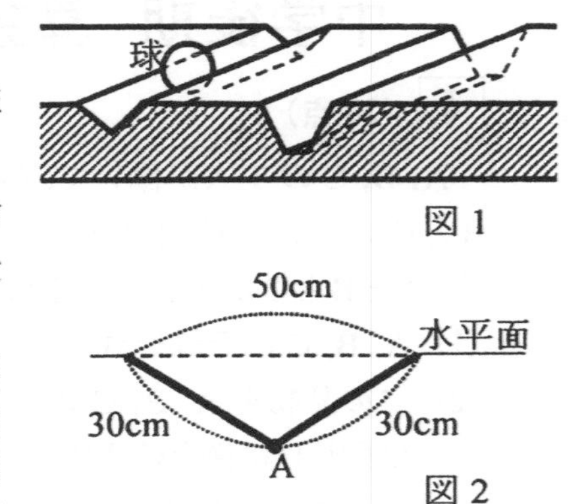

図 1

(1) 図 2 のような断面の溝に半径が 10cm の球を置きます。球の中心は，溝のもっとも低い地点 A を基準として上方に何 cm のところにありますか。

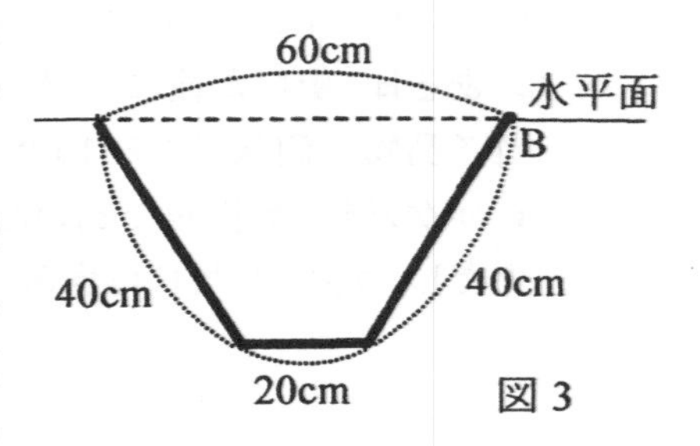

図 2

(2) 図 3 のような断面の溝に半径が x cm の球を置きます。球の中心が溝のもっとも低い地点を基準として上方に y cm のところにあるとします。球の半径を 5cm から増やしていくときの，x と y の関係を考えます。

60cm
水平面
B
40cm
40cm
20cm

図 3

① 球が溝のふちの点 B に触(ふ)れるまでの x と y の関係を表すグラフをかくと図 4 の太線のようになりました。グラフの中の**ア**～**オ**の数値を求めなさい。数値が整数でないときは小数第 2 位を四捨五入して小数第 1 位まで求めなさい。ただし，3 つの角が 30°, 60°, 90° である直角三角形の 3 辺の長さの比は 1:0.5:0.866 とします。

② 球の半径を①で考えた範囲(はんい)よりもさらに大きくします。x と y の関係を表すグラフとして最も適切なものを図 4 の点線**あ**～**か**の中から一つ選びなさい。

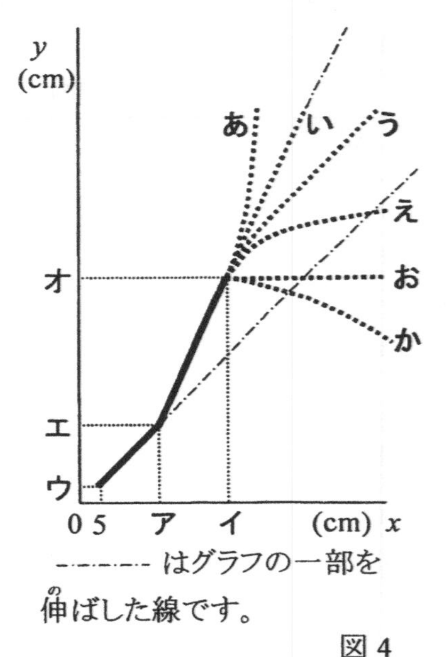

-・-・-・- はグラフの一部を伸(の)ばした線です。

図 4

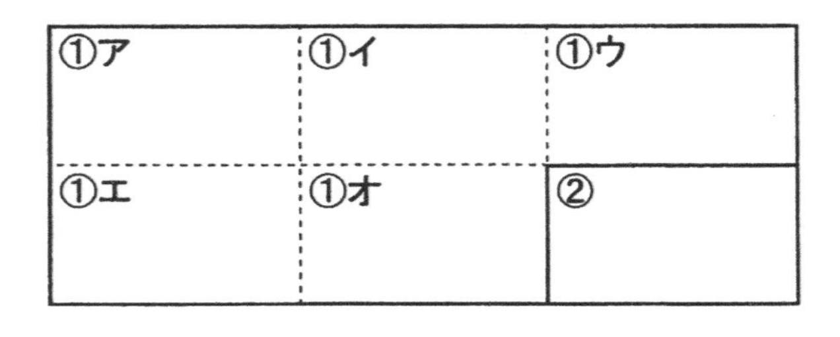

①ア	①イ	①ウ
①エ	①オ	②

受験番号		小計	

中学後期　算数　問題・解答用紙　<No.1>

注意：円周率は 3.14 として計算しなさい。

1 (20 点)

次の □ にあてはまる数を記しなさい。

(1) $[7+\{(7+1)\times(7-1)-1\}\div 7]\div[7\times\{1+(7-1)\div(7+1)\}-7]$

を計算すると □ になります。

(2) 5 つの 1 以上の整数を次のように並べます。

・1 番目と 2 番目の整数を決めます。

・3 番目の整数は，「1 番目の整数」と「2 番目の整数の 3 倍」の和です。

・4 番目の整数は，「2 番目の整数」と「3 番目の整数の 3 倍」の和です。

・5 番目の整数は，「3 番目の整数」と「4 番目の整数の 3 倍」の和です。

1 番目の整数を 1000，2 番目の整数を 1 と決めると，5 番目の整数は □

となります。また，495 の約数は小さい順に

□

であることを考えると，5 番目の整数が 495 となるとき，1 番目と 2 番目の整数として決めた数はそれぞれ □ と □ です。

(3) 7 を何個かかけ合わせてできる数のうち，一の位が 1 となる最も小さい数は

□ です。

また，3 と 7 をどちらも 1 個以上かけ合わせてできる数のうち，一の位が 1 となる 4桁(けた)の数は小さい順に □ です。

令和５年度

白陵中学校後期入学試験問題

算　　数

受験番号	

注 意　１．時間は 60 分で，100 点満点です。

２．開始の合図の後，まず問題用紙（解答用紙をかねる）が４枚そろっているかどうか確かめなさい。

３．表紙と問題用紙（解答用紙をかねる）に受験番号を記入しなさい。

４．問題用紙（解答用紙をかねる）を折ったり，切ったりしてはいけません。

５．問題の中の図は正確なものとは限りません。

資料：ブックカバー裏の文章（一部抜粋）

「さあ、食べて」

出来上がったものは、我ながら満足のいく仕上がりになった。宙は「いただきます」と丁寧に両手を合わせてから、フォークでパスタを口に運んだ。小さな口が咀嚼するのを、オレはじっと見守る。少しの時間ののち、口の端にソースを少しつけた宙が、顔を綻ばせた。

「おいしい」

心はまだ完全にほぐれていない。しかし味わっている顔にははっきりとした喜びがあって、ただただ可愛かった。

ああ、この子をこれから生かしていくのはオレの料理なんだ、と唐突に思い至った。背中に電流が走ったかのような、激しい衝撃にも似た気付きだった。

料理人になったことに、大した理由はない。やりたいことも就きたい仕事もなくて、料理は昔から嫌いじゃなかったし、オヤジの店でも継げばいいかと安易に料理人への道を選んだのだ。いまも、別段仕事に情熱があるわけではなかった。働かなければ生きていけないから、続けているだけとも言えた。だけどいま初めて、この仕事を選んでよかったと思った。大事な意味のある仕事なのだと、ようやく知った。オレの仕事は、誰かを豊かに生かし育てるものだ。

彼女を見ると、「よろしくお願いします」とゆっくりと頭を下げた。

「あたしなりに母親やってみるつもりだけど、手伝ってくれるとうれしい」

顔を上げた彼女は、娘とよく似た顔で微笑んだ。その顔を見て、少しだけ、泣きそうになった。

「……がんばるよ、オレ」

自分に言い聞かせるように、つぶやいた。そして、胸の中で誓う。

オレは、宙が育つための料理を作っていく。彼女が――花野さんが生きるための料理を作っていく。そして、このふたりがしあわせに過ごす時間に、オレの料理があればいいなと思う。美味しいねと笑いあうのがオレの料理なら、こんなにしあわせなことはない。

問　生徒A〜Cが本文と資料について話し合いました。本文と資料から読み取れることとして適切でないものを、次の中から二つ選び、記号で答えなさい。

ア　生徒A　本文だけだと、やっちゃんの思いは想像するしかなかったけれど、資料があることによって、やっちゃんが実際にどのような思いで宙に接していたのかも分かるようになっているよ。

イ　生徒B　もともとやっちゃんは情熱を持って料理人をしていたわけではなかったけれど、宙との出会いにより、自分の仕事に対するやりがいを見つけることができたと読み取ることができるよ。

ウ　生徒A　宙と初めて出会った日が本文で出てきた「あの日」だね。やっちゃんの家族にパンケーキを作ることは、「あの日」にやっちゃんからもらった愛情とやさしさへの恩返しと読み取れるね。

エ　生徒C　本文は宙の視点から描かれていて、資料はやっちゃんの視点からの文章だね。この両方の文章を読むことで、私たち読者は二人の考え方に共通点があることに気づくことができるね。

オ　生徒B　二人の考え方に共通点があるということは、やっちゃんは宙に愛情を持って接しただけでなく、料理には人生を変える力があるのだと教えることに成功したと考えることができるよ。

カ　生徒C　作者があえてブックカバーの裏にやっちゃんの視点からの物語を描いたのは、宙がやっちゃんの料理と思いを自然と受け継いでいく過程を読者に気づかせるためだったと言えるよね。

二　次の文章を読んで、後の問いに答えなさい。（四十点）

「＊コンテンツ」という言葉があります。音楽や映画といったエンタテインメント表現を指して使われることが多い言葉ですが、書物や放送番組、インターネットで見聞きすることができるさまざまな情報も指しますし、最近では大学の講義でさえ「コンテンツ」と呼ばれることが少なくありません。大雑把にいえば「情報のひとまとまり」くらいの意味で広く使われている言葉です。

コンテンツという言葉が日本語に定着したのはさほど古いことではありません。新聞記事データベースなどで調べてみると、「コンテンツ」は、90年代なかば頃に日本語の空間の中に急浮上してきた言葉だとわかります。それまでの「作品」や「楽曲」、「番組内容」といった言葉をひとまとめに塗り替えるように「コンテンツ」という言葉は流布しました。

言葉の変化とは、単に「同じものを違う言葉で指すようになった」ことではありません。一つの、あるいは複数の言葉が別の言葉にとってかわられるとき、その背景には社会の「ものの見方」の変化が横たわっています。言葉の変化は社会の変化です。

コンテンツという言葉の浮上は、社会における文化や知識をとらえる枠組みの変化を示しています。それをもたらした要因の一つはインターネットの社会への普及でしょう。1995年はウインドウズ95が発売され、パソコンからのネット接続が容易になった年です。インターネットは異なった種類の多様な表現や知識をデジタルデータという共通の状態に＊還元することで、情報の流通を著しく便利にしました。かつては別々のメディアによって支えられ、各々異なるかたちでわれわれの思考や感性を形作っていたさまざまな知識や文化表現は、90年代なかばを境としてデジタルデータのかたちで一括して扱われ、消費される傾向が進んでいくことになります。

「コンテンツ」という概念は、知識や表現の質的な違いよりも、それが「ひとかたまり」の情報として同等に扱えることを強調します。書物と放送番組が同じく「コンテンツ」であると名指されるようになると、それを評価する観点もまた似通ってきます。かつては、書物とテレビ番組は別のメディア、別の世界、別の価値基準に属するものでした。テレビ番組であればそれは速報性によって評価され、書物であればそれが人間の知性にどのように深い影響を与えるかにより評価されました。

しかし「コンテンツ」として同一のスマートフォンで視聴される対象になれば、その区別は融解していきます。「おもしろいか」「泣けるか」「笑えるか」。あるいは送り手にとっては、そのコンテンツがどれだけ「売れるか」。異なるメディアに隔てられ、異なる基準により評価されていた知識や情報や表現は、今や横並びに測られるようになりました。

かつては、知識とはそれとの長い格闘の末に身につけるものでした。それが「コンテンツ」と呼ばれるようになってから、教育のあり方も変化したように感じます。何かのために必要な知識は、どこかに「コンテンツ」として存在しており、必要ならそれを見つけて「アクセス」

教英出版

しさえすればいい、という感覚が、学生や社会に浸透したように感じます。
　先に触れた、「カリキュラム通りに学生をしっかり勉強させる」ことを目指した大学「改革」の背景にあった考え方は、私の考えでは、知識や能力を「コンテンツ」としてとらえる考え方です。学費を払った分に見合うだけの知識や能力が得られる場として、つまり、「知」を商品のように取引するような場へと大学は変化させられてきました。
　しかし、大学教育は「コンテンツをインストールする」こととは本質的に異なります。皮肉なことに、コロナ禍によって大学に通えなくなり、「オンライン授業はうんざりだ」「早く大学を再開してくれ」と声をあげる学生たちこそが、そのことに気づきつつあるのかもしれません。
　教育内容＝コンテンツが、オンライン授業のかたちで学生に伝達されている現在の大学の状況は、いわば（政府が、あるいは社会が理想とした）「勉強に純化された大学」です。授業と授業の間の移動時間や、友人との雑談や、＊サークル活動などといった「勉学と直接関係ない」要素をすべて排除した、純化された「知識コンテンツのインストール」に多くの人々が不満を漏らしている。この事実は、勉強以外の無駄なことがむしろ大学の本質であったことを示しているのではないでしょうか。
　いえ、もっと強く言いましょう。「①大学は勉強するところではない」のです。
　大学とは「学術の中心として、高い教養と専門的能力を培うとともに、深く真理を探究して新たな知見を創造し、これらの成果を広く社会に提供することにより、社会の発展に寄与する」（教育基本法第7条）と定められている制度です。「新たな知見を創造し」というところがポイントです。大学とは「まだ存在しない知」を生み出すことこそがその存在根拠なのです。
　つまり大学とは、知識を商品のように学生に売るところではありません。また、知識を持った「人材」を育成して企業に送り出すためのところでもない。そうではなく、大学とは、一人一人の学生の知的成長を促すための場所や機会を提供することで、社会にとって必要な知を維持し、そこから新しい知を生産するための場です。
　それはハードディスクにソフトウェアをインストールすることよりも、公園で子供たちが創意工夫して遊んでいる状況に似ています（教員や図書館は「ジャングルジム」のような遊具に似ています。その「使い方」に定まった決まりはありません）。「知」とはデジタルデータではなく、身体と感情を持った人間一人一人が身につけ、実践し、対話し、試行錯誤する中でしか「役立たない」。大学とはそのために用意された場です。新型コロナウイルスが社会にもたらした「良い影響」がもしあったとするならば、ただオンラインで勉強だけすることが「大学の学び」ではない、ということに人々が気づいたことではないでしょうか。
　コロナ禍がわれわれに教えたことは、このような経験したことのない難局に対するために必要な知とは、すでに誰かによって形作られパッケージされている「コンテンツ」ではありえない、という簡明な事実です。われわれはメディアで発言する専門家の意見の「食い違い」を日常的に目にしています。ある専門家は「ＰＣＲ検査を拡大すべきだ」と主張し、別の専門家は「無闇な検査は控えるべきだ」と言う。あちらの専門家は「いち早く都市をロックダウンすべきだ」と言い、こちらの専門家は「経済への悪影響を考えるべきだ」と言う。

われわれはこのコロナ禍を解決してくれる解決策がどこかにあるはずだ、と信じたい。しかしそんなものは「まだ」どこにもない。コロナ禍を乗り越える知見はコンテンツとしては「まだ」存在していないのです。それは身銭を切って必死に考え、調査し、研究している「誰か」がこれから生み出す「かもしれない」ものです。それを担うのが②「知」の仕事であり、大学の仕事なのです。

（増田聡「『大学の学び』とは何か」『ポストコロナ期を生きるきみたちへ』晶文社）

＊注　コンテンツ＝内容。情報の中身。とくに本の内容や、インターネットなどの情報の中身をさす。
還元＝もとにかえること。また、もどすこと。
サークル活動＝共通の趣味などを楽しむ活動。

問一　――線部①とありますが、「大学は勉強するところではない」のはなぜですか。八十字以内で説明しなさい。

問二　――線部②とありますが、「知」とはどのようなものだと考えますか。あなた自身の体験にもとづいて、三百字以内で書きなさい。

（このページで、問題は終わりです。）

K 教英出版

令和４年度

白陵中学校入学試験問題

国　　語

（前期）

受験番号	

注意　1．時間は70分で，120点満点です。

2．開始の合図の後，まず問題用紙が1ページから19ページまで順になっているか確かめなさい。解答用紙は2枚あります。

3．表紙と解答用紙のそれぞれに受験番号を記入しなさい。

4．字数制限のある問いについては，句読点（くとうてん）なども1字として数えなさい。

2022(R4) 白陵中　前期
K 教英出版

一　次の問いに答えなさい。（二十点）

問　――線部のカタカナを、それぞれ漢字で答えなさい。

① a　絶好のキカイを逃（のが）す。　b　キカイ体操の選手。

② a　トクイな教科は国語です。　b　トクイな形状の巻き貝。

③ a　疑うヨチはない。　b　地震（じしん）をヨチする。

④ a　友人の意見をシジする。　b　著名な書道家にシジする。

⑤ a　品質をホショウする。　b　安全をホショウする。

問　――線部の敬語表現を〔例〕にならって、それぞれ敬語を用いない形にもどし、言い切りの形で答えなさい。

〔例〕　美術館で特別展示をご覧になる。　〔答〕　見る

⑥ 先方の意見をうかがう。

⑦ 二日後にお店へうかがうつもりです。

⑧ 十分前から玄関（げんかん）にお客様がいらっしゃる。

⑨ 十分後に家へお客様がいらっしゃる予定だ。

⑩ 冷え込（こ）むので暖かいものをお召（め）しになるほうがよい。

問　――線部の言葉を本来の表現に直し、それぞれ答えなさい。

⑪ 飛ぶ鳥跡（あと）を濁（にご）さず

⑫ 的を得る

⑬ 揚（あ）げ足をすくう

問　次の慣用句とほぼ同じ意味の言葉を、次のア～カの中からそれぞれ一つ選び、記号で答えなさい。

⑭　目から鼻に抜ける　⑮　こしを上げる　⑯　舌を巻く

ア　残念　イ　上達　ウ　利口　エ　感心　オ　実行　カ　予感

問　季節に関する次の会話文の ⑰ ～ ⑲ には漢数字を、⑳ には適当な文をそれぞれ答えなさい。

A　まだまだ寒いのにどうして年賀状には「初春」と書くのかな？
B　そうだね。昔の暦は今の暦と違っていたんだ。年賀状というのは、昔の暦の季節に従っていて、春は ⑰ 月から始まるんだよ。
A　なるほど、そうだったんだ！
B　じゃあ、「八月十五夜の満月」を「中秋の名月」と言うのはなぜだかわかるかな？
A　昔の暦だと、秋は ⑱ 月から ⑲ 月に当たるんだよね。
B　そうだよ。だから「七夕」は、俳句の秋の季語になっているんだ。
A　あ、わかった！ ⑳ から「中秋の名月」と言うんだね。

二 次の文章を読んで、後の問いに答えなさい。（設問の都合上、本文を省いたところがあります。）（五十点）

ぼくはときどき、社会心理学の授業の中で学生に性格テストをやってもらって、その結果を血液型と比べることで、血液型と性格の間に関係がないことを教えています。①小さなクラスだと、たまたま血液型による性格の違い（ちが）が起こってしまうことがあるけど、ある程度大きなクラスだとそうした＊ランダムなかたよりが起こりにくくなるので、血液型と性格には関係がないことが分かります。

だけど、実際にそうした結果を見せて、「血液型と性格には関係がないでしょ」と言っても、まだ納得（なっとく）しない学生がたくさんいます。

そういう人たちにいくら統計的な研究結果を示しても、ほとんど役に立たない。どうしてかというと、自分の個人的な経験からいってあたっている例が多いと思っているからなんです。友達とか自分自身の血液型と性格については、やっぱりあたっていると思っている。だから、いくら統計的な結果を見せられても、自分の経験の方を重視しちゃうんですね。そういうことって、多くないですか？（中略）

どうして、そんなことが起こるんだろう？　どうして②統計的には存在しないはずの関係が、自分の経験だけを考えるとほんとうにあるように思ってしまうんだろう？

aゲンインはいろいろあるんだけど、「A型の人はこういった性格の持ち主だ」という情報を読んだり聞いたりするときに、私たちはそうした情報をそのまま鵜呑（うの）みにするからだ、というわけではありません。そんなことをしてたら、世の中には矛盾（むじゅん）した情報がいっぱいあるから、頭の中がすぐにパンクしてしまう。

だから、そうした情報に接すると、まず、「ほんとうかな？」と考えてみるよね。そして、ほんとうにそういった性格を持ったA型の人を思い出すと、「あ、やっぱりそうなんだ」と思って、その情報を正しいものとして受け入れるんだよ。

だけど、③その時に、その逆のことはしないんだ。（中略）

そうすると、血液型性格判断に書いてあるような性格特性は、誰（だれ）でも多かれ少なかれ持っているような性格特性なので、「あたってる」と思ってしまう。たとえば「O型の人は自分の目標をbツイキュウする」と書かれていれば、自分はO型で、自分は目標を何とか手に入れたいなーと思っているから、やっぱりあたっていると思うんだよね。世の中に、手に入れたいものやcタッセイしたい目標を持っていない人なんていないんだから。

その結果、自分自身や自分の知っている人にあてはまるということで、血液型性格判断が正しいと思ってしまう。そうすると、日常生活の

K 教英出版

中でも、血液型性格判断と一致する例を見つけるたびに、「あ、やっぱり、〇〇ちゃんはA型だからそんなことをするんだ―」ということで、ますますあたっていると思い込むようになるんだよね。

その逆に、血液型性格判断にあてはまらない行動をしたりする人に出会っても、そうした人の行動をわざわざ血液型に結びつけて考えることはしない。だから、④客観的にはあたらない場合の方が多くても、主観的には「いつも」あたっていると思ってしまうんだよ。

こうした「思い込み」は血液型についてだけじゃなくて、差別や偏見のもとになっている＊ステレオタイプについても言えることで、日本人は何とかだとか、アメリカ人にはこういう傾向があるとか、黒人はなんとかだというたぐいのステレオタイプも、そう思っている本人にとっては、自分の個人的な経験からあたっていると思い込んでるんだよ。そういう人たちに、科学的な手続きを使って調べた結果を見せても、「だって自分の知ってる人は、みんなそうなんだから」といって、考えを変えようとしないんだ。

⑤さて、ここで言いたかったことは、血液型性格判断に根拠がないのに、たくさんの人たちが信じてしまうってことじゃなくて、血液型性格判断を信じている人の性格が、ほんとうに血液型性格判断の通りになる場合もあるってことなんだ。このことについては、山崎賢治さんと坂元章さんという社会心理学者が研究してるんだよ。

山崎さんと坂元さんは、一九七八年から八八年までの間に、血液型と性格特性との関係が強くなってきているという調査データの分析をしています。たとえばA型の人がA型の人に当てはまるとされている性格特性を持っていると自分で思っている程度、つまり血液型性格判断が「あたっている」程度が、一九七八年よりも一九八八年のほうが強くなっているということ。同じことは、別の血液型についても言えるんだよ。

ということは、みんなが血液型判断をあたっていると思い込むことで、ほんとうにそうした性格特性を知らず知らずのうちに身につけるようになってきたということなんだと考えられます。自分は何とか型だからこういうときにはこういった行動を取るんだよねと思い込んで、ほんとうにそうした行動を取るようになってしまう。また〇〇ちゃんは何型だから、やっぱりこういう性格なんだねって言われ続けてると、そういう性格を身につけてしまう、ってこと。

こうしたことは血液型性格判断だけだとあんまり害はないけど、まわりからの偏見にさらされていると、ほんとうにそうした偏見にd［オウ］じた考え方をしたり、行動をするようになってしまう可能性があるってことだから⑥偏見やステレオタイプが予言の自己実現を生み出してしまうってことには十分に気をつけておかないといけないんだよ。

（山岸俊男『「しがらみ」を科学する』ちくまプリマー新書）

＊注　ランダム＝偶然にまかせること。
　　　ステレオタイプ＝考え方が固定的であること。

問一　a□～d□のカタカナを漢字に直しなさい。

問二　――線部①から言えることとして最も適切なものを、次の中から一つ選び、記号で答えなさい。

ア　少数で実施（じっし）した調査は、データに偏（かたよ）りが生じてしまうため意味をなさない。
イ　データ数の少ない場合と多い場合とでは、調査結果の信頼（しんらい）性に差が生まれる。
ウ　どのような集団であっても、調査方法さえ適切であれば結果は信用できる。
エ　調査には曖昧（あいまい）さが残るため、データ数に関わらず正確な結果は得られない。
オ　正しい結果を得るために最も重要なのは、適切な調査数に整えることである。

問三　――線部②とありますが、「統計的には存在しないはずの関係」が「ほんとうにあるように思ってしまう」過程を、わかりやすく説明しなさい。

問四　――線部③とありますが、筆者は私たちがどういうことを「しない」と言っているのですか。「A型の人はこういった性格の持ち主だ」という情報に接した場合を例にあげて、二つ答えなさい。

2022(R4) 白陵中　前期
K 教英出版

問五　――線部④とありますが、ここで言う「客観的」「主観的」についての説明として最も適切なものを、次の中から一つ選び、記号で答えなさい。

ア　「客観的」が同じ血液型のすべての人を意味して用いられた言葉であるのに対し、「主観的」は自分が知っている特定の人物を取り上げようとする個人の傾向を指して用いられた言葉である。

イ　「客観的」が統計的な研究によって導かれた事実を指し示した言葉であるのに対し、「主観的」は自分自身の日常生活における経験から直接的に得た事象を意味する言葉である。

ウ　「客観的」が自分自身の周辺に存在しない人々を意識して用いられた言葉であるのに対し、「主観的」は性格までよく理解している身近な人々を思い浮かべて用いられた言葉である。

エ　「客観的」がすべての血液型において成立する規則性を指して用いられた言葉であるのに対し、「主観的」はある一つの血液型に当てはまる結果を強調しようとして用いられた言葉である。

オ　「客観的」がすべての人に共通する見方であるという意味で用いられた言葉であるのに対し、「主観的」は他者と共有されない自分という個人に限定された見方であることを示す言葉である。

問六　――線部⑤についての説明として最も適切なものを、次の中から一つ選び、記号で答えなさい。

ア　これまでに述べてきた内容と対立する考え方をあげ、筆者の立場を明らかにしようとする一文である。

イ　これまでに述べてきた内容を否定し、問題の根底にあることの指摘へと踏み込もうとする一文である。

ウ　これまでに述べてきた内容を振り返りながら、その具体的な影響へと論を進めようとする一文である。

エ　これまでに述べてきた内容を踏まえて、筆者が主張することへと論点を転換しようとする一文である。

オ　これまでに述べてきた内容とともに、別の観点から筆者が抱く疑問へと展開しようとする一文である。

問七　――線部⑥とありますが、このことを筆者はどのように考えていますか、わかりやすく説明しなさい。

問八　本文を読んだ後に、次のような授業が行われました。これを読んで後の問いに答えなさい。

先生「本文の筆者は、血液型性格判断に疑問を感じていましたね。次の資料を読んでみましょう。」

> **資料**　日本で特に人気が高いのが血液型占いである。人間をたった四種類の血液型に分類し、それによって人間の性格が判断できるかのように思わせている。ゲーム感覚で楽しんでいる間は何の問題もなさそうだが、実は知らず知らずのうちに信じ込んでしまう危険性がある。事実、＊就職のエントリーカードに血液型を書かせる欄があったり、新製品の開発チームに同じ血液型の人間を集めたりする企業も出現しているらしい。人を分類して排除することによって、人間が持つ本来の可能性を摘み取りかねない。そもそも人間を四種類だけで分別することなんかできないから、血液型に科学的根拠がないことは自明のことである。血液型は細かく分類すれば最低五〇種類はあり、それで人を区分けするのは多すぎる。四種類だけに集約することが占いに好都合になっているだけなのだ。血液型を問うことが挨拶替わりになり、大手を振って罷り通っている日本は、本当に科学・技術を重んじている国なのかどうか疑ってしまう。
>
> （池内了『疑似科学入門』岩波新書）
>
> ＊注　就職のエントリーカード＝就職試験を受ける時に提出する書類。

先生「本文の筆者は、血液型性格判断そのものよりも、血液型性格判断と同じ構造で起こる「［ I ］」の方を問題視していました。そういう意味では、本文と同じテーマを述べた資料ではありますが、資料の方が血液型性格判断そのものに対する疑問は大きいようです。なぜなら、血液型性格判断を信じ込んでしまうことによって、［ II ］と述べているからです。また、資料には本文にはない情報、科学的な見地からの血液型性格判断に対する批判が書かれています。それは、［ III ］という点ですね。読み取れましたか？　では、みなさんは本文と資料とを読んで、どのようなことを思ったか、発表してください。」

ア　私は血液型性格判断って、迷信や都市伝説みたいなもののように感じました。「茶柱が立っていたらいいことがある」などと同じイメージ。もちろん、「茶柱を立ててやろう」なんてことは思わないけど。

教英出版

イ　僕は血液型性格判断を信じる人が増えている傾向に、現代人の不安や弱さを感じるなあ。自分はこんな存在だっていうものが自分にないから、血液型性格判断なんかに頼って振る舞うことで安心したいんじゃないかな。

ウ　そうだよね。私も科学・技術を重視する企業の人が血液型性格判断を採用基準にするなんておかしいと思うわ。こういう人たちの姿勢が、日本社会のみんなの日常生活の中にまで行き渡り、血液型性格判断を信じ込ませていったのよ。

エ　僕は血液型性格判断の社会に与える影響なんて、真剣に考えたことがなかったなあ。「A型だから」とか「B型の人は」ってすぐに言う人がいるけど、それってコミュニケーションの方法だと思っていたよ。本気で信じている人がこんなにいるんだ。

オ　そうね。血液型性格判断が社会に大きな影響を与えているなんてがっかり。私たちは、情報や流行に振り回されたりせず、自分で正しいものをちゃんと判断する力を持つようにしないといけないと思ったわ。

(1)　先生の説明中の［Ⅰ］～［Ⅲ］に適当な言葉を入れなさい。ただし、［Ⅰ］・［Ⅱ］は二十字程度で本文および資料からぬき出し、はじめと終わりのそれぞれ四字で答え、［Ⅲ］は資料中の語句を用いて四十字以内で答えることとします。

(2)　ア～オの生徒の発表のうち、明らかに読み誤っているものを一つ選び、記号で答えなさい。

三 次の文章を読んで、後の問いに答えなさい。（五十点）

お詫び

著作権上の都合により、文章は掲載しておりません。

ご不便をおかけし、誠に申し訳ございません。

教英出版

お詫び

著作権上の都合により、文章は掲載しておりません。
ご不便をおかけし、誠に申し訳ございません。

教英出版

お詫び

著作権上の都合により、文章は掲載しておりません。

ご不便をおかけし、誠に申し訳ございません。

教英出版

お詫び

著作権上の都合により、文章は掲載しておりません。
ご不便をおかけし、誠に申し訳ございません。

教英出版

お詫び

著作権上の都合により、文章は掲載しておりません。
ご不便をおかけし、誠に申し訳ございません。

教英出版

お詫び

著作権上の都合により、文章は掲載しておりません。
ご不便をおかけし、誠に申し訳ございません。

教英出版

お詫び

著作権上の都合により、文章は掲載しておりません。
ご不便をおかけし、誠に申し訳ございません。

教英出版

お詫び
著作権上の都合により、文章は掲載しておりません。
ご不便をおかけし、誠に申し訳ございません。
教英出版

（宇山佳佑『恋に焦がれたブルー』集英社）

*注　うだつの上がらない＝世間から評価されない。
メール＝歩橙の父が余命三ヶ月だというメール。
展示会＝榛名が横浜に支店を出すために「LOKI」の展示会を行った。
桃葉＝歩橙の幼なじみで、青緒の友だち。
捨てたはずの靴づくりの道具＝歩橙は交通事故で右手が動かなくなった時、靴づくりの道具を捨てた。青緒は偶然それを見てしまい、大切に取っておいた。
コンプレックス＝歩橙は左右の足の長さが違っていたため劣等感を持っていた。しかし、他者の足ばかり見ているうちに、いつしか靴に魅了され、靴職人を目指すようになった。

問一　[A]～[D]に適切な漢字一字を入れなさい。

問二　[I]～[IV]に入る適切な文を、次の中からそれぞれ一つずつ選び、記号で答えなさい。ただし、同じものを二回以上使ってはいけません。

ア　降り落ちる涙をはじいて靴が笑っている。
イ　青緒は涙をぬぐって大きく笑った。
ウ　青緒の表情がみるみるくずれてゆく。
エ　青緒は涙をこぼしながら榛名に笑いかけた。

問三　――線部①とありますが、「いくつもの涙がまなじりからあふれ」た時の青緒の気持ちを説明しなさい。

問四　――線部②とありますが、「涙をこらえてつぶや」く榛名の心の内の説明として最も適切なものを、次の中から一つ選び、記号で答えなさい。

ア　何の相談もなくいなくなった百合子に対して裏切られたように感じていたが、これまで靴を大切に持っていてくれたことから彼女の変わらない愛に気づき、彼女を信じきれなかった自分を責めている。

イ　結婚を前にして何も言わずに姿を消した上に、かつて自分が作った下手な靴を残していた百合子に対して不快感を覚える一方で、いまだに彼女を愛している気持ちも捨てきれず混乱している。

ウ　結婚の約束をしながら、百合子を探さずあきらめてしまった自分の愛情が本物ではなかったことに改めて気づき、当時のふがいない自分への怒りを下手な靴にぶつけて気を紛らわせようとしている。

エ　もっと立派な靴を作ってあげたかったというかつての後悔がよみがえってきたが、その靴を大事にはいてくれている百合子の娘に出会うことで、彼女との愛を再確認することができ幸福感に満たされている。

オ　一緒に生きることをあきらめてしまった、情けない自分のことなど忘れてもよかったのに、ずっと思ってくれていた百合子の気持ちに初めて気づき、言葉にできない思いで胸がいっぱいになっている。

問五　――線部③とありますが、「絵本にふれようと」したにもかかわらず、なぜ歩橙は「手を引っこめ」たのですか、わかりやすく説明しなさい。

問六　――線部④とありますが、「僕」と「君」の「夢」である「世界一の靴職人」とはどういう「靴職人になる」ことですか、説明しなさい。

問七　――線部⑤とありますが、「その手に力をこめた」榛名の気持ちとして最も適切なものを、次の中から一つ選び、記号で答えなさい。

ア　自分のことを否定し夢をあきらめてしまっている夏目に同情するものの、彼はまだ若く他人の意見を受け入れようとしないので何の力にもなってやれないが、少しでも励ますことで前を向いてもらいたいと思っている。

イ　夢をすぐにあきらめてしまうのは、人間なら誰でもあることなので、百合子を幸せにできなかったのは仕方なかったのだと自分に言い聞かせ、代わりに夏目に夢をかなえてもらうことで自らの罪悪感からのがれようと思っている。

ウ　百合子は亡くなり、自分は夢をもう追いかけられないことを痛感しながらも、夏目はまだ夢を追いかけられるので、ここであきらめて自分と同じような後悔をするのではなく、彼には自らの夢をかなえてほしいと思っている。

エ　娘が夏目を深く思う気持ちを知ったが、その必死な思いが夏目に届きそうにないと分かり、娘の力になれなかった自分のふがいなさにいたたまれなくなっているが、娘のためにも彼には夢を持ち続けてほしいと思っている。

オ　五年間弟子として指導してきたのに、靴づくりのことしか考えられない職人に育ててしまったことに対して、自分の無力さに気づいたが、せめて職人として初心の気持ちをつらぬくことの大切さを伝えようと思っている。

問八　――線部⑥とありますが、ここでの歩橙の気持ちを、わかりやすく説明しなさい。

令和３年度

白陵中学校入学試験問題

国　　語

（前期）

受験番号	

注意　１．時間は70分で，120点満点です。

２．開始の合図の後，まず問題用紙が１ページから16ページまで順になっているか確かめなさい。解答用紙は２枚あります。

３．表紙と解答用紙に受験番号を記入しなさい。

４．字数制限のある問いについては，句読点（くとうてん）なども１字として数えなさい。

2021(R3) 白陵中　前期
K 教英出版

中学後期　算数　問題・解答用紙　<No.4>

5　（20 点）

図 A のような，縦 2cm，横 2cm，高さ 1cm の直方体のブロックがたくさんあります。このブロックを固定された直方体の箱に入れるとき，何通りの入れ方があるか考えます。ただし，内部にすき間ができないように，また，はみ出さないように箱に入れます。

例えば，図 B のような 1 辺 2cm の立方体の箱では，使うブロックは 2 個で，入れ方は 3 通りあります。

次のような直方体の箱では何通りの入れ方があるか答えなさい。

(1)　図 1 のような，縦 2cm，横 3cm，高さ 2cm の直方体の箱

(2)　図 2 のような，縦 2cm，横 4cm，高さ 2cm の直方体の箱

(3)　図 3 のような，縦 4cm，横 4cm，高さ 2cm の直方体の箱

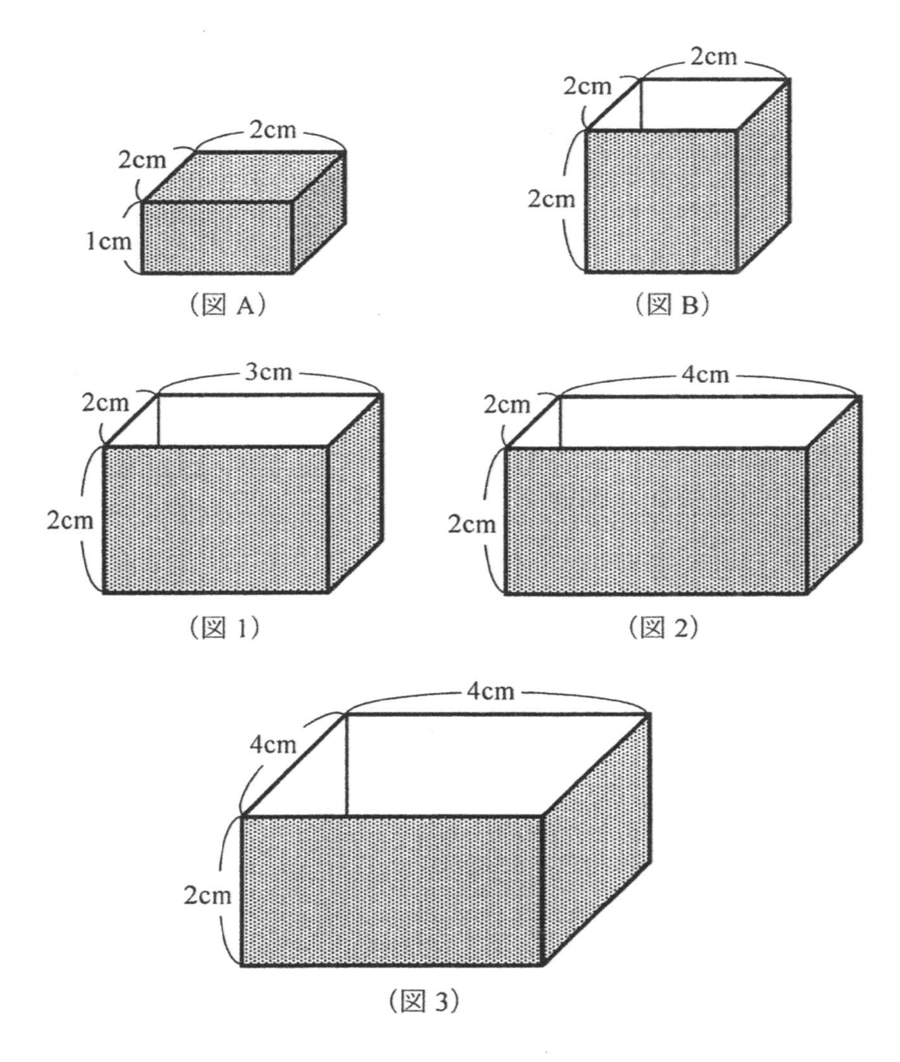

K 教英出版

中学後期　算数　問題・解答用紙　<No.3>

4　(20 点)

下から 2022 段，左から 2022 列のマス目と 1 個の石があります。1 段目で 1 列目のマスを S とします。石を初めに S に置き，マス目上で何回か動かしていきます。石を動かすときは，1 回ごとに次の 3 つの中から 1 つのマスを選び，そのマスに動かします。

・1 つ上のマス

・1 つ下のマス

・石のある段の段数と同じ数だけ右のマス

ただし，石はマス目の外には動かせません。

例えば，1 段目にある石を 1 回動かすときは，1 つ上か，1 つ右のマスに動かします。2 段目にある石を 1 回動かすときは，1 つ上か，1 つ下か，2 つ右のマスに動かします。

次の問いに答えなさい。

(1)　石を S から 3 回動かしたとき，最後に石があると考えられるすべてのマスに丸印(○)をかき入れなさい。解答欄(らん)には答えのみを記しなさい。

(2)　石を S から，初めに何回か上に，その後何回か右に，合計で 11 回動かしました。最後に石のある列ができるだけ右の列になるように動かしたとすると，最後に石は何列目にありますか。

(3)　5 段目で 6 列目のマスを A，1 段目で 2022 列目のマスを B とします。石を S から，途中で A にとまり，最後に B にあるように，合計で 126 回動かしました。上，下，右に動かした回数はそれぞれ何回ですか。また，A にとまるまでに上，下，右に動かした回数の合計は何回ですか。

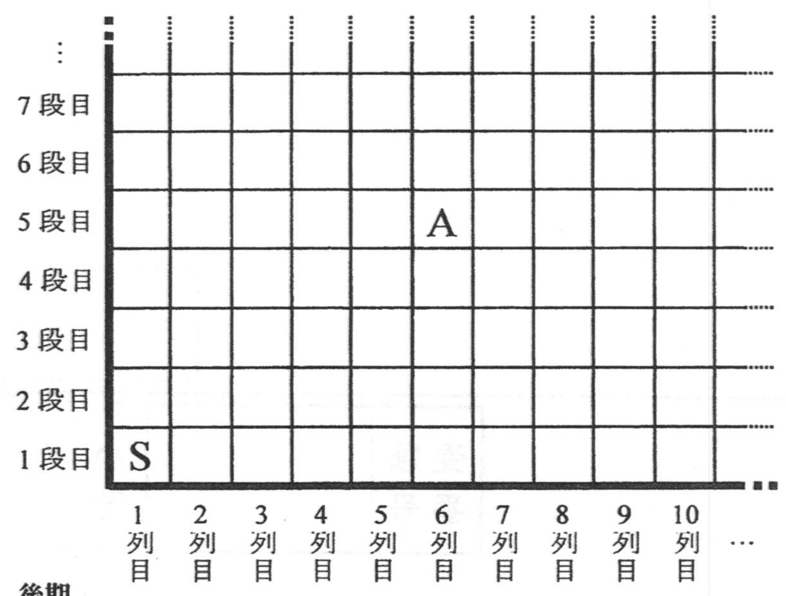

(1)

分後

(2)

分後

受験番号		小計	

中学前期　算数　問題用紙　<No.2>

3 （15 点）

図のように，縦 2cm，横 6cm の長方形と一辺が 10cm の正方形を並べて一つの図形をつくりました。この図形の辺上を動く 2 点 P，Q があります。

P は頂点 A から出発し，直線 AB 上を頂点 B まで進んだあと，直線 BC 上を頂点 C まで進みます。Q は頂点 D から出発し，直線 DC 上を C まで進んだあと，直線 CB 上を B まで進みます。P と Q は同時に出発し，ともに秒速 1cm で進みます。

次の問いに答えなさい。

(1)　P，Q が出発してから 7 秒後の三角形 PFG の面積と三角形 QFG の面積を求めなさい。

(2)　三角形 PFG と三角形 QFG の面積が等しくなるのは，P，Q が出発してから何秒後ですか。

(3)　P が直線 BC 上を動くとき，三角形 PFG と三角形 QFG の面積の差が $4cm^2$ となるのは，P，Q が出発してから何秒後ですか。すべて答えなさい。

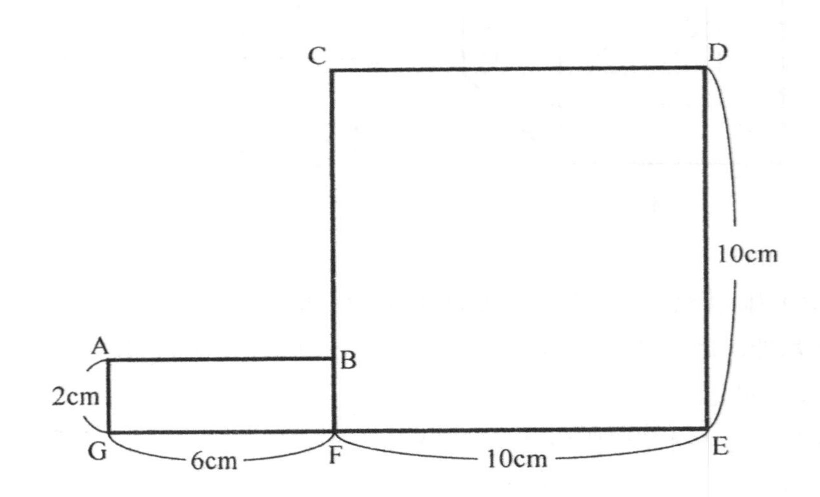

6 (15 点)

一辺が 12cm の立方体を，平面で切断していくつかの立体に切り分けます。それぞれの図で，辺上の黒い点は各辺を三等分する点です。

次の問いに答えなさい。

(1) 立方体を図 1 のように 3 つの平面で切り分けました。図 2 は，面 ABCD に現れる切り口を立方体の展開図にかき入れたものです。

(1-ア) 残りの面の切り口を解答用紙の展開図にかき入れなさい。ただし，立方体の辺に沿った切り口をかく必要はありません。解答用紙に答えのみを記しなさい。

(1-イ) 切り分けた立体のうち，体積が最も小さい立体の体積を求めなさい。

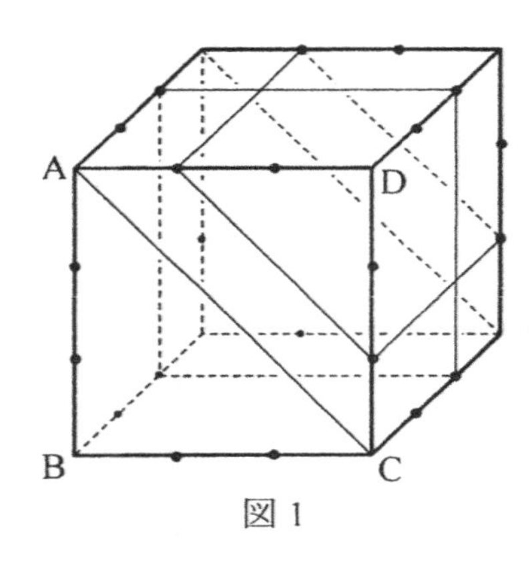

図 1

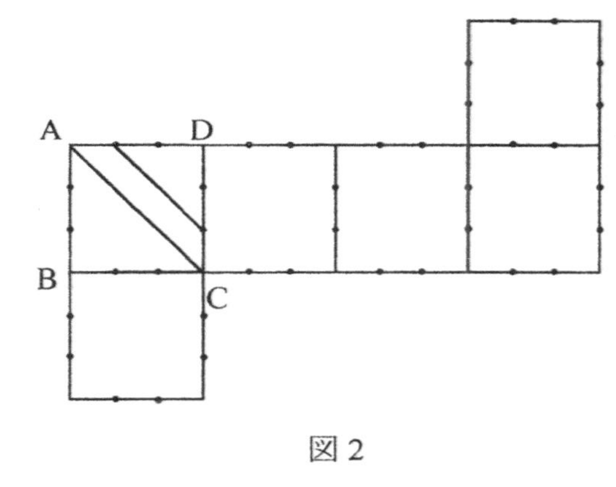

図 2

(2) 立方体をいくつかの立体に切り分けました。図 3 は，各面に現れる切り口を立方体の展開図にすべてかき入れたものです。ただし，立方体の辺に沿った切り口はかいていません。

(2-ア) 立方体を何個の立体に切り分けたか答えなさい。解答用紙に答えのみを記しなさい。

(2-イ) 切り分けた立体のうち，体積が最も小さい立体の体積を求めなさい。

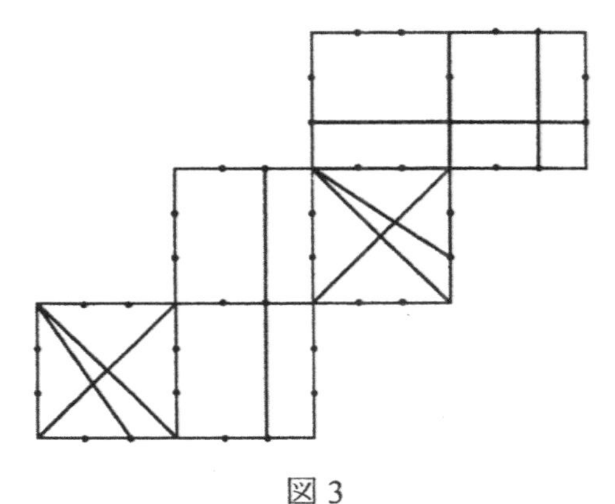
図 3

2 (20 点)

次の □ にあてはまる数を答えなさい。解答用紙に答えのみを記しなさい。

(1) 右の図で，直線 AD と直線 BD の長さは同じです。角**あ**の大きさは □ ° です。

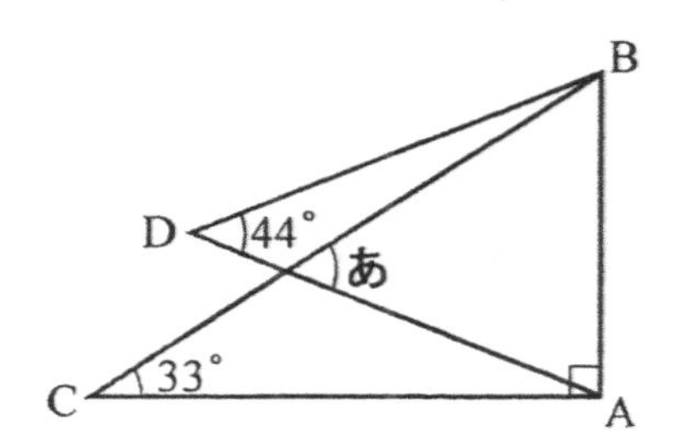

(2) 右の図は，面積が 108cm^2 の正六角形です。斜線部分の面積は □ cm^2 です。

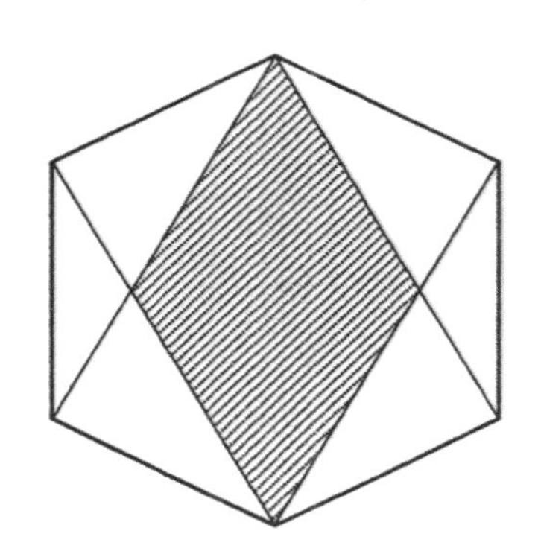

(3) 右の図の四角形 ABCD は一辺が 7cm の正方形で，三角形 ABQ と三角形 PHR は合同です。三角形 PQR の面積は □ cm^2 です。

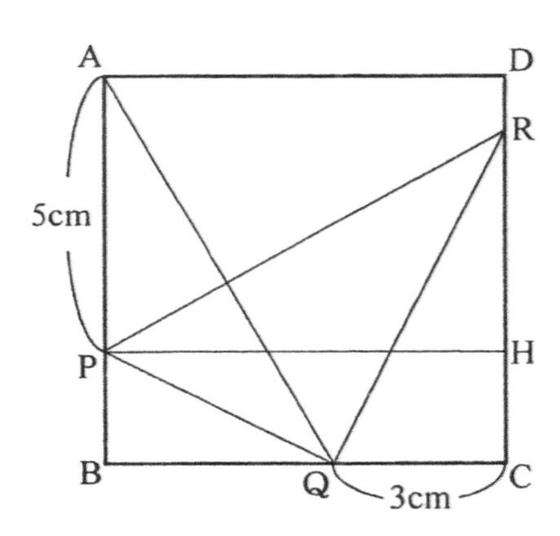

(4) 右の図のように，直径が 6cm の円の中に合同な直角二等辺三角形を 8 個並べました。斜線部分全体の面積は □ cm^2 です。

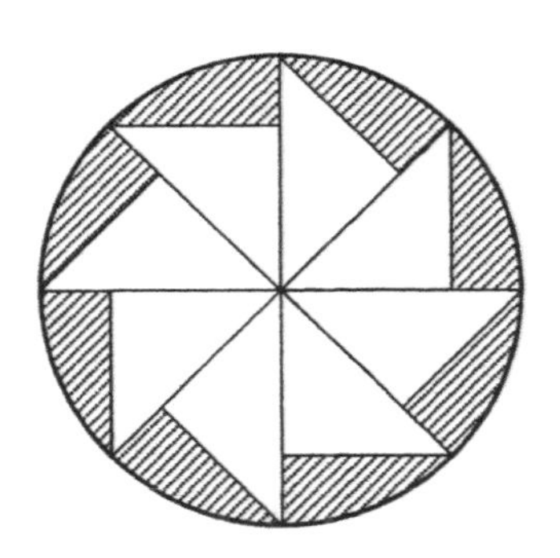

中学後期　算数　問題・解答用紙　<No.1>

注意：円周率は 3.14 として計算しなさい。

1 (20 点)

次の問いに答えなさい。

(1) 次の □ にあてはまる数を答えなさい。

右の図で，十二角形 ABCDEFGHIJKL は対角線 AG の長さが 12cm の正十二角形で，三角形 ADP と三角形 BCQ は正三角形です。

この正十二角形の面積は [ア] cm^2 で，四角形 ABCD の面積は [イ] cm^2 です。また，正三角形 ADP と正三角形 BCQ の面積の差は [ウ] cm^2 です。

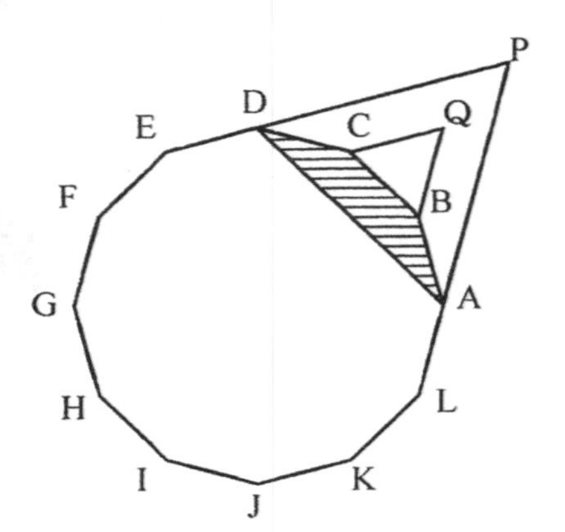

ア	イ	ウ
cm^2	cm^2	cm^2

(2) 金はやわらかい金属で，細長くまっすぐに伸ばして糸を作ることができます。できた糸を金糸(きんし)といいます。金の重さは $1cm^3$ あたり 19.32g で，これは金糸でも同じとします。金糸は細長い円柱であると考えると，底面の円の直径が 0.0006cm の金糸は，1g の金から何メートル作ることができますか。小数第1位を四捨五入して整数で答えなさい。また，途(と)中の計算も書きなさい。

m

令和４年度

白陵中学校後期入学試験問題

算　　数

受験番号	

注 意　１．時間は 60 分で，100 点満点です。

２．開始の合図の後，まず問題用紙（解答用紙をかねる）が４枚そろっているかどうか確かめなさい。

３．表紙と問題用紙（解答用紙をかねる）に受験番号を記入しなさい。

４．問題用紙（解答用紙をかねる）を折ったり，切ったりしてはいけません。

５．問題の中の図は正確なものとは限りません。

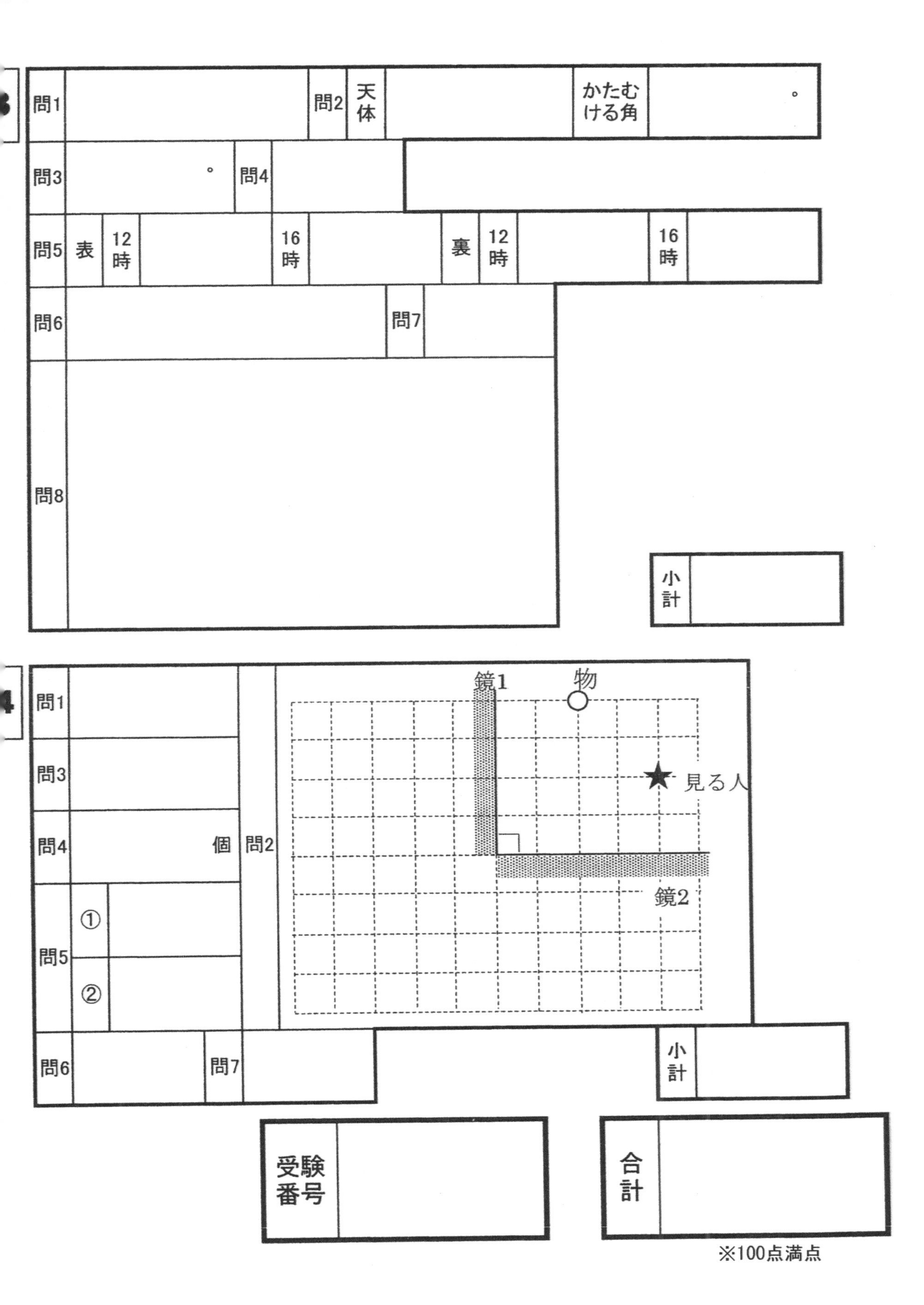
問1
問2
天体
かたむける角
°
問3
°
問4
問5
表
12時
16時
裏
12時
16時
問6
問7
問8
小計
問1
問2
鏡1
物
見る人
鏡2
問3
問4
個
問5
①
②
問6
問7
小計
受験番号
合計
※100点満点

中学前期　算数　解答用紙　＜No.2＞

5

(1)

分　　　　秒後

(2)

ア　　　　イ

(3)

分　　　　秒後

4

(1)

枚

(2)

番目

(3)

受験番号		小計	

問五
問四

前期

国語解答用紙（その一）

一

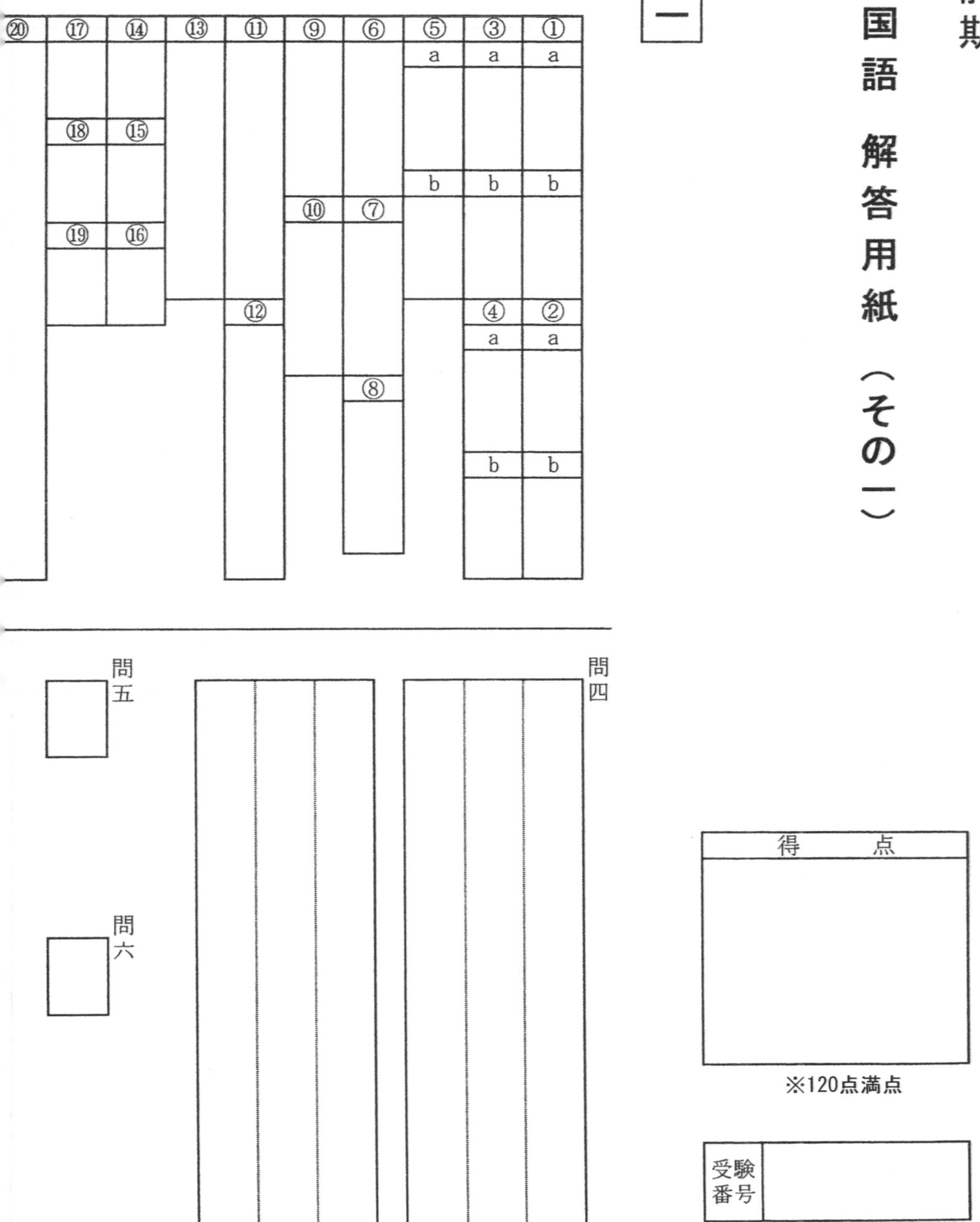

得点

※120点満点

受験番号

図 1，図 2 から分かるように、見る人の場所を変えても像ができる場所は変わらない。

問4 右図のように、4 枚の鏡を 2 枚ずつ向かい合わせて置きました。その真ん中に物を置いたとき、非常にたくさんの像ができます。右図のはん囲には、像が合計何個できるか答えなさい。

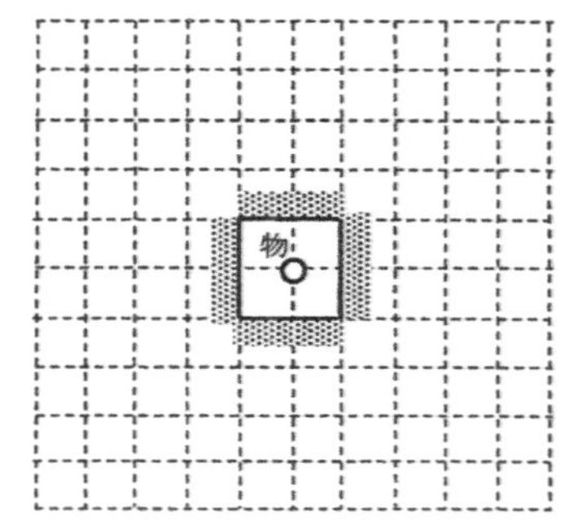

問5 図 5 のように、2 枚の鏡がなす角度を 60° にして立て、物を置きました。鏡 1，鏡 2 による物の像は、図 6 のそれぞれ**イ**，**コ**にできます。①**イ**にできた像の鏡 2 による像ができる場所を**オ**～**コ**から，②**コ**にできた像の鏡 1 による像ができる場所を**ア**～**カ**からそれぞれ一つ選び、記号で答えなさい。

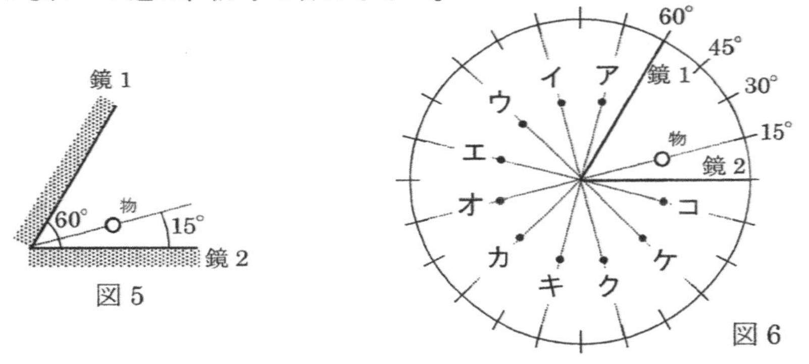

図 5

図 6

問6 図 5 には合計 5 つの像ができます。**イ**，**コ**，**問5**の答えの場所以外に像ができる場所を**ア**，**ウ**～**ケ**から一つ選び、記号で答えなさい。

問7 右図のように、二枚の鏡がなす角度を 60° にして立て、物を 2 つ置きました。物 2 は物 1 よりも大きいです。見る人が鏡のつなぎ目付近を見たとき、見える像を下から一つ選び、記号で答えなさい。

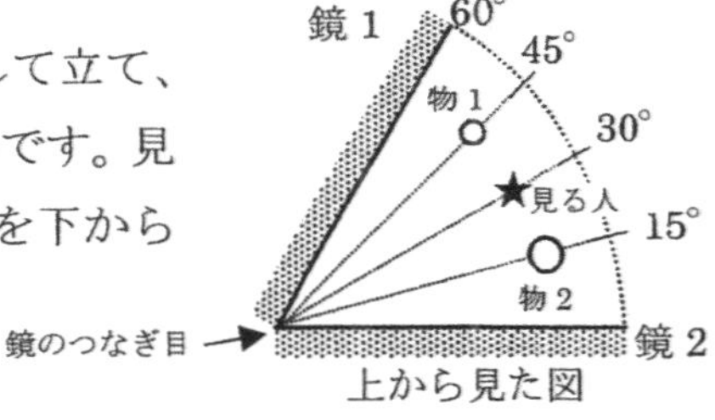

上から見た図

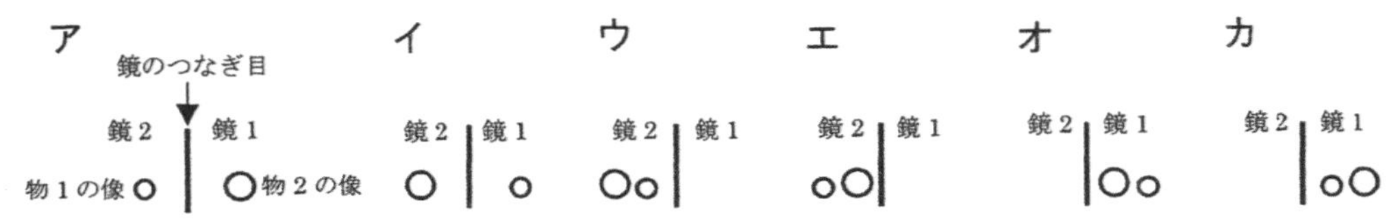

3 次の文を読んで、各問いに答えなさい。(25 点)

地球は北極と南極を結ぶ線を軸(じく)(地軸という)にして西から東へ 1 日 1 回転している。春分・秋分の日は太陽の光と地軸が垂直、夏至(げし)の日は図 1 の右の図のようにかたむいている。冬至の日はその反対にかたむいている。

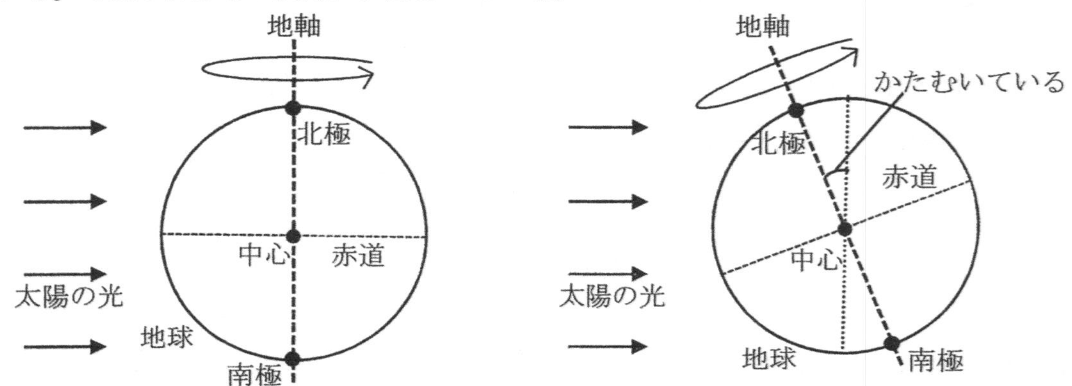

図 1　春分・秋分の日(左), 夏至の日(右)

水平面に長い棒を地軸と平行に立て、1 時間ごとに影(かげ)をなぞり目盛(めも)りを刻むと日時計ができる (図 2)。①目盛りと目盛りの間の角度は朝, 夕と正午近くで異なった角度になる。目盛り間の角度が変わらない日時計を作りたい。

円盤(ばん)の中心に長い棒 (針とよぶ) を円盤と垂直に差し込んで作った日時計をコマ型日時計という(図 3－左)。針を地軸と平行にすると、ほぼ一年中使える目盛り間の角度が変わらない日時計ができる。②針の影が円盤の表にできる季節と裏にできる季節があるため、円盤の両面に目盛りと時刻を刻む。**問6** 以外は明石に日時計を設置した。明石では 1 年を通して太陽が 12 時に真南にくるとする。

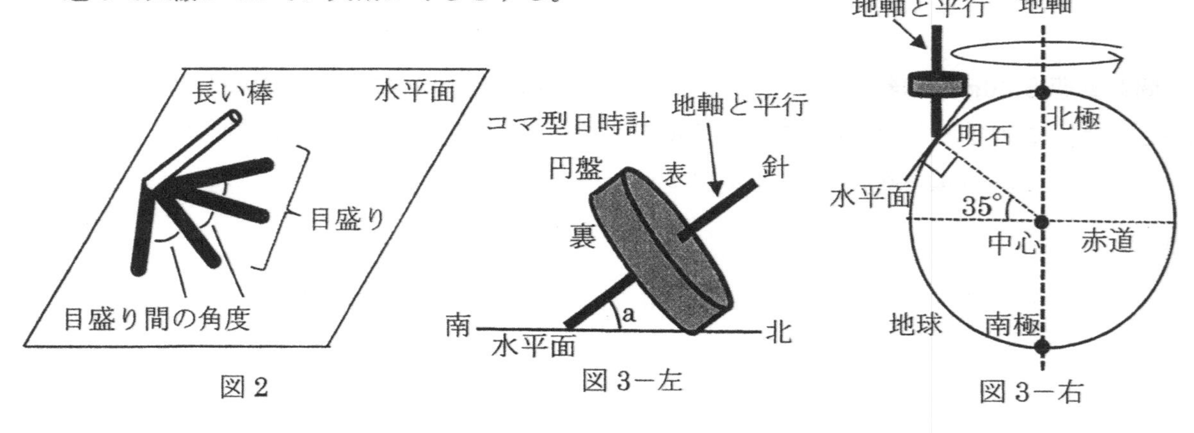

図 2　　図 3－左　　図 3－右

問1 下線部①について、目盛り間の角度が大きいのは早朝と正午近くのどちらですか。

問2 針の延長線上にある星は何ですか。また、針は水平面に対して何度かたむければよいですか (図 3－左の a)。横から見ると、明石と地球の中心を結ぶ直線と赤道の間の角度は 35° です (図 3－右)。

問3 石灰水にBTB溶液を加えると水溶液は何色になりますか。

問4 試験管に入れた重曹の重さと物 A の重さの関係をグラフに表しなさい。グラフは重曹の重さが 0～7.56g のはん囲で表しなさい。

問5 試験管に入れた重曹の重さが次のようなとき、物Aの重さは何gになりますか。

① 5.46g　　② 7.20g

問6 物Aの重さが 1.25g であったとき、試験管に入れた重曹の重さは何 g ですか。考えられる重さをすべて答えなさい。

問7 条件を変えたとき、物Aの重さが前の2倍になるものを下からすべて選び、記号で答えなさい。ただし、加熱や反応は十分に行い、下に示した条件以外は同じである。

ア　試験管に入れた重曹の重さを1.00gから2.00gに変える。
イ　試験管に入れた重曹の重さを2.00gから4.00gに変える。
ウ　試験管に入れた重曹の重さを1.24gから4.24gに変える。
エ　試験管に入れた重曹の重さが0.84gのとき、石灰水の体積を2倍にする。
オ　試験管に入れた重曹の重さが0.84gのとき、石灰水のこさを2倍にする。

問8 試験管に入れた重曹の重さを 2 倍にしても物 A の重さが変わらないのは、重曹の重さが何 g のときですか。

問9 重曹 6.30g を加熱しはじめましたが、とちゅうで加熱をやめて反応を止めました。このとき物 A の重さは 1.75g でした。反応せず残った重曹は何 g ですか。考えられる重さをすべて答えなさい。

1 次の文を読んで、各問いに答えなさい。(25点)

理科の授業でH君は、だっし綿を入れた容器にインゲンマメの種子をまいて十分な水をあたえると種子が発芽することを習った。このとき、土がなくても種子が発芽することにおどろいたH君は、発芽の条件が何か気になり、次の実験を行った。

【実験1】だっし綿を入れた容器にインゲンマメの種子をまいた。水をあたえずにおくと、どれだけ時間がたっても発芽しなかった。

【実験2】だっし綿を入れた容器にインゲンマメの種子をまき、水をあたえたものを2つ用意した。一方には十分に日光を当て、他方には光を当てなかった。しばらくすると、どちらの種子も発芽したが、日光を当てた方は発芽後によく成長したのに対して、光を当てなかった方は発芽後あまり成長しなかった。

【実験3】だっし綿を入れた容器にインゲンマメの種子をまき、水をあたえたものを3つ用意した。1つ目の温度を4℃に、2つ目を25℃に、3つ目を50℃に保った。しばらくすると、2つ目の種子は発芽したが、他の種子は発芽しなかった。

これらの実験から、インゲンマメの種子が発芽するためには(**あ**)は必要ではなく、水や適切な(**い**)が必要であることがわかった。この結果を先生に報告したところ、先生から植物の種子が発芽するには水や適切な(**い**)の他に空気が必要であると教えてもらった。他にも、インゲンマメの種子が発芽する時は種子の中に養分としてたくわえられているデンプンが分解されて使われること，①イネが発芽する時はデンプンを分解するものが種子から出ていること，②種子の発芽に日光が必要な植物もあることを教えてもらった。

問1 【実験1】を行うときに、だっし綿を入れる理由を簡単に答えなさい。

問2 (**あ**),(**い**)に適切な語を入れなさい。

問3 下の(**う**)に5字程度の適切な語句,(**え**)に適切な語を入れて文を完成させなさい。

「【実験2】と【実験3】を行うときにH君が毎日気を付けてすることは、(**う**)具合を確かめ、もとと同じになるように(**え**)を加えることである。」

問4 インゲンマメとイネの芽生えはどれですか。下からそれぞれ一つ選び、記号で答えなさい。

ア

イ
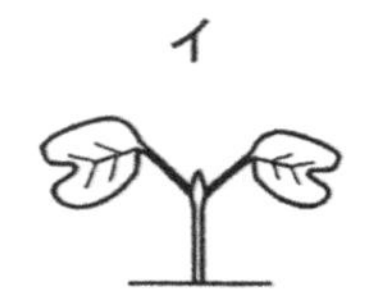
ウ

エ
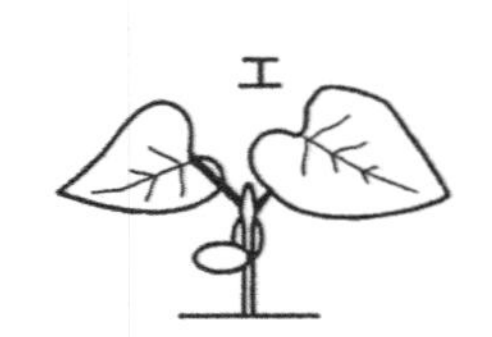

令和4年度

白陵中学校入学試験問題

理　　　科

（前期）

受験番号	

注 意　1．時間は70分で，100点満点です。

2．開始の合図の後，まず問題用紙が1ページから8ページまで順になっているか確かめなさい。解答用紙は1枚です。

3．表紙と解答用紙に受験番号を記入しなさい。

中学前期　算数　問題用紙　＜No.3＞

5 (15 点)

縦 35cm，横 90cm，高さ 50cm の直方体の水そう X，Y が水平な床に置かれています。X の中には図のように，左側が 60cm，右側が 30cm となる位置に，側面と平行で厚みのない長方形の仕切りが入っています。

X には仕切りの左側から単位時間あたりに一定の水量で，Y には単位時間あたりに X の 3 倍の水量で，それぞれ水そうがいっぱいになるまで水を入れます。

X に水を入れ始めてしばらくしてから Y に水を入れ始めると，X に水を入れ始めてから 12 分 30 秒後に Y が水でいっぱいになり，さらにその 2 分 30 秒後に X が水でいっぱいになりました。グラフは，X に水を入れ始めてからの時間と X の水面の高さの関係を表したものです。ただし，X の水面の高さは，仕切りの左側の水面の高さとします。

次の問いに答えなさい。

(1) Y に水を入れ始めたのは，X に水を入れ始めてから何分何秒後か答えなさい。

(2) グラフの ア，イ にあてはまる数を答えなさい。

(3) Y が水でいっぱいになるまでに X と Y の水面の高さが等しくなるのは，X に水を入れ始めてから何分何秒後か答えなさい。

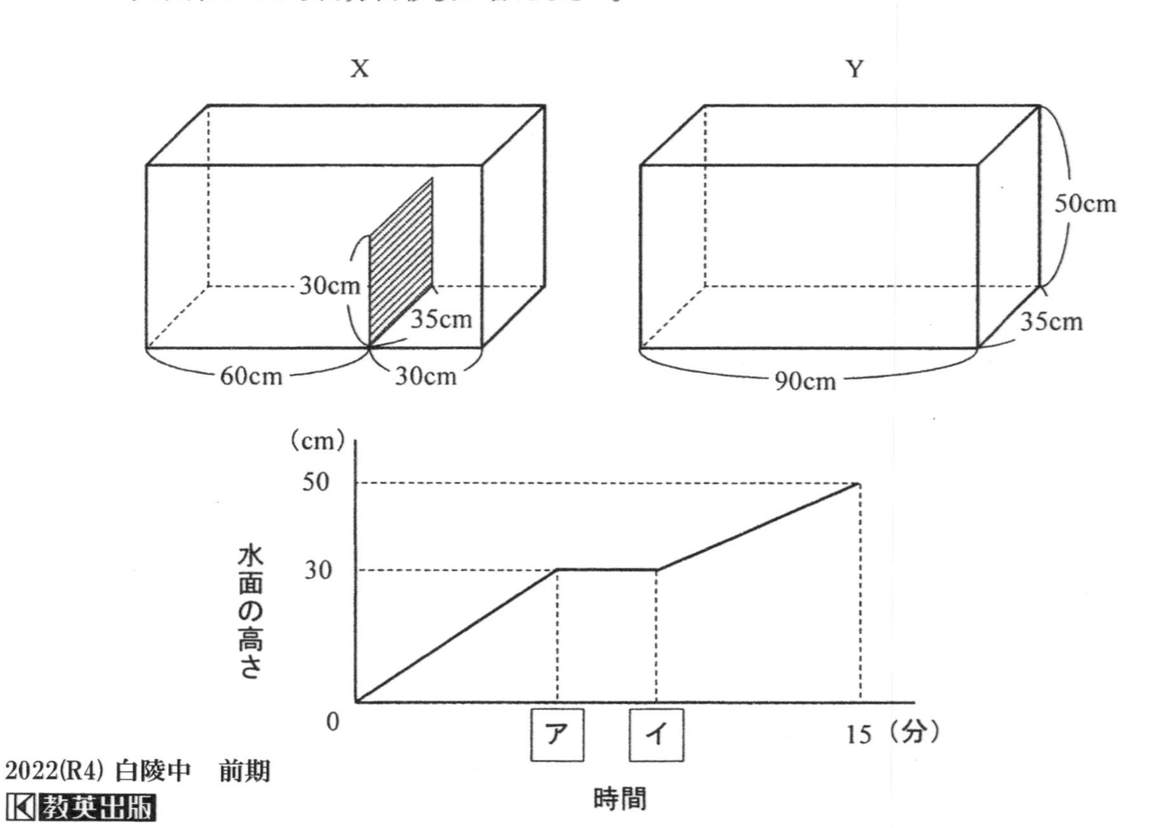

4 （15 点）

1 から 2022 の整数が 1 つずつ書かれた 2022 枚のカードがあります。初めに，2022 枚のカードから 5 の倍数が書かれたカードを，数字の小さい順に 1 枚ずつ取り除きます。次に，残ったカードから 3 の倍数が書かれたカードを，数字の小さい順に 1 枚ずつ取り除きます。最後に，残ったカードから 2 の倍数が書かれたカードを，数字の小さい順に 1 枚ずつ取り除きます。

次の問いに答えなさい。

(1) 2022 枚のカードから 5 の倍数が書かれたカードをすべて取り除いたとき，残ったカードは何枚ですか。

(2) 2022 が書かれたカードは何番目に取り除かれますか。

(3) 1300 番目に取り除かれるカードに書かれた数字を答えなさい。

中学前期　算数　問題用紙　<No.1>

注意：円周率は 3.14 として計算しなさい。

1　(20 点)

次の [　　] にあてはまる数を答えなさい。解答用紙に答えのみを記しなさい。

(1) $\frac{5}{6}\times\left\{\left(\frac{3}{5}-\frac{2}{7}\right)\div\frac{11}{7}\right\}=$ [　　]

(2) $1.832\times1.25-2.427\div1.5=$ [　　]

(3) $4\div\left\{\left(\boxed{\quad}-\frac{1}{3}\right)\div5+\frac{7}{6}\right\}+8=10$

(4) ある仕事は，A さんだけで進めるとちょうど 45 日，B さんだけで進めるとちょうど 54 日，C さんだけで進めるとちょうど 36 日で終わります。

この仕事を 3 人でいっしょに進めると，[　　] 日で終わります。ただし，一日の途中で仕事が終わったときは，その日も一日として数えます。

(5) 整数 A を 78 で割って小数第一位を四捨五入すると 10 になりました。

A として考えられる整数のうち，一番小さいものは [ア] で，一番大きいものは [イ] です。

令和４年度

白陵中学校入学試験問題

算　　数

（前期）

受験番号	

注　意　１．時間は70分で，100点満点です。

２．開始の合図の後，まず問題用紙が３枚，解答用紙が２枚そろっているかどうか確かめなさい。

３．表紙と解答用紙のそれぞれに，受験番号を記入しなさい。

４．問題用紙と解答用紙は，折ったり，切ったりしてはいけません。

５．問題の中の図は正確なものとは限りません。

問5 種子にたくわえられている養分が主にデンプンでないものを下からすべて選び、記号で答えなさい。

ア コムギ　　イ アブラナ　　ウ トウモロコシ　　エ ゴマ

下線部①について、イネの種子のどの部分からデンプンを分解するものが出ているかを調べるため、イネの種子を下図のA～Cの部分に分け【実験4】を行った。

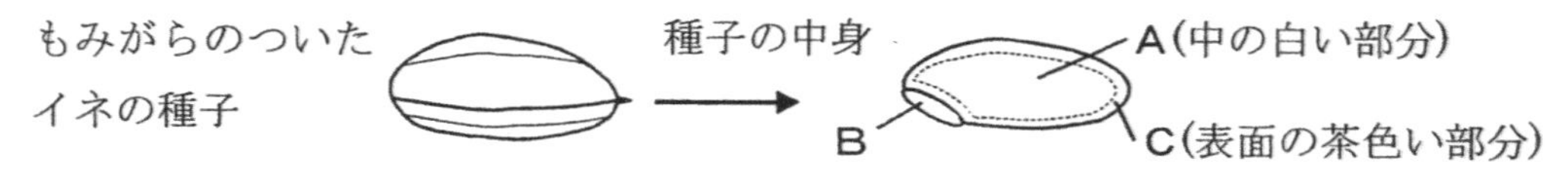

【実験4】イネの種子を一晩水につけた後もみがらをとり、水とデンプンをふくませた台（一）～（七）に種子のA～Cを組み合わせてのせ、2日間温度を20℃に保った。その後、のせていたものを台から取り除き、台にうすいヨウ素液をつけた。その結果は右表のようになった。この表で、A～Cをのせていた場所とその周りが青むらさき色にならなかった場合は×，台全体が青むらさき色になった場合は○と記した。結果から、③デンプンの分解にはBとCの両方が必要であることが分かった。

台	のせた部分	結果
(一)	A, B, C	×
(二)	A, B	○
(三)	A, C	○
(四)	B, C	(お)
(五)	A	○
(六)	B	(か)
(七)	C	(き)
(八)	なし	○

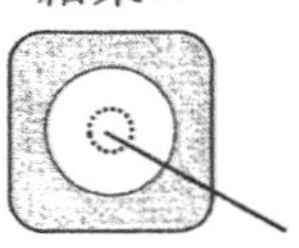

問6 下線部③から考えて、表の結果に「○」が入るものを（ お ）～（ き ）からすべて選び、記号で答えなさい。

最後に、BとCからデンプンを分解するものが出る過程を調べるために【実験5】を行った。

【実験5】水とデンプンをふくませた台（九）と（十）を用意し、台（九）にBを，台（十）にCをのせて2日間温度を20℃に保った。次に、台の上のBとCを互いに入れかえて、2日間20℃に保った。最後に、のせていたものを台から取り除き、台にヨウ素液をつけた。その結果、台（九）は×，台（十）は○となった。BとCを入れかえたとき、BやCから出たものは台に残っていた。

問7 【実験5】からわかることを下から一つ選び、記号で答えなさい。

ア　Bから出たものをCが受け取ると、Cはデンプンを分解するものを出す。

イ　Cから出たものをBが受け取ると、Bはデンプンを分解するものを出す。

ウ　Bから出たものとCから出たものが混ざるとデンプンを分解するものになる。

問8 下線部②について、発芽に日光が必要な植物がたくさんあります。これらの植物の種子の大きさは、日光がなくても発芽する植物の種子と比べて小さいものが多いことが分かっています。なぜ種子が小さくてよいのかを答えなさい。

2 次の文を読んで、各問いに答えなさい。(25点)

無色とう明な石灰水に二酸化炭素を通すと白くにごる。これは石灰水と二酸化炭素が反応して水にとけない白色の物Aができるからである。すべての石灰水が二酸化炭素と反応した後でさらに二酸化炭素を加えると、今度はできた物Aと二酸化炭素が反応し始める。物Aと二酸化炭素が反応すると水にとけやすい物Bができ、白いにごりがなくなってとう明になる。このとき反応する物Aの重さと二酸化炭素の量は比例する。

重曹(じゅうそう)を試験管に入れ、十分に加熱して二酸化炭素を発生させた。次に、発生させた二酸化炭素を石灰水に加え十分反応させた。試験管に入れた重曹の重さとできた物Aの重さの関係は、下の表のようになった。なお、このときに用いた石灰水は常に同じこさで同じ体積である。また、石灰水や物Aと反応できる二酸化炭素はすべて反応するものとする。

表

重曹の重さ〔g〕	0	0.84	2.52	3.36	5.04	5.88	6.30	7.56
物Aの重さ〔g〕	0	0.50	1.50	2.00	1.00	0.50	0.25	0

問1 物 A を取り出すために使う器具の正しい使い方を下から一つ選び、記号で答えなさい。ただし、図ではろうと台などを省略しています。

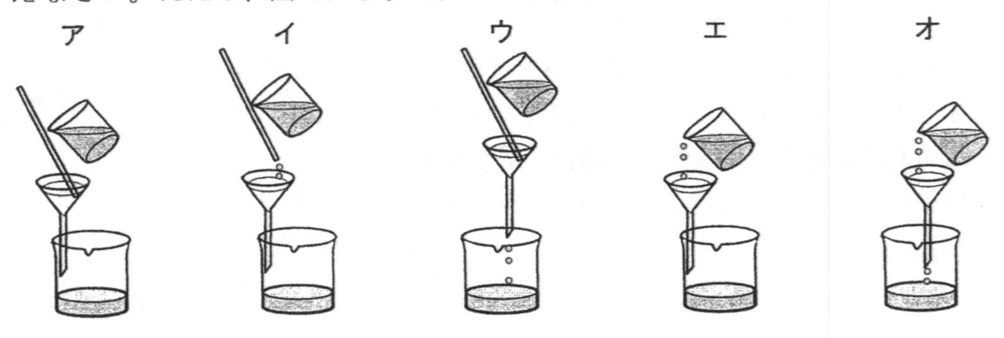

問2 二酸化炭素をふくまない気体を下から一つ選び、記号で答えなさい。

ア 石灰石に塩酸を加えるとできる気体
イ ドライアイスに水を加えるとできる気体
ウ 天然ガスを燃やすとできる気体
エ 水素を燃やすとできる気体
オ ビールを製造する過程でできる気体
カ 動物がはく息の中にふくまれる気体

問3　コマ型日時計の場合、1時間当たりの目盛り間の角度を何度にすればよいですか。

問4　下線部②について、夏至の日は円盤の表と裏のどちらに針の影ができますか。

問5　コマ型日時計の12時と16時にあたる目盛りを表は**あ**〜**ね**から、裏は**A**〜**X**から選び、それぞれ記号で答えなさい。ただし、図は表面，裏面をそれぞれ正面から見た図で、▲の位置は北を指します。

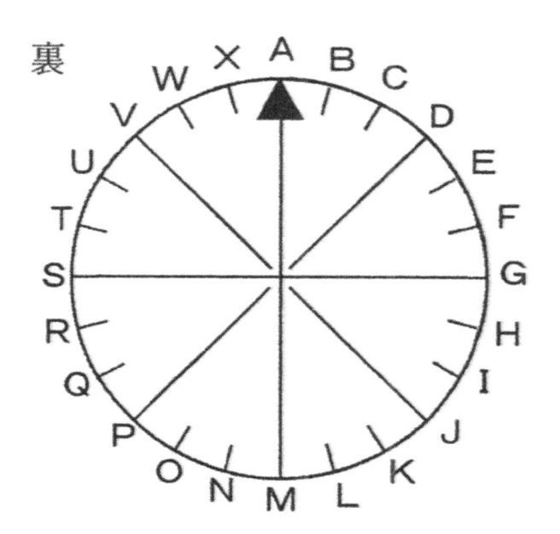

問6　地軸に垂直な直線を明石と千葉からそれぞれひきました（右図）。この2つの直線の間の角度は5°で、千葉は明石よりも東にあります。千葉で**問5**のコマ型日時計を▲が北になるように設置した場合、影が指す時刻は実際の時刻に比べて何分進んでいますか、それとも何分遅（おく）れていますか。

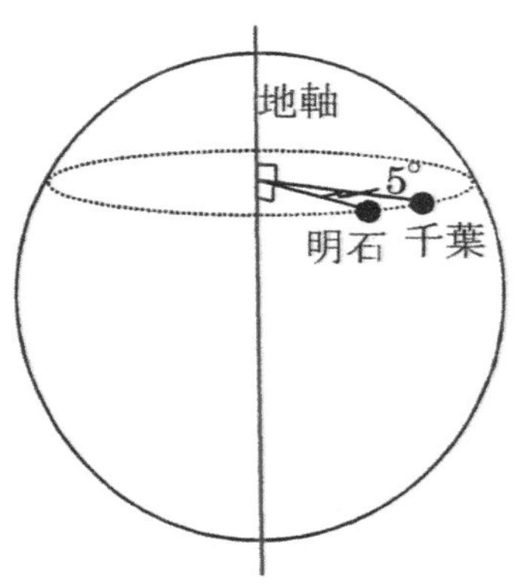

問7　春分・秋分の日にはコマ型日時計は使えなくなります。その理由を下から一つ選び、記号で答えなさい。

ア　針の影が円盤の表にできるから

イ　針の影が円盤の裏にできるから

ウ　針の影が円盤の表にも裏にもできるから

エ　針の影が円盤の表にも裏にもできないから

問8　コマ型日時計をどのように改良すれば、春分・秋分の日の日中に日時計を使うことができますか。図を用いて説明しなさい。目盛りは等間隔（かく）になるようにしなさい。

4 次の文を読んで、各問いに答えなさい。(25点)

光はまっすぐ進む。図１のように物から出た光が鏡で反射するとき、光が鏡に当たるときの角度と、光が反射したあとの角度が等しくなる。物（図中の○印）からはいろいろな方向に光が出るが、鏡を見る人（図中の★印）の目には実線でえがいた道筋の光だけが入る。光はまっすぐ進むので、鏡を見る人には、物から出た光は図中の●印（像とよぶ）から出たように見える。鏡はすべて地面に垂直に立てた。

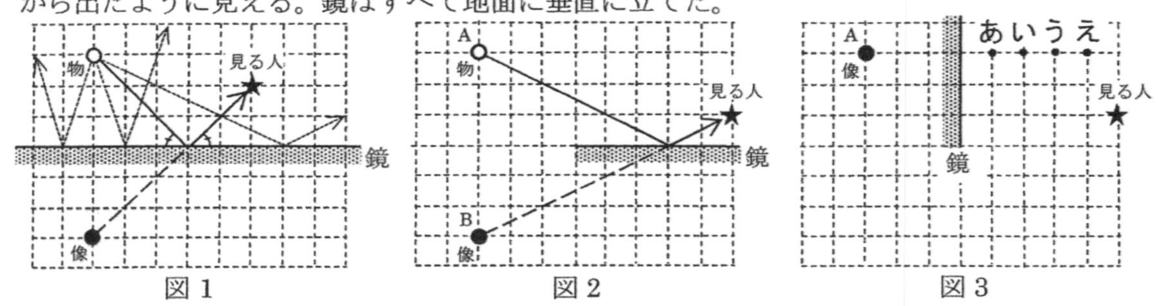

図１　図２　図３

問1 図２のAに物を置くとBに像ができます。図３のAに像を作るには、物をどこに置けば良いですか。あ〜えから一つ選び、記号で答えなさい。

図４のように鏡１と鏡２のなす角度を90°にして立てた。問1の答えの場所に物を置くと、物の鏡１による像がAにできる。この像の鏡２による像がBにできる。この他に、物の鏡２による像ができる。

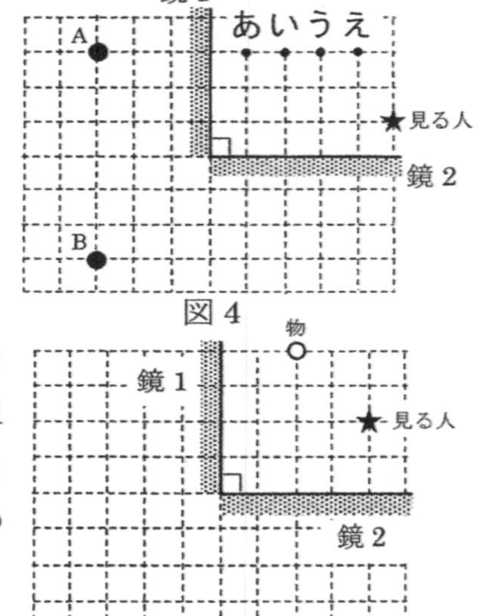

図４

問2 右図のように鏡１と鏡２を立てました。像ができるすべての場所に●を書きなさい。また、鏡１で１回反射したあと見る人へ向かう光の道筋と，鏡１と鏡２で１回ずつ反射したあと見る人へ向かう光の道筋をそれぞれ作図しなさい。

問3 右図のように、２枚の鏡を立て、物を２つ置きました。物２は物１よりも大きいです。見る人が鏡のつなぎ目付近を見たとき、見える像を下から一つ選び、記号で答えなさい。物１の像は図の●の場所に見えました。

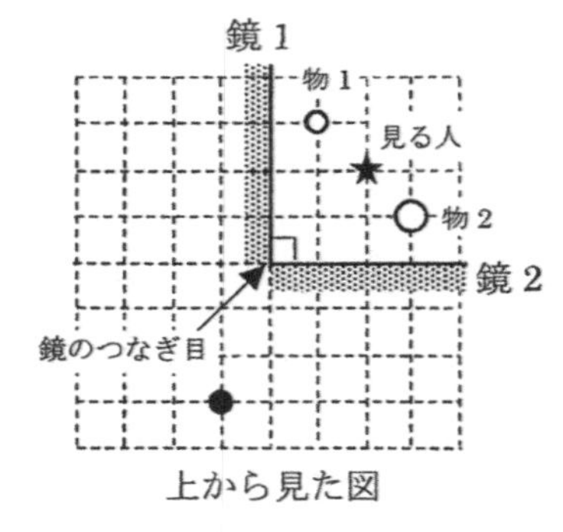

上から見た図

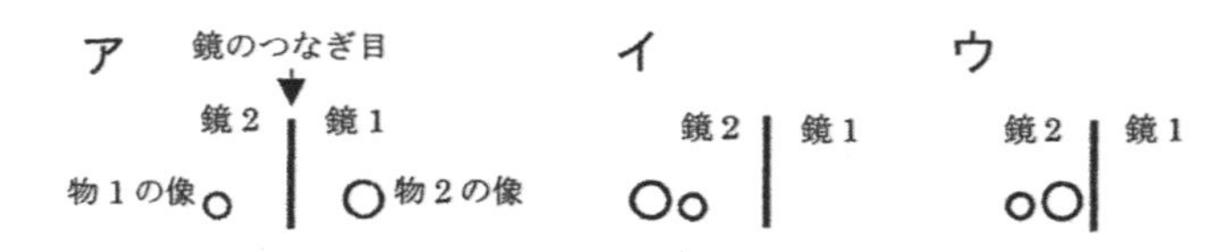

K 教英出版

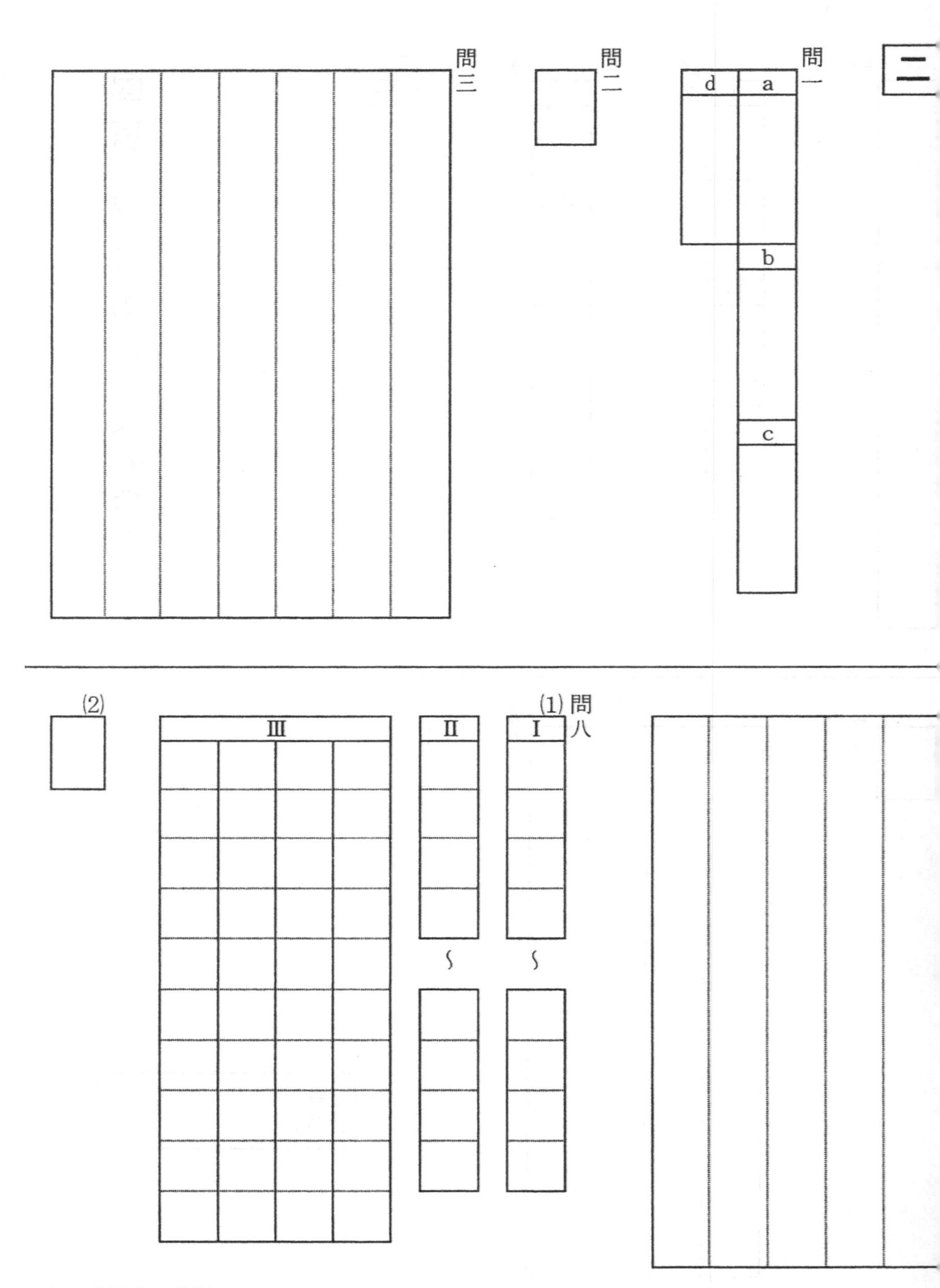
二
問一
a
b
c
d
問二
問三
問八
(1)
I
II
III
(2)

前期

国語　解答用紙（その二）

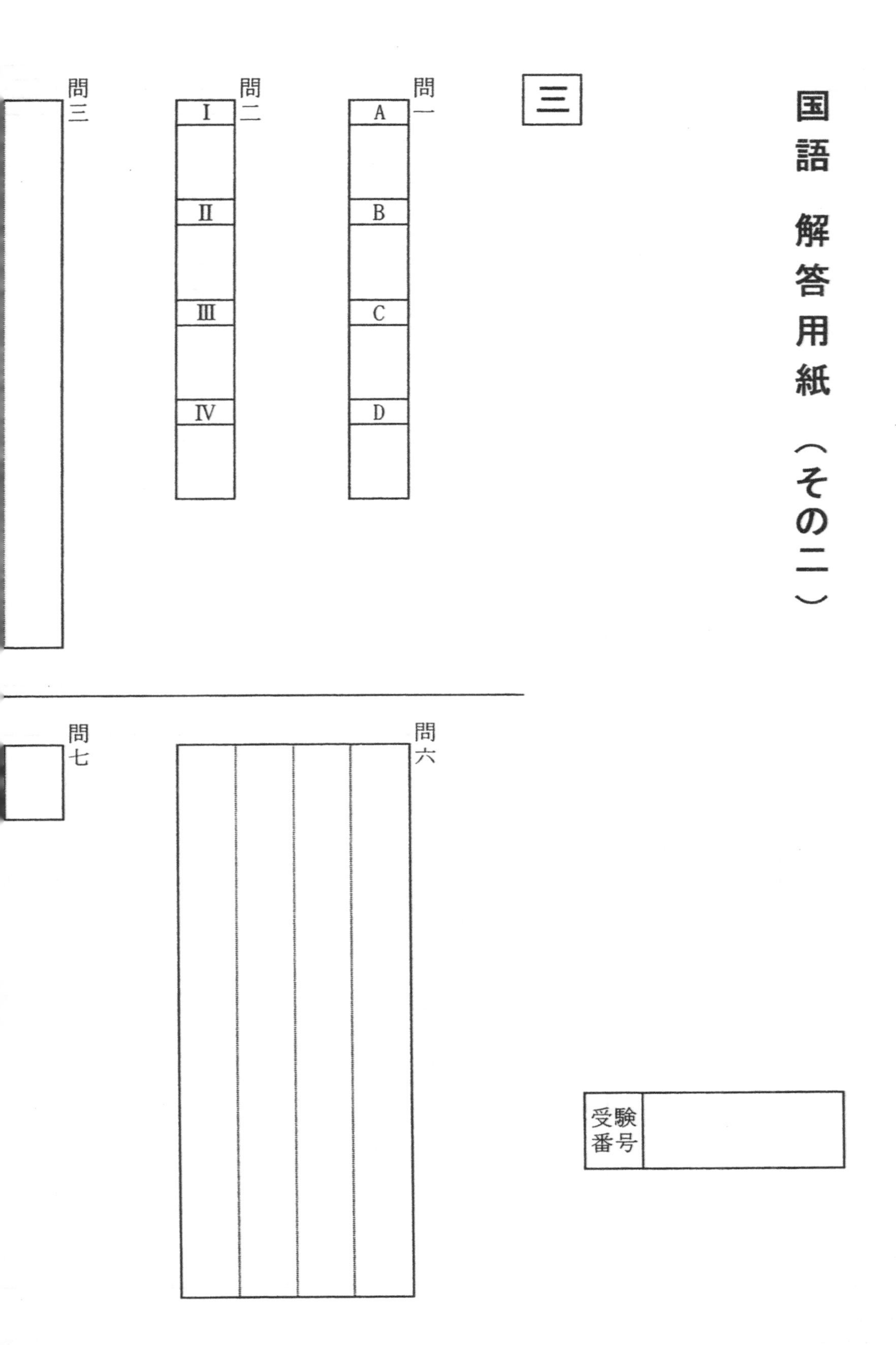

中学前期　算数　解答用紙　<No.1>

1

(1)

(2)

(3)

(4)

(5) ア

(5) イ

2

(1)

(2)

(3)

(4)

3

(1)

三角形 PFG　　cm^2

三角形 QFG　　cm^2

(2)

秒後

(3)

6

(1-ア)

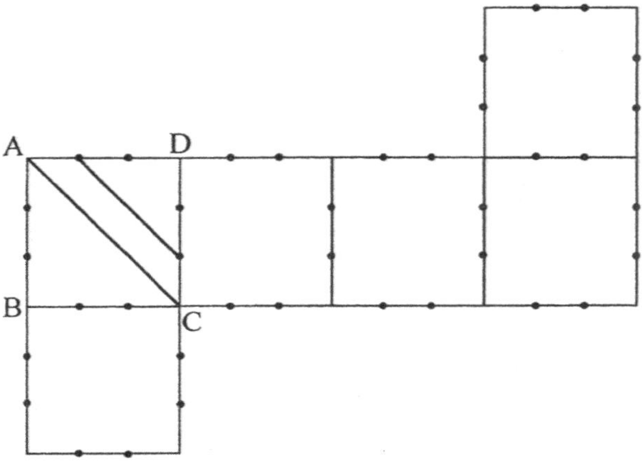

A D B C

(1-イ)

cm^3

(2-ア)

個

(2-イ)

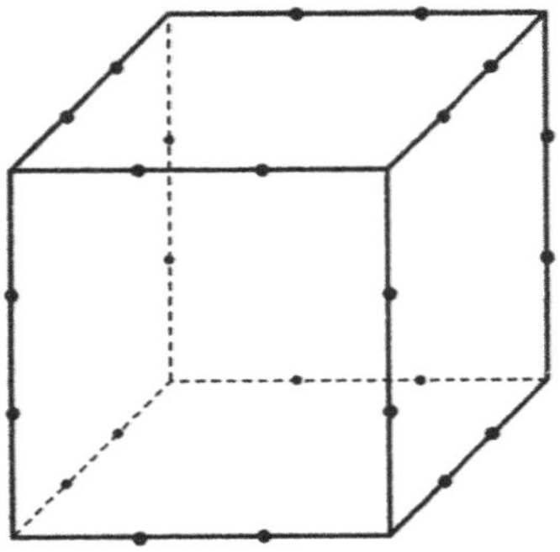

cm^3

受験番号		小計		合計	

※100点満点

前期　理科　解答用紙

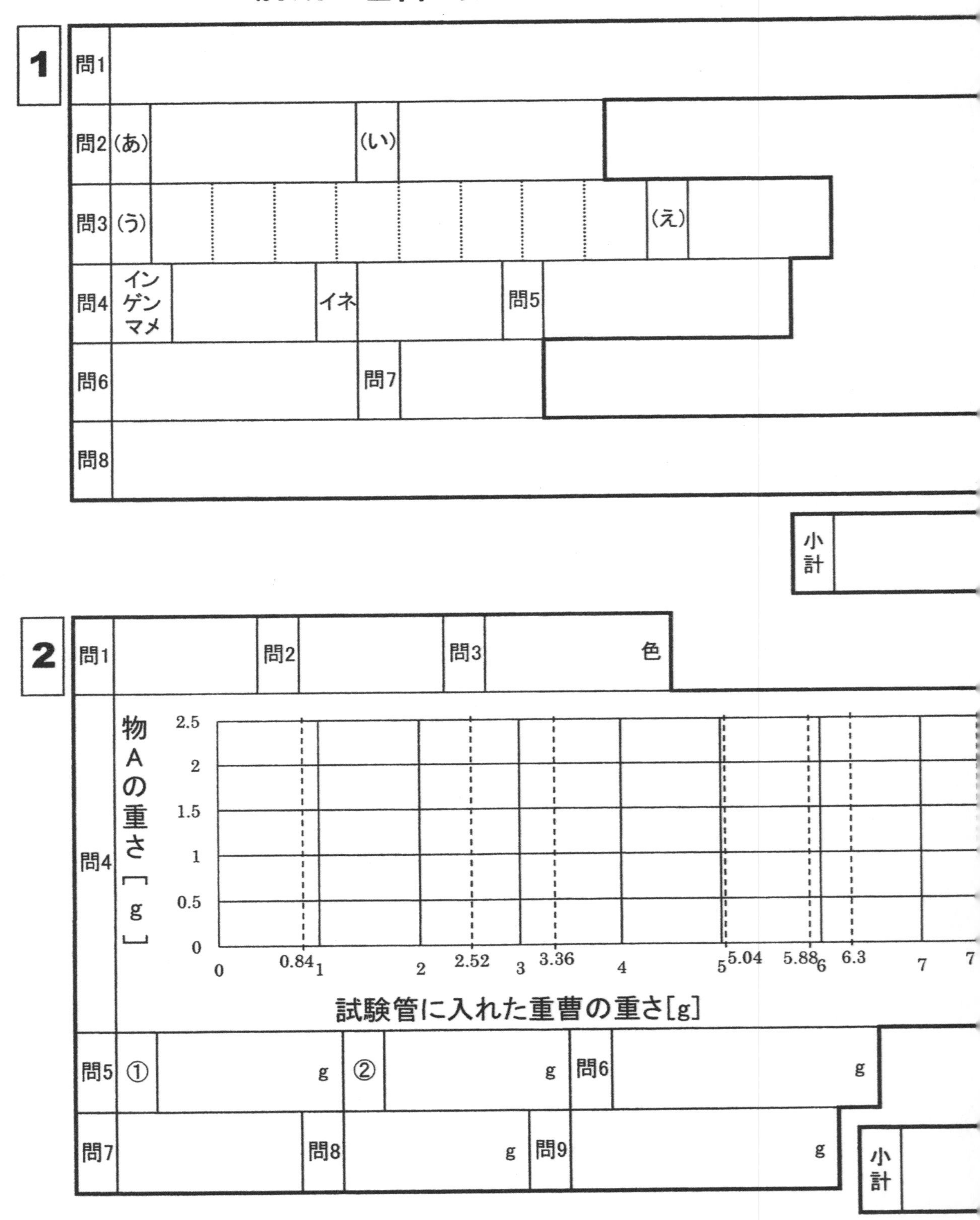

1
問1
問2 (あ) (い)
問3 (う) (え)
問4 インゲンマメ イネ 問5
問6 問7
問8
小計
2
問1 問2 問3 色
問4
物Aの重さ[g]
2.5
2
1.5
1
0.5
0
0 0.84 1 2 2.52 3 3.36 4 5 5.04 5.88 6 6.3 7
試験管に入れた重曹の重さ[g]
問5 ① g ② g 問6 g
問7 問8 g 問9 g
小計

令和４年度

白陵中学校後期入学試験問題

国　　語

受験番号	

注 意　1．時間は60分で，100点満点です。

2．開始の合図の後，まず問題用紙が1ページから9ページまで順になっているか確かめなさい。解答用紙は2枚あります。

3．表紙と解答用紙のそれぞれに受験番号を記入しなさい。

4．字数制限のある問いについては，句読点（くとうてん）なども1字として数えなさい。

2022(R4) 白陵中　後期
K 教英出版

一　次の文章を読んで、後の問いに答えなさい。

中学二年生の「僕」は、母親の勧めで毎週土曜日の午後に、昨年結婚した従兄（就行）の結婚相手の「ホナミさん」のところに通って数学と英語を教わることになった。

ホナミさんの都合で二週間ほど家庭教師が休みになった。別の曜日の放課後に行く案も出たがお互いa**チョウセイ**がつかず、電話で宿題が追加されるにとどまった。翌々週の土曜日の朝、午後は家庭教師だと思いつつぼんやりしていると居間の電話が鳴った。台所の母親が顎でしゃくったので出るとホナミさんだった。「あ、あのね、ヤゴがいま羽化しようとしてるの。見にくる？」時計を見た。朝の八時半過ぎ、勝手に、ああいう昆虫の羽化は深夜や早朝に行われるものだと思いこんでいた。こんな時間なのか。「え、あ、いいんですか」「うん、いま竹ひご登ってて……どれくらいかかるかわかんないんだけど、もしよかったら。こんなb**キカイ**多分滅多にないし」「あ、じゃあ、行きます、はい」「そのまま勉強すればいいし、お昼もうちで食べたらいいから」電話を切り、母親に事情を話し身支度して家を出た。羽化にどれくらいかかるのだろう、自転車をどんなに飛ばしてもその間に全て済んでしまうかもしれない。できるだけ急いで、しかし事故などに遭わないようにしつつ（夏休み中に同じ中学の生徒が一人自転車事故で亡くなっていた。体育館で追悼集会があった）ホナミさんの家へ行った。自転車を置いて鍵もかけず庭へ行くとホナミさんがしゃがみこんでいた。「いま出たとこ」ホナミさんはこちらを見てすぐに視線をヤゴのケースの竹ひごに戻した。僕もその隣にしゃがんだ。三十センチくらいのひごの真ん中より少し上あたりに茶色い抜け殻、その上に、黄色いトンボがくっついていた。トンボというか、トンボだと思って見るからトンボだがパッと見たらわからなかったかもしれない。半透明で黄色い細い、マッチ棒より全然細い胴体に作り物のように鮮やかな緑色の筋が入っている。尻の一番先端は茶色が混じったような色でより細くなっている。翅は胴体より薄い白黄色でくしゃっとしている。いかにも出てきたばかりという感じがする。二等辺三角形の顔の二つの頂点に大きな丸い目玉がくっついていて、丸いというか球い薄黄色いその中央に茶色と緑が混じったような帯が通っている。細い脚が竹ひごを掴んで震えている。今日もホナミさんは裸足だった。長い足の指の先端が真っ白に色を失って見える。「速かったよ。思ったよりずっとすぐだった……」ホナミさんの声も少し震えて聞こえた。「ヤゴが水面にいるなあと思ってたら竹ひごに登って……背中が盛り上がったと思ったらぱかっと裂けて、ううん違うな、裂けたっていうかこう、中からぐっと盛り上がって目玉と背中がもりっと出てきて……早送りみたいだった。そこから

体を伸ばしてって、ときどき左右に震えるっていうか揺れて……のけぞってお腹も出して、尻尾が抜け殻に引っかかってるみたいになって、それで体を前後にして竹ひごを脚が掴んでから全身、出てきてね」①ホナミさんが言っていることはよくわからなかった。トンボはもう、僕が来たときより翅が伸びていた。胴体の透明感は薄れ、その分引き締まり見るからに硬度が増した。黄色と緑のコントラストも強くなった。翅は更に伸び、透明になり、黒い細い線がマス目のようにきっちりした四角形の連続模様となった。逆にみるみる縮んでいく抜け殻からは細い白い糸のようなものが二本飛び出ていて、それは多分、殻と体とをつなぐなにか神経のようなものだろうと思われた。そんな白い糸は確かセミの抜け殻にもくっついていたはずだ。僅かな風にトンボは体を震わせた。乾くにつれ、揺れるのは翅だけになった。しかし、一枚、背中から見て左外側の一枚だけ、途中まで伸びているのに先端がくちゃっと潰れねじれたままだった。明らかに問題、奇形というか、怪我なのか、これでは飛べないのではないか、昆虫の翅は四枚、脚はもちろん六本、空を飛ぶ昆虫の場合、四枚中一枚の翅がだめだったら、それは飛ぶのに不自由するだろう。飛ぶことさえできないかもしれないし、しかもトンボは飛んで狩りをせねばならない。ふらついたり速度が出なかったら狩りをするどころかほかのトンボに狩られかねない。「②トンボって飼えないよね」ホナミさんが言った。「どうだろう」と僕は言った。「ヤゴだって生き餌、貝があったから飼えたけど……トンボの生き餌って、なんだろう、ハエとかてんとう虫とか?」「あー」「虫かご?」「うーん」「無理だね」ホナミさんは言った。そして立ち上がろうとしてあっと言って尻餅をついた。「脚が……。そっちは大丈夫?」僕はそろそろ立ち上がった。じんじんしたが立てないことはなかった。「若いね」ホナミさんは口の中で笑い、窓に手をつきながらゆっくり立ち上がった。「翅、ダメだよね、あれ」「うーん」「せっかく育てたのになあ……貝だけじゃだめだったのかな」「そういうんじゃないんでは」「狭かったかなあ……生まれつきかなあ……私が捕まえるとき傷つけちゃってたのかなあ」「うーん」「わかんないか。まあ、野生でもこういうことはある……」「そうすよ」「ねー。でもきれいだね」僕たちはしびれが取れるまでそこで立ったままでいた。トンボは動かなかった。翅が日光に透け、格子模様が大きな影になってサッシのアルミ色に映っていた。

　部屋に入って、先にお昼にしちゃおうかと言ってホナミさんがうどんを作ってくれた。十一時過ぎになっていた。「卵平気?」「あ、はい」「生卵も?」「はい」うどんには卵とネギととろろ昆布とワカメが載っていた。「就行さんがね、生とか半熟の卵が嫌いなの」「へえ」「知らなかった?」「はい」「私も結婚するまで知らなかった」卵の白身は白くなっていたが箸で触ると中がほとんど生だった。「育ち盛りじゃ足りないよねこれじゃ」「いえ大丈夫です」「ごめんね、冷凍うどん二玉しかなくて」「十分です」「ごめんごめん……」ホナミさんは七味をうどんにたくさんかけた。かけ終わると食べずに立ち上がりレースのカーテンを開けた。竹ひごが見えた。その途中にしがみついている黄色い細い

トンボが小さく見えた。食卓に戻ってきたホナミさんは僕の隣に座りうどんの器を引き寄せた。「こっちだとトンボが見えるから」「ですね」「キイトトンボかな」「ええ」「黄色いもんね」「多分」食べ終え、コップで常温の麦茶を飲んだ。氷切らしててごめんとホナミさんは言った。掬いきれなかった卵の白身がつゆの中に漂っていた。ぬるい黄身は丸ごと吸った。ホナミさんは黄身も箸で崩したらしくつゆ全体が濁っていた。もういい？　とホナミさんは言い、器を持ち上げ台所に入り、洗い、それから水で自分の顔を洗った。「私すするのがへたでね、うどんでもラーメンでも、食べたら顔につゆが跳ねて痒くなるから洗うの。のぶくんは大丈夫？」「あ、大丈夫す」「本当？　みんなそう言うんだよね、どうやったら顔に汁が飛ばないで食べられるんだろう？」そしてふきんを持ってきて食卓を拭いて、じゃあ、まあ、勉強しようかと言っていつもの、窓に背を向ける位置に座った。

　今日は勉強に身は入らなかった。どうしてもトンボを見てしまう。僕が見ているのに気づくとホナミさんも体をねじってそちらを向く。トンボは同じ場所にいる。羽化したてのトンボがどれくらいで飛んでいくのが普通なのかわからないが、あの翅を思うと時間が経てば済む問題ではないように思われる。数学、休憩、英語、ホナミさんはごく短い間だがアメリカにホームステイしたことがあると僕の母親は言っていたがホナミさんは否定した。「旅行したこともない。誰と勘違いしておられるんだろう」「おっちょこちょいなんです、うちの母親は」「母親ってみんなおっちょこちょいだよね。もともとおっちょこちょいじゃなくてもそうなっちゃうんだと思う。いろんなことがありすぎて」「育児とか？」「とか、とか、とか」僕が英文に目を落としているとホナミさんが息を飲んだ。「トンボいなくなってるよ！」竹ひごを見ると、確かにトンボがいない。茶色い抜け殻だけが残っている。僕たちは立ち上がって窓を開けた。いない。ホナミさんはつっかけで庭に出た。僕は玄関に回って靴を履いた。抜け殻はさっきより縮んで黒っぽくなり、白い糸が飛び出ている。周囲も見たがいない。「飛べたんだ！」「よかったですね」「本当……」ホナミさんはあちこちを見た。風が吹いている。隣の平屋の庭の物干しで洗濯物が揺れている。この風に乗って飛べたのだろう。翅は、途中までは正常だったからあれで十分だったのかもしれない……網戸も調べ、隣家との塀なども見て、どこにもトンボはいなかった。ホナミさんは竹ひごから抜け殻をそっと外すと「これは記念にとっとこう」部屋に戻って続きをやり宿題の相談をしていると従兄が帰ってきて「ケーキを買ってきたから食べよう」と白い箱を食卓に置いた。仕事帰りらしくスーツを着ている。「ケーキだって！」ホナミさんが嬉しそうに笑った。「記念ケーキだね」従兄は訝しげに「なに記念？」「トンボの羽化。さっき、ついさっき羽化したの」「ほー」と従兄は言うと着替えるのか部屋を出て行きしな、俺も見たかったなーと棒読みのように言った。ホナミさんはそれが聞こえていなかったのかなにも答えず笑顔のまま台所に入るとお湯を沸かし始めた。

自転車に乗って帰った。結果的にいつもより授業スタートが早かったので帰るのも早かった。ついこの前まで自転車に乗っていると汗だらけになっていた。いまは風が気持ち良い。③行きとは違うゆったりした速度で漕いだ。帰宅し、自転車を降り、前かごからリュックサックを取り出すと、黒い布地の表面が小さく光った。トンボがひしゃげて潰れてくっついていた。翅は胴体から外れ布地に張りつき、黄色い胴体はねじ曲がり、黄色と緑の筋が曖昧に崩れている。細い脚は繊維にめりこんで砕けている。僕はそっと、最も丈夫そうな背中のところをつまんだ。翅のねじれた部分はもうなかった。布地から剝がすと意外なほど抵抗があった。胴体だけが取れ、頭は布地にくっついたままだった。④噛んでいた。目はまだ光っていた。薄い透明な翅が布地の凹凸をかすかに拡大して見せていた。

翌週従兄の家へ行くと、猿の絵の隣に小さい額縁が増えていた。絵ではない。写真でもない。近寄ってみると、厚みのある黒い枠の中にトンボの抜け殻がピンで固定してあった。左側にくしゅっと曲がっている。「標本を飾る用のやつを買ったの」授業中、抜け殻の上を丸い光が揺れて覆った。ヤゴのケースは片づけられていた。「あとは、メダカの冬越しが問題だね」僕は頷いた。三年生になるとき、ホナミさんが妊娠したという理由で家庭教師は終わりになった。僕は母親の言うまま塾に入り高校受験勉強をした。母親が、やっぱり素人の家庭教師だと c セイセキ がそんなに上がらなかったと誰かに電話で言っているのが聞こえた。いくら身内でも結果が出なくちゃね、やっぱりプロよ……ホナミさんの出産が済み、お祝いを渡すという母親に連れて行かれた⑤従兄の家には猿の絵も抜け殻の標本もメダカの鉢もどれもなくなっていた。庭には物干し竿が置かれ、たくさんのタオルや肌着が干してあった。風が吹いたのか急いでやったためなのか、洗濯物は重なり合ったりめくれたりしていた。ホナミさんは僕に赤ん坊を見せながら「受験まで面倒見てあげられなくてごめんね」と言った。僕はいまでもあのトンボの三角形の頭を持っている。⑥目はまだ澄んでいて、覗くと奥のほうで光が反射しているのが見える。

（小山田浩子「はね」『文學界』二〇二一年二月号　文藝春秋刊）

問一　a □ ～ c □ のカタカナを漢字に直しなさい。

問二　――線部①とありますが、なぜ「ホナミさん」は、このような「よくわからな」い話しぶりになったのですか、説明しなさい。

問三　――線部②とありますが、「ホナミさん」はどのような気持ちからこのように言ったのですか。その説明として最も適切なものを、次の中から一つ選び、記号で答えなさい。

ア　せっかくここまで育ててきたトンボが、翅の一枚が潰れてねじれ自力では生きていけないと思われ、飼って世話してあげたいと思ったから。

イ　ヤゴのころから育ててきたトンボがやっと羽化したものの、そのか弱く体を震わせる姿に情が移ってしまって、手放したくなくなったから。

ウ　トンボを飼ったことなどなかったから、いざ飼おうと思っても、トンボの餌も、飼育のためのかごもどうしたらよいのかわからなかったから。

エ　トンボの翅がねじれて伸びていないのは、ヤゴを捕まえるときに自分が傷つけたからにちがいないと考え、罪滅ぼしをしたいと思ったから。

オ　ヤゴを捕まえて羽化するところまで世話をしたのだから、次はトンボを飼育するところまでやってみたいと前向きな気持ちになったから。

問四　――線部③とありますが、「ゆったりした速度で漕い」でいるときの「僕」の心情を説明したものとして最も適切なものを、次の中から一つ選び、記号で答えなさい。

ア　トンボの羽化に生命の神秘を感じ、心地よい風の中で自然に包まれたようなあたたかい気持ちになっている。

イ　いつもより早く家に帰ることができたので時間に余裕があり、のんびりとした気持ちになっている。

ウ　授業に昼食にトンボの羽化と、たくさんの出来事が続いて、疲れてしまい身体が重く感じている。

エ　だんだんと涼しい季節になってきたので、さわやかな風を感じながらゆっくりと帰りたいと思っている。

オ　羽化したトンボを見られただけでなく、無事に飛び立ったことに安心し、おだやかな気持ちになっている。

問五　――線部④とありますが、このトンボの姿を見ている「僕」の心情を説明しなさい。

問六　――線部⑤とありますが、このときの「僕」の心情を説明したものとして最も適切なものを、次の中から一つ選び、記号で答えなさい。

ア　ホナミさんの家からサルも抜け殻もメダカもなくなって、家の中心には生まれてきた赤ん坊がいることに気づいて、命は古いものから新しいものへと移り変わっていくものだと感じ、その尊さに身の引きしまる思いを感じている。

イ　ホナミさんの家では、赤ん坊が手を出してけがをしてしまいそうな危ないものはすっかり片づけられており、おっちょこちょいな自分の母親も「僕」をそうやって大事に育ててくれたのだと気づき、感謝の気持ちをいだいている。

ウ　子供の生まれたホナミさんの家から、家庭教師をしてもらっていた当時の品々がすっかり片づけられていることを見て、もうすでにホナミさんの中では自分との思い出が薄れてしまっていることに、時の流れを感じ感傷的になっている。

エ　絵も抜け殻もメダカの鉢も、ホナミさんが「僕」と仲良くなろうと気をつかって用意してくれていたのだと今になって思い、当時はその優しさに気づかずにおっちょこちょいだと思ってしまっていた自分を恥ずかしく思っている。

オ　ホナミさんの家に通っていたときに置いてあった物がすっかり無くなり、代わりに赤ん坊のためのタオルや肌着が干してあるのを見て、赤ん坊にホナミさんを取られたような気持になって、やりきれないさみしさを感じている。

問七　――線部⑥とありますが、これは「僕」のどのような心情を表していると考えられますか、説明しなさい。

問八　この作品の作中人物や表現技法について、次の(1)・(2)の問いに答えなさい。

(1)　この作品の作中人物について説明したものとして適切でないものを、次の中から一つ選び、記号で答えなさい。

ア　母親は、ホナミさんが留学経験があると勘違いするようなおっちょこちょいな面もあるが、子供の教育に関心を寄せ、育児に忙しい母親像として描かれている。

イ　ホナミさんはヤゴを飼ったり抜け殻を残しておいたりと面倒見がよい反面、不器用なところもあり、子供のような純朴さで「僕」に寄り添う人物として描かれている。

2 (20 点)

次の問いに答えなさい。

(1) 3 桁の整数のうち，300 や 227 のように，2 種類の数字でできている整数は全部で何個ありますか。

(2) 4 桁の整数のうち，1013 や 2239 のように，3 種類の数字でできている整数は全部で何個ありますか。

(1)

個

(2)

個

受験番号		小計	

中学後期　算数　問題・解答用紙　<No.2>

3　(20 点)

図のような 4 つの地点 A, B, C, D を結ぶジョギングコースを兄と弟が走ります。A, B, C, D は，基準となる面からの高さがそれぞれ 50m, 52m, 49m, 53m です。また，AB 間，BC 間，CD 間，DA 間の道のりはすべて 300m で，それぞれの道では傾(かたむ)きの程度が一定です。

弟は A から B に向かって出発し，分速 100m でコースを 1 周します。兄は A から D に向かって弟と同時に出発し，分速 120m でコースを 1 周します。

兄と弟がいる地点の基準となる面からの高さについて，次の問いに答えなさい。ただし，答えが整数にならない場合は帯分数で答えなさい。

(1)　2 人が出発したあと 2 人のいる地点の高さが初めて同じになるのは，2 人が出発してから何分後ですか。

(2)　兄が C を通り過ぎてから A に着くまでの間で，2 人のいる地点の高さの和が 101m になるのは，2 人が出発してから何分後ですか。

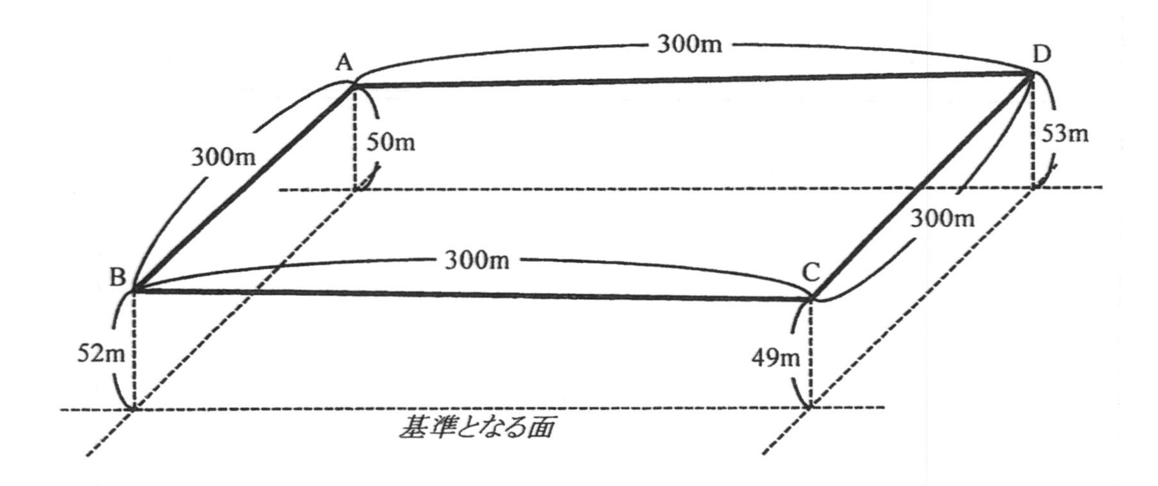

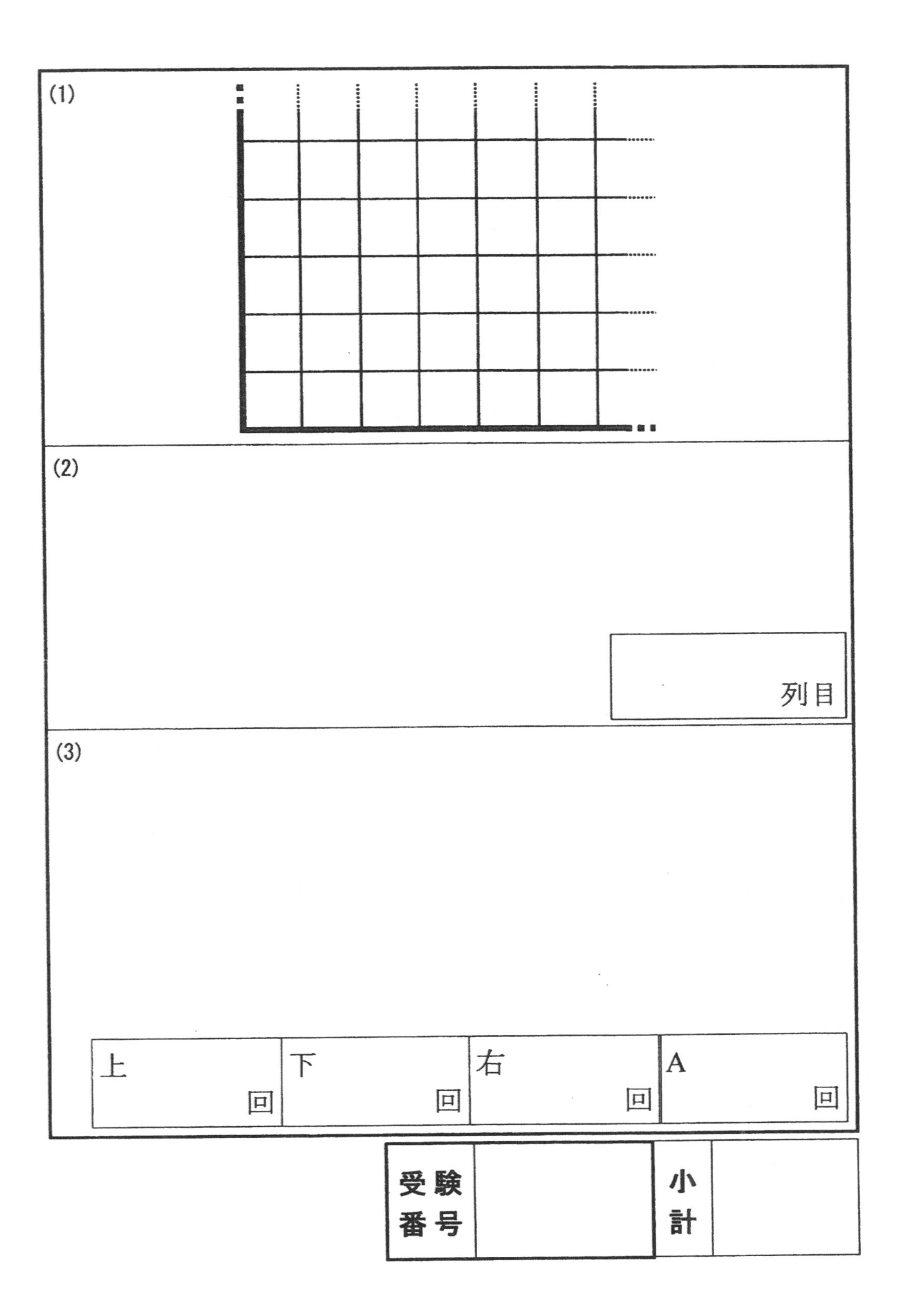
(1)
(2)
列目
(3)
上 回
下 回
右 回
A 回
受験番号
小計

問三

問四

問五

問八

(1)

(2)

後期

国語 解答用紙（その二）

二

問一

80

受験番号

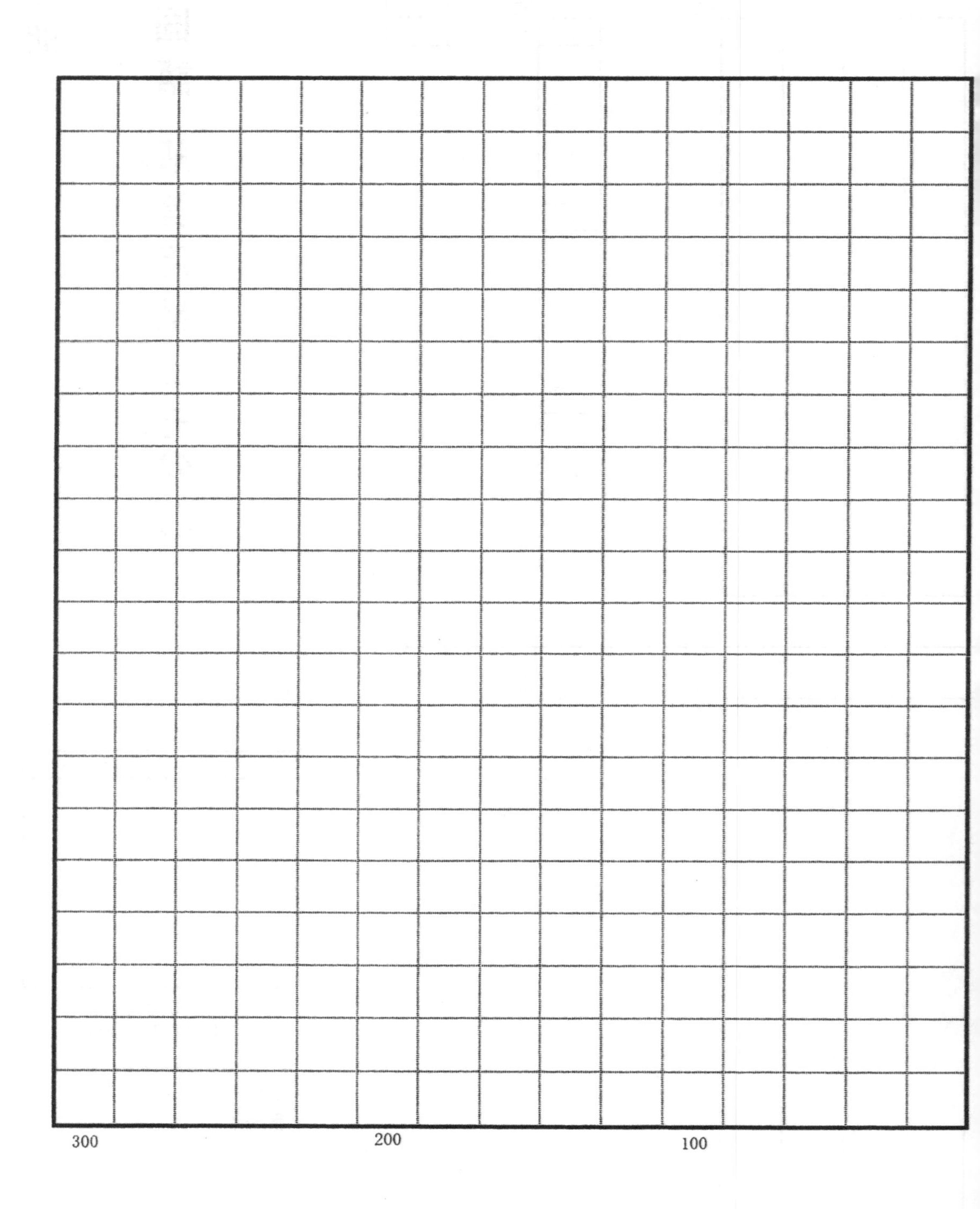
300
200
100

後期

国語　解答用紙（その一）

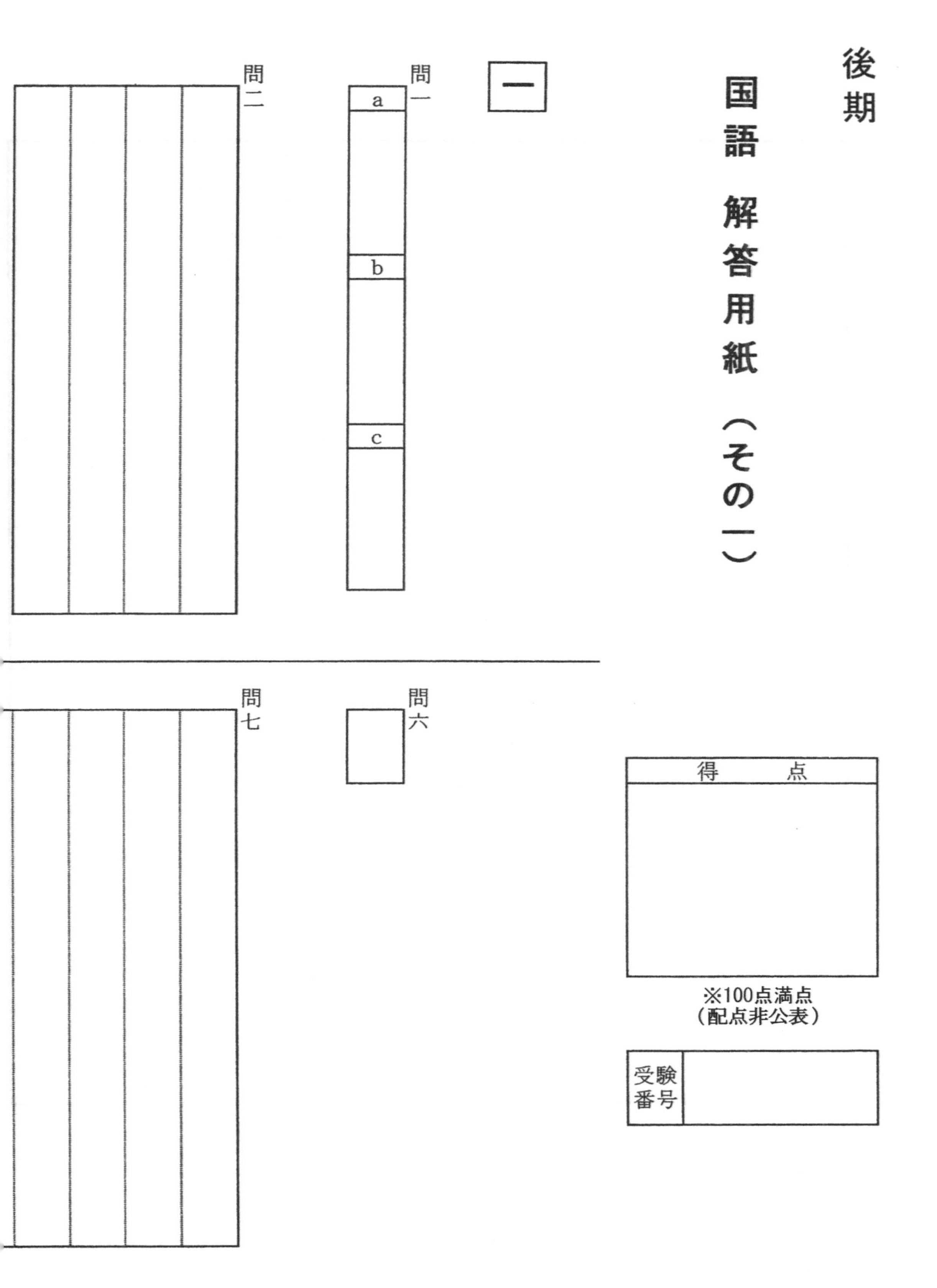

※100点満点
（配点非公表）

(1)

通り

(2)

通り

(3)

通り

受験番号		小計		合計	

※100点満点

ウ　従兄は仕事に忙しいながらも家族思いの父親で、トンボの羽化に興奮するホナミさんに共感してトンボに興味を向ける少年のような人物として描かれている。

エ　「僕」は周囲をよく観察する落ち着いた人物であり、大きく感情を波立てることはないが、一つ一つの出来事を静かに心に刻む感受性豊かな少年として描かれている。

(2)　この作品の表現技法について説明したものとして適切でないものを、次の中から一つ選び、記号で答えなさい。

ア　トンボの伸びきらなかった翅を「掬いきれなかった卵の白身」でイメージさせるように、さりげない表現と巧みな描写で作品世界を重層的に描き出している。

イ　心情をわかりやすく描写するのではなく、「僕」の目に映る作中人物や事物をていねいに描き出すことで、「僕」の心情を読者に感じ取らせようとしている。

ウ　自然を代表する存在としてトンボを登場させ、生き物の力強さと命のはかなさ、尊さをその死をもって「僕」に教え、少年の成長を促す存在として描いている。

エ　会話のところも改行せずに文章を書き連ねていくことで、息つくひまを与えず読者を物語世界に引き込み、考える間もなく「僕」の心情を共感させている。

教英出版

二　次の文章を読んで、後の問いに答えなさい。

私が85の国と地域に行っていると言うと、「一番驚いたのはどこか」とか「一番面白かったのはどこか」とか、聞かれることがあります。この質問に答えるのは難しいですね。一つひとつの国に行くたびに新たな発見がありますから。

初めてアメリカへ行ったのは30代後半くらいでした。フリーウェイを走ると、行けども行けども同じような景色が続きます。アメリカがこれだけ広くて、とてつもない国だと知っていれば、日本は戦争なんかしなかっただろうにと思いました。アメリカに行って最初の印象がそれでしたね。

コーラを注文しようとして、コーラと言っても全然通じなくてコーヒーが出てきたこともあります。自分のちょっとした英語がまったく通用しないことがわかりましたね。そのうちに、あっ、そうか、平坦に言うからわからないんだと、アクセントをつけてみました。「コーク、プリーズ」と言ったら、今度は「ペプシでいいか」と言われました。コークはコカ・コーラの愛称で、ペプシコーラはコークと言わないいんだ、だから確認してきたんだな、と。そんなところで突然の発見をしたことを覚えています。

ドイツでは、旧西ドイツの地域を歩いているときれいな街が多いのですが、旧東ドイツ地域に行くと、貧しいところが今でもいくらでもあります。ああ、そうか、統一されてもこんなに格差があるのだ、ということがわかるんですね。

とりあえず、行く前にいろんなことを調べるのですが、行ってみて初めてわかることがいくらでもある。また、それが面白いわけです。

日本のサービスが良すぎて、海外へ出るとマナーが悪いと誤解されてしまうこともあります。

アメリカにしても、ヨーロッパにしても、自動ドアがほとんどありません。開き戸式の自動でないドアを押して開けて、そのままパッと放してしまうと後ろの人の顔を直撃します。ということは、後ろに誰かいないか確認して、もし子どもを抱いたお母さんがいれば、その人たちが通るまでドアを開けたままにするというのがマナーになるわけです。

日本人は自動ドアに慣れているものだから、後ろの人のことなんか考えないでパッと手を放してしまう。ドアがバーンと返っていって後ろの人の顔を直撃するということがあちこちで起きています。日本人のマナーはどうなっているんだ、と思わぬ誤解をされている、ということがあります。

これに類似しているのが、タクシーのドアです。日本のタクシーは自動ドアでしょう。アメリカはそうじゃないから、日本人はタクシーを

降りたあとドアを閉めずに行くと言われて評判が悪いのです。日本は何でも至れり尽くせりで、サービスがいいゆえに思わぬところで足をすくわれるのですね。

文化や習慣が大きく違う国も面白いところです。中東へ行くと、握手は必ず右手でします。左手はお尻を水で洗う不浄の手とされているからです。中東の公衆トイレに入ると、みんな左手を使って水でじゃぶじゃぶとお尻を洗うものだから、床が水だらけになっています。ああ、日本の温水洗浄便座っていいな、と思います。今になってようやく中東の人たちの間で洗浄便座が人気になっています。こんなことも行ってみて初めてわかるというわけです。

（池上彰『なぜ世界を知るべきなのか』小学館）

問一　――線部とありますが、どういう点でマナーが悪いと誤解されるのですか。八〇字以内で説明しなさい。

問二　本文を読み、日常生活の中で文化や習慣、考え方などの違いによって誤解が生じることについて、あなたはどう考えますか。具体的な例を挙げながら、そこからわかったこと、考えたことについて、三〇〇字以内で説明しなさい。

一 次の問いに答えなさい。（二十点）

問 次の□に縦（たて）・横で矢印の順に二字熟語（じゅくご）がそれぞれ成立するように漢字を当てはめ、それらの漢字を用いて四字熟語を作りなさい。

① 縦：油→□→絶、横：横→□→固
縦：街→□→理、横：武→□→路
縦：季→□→学、横：英→□→感
縦：発→□→論、横：苦→□→葉

問 次の□に「非・不・無・未」のいずれかを入れなさい。ただし、同じ漢字を二度以上使ってはいけません。

② □確認　③ □条件　④ □日常　⑤ □規則

問 次のそれぞれの意味に合うように、後の〔　〕の漢字を組み合わせて二字熟語を作りなさい。ただし、同じ漢字を二度以上使ってはいけません。

⑥ 二種類以上のものを混ぜあわせること　⑦ 家族や親類のこと　⑧ 二つのものを見くらべること

〔内　整　照　調　象　節　期　合　身　対〕

問 次のことわざと似た意味のものを、後の中からそれぞれ一つ選び、記号で答えなさい。

⑨ 弘法（こうぼう）も筆のあやまり　⑩ のれんに腕押（うでお）し　⑪ 藪（やぶ）から棒（ぼう）

ア ぬかにくぎ　イ 河童（かっぱ）の川流れ　ウ 立て板に水　エ 弱り目にたたり目　オ うそから出たまこと
カ 棚（たな）からぼたもち　キ 寝耳（ねみみ）に水

教英出版

問　次の言葉の本来の意味を、それぞれ下から一つ選び、記号で答えなさい。

⑫ いささか　〔ア　いきなり　　イ　ほんのわずか〕

⑬ おもむろに　〔ア　ゆっくりと　　イ　思いがけず〕

⑭ 気を回す　〔ア　余計なことまで心配する　　イ　相手のことや状況を考えて行動する〕

⑮ 呼び水　〔ア　物事が起こるきざし　　イ　引き起こすきっかけ〕

⑯ 対岸の火事　〔ア　自分のいましめとなる物事　　イ　自分とは関係のない物事〕

問　昔の人は時刻(じこく)や方角を表すのに、干支(えと)を使っていました。図Aはそれを図示したものです。図Aを参考にして、以下の問いに答えなさい。

⑰ 時刻を表すときに、なぜ「午前」「午後」という言葉を使うのですか、説明しなさい。

⑱ 「鬼門(きもん)」とは、「避(さ)けた方がよいとされる北東の方角のこと」を言いますが、そのことと図Bのように鬼(おに)が描(えが)かれることとの関連を説明しなさい。

図A

北
24 子 ね
1 丑 うし 2
3
とら 寅 4
5
東
うう 卯 6
7
たつ 辰 8
み 9
巳 10
11
うま 午 12
南
13
14 未 ひつじ
15
16 申 さる
17
西
18 酉 とり
19
20 戌 いぬ
21 い
22 亥
23

図B

二 次の文章を読んで、後の問いに答えなさい。（五十点）

親ばかりでなく、同年代の友だちでさえわかり合えない。考え方が違う。感受性が違う。価値観が違う。だから、求めるものが違うし、大切に思うことが違う。こだわるところが違う。

周囲を見回しても、自分と違う雰囲気の友だちばかり。ちょっとしたやりとりの中から、さまざまな違いが感じられる。

そんな切り離された人間と人間を結びつけてくれるのが言葉だ。自分の思いを少しでもわかってもらいたいと思うとき、僕たちは、わかってもらえそうな相手に自分の思っていることを語る。相手のことをもっとわかりたいと思うとき、僕たちは、その人の語りを引き出そうとする。

言葉というのは、切り離された心と心の橋渡しをする a［キノウ］をもつ道具なのだ。この世に言葉があるのは、だれもが切り離された存在だからだ。

ゆえに、さみしさに押し潰されそうなときは、だれかに語りたくなる。でも、考え方も感受性も人それぞれであるため、いくら語り合ってもなかなかわかり合えない。それがまたさみしさを募らせる。

結局、人間は自分で自分を支えていくしかないのだということに行き着く。そんなときに存在意義を発揮するのが、もう一人の自分だ。

もう一人の自分との対話は、しばしば詩や短歌、あるいは小説や随筆など文芸の形を取る。それが読者の心に響くのも、だれもが自己の内面をめぐる葛藤を経験しているからだろう。

＊萩原朔太郎の「さびしい人格」には、痛いほどの孤独感が漂っている。

「さびしい人格が私の友を呼ぶ、
わが見知らぬ友よ、早くきたれ、
ここの古い椅子に腰をかけて、二人でしづかに話してゐよう、
なにも悲しむことなく、きみと私でしづかな幸福な日をくらさう、
遠い公園のしづかな噴水の音をきいて居よう、

（中略）

よにもさびしい私の人格が、
おほきな声で見知らぬ友をよんで居る、
わたしの卑屈な不思議な人格が、
鴉のやうなみすぼらしい様子をして、
人気のない冬枯れの椅子の片隅にふるへて居る。」（『萩原朔太郎』〈ちくま日本文学全集〉、筑摩書房）

もっとも文芸作品を通して自分との対話をするのはごく一部の人たちだろう。より一般的には、日記をつけるといった形を取る。

すでに指摘したように、日記というのは、もう一人の自分との対話の場である。日記こそが唯一自分がホンネを打ち明けられる場だという人もいる。それは、いかにもさみしいことなのか、あるいは救いなのか。いずれにしても、もう一人の自分は、他人ではなく自分の一部なのだから、けっしてわかり合えない相手ではない。

青年期に日記をつける者が多いのには、①そうした事情があるのだ。今は、日記をつけるときのように自分との対話をしながら、ネット上でブログを書く人もいる。

日記をつけたりブログを書いたりしない人も、心の中では、しょっちゅう自分との対話をしているはずである。

僕は、中学生の頃、学校に行くと自然に道化を演じてしまうようなところがあって、朝は「今日は、絶対にまじめに過ごすぞ」と心に誓って登校するのだが、例によって周囲を笑わせたり、悪ふざけをして先生から叱られたりして、帰り道、友だちと別れて一人になると、「またやらかしちゃった」「なんでこうなっちゃうんだ」などと自己嫌悪に陥りながら、「明日こそは、まじめに過ごさないと」などと、自分との対話をしていたのを覚えている。

だれにも言えない心の中の葛藤をめぐって、ああだこうだと思う存分やりとりできる相手は、もう一人の自分しかいない。

自己意識の高まる青年期は、このように自己との対話が頻繁に行われるようになる時期と言える。

［Ａ］、ずっと自分と向き合っているのもきつい。自分の未熟さ、自分の不安定さ、自己嫌悪、逃れようのない人間存在の個別性、孤独感……。そういったものと絶えず向き合っていたら疲れてしまう。心のエネルギーが消耗する。

B、気晴らしに走ることになる。

音楽に酔う。小説の世界に逃避する。とくに見たいものがないのにテレビをつけ、バラエティ番組などを意味もなく見続ける。友だちとしょっちゅう b ムれておしゃべりする。

こうした気晴らしをしている間は、自意識から逃れることができる。人間は、自意識を麻痺させるための、ありとあらゆる道具を開発してきた。

絶えず人と一緒にいないとダメという人、一人でいられないという人もいるが、それは自分と直面するのを避けるためのひとつの戦略と言ってよいだろう。

最近では、本を読む若者が少なくなっているが、その代わりにインターネットの世界に逃避する人が非常に多い。

何もしないでいると、つい自分と向きあってしまう。そこで、暇さえあればスマートフォンをいじり、検索をしたり、SNSをしたり、ゲームをしたり、YouTubeで面白そうな動画を見たりして、自意識が活性化する隙を与えないようにしている。

絶えずだれかと会っていないと落ち着かない人も、不必要にSNSでやりとりしている人も、用もないのに癖のようにインターネットで検索している人も、本人ははっきりと意識していないかもしれないが、②自意識を麻痺させようとしているのだ。

そうでもしないとやっていられない。平常心を保てない。自分と向き合うのは、それほど重たいことなのだ。

大人だってそうだ。アルコールに溺れるのも、c シャコウにうつつを抜かすのも、仕事中毒になるのも、スマートフォンを片時も手放せないのも、自意識を麻痺させるため、自分の内面から目を逸らすためと言ってよい。

自立ということに関連して、個の確立というようなことも言われる。でも、③親からの自立という青年期の課題をはるか昔に達成してしまった僕でさえ、個として閉じた形で自分が確立されている気がしない。

個の確立などというのは、日本人にとっては無縁のことなのではないだろうか。

子ども時代のように親の管理下に置かれて動くのではなく、青年期になったら自分で考え、自分で判断して動く。それはわかる。しかし、それでも他人の影響は受け続ける。けっして僕たちは、他者に対して閉じられた個として生きているわけではない。

C、僕が親の管理下から離れ、親から自立して動き始めた頃、何が僕の行動原理になっていたのだろうか。思い返してみると、語り合う友だちや書物を通して出会った作家・思想家・科学者など、僕が共感する人や傾倒する人の価値観を基準に動いていたように思う。親とは違うものの見方や考え方を主張するとき、親以外のだれかが僕の中で動いていた。

結局、僕たちは、個別性を自覚して生きるとはいっても、個として他者から切り離されて生きているわけではない。さまざまな他者の影響を受けながら生きている。さまざまな他者との関係性を生きている。

相手があって自分がいる。ゆえに、親からの自立というのは、自分で取捨選択しながら親以外の人たちの影響を強く受けるようになっていくことを指すのではないだろうか。

個を生きるのではなく、他者との関係性を生きる僕たち日本人には、他者から独立した自分などというものはない。

そこで僕は、欧米の文化を「自己中心の文化」、日本の文化を「間柄の文化」というように特徴づけている。

「自己中心の文化」とは、自分の言いたいことを何でも主張すればよい、ある事柄を持ち出すかどうか、ある行動を取るかどうかは、自分の意見や立場を基準に判断すべき、とする文化のことである。何ごとも自分自身の考えや立場に従って判断することになる。

欧米の文化は、まさに「自己中心の文化」と言える。そのような文化のもとで自己形成してきた欧米人は、何ごとに関しても他者に影響されず自分を基準に判断し、個として独立しており、他者から切り離されている。

そのような文化においては、他者の影響を受けることは、個が確立していないという意味で④未熟とみなされる。

[D]、「間柄の文化」とは、一方的な自己主張で人を困らせたり嫌な思いにさせたりしてはいけない、ある事柄を持ち出すかどうか、ある行動を取るかどうかは、相手の気持ちや立場に配慮して判断すべき、とする文化のことである。何ごとも相手の気持ちや立場に配慮しながら判断することになる。

日本の文化は、まさに「間柄の文化」と言える。そのような文化のもとで自己形成してきた日本人は、何ごとに関しても自分だけを基準とするのではなく他者の気持ちや立場に配慮して判断するのであり、個として閉じておらず、他者に対して開かれている。ゆえに、たえず相手の期待が気になり、できるだけそれに応えようとするのである。

そのような文化においては、他者に配慮できないことは、自分勝手という意味で⑤未熟とみなされる。

「自己中心の文化」においては「他者の影響を受ける」として否定的にみられることを、「間柄の文化」においては「他者に配慮できる」というように肯定的に評価するのである。

そのような「間柄の文化」においては、親からの自立をd[ハ]たすためには、親との間柄に代わる重要な間柄が必要となる。関係性を生きる僕たちとしては、何らかの関係性がないと困る。⑥自分を動かす行動原理がなくなってしまう。だからこそ、青年期には、お互いの内面を共有できるような親友を強く求めるのである。

（榎本博明『「さみしさ」の力　孤独と自立の心理学』ちくまプリマー新書）

＊注　萩原朔太郎＝詩人（一八八六〜一九四二）。

問一　a[　]〜d[　]のカタカナを漢字に直しなさい。

問二　[A]〜[D]に入る言葉として適切なものを、次の中からそれぞれ一つずつ選び、記号で答えなさい。ただし、同じ言葉を二度以上使ってはいけません。

ア　そこで　イ　では　ウ　でも　エ　一方　オ　つまり

問三　――線部①「そうした事情」とは、どういった「事情」を言うのですか、わかりやすく説明しなさい。

問四　――線部②「自意識を麻痺させようとしている」とありますが、なぜそうするのですか。最も適切なものを、次の中から一つ選び、記号で答えなさい。

ア　他者とわかり合えないさみしさがあるので、ゲームや動画に熱中しようとするが、それだけでは満足できないから。

イ　現代社会の中では、人間関係の煩わしさやそこからくる苦悩、孤独感から逃れることができず、疲れてしまうから。

ウ　いつも誰かといっしょに過ごすことで、他者とわかり合えない現実を受け入れようとするが、うまくいかないから。

エ　自分の内面と常に向き合い、自分の未熟さや不安定さ、孤独感などについて考えるのはつらく、苦しいものだから。

オ　孤独感から逃れるために、SNS上で人と会話をしようとするが、結局は他者との関係性にとらわれてしまうから。

問五　――線部③について、「個として閉じた形で自分が確立されている気がしない」とありますが、筆者はなぜそのように言うのですか、わかりやすく説明しなさい。

K 教英出版

問六　――線部④、⑤とありますが、それぞれどのような点を「未熟」とみなしているのですか。その違いが明確になるように、それぞれ五十字以内で答えなさい。

問七　――線部⑥「自分を動かす行動原理がなくなってしまう」のはなぜですか。最も適切なものを、次の中から一つ選び、記号で答えなさい。

ア　「他者に配慮できる」ことを肯定的にとらえる「間柄の文化」では、誰とも主体的なコミュニケーションができないので、インターネット上の世界に閉じこもり、外の世界へ行動しようとするきっかけが与えられないから。

イ　「他者に配慮できる」ことを肯定的にとらえる「間柄の文化」では、一方的な自己主張は求められず、相手の気持ちや立場といった社会からの期待に応えるために行動するという、他者との関係性が重要視されるから。

ウ　「他者に配慮できる」ことを肯定的にとらえる「間柄の文化」では、本来の自分の意見や立場が誰にも認められず、常に自分の気持ちを隠し他人の心中を推し量ってばかりなので、行動しようとする気持ちが消えてしまうから。

エ　「他者に配慮できる」ことを肯定的にとらえる「間柄の文化」では、親と子の関係性が大切とされるが、現代の社会においては家族のきずなが希薄になってきているので、人々は自分らしい生き方を強要されるから。

オ　「他者に配慮できる」ことを肯定的にとらえる「間柄の文化」では、社会が求める理想的なあり方を人々は押し付けられるので、個人の自由な生き方は抑圧されて、本来の人間的な関係性が生まれてこなくなってしまうから。

三

次の文章を読んで、後の問いに答えなさい。（設問の都合上、表現を変えたところがあります。）（五十点）

著作権に関係する弊社の都合により
本文は省略いたします。

教英出版編集部

著作権に関係する弊社の都合により
本文は省略いたします。

教英出版編集部

著作権に関係する弊社の都合により
本文は省略いたします。

教英出版編集部

著作権に関係する弊社の都合により
本文は省略いたします。

教英出版編集部

著作権に関係する弊社の都合により本文は省略いたします。

教英出版編集部

著作権に関係する弊社の都合により
本文は省略いたします。

教英出版編集部

（松井玲奈「家族写真」朝日新聞出版）

問一 [a]～[d]のカタカナを漢字に直しなさい。

問二 [Ⅰ]、[Ⅱ]に入る言葉として最も適切なものを、次の中からそれぞれ一つずつ選び、記号で答えなさい。

Ⅰ ア にんまり　イ うんざり　ウ ぼんやり　エ しょんぼり　オ どんより

Ⅱ ア 苦い　イ なつかしい　ウ 腹立たしい　エ 楽しい　オ くやしい

問三 ――線部①で起こったことの説明として最も適切なものを、次の中から一つ選び、記号で答えなさい。

ア 「エリサ」は、自分のまじめな話を真剣に聞こうとしない「アイ」の態度に意見をしようとして、おでこを指ではじいた。

イ 「エリサ」は、自分の内面を直視しようとしない臆病な「アイ」に対し勇気づけようとして、おでこを指ではじいた。

ウ 「エリサ」は、親に遠慮ばかりしている「アイ」に過度な気づかいは不要だと伝えようとして、おでこを指ではじいた。

エ 「エリサ」は、自分の感情をコントロールできない「アイ」のふがいなさを注意しようとして、おでこを指ではじいた。

オ 「エリサ」は、親の愛情の薄さをうらんでいる「アイ」のわがままな態度をたしなめようとして、おでこを指ではじいた。

問四 ――線部②とありますが、「わたし」はこの時の気持ちを後でどのようにふり返っていますか。それが述べられている一文を、この後の本文から探し、最初の五字をぬき出しなさい。

問五 ――線部③で「わたし」が「無言」であった理由を説明しなさい。

問六 ――線部④で「お母さん」が「キョトン」としていた理由を説明しなさい。

問七 ――線部⑤とありますが、この時「わたし」はどのようなことを感じていると言えますか、説明しなさい。

問八　――線部⑥で「わたし」が「顔を引きしめた」時の気持ちの説明として最も適切なものを、次の中から一つ選び、記号で答えなさい。

ア　母が早く起きて写真をとろうとせかすので、浮き足立ってしまってどう行動すべきかとまどい、とにかくてきぱきと動こうと思っている。

イ　朝早くから母と写真がとれることに舞い上がってしまい、自然と笑顔になったが、母の気持ちに真剣に応えしっかり準備しようとしている。

ウ　母が写真をとるためにあまりに早く起きていたことにおどろいて、ぼうぜんとしてしまったので、なんとか心を落ち着かせようとしている。

エ　母が思いがけず朝早くから写真をとろうと言い出したことが、夢のようでうっとりとしてしまい、夢なら覚めないでほしいと願っている。

オ　写真をとるために早起きをしすぎてしまい、母も自分も寝ぼけてまだぼんやりしているため、早く意識をはっきりさせようと思っている。

問九　――線部⑦とありますが、この情景描写は物語の結末としてどのようなことを暗示していると言えますか、説明しなさい。

令和３年度

白陵中学校後期入学試験問題

国　　語

受験番号	

注意　１．時間は60分で，100点満点です。

２．開始の合図の後，まず問題用紙が１ページから12ページまで順になっているか確かめなさい。解答用紙は２枚あります。

３．表紙と解答用紙に受験番号を記入しなさい。

４．字数制限のある問いについては，句読点（くとうてん）なども１字として数えなさい。

2021(R3) 白陵中　後期
K 教英出版

一　次の文章を読んで、後の問いに答えなさい。（設問の都合上、表現を変えたところがあります。）（六十点）

中学一年生の「ぼく（来人）」には、幼なじみの「圭一郎」と「琉生」がいる。小学生の頃は、「来人」の祖父母が営む喫茶店「パオーン」でよく放課後過ごしていたが、中学生になると、「琉生」が私立中学校に進学したため、なかなか集まれないでいた。ある日、夜中に喫茶店「パオーン」のシャッターをだれかが叩くという事件が起きた。「来人」の祖父が「のっぺらぼう」の仕業だったと言うので、「来人」は犯人を見極めようと、友だちと共に、夜中に店内で待ち構えた。そして深夜、入口を叩く音が聞こえた。「来人」は勢いよく飛び出し、逃げる白い影を追いかけた。店の外で「来人」の友だちが「のっぺらぼう」をつかまえた。

「どういうこと？　わけわかんない！　琉生がのっぺらぼうだったってこと？　なに？　一体どうなってんの？　はああ？　おいっ、なんとか言えよ、琉生！」

琉生は下を向いてだまったままだ。

「とりあえず、なかに入ろう」

＊ジュンくんが言い、ぼくたちは店にもどることにした。頭のなかは疑問符だらけだ。どういうことだ？　のっぺらぼうが琉生だったのか？　毎週シャッターを叩いてたのも琉生ってことか？　意味がわからない。

店の入口から入った瞬間、さけび声が聞こえた。圭一郎だ。さけびながら、［A］腕をぐるぐると回している。電気をつけたら、ようやく動きを止めてしずかになった。

「え……？　なに……？　はあ？　琉生っ⁉」

圭一郎が頓狂な声を出す。

「ちょっとゆっくり話そうよ」

＊ゆりちゃんが言って、四人がけのテーブルを二つ合わせた。氷水しか用意できなかったけれど、ぼくはトレイにグラスをのせてみんなに配った。

2021(R3) 白陵中　後期
教英出版

「どういうことなのか説明して」
外にいたゆりちゃんとジュンくん、そして琉生に向かって、ぼくは言った。ジュンくんは、ふうっ、と息をはき出して、水をごくごくと飲んだ。ゆりちゃんもそっとひとくち飲んで、それから話しはじめた。
「わたしたち、ずっと外で見張ってたの。勝手口のところは店の入口からは a[シカク]になってるけど、用心してかべに背中をぴたっとくっつけて待っていたの」
ジュンくんがうなずく。
「三時前に通りの向こうから、一人の男の子が歩いてきた。こんな夜中に出歩くなんてって思ってたら、パオーンの前で立ち止まってキョロキョロしはじめたの。わたしはその時点で、琉生だってわかった」
琉生は下を向いたままだ。小さい頃、ぼくたちはよくゆりちゃんに遊んでもらった。顔をはっきり見なくても、ゆりちゃんならすぐに琉生だってわかるだろう。
「そうこうしているうちに、琉生は手さげから白い布を出して、ポンチョみたいに頭からすっぽりとかぶった。次に包帯みたいな布を顔に巻いていって、それからお面を取り出して顔に着けたの」
テーブルの上には、身体に着けていた白いポンチョと、白いお面、顔をおおっていた白い布が置かれている。
「三時になった瞬間、シャッターを叩きはじめた。わたしたちは少し様子を見ることにした。店のなかからシャッターの開く音がしたから、来人がシャッターを開けたんだなってわかった。来人が外に出てきたとき、琉生は向こうのゴミ置き場にかくれてた」
ゴミ置き場は b[ロジ]にあって、ぼくもそこまでは見なかった。
「少ししてから、今度は自動ドアを叩きはじめた。棒みたいなものでコツコツコツってね」
指揮棒みたいなものも、お面や布と一緒に琉生の前に置かれている。
「今度はかくれないで、そのままドアの前に立ってたわ。そして来人がドアを開けた。琉生が走り出したのを見てジュンくんが追いかけた。琉生だってわかっていたから、ジュンくんにお手柔らかにつかまえてね、って頼んでおいたの」
「……そうだったんだ」

息がふつうにできるようになって、ぼくは深呼吸(しんこきゅう)をひとつした。

「琉生、なんとか言えよ」

琉生を見て言った。琉生が顔をあげて、ぼくと圭一郎の顔を交互(こうご)に見る。

「……ごめん」

「なんで？　理由を聞きたいよ」

琉生は眉間(みけん)にしわを寄せてくちびるをかんでいる。しばしの間があった。＊権守(ごんのかみ)さんにはこの状況(じょうきょう)がサッパリわからないと思うけど、なにかを感じ取ってくれたのか、しずかに座(すわ)っていてくれた。

「琉生」

名前を呼んだのは、圭一郎だった。①琉生の肩(かた)がビクッとする。

「なあ、琉生。お前、元気だったのかよ。ＬＩＮＥの返事もよこさないから、ずっと心配してたよ」

②琉生の表情が、ふっ、とゆるんだ。圭一郎ってすげえ。この状況でのっぺらぼうのことを聞かないで、琉生の心配をするなんて。空気の読めなさは、圭一郎なりのやさしさだ。

「あんまり元気じゃなかったよ、おれ」

琉生が言う。

「話してくれよ」

圭一郎がうながすと、琉生は［B］話しはじめた。

「新学期はじまって早々、＊ＲＫＲのグループＬＩＮＥに、美術の時間に作ったっていう仮面の画像を送ってくれただろ？」

ぼくと圭一郎はうなずいた。美術の授業で仮面を作るという課題があって、ぼくは山姥(やまんば)、圭一郎はピエロを作製した。あまりに［ｃムザン］なできばえが逆におもしろくて、すぐに画像を送って琉生にも見せたのだ。

「③なんかいいなあって思ったんだ。中学で新しい友だちはできたけど、なんていうのか、心の底からばか笑いできなくてさ。二人が送ってくれた画像の仮面が超(ちょう)キモくてうらやましかった……」

「なんだそれ」

思わず声が出る。

「それで、のっぺらぼうの仮面を作ったってわけか？」

琉生は答えなかったけれど、④琉生なりの思いが、のっぺらぼうという、目や鼻や口、耳のない仮面に投影されているような気がした。

見るもの、聞くもの、すべてが新しい中学校生活。新しい関係と新しい自分を、一から作り上げていくのは大変なことかもしれない。

「二人がいつもパオーンでだべってるのも知ってた。いいなあって思ってた」

「何度もさそったじゃん」

「……うん、でもさ、もう話に乗れない気がしてさ」

「そんなことっ……」

[C]声に出した瞬間、ぼくの脳裏に、三人でここで会ったときのことが思い出された。あれは確か四月だった。ぼくと圭一郎は、中学でも同じクラスになれたのがうれしくて、はしゃいでいた。

担任の先生がゴリラにそっくりで、担任自ら「ゴリラ先生って呼んでもいいぞ」と言ったのがツボで、思い出してはお腹をかかえて笑った。圭一郎がゴリラ先生の似顔絵をかいて、それがソックリなのもおかしかった。

あのとき、琉生はどんな顔をしていただろう。話し好きの琉生のことだから、なにかしゃべってくれたと思うけど、まったく覚えてなかった。琉生の中学校のことを聞いても、知らない人のことばかりでおもしろくなかった。

⑤「……ごめん」

ぼくはあやまった。

「琉生の気持ち、考えてなかったかもしれない」

「ごめん」

圭一郎も続いた。

「でも、だからって、こんな真似するのおかしくないか？　ぼくの家や圭一郎の家だったらまだわかるけど、なんでおじいちゃんちなんだ？　店でこんなことするなんて、めっちゃ迷惑だろ」
　ぼくの言葉に、琉生が「ごめん！」と頭を下げる。
「……ここで二人がたのしそうにしゃべっているのを見るのがいやだったんだ。通りの向こうからたまに見てた」
「なんだよ、それ。声かけて入ってくればいいじゃないか」
「……できなかったんだよ」
　語尾がふるえている。
「おじいちゃんとおばあちゃん、夜ねむれなくてかわいそうだったよ」
　琉生が頭を下げる。
「それは本当にごめんなさい！」
「ぼくにじゃなくて、おじいちゃんとおばあちゃんにあやまってほしい」
　ここだけはゆずれないと思って、強めに言った。
「琉生は気付いてほしかったんよなあ」
　うしろから声がした。
「おじいちゃん！」
　おじいちゃんが二階から降りてきた。
「起こしちゃった？　うるさかったよね、ごめん」
「なーに言っとる。とっくに起きとるわい。話も全部聞かせてもらったぞなもし」
　おじいちゃんは手を腰に当てて、仁王立ちしている。
「おじいちゃんのパジャマ姿かわいい」
　ゆりちゃんがつぶやき、まんざらでもなさそうな顔で、おじいちゃんが鼻をひくつかせる。おじいちゃんのパジャマは、コアラ柄だった。あらゆるポーズをしたコアラが、こっちを見て微笑んでいる。

「来人のおじいちゃん、ごめんなさいっ！」
琉生が椅子（いす）から下りて、［D］土下座（どげざ）をした。
「なーにやってんだあ、琉生。顔上げろ」
琉生がおじいちゃんを見て、目をごしごしとこすった。
「おら、のっぺらぼうはおめだってわがってだよ」
「えっ！　そうだったの？」
声が裏（うら）返ってしまった。
「物音がした最初の一週間、おめとこの学校は休みだったべさ」
おじいちゃんの問いかけに、琉生が小さくうなずく。
「あっ、もしかして修学旅行⁉」
思わず大きな声が出た。ぼくは琉生の中学の修学旅行の日程を覚えていなかったけれど、おじいちゃんは知ってたんだ。確かに、その話をしたのはここ、パオーンだった。おじいちゃんも近くにいて、話を聞いていたのかもしれない。
「それと金曜と土曜の夜だべ。次の日に学校のない日を選んだんだべさ。夜ふかししとったら朝起きれねえからなあ。のっぺらぼう見たときは、えらいたまげたけれども、走り去っていく姿を見て、おめだってピンと来たべさ。じっちゃをあなどっちゃいけね」
おじいちゃんのなぞ解きに、権守さんがうなる。
「琉生はおらに気付いてほしかったんばいね。だけん、うちに来たんばいね」
ぼくは琉生を見た。琉生は、がっくりとうなだれている。
「琉生も圭一郎も、うんと小せえどきがらよぐ知ってら。おらにとっては来人と同じめんこい孫だべさ。琉生だってそうだべ？　おらのこと、本当のじっちゃだと思ってただべな？　おめんとこは、年寄りと一緒に住んでねえしよう。琉生は、じっちゃに気付いてほすかったんだべなあ。じっちゃだったら、大ごとにすねって思ってだんだよなあ」
妙（みょう）な方言を使って、おじいちゃんが朗々（ろうろう）と語る。琉生がなんの反応もしないところをみると、d［ズボシ］なのだろう。⑥あまのじゃく

2 (20点)

地面に垂直に立てられた高さ 4m の街灯の近くに，たて 2m，横 5m の長方形の板を，次の条件を満たすように地面に垂直に立てます。

〈条件〉右の図のように，板の頂点 A，B と街灯の根元 C までの距離はそれぞれ 3m，4m で，三角形 ABC の角 C の大きさは 90 度となる。
ただし，板は辺 AB で地面に接しているとします。

次の問いに答えなさい。

(1) 板の影の面積を求めなさい。

(2) 〈条件〉を保ちながらこの板を街灯の周りに一回転させたとき，板の影が通る部分の面積を求めなさい。ただし，小数第 1 位を四捨五入して整数で答えなさい。

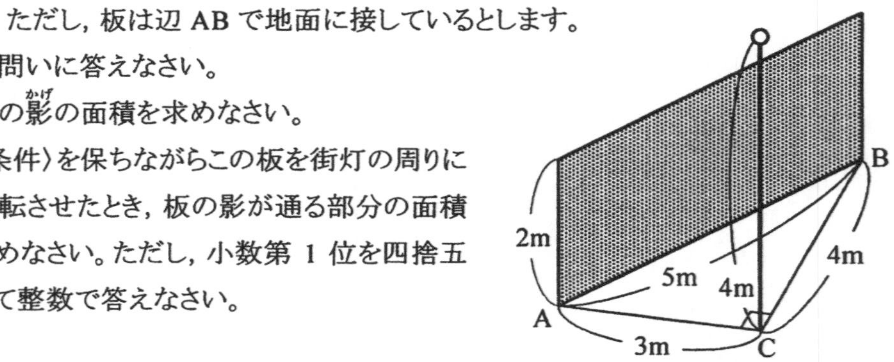

(1)

m^2

(2)

m^2

受験番号		小計	

中学後期　算数　問題・解答用紙　<No.2>

3 (20点)

図のように，立方体の頂点を A，B，C，D，E，F，G，H とします。これら 8 個の頂点のうち，3 個以上の頂点を通る円について考えます。

次の問いに答えなさい。

(1) 4 点 A，B，C，D をすべて通る円と同じ大きさの円は，この円をふくめて何個ありますか。

(2) 4 点 A，E，G，C をすべて通る円と同じ大きさの円は，この円をふくめて何個ありますか。

(3) ちょうど 3 個の頂点を通る円は全部で何個ありますか。

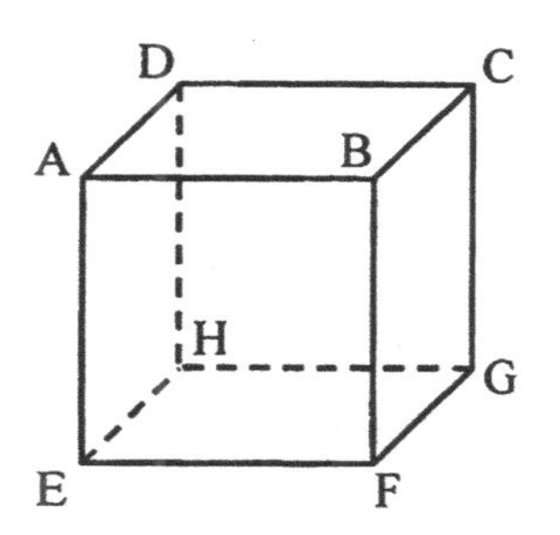

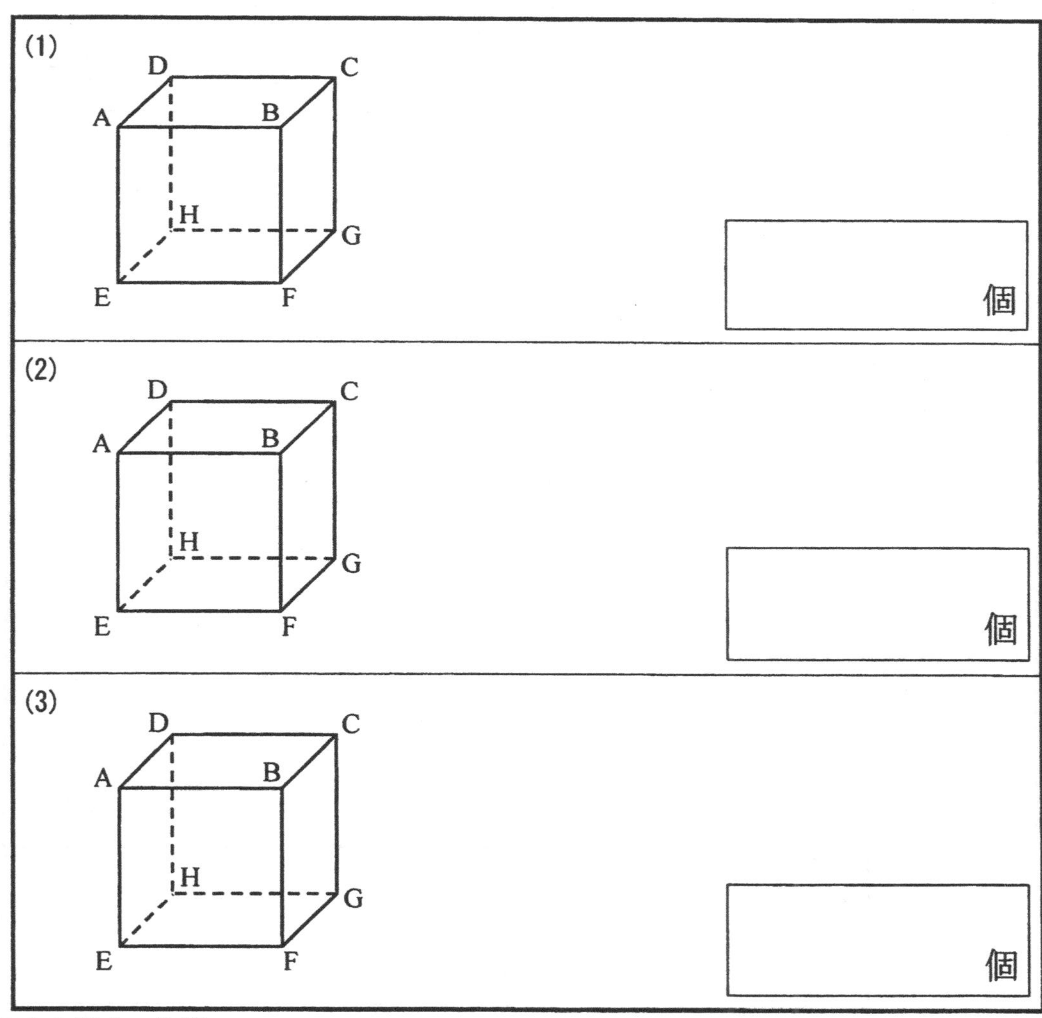

(2)

分　秒後

(3)

回　分　秒後

受験番号		小計		合計	

※100点満点

問四

問五

問八

【解答

国語　解答用紙（その二）

二

問一

100

受験番号

問二

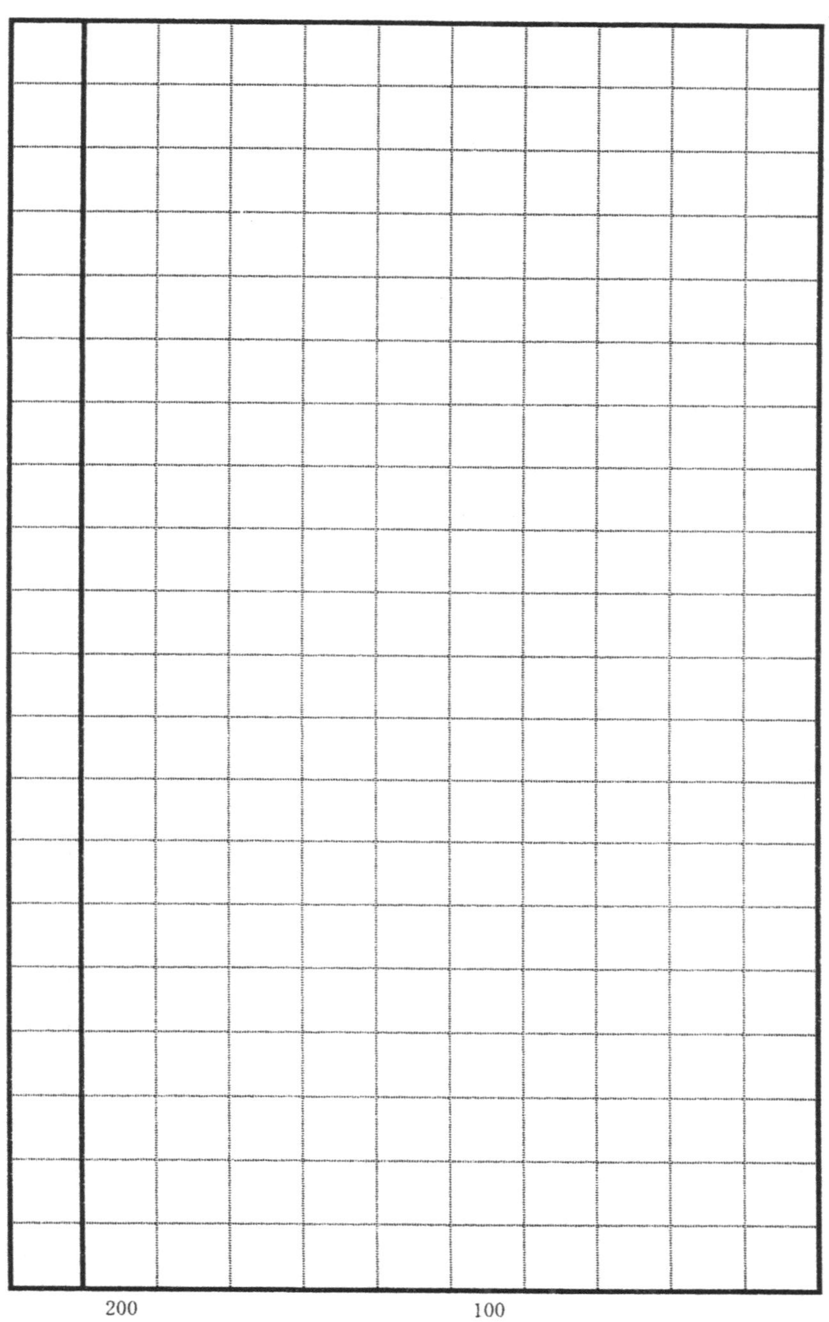

国語　解答用紙（その一）

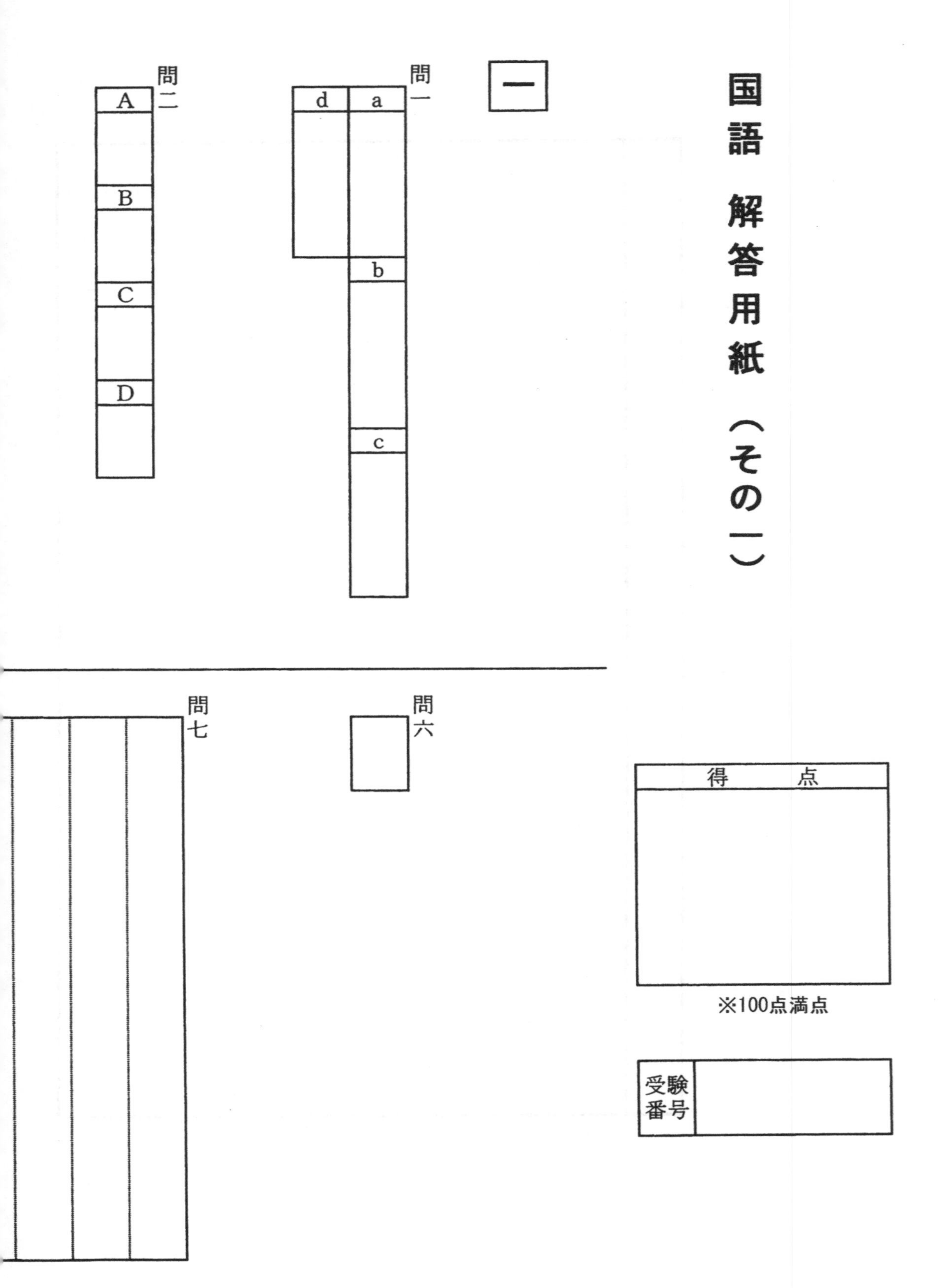

得　　点

※100点満点

受験番号	

中学後期　算数　問題・解答用紙　<No.3>

5 （20点）

2匹(ひき)の魚 A，B が毎秒 50cm で流れている川を次のように泳ぎます。ただし，以下では魚の泳ぐ速さを川の流れがなかったときの速さで書いています。最初，A は B よりも 100m 川下の方にいるとします。A は常に川上に向かって泳ぎ，毎秒 75cm で 60 秒間泳いだあと，毎秒 40cm で 40 秒間泳ぐのをくり返します。B は A と同時に川下へ向かって出発し，毎秒 60cm で泳ぎ，A に出会うとすぐに川上へ向かって毎秒 60cm で泳ぎ続けます。

次の問いに答えなさい。

(1)　A が，最初に B がいた地点に初めて着くのは，2 匹が泳ぎ始めてから何分何秒後ですか。

(2)　B が，最初に自分がいた地点に初めて戻ってくるのは，2 匹が泳ぎ始めてから何分何秒後ですか。

(3)　(1) の時間までに，A と B は何回出会いますか。ただし，最初に出会うのと，追いぬくのも 1 回と数えます。また，最後に出会うのは 2 匹が泳ぎ始めてから何分何秒後ですか。

(1)

分　　　秒後

4 (20 点)

各けたの数字が 1, 2, 3, 4, 5, 6, 7, 8 のいずれかである整数について考えます。ただし, 122, 111 のように, 同じ数字を何度用いてもよいとします。

次の問いに答えなさい。

(1) 4 けたの 4 の倍数は何個ありますか。

(2) 3 けたの 9 の倍数と 4 けたの 9 の倍数はあわせて何個ありますか。

(1)

個

(2)

個

受験番号		小計	

中学後期　算数　問題・解答用紙　＜No.1＞

注意：円周率は 3.14 として計算しなさい。

1　(20 点)

(1)　次の [　　] に当てはまる整数を答えなさい

$$\frac{\boxed{あ}}{3}+\frac{\boxed{い}}{7}=\frac{20}{21}$$

あ	い

$$\frac{\boxed{う}}{43}+\frac{\boxed{え}}{47}=\frac{2020}{2021}$$

う	え

(2)　次の計算をしなさい。

$12345678.9 \div 555 \times 2280 + 98765432.1 \div 37 \times 152$

令和３年度

白陵中学校後期入学試験問題

算　数

受験番号	

注 意　１．時間は 60 分で，100 点満点です。

２．開始の合図の後，まず問題用紙（解答用紙をかねる）が３枚そろっているかどうか確かめなさい。

３．表紙と問題用紙（解答用紙をかねる）に受験番号を記入しなさい。

４．問題用紙（解答用紙をかねる）を折ったり，切ったりしてはいけません。

５．問題の中の図は正確なものとは限りません。

な琉生らしい。素直じゃないくせに、さびしがり屋。目立つのが好きだから注目されないと、一気に不機嫌になる。

「おら、おめが夜中に出歩いちょるのが心配でならなかっただよ。中学あがったっつっても、まだまだこんまい子どもだべ。つかまえちやるか迷ったけんど、全部あきらかにすっのは、じっちゃでなく、来人や圭一郎のほうがいいだべさと思ってよう。正体わがってからは、二階の窓からおめのことこっそり見てただよ。おめがかぶりもん取って、家さけえるとき、心配だもんでずっと目で追ってたさあ。ほんとはうしろからついて行きたかったけんども、足が悪いでなあ、悪かったなあ」

⑦琉生が今にも泣きそうな顔をしている。おじいちゃん、琉生のことが心配で、ずっと二階の窓から見てたんだ。

「今回のことは大目に見てやるばい。その代わり、一週間パオーンを手伝えや」

おじいちゃんの提案に、琉生は涙をぬぐって素直にうなずいた。

（椰月美智子『純喫茶パオーン』角川春樹事務所）

＊注　ジュンくん＝「ぼく」の友だちである「ゆりちゃん」の恋人。「ゆりちゃん」と同じ大学に通っている。

ゆりちゃん＝「ぼく」の家の近くに住む大学一年生で、小さいころから「ぼく」たちの面倒を見てくれていた。

権守さん＝「ぼく」や「圭一郎」の同級生で、同じ部活（科学部）に所属している。

ＲＫＲのグループＬＩＮＥ＝「琉生」と「圭一郎」と「ぼく」でいつでも話せるように作ったネット上でのグループ。三人の名前の頭文字から名付けた。四月半ば以降から「琉生」がトークに参加しなくなり、その後いつの間にか退会していた。

問一 [a]～[d]のカタカナを漢字に直しなさい。

問二 [A]～[D]に入る言葉として適切なものを、次の中からそれぞれ一つずつ選び、記号で答えなさい。ただし、同じ言葉を二度以上使ってはいけません。

ア とっさに　イ いきなり　ウ やみくもに　エ すぐに　オ ゆっくりと

問三 ――線部①から――線部②における「琉生」の気持ちの変化を説明しなさい。

問四 ――線部③とありますが、どういうことを「いいなあ」と思ったのですか。それを説明したものとして最も適切なものを、次の中から一つ選び、記号で答えなさい。

ア 「琉生」は、新しい環境での友人関係に悩み、「ぼく」と「圭一郎」の送った画像を見て、悩んでいなかった小学校の頃の明るく楽しい学校生活をなつかしみ、二人が通う公立中学校をうらやましく思ったということ。

イ 「琉生」は、新しい環境でできた友人たちとは、心のどこかに距離があるのを感じており、「ぼく」と「圭一郎」が変な仮面の画像を送りあって絵が互いに下手なのをはげまし合う様子をうらやましく思ったということ。

ウ 「琉生」は、新しい環境でできた友人と仲良くなれる気がしていたが、友人たちと自分の感覚の違いに驚き、自分と同じ笑いの感覚を持つ「ぼく」と「圭一郎」がいつも通り楽しむのをうらやましく思ったということ。

エ 「琉生」は、新しい環境での友人関係に慣れずに苦労しているときに、「ぼく」と「圭一郎」との小学生からの慣れ親しんだ人間関係を目の当たりにし、その居心地の良さを楽しむ二人をうらやましく思ったということ。

オ 「琉生」は、新しい環境での友人関係に悩み、学校生活を心から楽しめないでいたため、「ぼく」と「圭一郎」が二人だけで写真を送り合い、新生活を思いきり楽しもうとしている様子をうらやましく思ったということ。

問五 ――線部④とありますが、「琉生」のどのような「思い」が「投影」されていると「ぼく」は感じていますか。分かりやすく説明しなさい。

問六 ――線部⑤とありますが、なぜ「ぼくはあやまった」のですか。その理由を説明したものとして最も適切なものを、次の中から一つ選び、記号で答えなさい。

ア 「琉生」の中学校の話がつまらなくて、「圭一郎」の話にだけ笑っていた「ぼく」の態度に「琉生」が傷ついていたことに気づき、面白(おもしろ)くなくても話を楽しんでいるかのように見せるなどの、「琉生」に対する思いやりが足りていなかったと感じたから。

イ 「琉生」の中学校での話を聞いても「琉生」の大変さが分からなくて、「圭一郎」とくだらない話ばかりしていたが、新しい環境での苦労を想像すると、友人として助言することもできたため、「琉生」に対する思いやりが足りていなかったと感じたから。

ウ 「琉生」の中学校の話が、「ぼく」にとっては分からない話のために、つまらなく感じたことを思い出し、やっと「琉生」が「ぼく」と「圭一郎」の話を聞いていたときの気持ちが想像できて、「琉生」に対する思いやりが足りていなかったと感じたから。

エ 「琉生」が「ぼく」たちの中学校の話を面白がってくれず、その態度にいらだって「琉生」を遊びにさそうのをためらうようになったが、そうされたときの「琉生」のとまどいを想像すると、「琉生」に対する思いやりが足りていなかったと感じたから。

オ 「琉生」の話をまったく聞かないで、「ぼく」と「圭一郎」が自分たちの中学校の話ばかりして笑っていたことを思い出し、「琉生」が自分の中学校の話も聞いてほしいと考えていたことに気づき、「琉生」に対する思いやりが足りていなかったと感じたから。

問七 ――線部⑥とありますが、「琉生」のどういうところが「あまのじゃく」だといっているのですか、説明しなさい。

問八 ――線部⑦とありますが、なぜ「琉生」は「泣きそうな顔をしている」のですか。理由を説明したものとして最も適切なものを、次の中から二つ選び、記号で答えなさい。

ア 迷惑(めいわく)をかけた自分のことを気づかう「おじいちゃん」に対する申しわけなさで胸(むね)がいっぱいになったから。

イ 「おじいちゃん」が自分の気持ちを理解し、非を認(みと)めてあやまってくれたことで暗い気持ちが晴れたから。

ウ 「のっぺらぼう」の正体をきちんと見破っていた「おじいちゃん」のするどい観察力におどろいたから。

エ 自分がしたいたずらを、大ごとにはしないと「おじいちゃん」が約束してくれて心からほっとしたから。

オ 悪意があって店にいたずらしたのではないと「おじいちゃん」の誤解(ごかい)を解くことができて安心したから。

カ 自分のかくしていたつらい気持ちに「おじいちゃん」が気付いてくれていたことが、うれしかったから。

キ 「来人」より自分のほうが大切だと思ってくれる「おじいちゃん」のやさしさで心が温かくなったから。

二

次の文章を読んで、後の問いに答えなさい。（設問の都合上、表記を変えたところがあります。）（四十点）

著作権に関係する弊社の都合により
本文は省略いたします。

教英出版編集部

著作権に関係する弊社の都合により
本文は省略いたします。

教英出版編集部

（飯塚大幸「気づく」『ベスト・エッセイ２０２０』光村図書出版）

＊注
小僧＝仏門に入って、僧になる修行をしている子ども。　床の間＝畳の部屋の床を一段高くした所。花や置物、掛け物をかざる。
香炉＝香をたくときに使う器。　点てる＝抹茶に湯をそそいでかきまぜ、飲み物としての抹茶を作る。
炉をきる＝床の一部を四角に切って枠で囲み、中に灰を入れて火を燃やす所を作る。　意に介さず＝気にしない。気にかけない。
慙愧に堪えない＝自分の行いを反省して、心からはずかしく思う。

問一　筆者は、「気づく」ことができるようになるには、どのようなことが大切だと言っていますか。百字程度で答えなさい。

問二　本文をふまえて、あなたが普段（ふだん）の生活の中で改めて気づいた経験を示し、そこから考えたことを二百字程度で書きなさい。

令和３年度

白陵中学校入学試験問題

算　数

（前期）

受験 番号	

注 意　１．時間は 70 分で，100 点満点です。

２．開始の合図の後，まず問題用紙が３枚，解答用紙が２枚そろっているかどうか確かめなさい。

３．表紙と解答用紙に，受験番号を記入しなさい。

４．問題用紙と解答用紙は，折ったり，切ったりしてはいけません。

５．問題の中の図は正確なものとは限りません。

中学前期　算数　問題用紙　<No.1>

注意:円周率は 3.14 として計算しなさい。

1 (20 点)

次の $\boxed{}$ にあてはまる数を答えなさい。解答用紙に答えのみを記しなさい。

(1) $37 - 4 \times 8 + 6 \div 3 = \boxed{}$

(2) $5 \div \boxed{} - \left(\dfrac{2}{3} + \dfrac{2}{15} \right) = 1.2$

(3) $\dfrac{10}{3} + \dfrac{326}{51} - \dfrac{1079}{111} = \boxed{}$

(4) 兄と弟が池の周りを同じ向きに一定の速さで走っています。ある地点で兄は弟を追いこし，次に兄が弟を追いこしたのはその 3 分 20 秒後でした。池の周りの長さが 100m，兄の走る速さが分速 150m のとき，弟の走る速さは分速 $\boxed{}$ m です。

(5) 1 本のロープがあります。A くんが 5m を切り取ったあと，残りの $\dfrac{2}{7}$ を切り取りました。続いて，B くんも 5m を切り取ったあと，残りの $\dfrac{3}{5}$ を切り取りました。このとき，A くんが切り取ったロープの長さの合計と，B くんが切り取ったロープの長さの合計が等しくなりました。初めのロープの長さは $\boxed{}$ m です。

4 (14 点)

次の問いに答えなさい。

(1) 図 1 のように，1 辺の長さが 6cm の正方形があり，辺と平行に 1cm 間隔（かく）で直線が引いてあります。A と B の 2 点を通る直線でこの正方形を切るとき，点 P を含む台形の面積を求めなさい。

(2) 図 2 のように，たて 6cm，横 6cm，高さ 2cm の直方体と側面**ア**があり，直方体の表面には辺と平行に 1cm 間隔で直線が引いてあります。A と B と C の 3 点を通る平面で直方体を切ったときの，側面**ア**の切り口（直線）を書き入れなさい。また，側面**ア**のうち，点 Q を含む図形の面積を求めなさい。

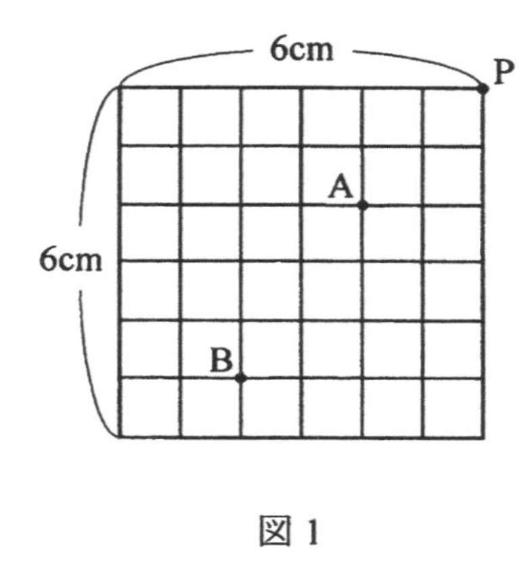

図 1

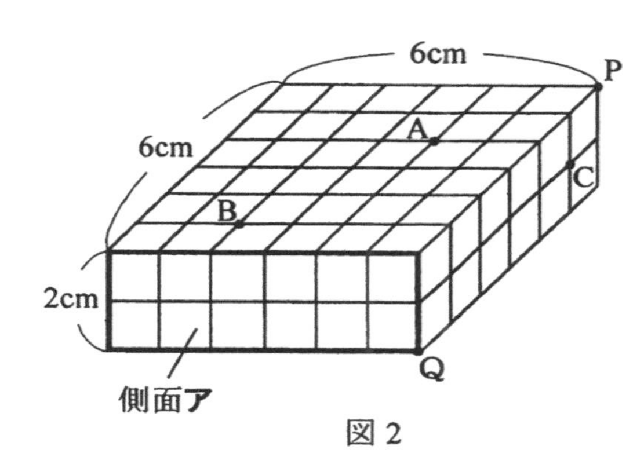

図 2

中学前期　算数　問題用紙　<No.3>

5 （15 点）

P 地点から Q 地点までシャトルバスが運行しています。P 地点から Q 地点までは 6 分かかり，バスの定員は 50 人です。P 地点では，午前 9 時に最初のバスが発車し，午後 4 時に最後のバスが発車し，その間は 15 分間隔で運行しています。

次の問いに答えなさい。

(1) P 地点から Q 地点まで 1 日で最大何人の人を運ぶことができますか。

(2) P 地点から発車するバスが始発からすべて満員だったとすると，980 番目の乗客は何時何分に Q 地点に到着しますか。

(3) ある日，天候が悪かったため，午前 11 時に最初のバスが発車しました。午前 11 時には P 地点ですでに何人かの客が待っていて，午前 11 時から午後 3 時 50 分までは，10 分間に 30 人の割合で客は増えていきました。午後 3 時 50 分から午後 4 時までは，客は増えませんでした。最後のバスまですべて満員で運行し，最後のバスで P 地点には客がいなくなりました。午前 11 時の時点で，P 地点で待っていた客は何人でしたか。

令和3年度

白陵中学校入学試験問題

理　　科

（前期）

受験番号	

注 意　1．時間は70分で，100点満点です。

2．開始の合図の後，まず問題用紙が1ページから12ページまで順になっているか確かめなさい。解答用紙は1枚です。

3．表紙と解答用紙に受験番号を記入しなさい。

1 次の文を読んで、各問いに答えなさい。(25点)

水中で生活するオタマジャクシは主に(　あ　)や体の表面から、水にとけこんでいる空気を取り入れて呼吸する。カエルには(　あ　)はなく、肺や体の表面で呼吸する。オタマジャクシにも肺があることがわかっている。オタマジャクシはときどき水面から口をだし、肺に空気を入れて呼吸する。

問1 文中の(　あ　)に適する語を入れなさい。

問2 カエルの特ちょうとして適切でないものを下から二つ選び、記号で答えなさい。

ア　しょっ角がある。　**イ**　こまくがある。　**ウ**　指の間に水かきがある。

エ　背骨がある。　**オ**　指に吸ばんがある。　**カ**　体がうろこでおおわれている。

問3 カエルのふえ方について適切なものを下から一つ選び、記号で答えなさい。

ア　子宮で受精し、小さなオタマジャクシを産む。

イ　子宮で受精し、からのある卵を産む。

ウ　子宮で受精し、からのない卵を産む。

エ　小さなオタマジャクシを水中に産んで、受精する。

オ　からのある卵を水中に産んで、受精する。

カ　からのない卵を水中に産んで、受精する。

問4 オタマジャクシがカエルに変わるときの体の変化の順として正しいものを下から一つ選び、記号で答えなさい。

ア　前足がでる　→　後ろ足がでる　→　尾(お)がなくなる

イ　尾がなくなる　→　前足がでる　→　後ろ足がでる

ウ　後ろ足がでる　→　前足がでる　→　尾がなくなる

エ　後ろ足がでる　→　尾がなくなる　→　前足がでる

問5 カエルと同じように成長すると生活場所が水中から陸上に変わるものを下から全て選び、記号で答えなさい。

ア　メダカ　**イ**　ダンゴムシ　**ウ**　カブトムシ　**エ**　トンボ

オ　セミ　**カ**　ザリガニ　**キ**　ミミズ　**ク**　カタツムリ

ケ　トカゲ　**コ**　ヤブカ

問8 【実験 2】の結果からわかる最も適切なものを下から一つ選び、記号で答えなさい。

ア 動く方向に関係なく、横向きの幼虫によく反応する。

イ 動く方向に関係なく、縦向きの幼虫によく反応する。

ウ 動く方向や幼虫の向きに関係なく、のばした幼虫によく反応する。

エ 動く方向に関係なく、丸めた幼虫によく反応する。

オ 幼虫の向きに関係なく、のばした方向に動く幼虫によく反応する。

カ 幼虫の向きに関係なく、のばした方向と垂直に動く幼虫によく反応する。

問9 【実験 2】の結果からはヒキガエルが幼虫のにおいに反応していないことがわかります。このことを確かめるためには、どのような実験をすればいいですか。25 字以内で答えなさい。ただし、記号や句読点も 1 字として数えること。

問10 次の**ア**～**オ**を、食物れんさの順（食べられる側が左、食べる側が右になるよう）に並べなさい。

ア トノサマガエル　**イ** イナゴ　**ウ** アオダイショウ

エ イヌワシ　**オ** イネ

2 次の文を読んで、各問いに答えなさい。(25 点)

一辺が 0.5cm の立方体の鉄（鉄 A）に、あるのう度の塩酸（塩酸 B）を少しずつ加えていった。加えた塩酸の体積〔mL〕と発生した水素の体積〔L〕の関係は下の表のようになった。

表

加えた塩酸 B の体積〔mL〕	1	10	16	24	30
発生した水素の体積〔L〕	0.02	0.2	0.32	0.4	0.4

問1 塩酸と同じように、気体が水にとけてできる水よう液はどれですか。下から二つ選び、記号で答えなさい。

ア 炭酸水　**イ** 石灰水　**ウ** 食塩水　**エ** アンモニア水　**オ** さとう水

問2 鉄 A に、塩酸 B を①18mL または②28mL 加えたときに発生した水素の体積〔L〕をそれぞれ答えなさい。

問3 鉄 A の 2 倍の体積の鉄に、塩酸 B を加えていきました。加えた塩酸の体積〔mL〕と発生した水素の体積〔L〕の関係のグラフはどのようになりますか。下のグラフの線から一つ選び、記号で答えなさい。

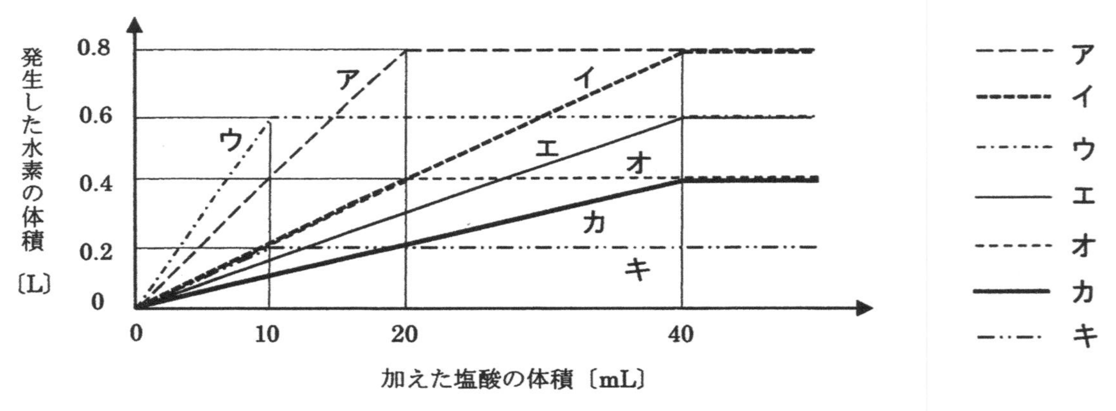

問4 鉄 A に、塩酸 B の 0.5 倍ののう度の塩酸を加えていきました。加えた塩酸の体積〔mL〕と発生した水素の体積〔L〕の関係のグラフはどのようになりますか。**問3**のグラフの線から一つ選び、記号で答えなさい。

問5 一辺が 1cm の立方体の鉄に、塩酸 B の 4 倍ののう度の塩酸を加えていきました。水素が発生しなくなるには、少なくとも何 mL の塩酸を加える必要がありますか。

春分・秋分の日と夏至の日に太陽が南中するとき、北緯 35° の地点 A と赤道上に透明半球を置いた様子を図 3 に表した。地球は北極と南極を結ぶ線をじくにして 1 日 1 回転している。春分・秋分の日にじくは太陽の光に垂直、夏至の日にじくは図 3 のように 23.4° かたむいている。図 3 では透明半球をおおげさに大きくえがいてある。なお、春分，夏至，秋分，冬至は地球上どこでもそれぞれ同じ日である。

問1 地点 A の春分・秋分の日の南中高度 **あ** と夏至の南中高度 **い** をそれぞれ求めなさい。

問2 夏至の日、南緯 35° の地点に透明半球をおいて太陽の道筋を書くと、下図のようになります。太陽がもっとも高く上がったときの水平線からの角度 **う** はいくらですか。

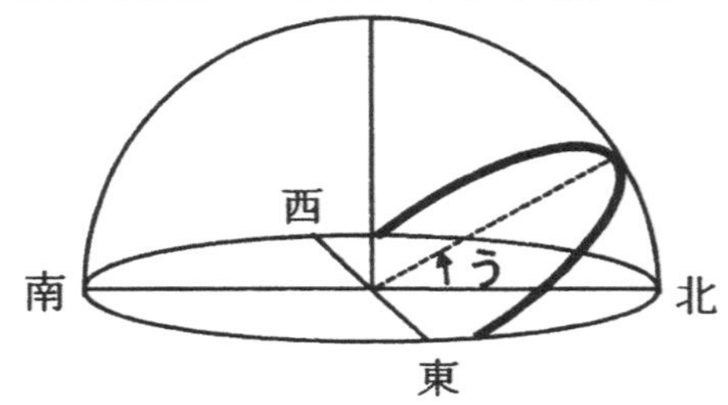

問3 北緯 35° の地点 A でも、下図のように透明半球を南にかたむけることによって、その日の赤道上の地点での太陽の道筋を書きこむことができます。南に何度かたむけるとよいですか。また、春分の日の赤道上の地点での太陽の道筋を解答用紙の図に書きこみなさい。

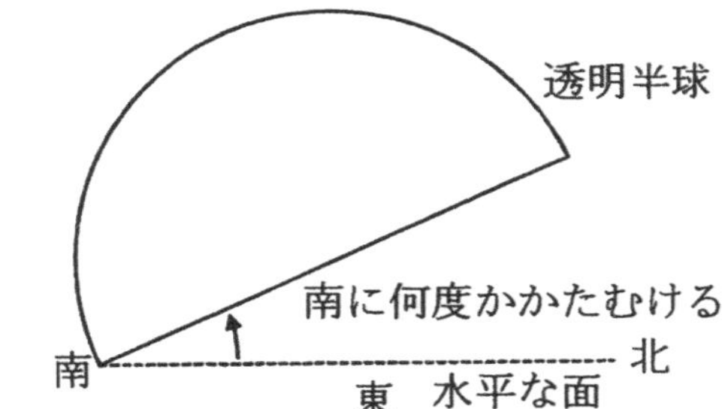

問4 夏至の日の赤道上の地点での太陽の道筋を解答用紙の図に書きこみなさい。

問5 問3と同じようにすれば、地点 A で北極点での太陽の道筋の一部を書きこむことができます。透明半球をどちらの方向に何度かたむければよいですか。また、夏至の日の北極点での太陽の道筋はどのようになりますか。解答用紙の図に書きこみなさい。

問6 春分の日、地点 A と同じ経度で、地点 A から 1000km はなれた地点の南中高度が 46° でした。これから、地球一周の長さを求めなさい。

問7 日本の標準時（東経 135° を基準としています）に合わせた時計で、夏至の日にある地点の南中高度と南中する時刻を測定したところ、それぞれ 87.4° と 12 時 30 分でした。この地点の緯度，経度をそれぞれ求めなさい。

4 次の文を読んで、各問いに答えなさい。(25 点)

ここで用いる豆電球や乾電池はどれも同じものである。乾電池や豆電球は一部をのぞいて電気用図記号を用いて表している。

豆電球の明るさは豆電球1個あたりに、直列につながる乾電池の数が多いほど明るい。図2では、2個の豆電球に直列につながる乾電池の数が1個なので、図2の豆電球の明るさは二つとも図1の豆電球に比べて暗い。図3では、1個の豆電球に直列につながる乾電池が1個なので、図3の豆電球の明るさは二つとも図1の豆電球と同じである。図4では、2個の豆電球に直列につながる乾電池の数が2個なので、図4の豆電球の明るさは二つとも図1の豆電球と同じである。

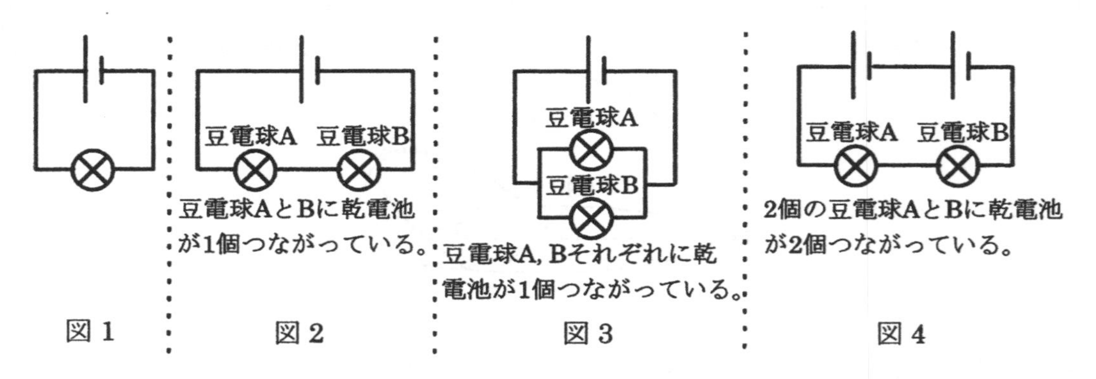

問1 全ての豆電球の明るさが図1の豆電球と同じである回路を、図5から全て選び、記号で答えなさい。

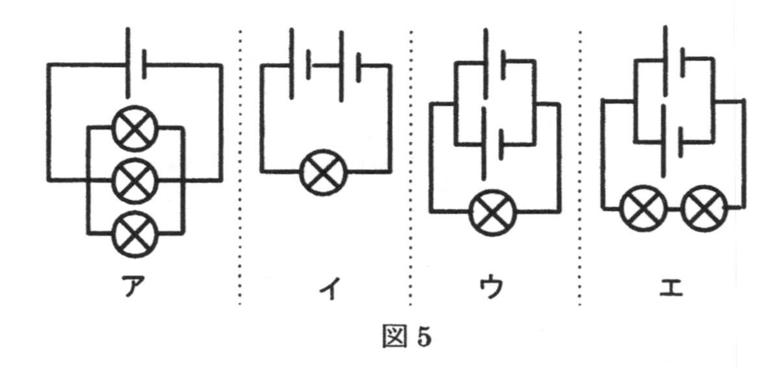

図5

ブレッドボードの裏にはられている金属板を三か所切り取った。そのうち一か所は図 17 のように、5 と 10 の間である。だから 5 と 10 の間は電流が流れず、図 18 のように豆電球や電池をつないでも、豆電球は光らない。

図 19 のように乾電池と 3 個の豆電球 A, B, C をつないだところ、どの豆電球も光らなかった。そこで、新たに豆電球 D を下のように差しこむとそれぞれのようになった。

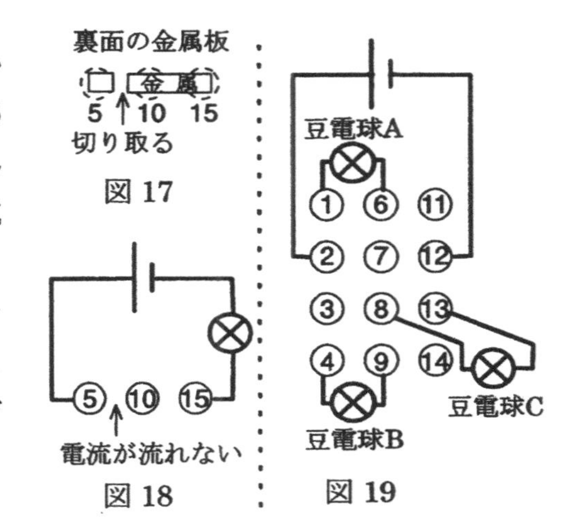

図 17
図 18
図 19

・7 と 11 に差しこむと豆電球 A, D が光った。
・7 と 14 に差しこむと豆電球 A, D が光った。
・3 と 7 に差しこむと全ての豆電球 A, B, C, D が光った。

問6 金属板が切り取られている残りの二か所を答えなさい。

国語 解答用紙（その一）

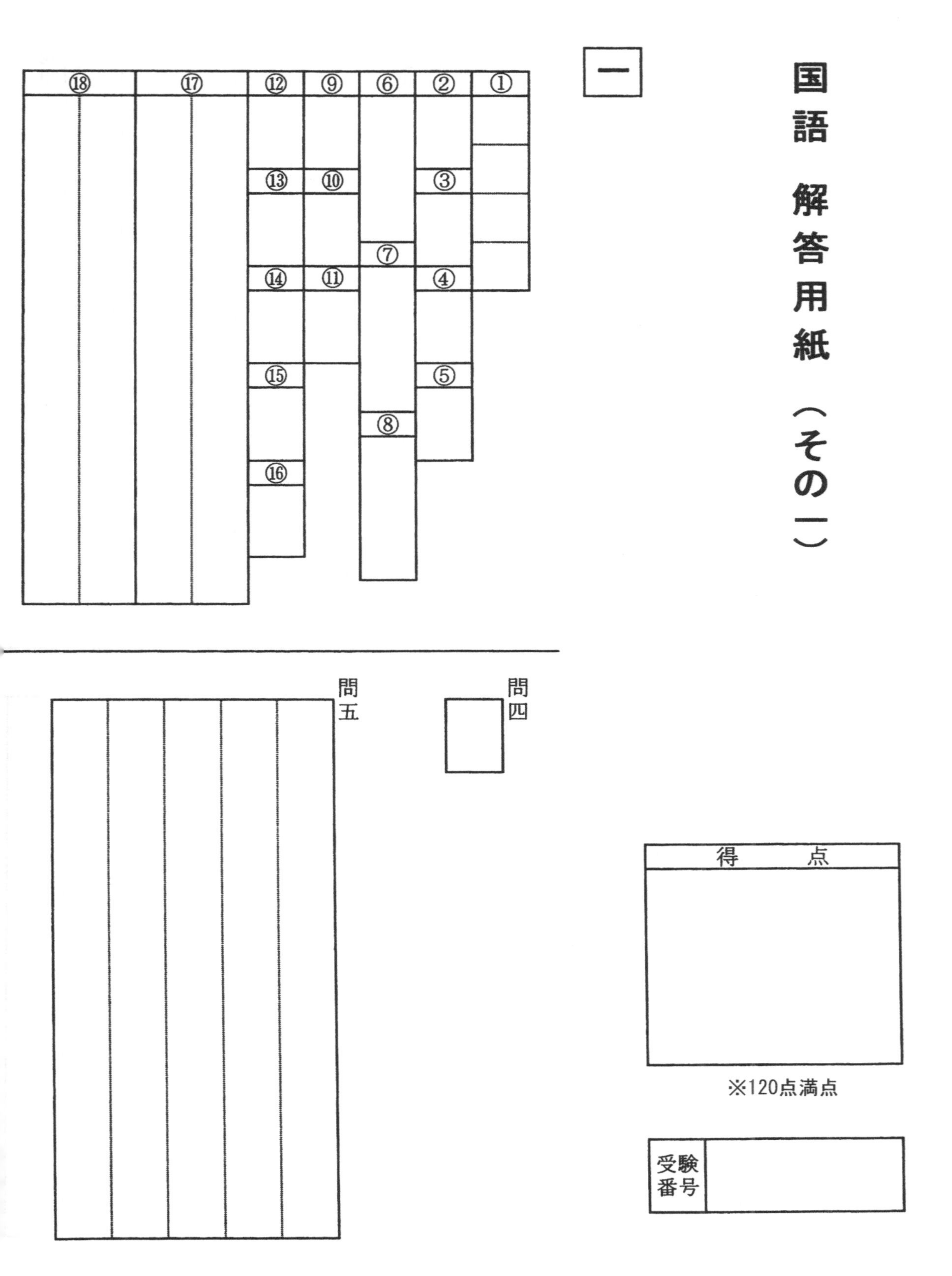

※120点満点

問五

問四

問九

問八

4

(1)

P

A

B

cm²

(2)

側面ア

Q

cm²

受験番号		小計	

中学前期　算数　解答用紙　<No.2>

5

(1)

人

(2)

時　　　分

(3)

人

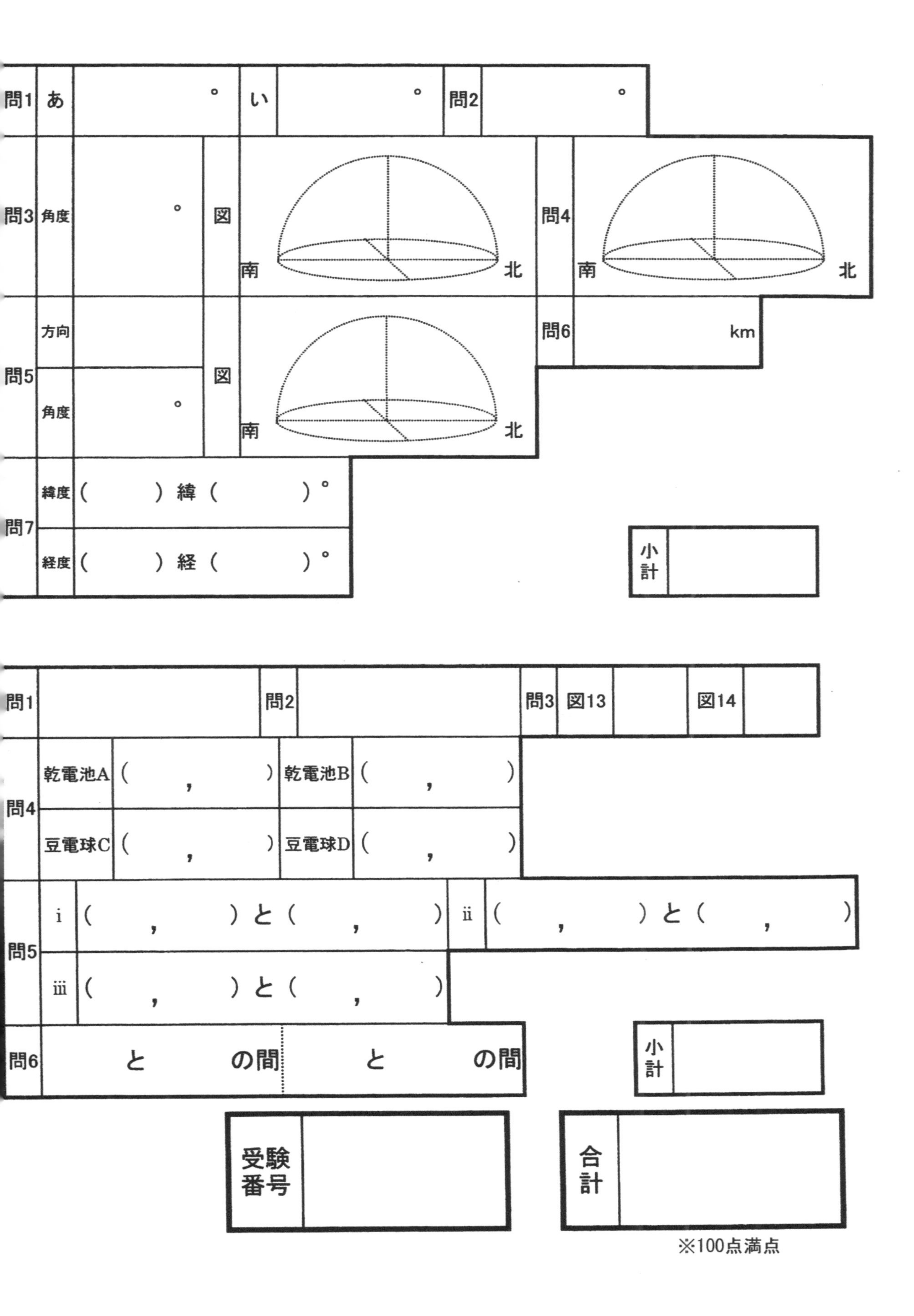

問1	あ	°	い	°	問2	°

問3	角度	°	図	南 北	問4	南 北

問5	方向		図	南 北	問6	km
	角度	°				

問7	緯度	（　　）緯（　　）°
	経度	（　　）経（　　）°

小計	

問1		問2		問3	図13		図14	

問4	乾電池A	（　,　）	乾電池B	（　,　）
	豆電球C	（　,　）	豆電球D	（　,　）

問5	i	（　,　）と（　,　）	ii	（　,　）と（　,　）
	iii	（　,　）と（　,　）		

問6	と　の間	と　の間

小計	

受験番号	

合計	

※100点満点

2 (20点)

次の [　　] にあてはまる数を答えなさい。解答用紙に答えのみを記しなさい。

(1) 右の図は，半円と直角二等辺三角形を組み合わせたものです。

直角二等辺三角形の面積が 25cm^2 であるとき，半円の面積は [ア] cm^2 です。

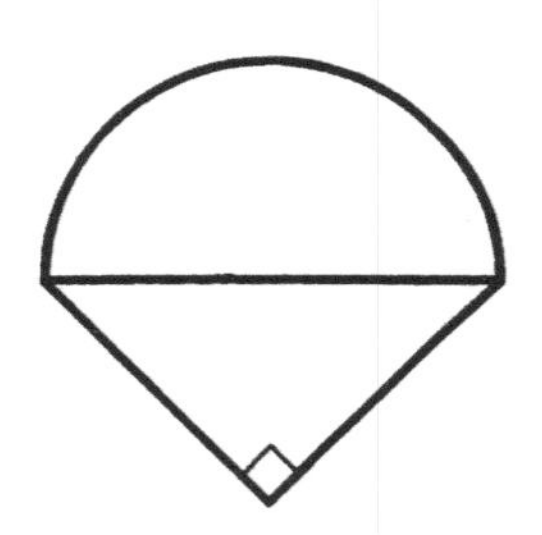

(2) 右の図のように，正方形の中に半径 1cm の半円 4 個がぴったり入っています。

斜線部分の面積は [イ] cm^2 です。また，図の角**あ**の大きさは [ウ] 度です。ただし，P と Q は半円の中心です。

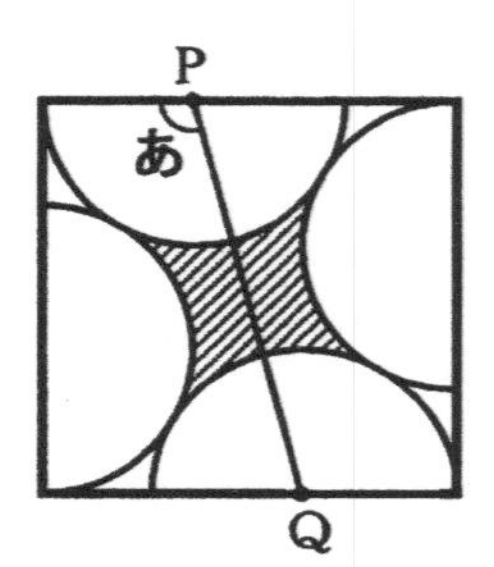

(3) 直角三角形を底面とする三角柱の密閉された容器に水が入っています。机の上で，図 1 から図 2 のように置き換えると，机から水面までの高さが 5cm になりました。

水の体積は [エ] cm^3 です。

また，図 1 のときの机から水面までの高さは [オ] cm です。

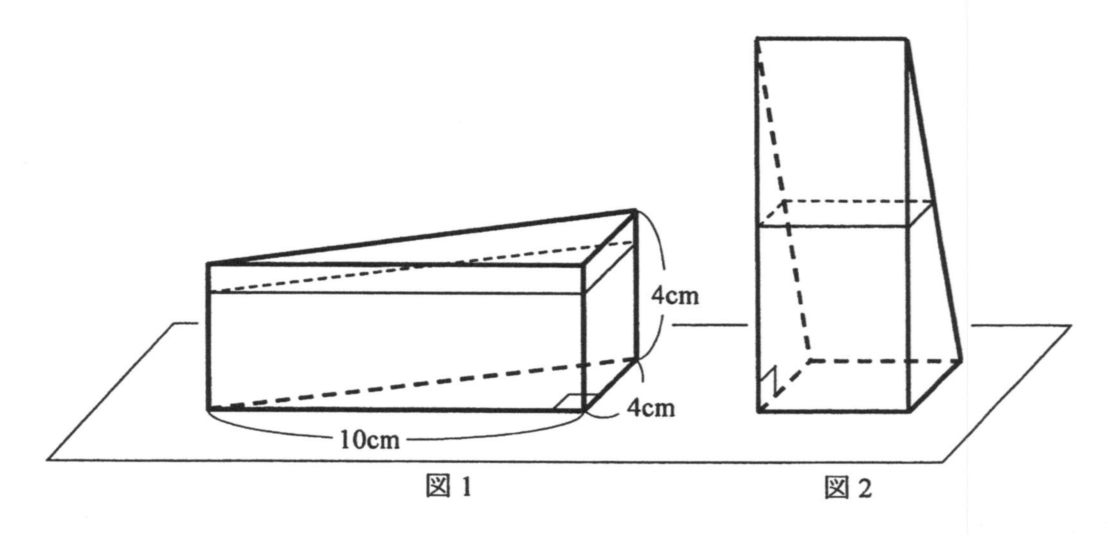

図 1　　図 2

中学前期　算数　問題用紙　＜No.2＞

3　(16 点)

＜Ａ＞

H 国では，1 円玉，2 円玉，4 円玉，8 円玉という 4 種類の硬貨が使われています。
次の問いに答えなさい。

(1) 4 種類の硬貨をそれぞれ 1 枚ずつ持っているとき，11 円を払うにはどの硬貨を使えばよいですか。使う硬貨をすべて答えなさい。解答用紙に答えのみを記しなさい。

(2) 4 種類の硬貨をそれぞれ 3 枚ずつ持っているとき，26 円を払って手元に残った枚数を最大にするには，それぞれ何枚ずつ使えばよいですか。

＜Ｂ＞

辺の長さがすべて整数で体積が 60cm^3 の直方体があります。ただし，辺の長さの単位はすべて cm とします。

次の問いに答えなさい。

(1) 辺の長さとして考えられる整数をすべて答えなさい。解答用紙に答えのみを記しなさい。

(2) 直方体として考えられる形は何種類ありますか。

教英出版

6 （15 点）

A, B, C の 3 つのライトがあります。最初, 3 つのライトはすべて点灯していて, スイッチを押すと, 3 つのライトがそれぞれ次のように点灯と消灯をくり返します。

A ： 2 秒消灯 → 1 秒点灯 → 2 秒消灯 → 1 秒点灯 → ・・・

B ： 3 秒消灯 → 2 秒点灯 → 3 秒消灯 → 2 秒点灯 → ・・・

C ： 4 秒消灯 → 3 秒点灯 → 4 秒消灯 → 3 秒点灯 → ・・・

次の問いに答えなさい。

(1) スイッチを押してから 90 秒までの間で, C が点灯している時間は合計で何秒ですか。

(2) スイッチを押してから 100 秒までの間で, A と B が同時に点灯している時間は合計で何秒ですか。

(3) スイッチを押してから 1000 秒までの間で, A と B と C が同時に点灯している時間は合計で何秒ですか。

【実験 1】オタマジャクシの成長を

① 生まれてすぐの段階
② 体が小さい段階
③ 体が大きくなったが、まだ足がでていない段階
④ 足が 2 本でた段階
⑤ 足が 4 本でた段階

の 5 段階に分け、同じ成長段階のオタマジャクシを 7 ひきずつ水そうに入れた。オタマジャクシが60分間に肺に空気を入れて呼吸した回数を調べ、1 ぴきあたりの平均をとると、右のような結果になった。また、成長段階⑤のオタマジャクシは体を休めることのできる陸を用意しないと、水におぼれて死ぬ。

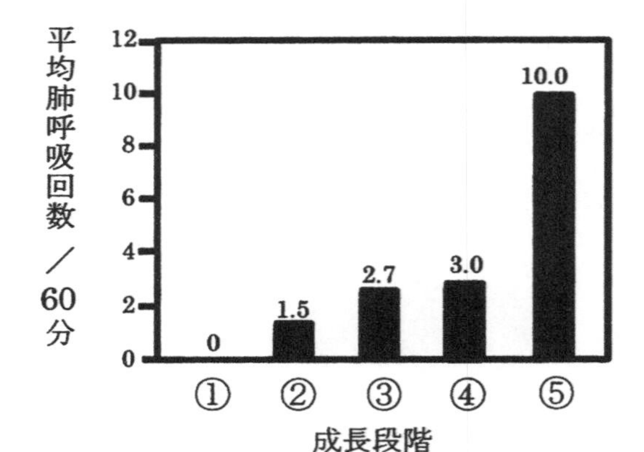

問6 オタマジャクシの肺がはたらくのは、どの成長段階からですか。①～⑤の中から一つ選び、記号で答えなさい。

問7 オタマジャクシの(　あ　)がはたらかなくなるのは、どの成長段階からですか。①～⑤の中から一つ選び、記号で答えなさい。

(問題は次のページに続く)

空腹時のヒキガエルはエサを見つけると、エサの方向に体を向けた後、舌をのばしてエサをつかまえる。どのような状態のエサに反応して、ヒキガエルがエサの方向に体を向けるかを調べるために、与(あた)えるエサの向きや形，動きを変えてヒキガエルの反応を観察した。

【実験2】 弱って動かないガの幼虫をのばすか丸めてアクリル板に固定し、右図のA～Iのように動かすか静止させた。エサがついたアクリル板をヒキガエルの目前に持っていくまでは、目かくし板でヒキガエルがエサに気づかないようにした。その結果は下の表のようになった。

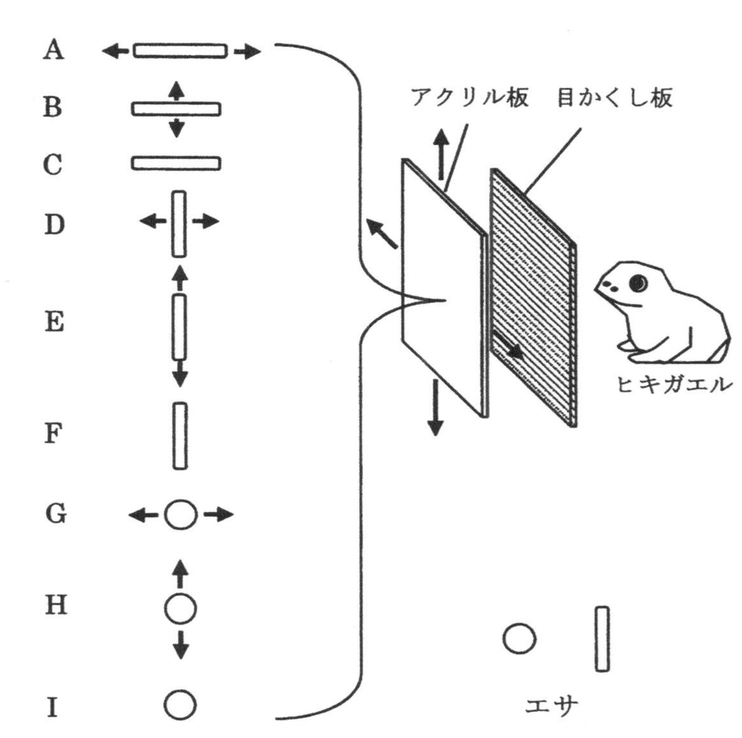

結果

エサの固定方法とエサを動かす方向	エサに体を向けた回数（10回のうち）
A　幼虫を横向きに固定し、横方向に動かす。	10
B　幼虫を横向きに固定し、縦方向に動かす。	2
C　幼虫を横向きに固定し、動かさずにおく。	0
D　幼虫を縦向きに固定し、横方向に動かす。	3
E　幼虫を縦向きに固定し、縦方向に動かす。	8
F　幼虫を縦向きに固定し、動かさずにおく。	0
G　丸めた幼虫を固定し、横方向に動かす。	2
H　丸めた幼虫を固定し、縦方向に動かす。	2
I　丸めた幼虫を固定し、動かさずにおく。	0

問6 下図のように、鉄Aを縦・横・高さがそれぞれ元の半分になるように切断し、体積を8等分にしました。この8等分した立方体の何個かを使い、合計した表面積が元の立方体の表面積と同じになるようにしました。それらの鉄に塩酸Bを加えていくと、加えた塩酸の体積〔mL〕と発生した水素の体積〔L〕の関係のグラフはどのようになりますか。**問3**のグラフの線から一つ選び、記号で答えなさい。

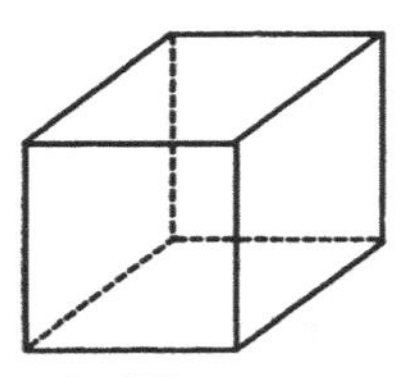

一辺が0.5cmの立方体（鉄A）

→

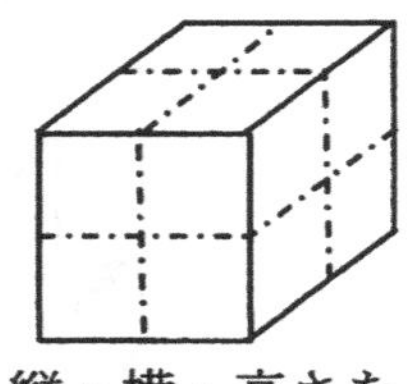

縦・横・高さを半分に切断する。

→

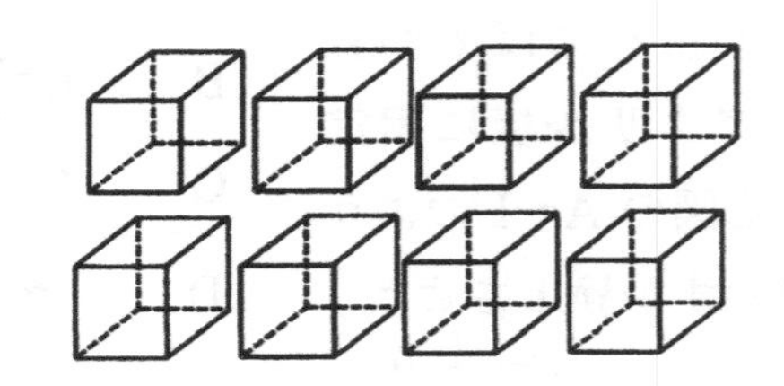

8等分した立方体。

アルミニウムに塩酸を加えると、鉄と同じように、水素が発生する。鉄とアルミニウムには下のような特ちょうや関係がある。

・鉄1gに十分な量の塩酸を加えると、0.4Lの水素が発生する。
・鉄と同じ重さのアルミニウムに十分な量の塩酸を加えると、鉄のときの3倍の体積の水素が発生する。
・アルミニウム$1cm^3$は2.7gである。
・同じ体積で比べると、鉄の重さはアルミニウムの3倍である。

問7 重さの合計が1gになるようにアルミニウムと鉄を用意し、十分な量の塩酸を加えました。下の(1), (2)にそれぞれ答えなさい。

(1) アルミニウム0.6gと鉄0.4gを合わせて1gにしたとき、発生した水素の体積〔L〕を答えなさい。

(2) 二つの金属の重さの割合(0～100%の間)を変えると、発生した水素の体積はどのように変わりますか。グラフを書きなさい。ただし、横じくは重さの合計1gに対するアルミニウムの重さの割合〔%〕、縦じくは発生した水素の体積〔L〕を表します。

問8 体積の合計が$1cm^3$になるようにアルミニウムと鉄を用意し、十分な量の塩酸を加えました。二つの金属の体積の割合(0～100%の間)を変えると、発生した水素の体積はどのように変わりますか。グラフを書きなさい。ただし、横じくは体積の合計$1 cm^3$に対するアルミニウムの体積の割合〔%〕、縦じくは発生した水素の体積〔L〕を表します。

3　次の文を読んで、各問いに答えなさい。(25 点)

よく晴れた日中、水平な面に置いた透明半球にサインペンのペン先の影が半球の中心にくるように●印をつけていくと、図 1 のように、その日の太陽の道筋を書くことができる。図 1 は北緯35° の地点 A で、春分，夏至，秋分，冬至のそれぞれの日に太陽の道筋を透明半球に書いたものである。太陽の道筋は円の一部で、それぞれの円は平行になる。太陽が真南にきて、もっとも高く上がったとき、太陽は南中するといい、そのときの水平線との角度を南中高度という。

地球上の地点の位置を表すのに緯度，経度を用いる。北極，南極とイギリスのグリニッジを結ぶ半円を 0° 子午線といい、北極，南極，位置を表したい地点を結ぶ半円と 0° 子午線のなす角度を経度という（図 2)。グリニッジから東に 135° の場合は東経 135°，西の場合は西経 135° などと表す。地球の中心から見て、位置を表したい地点と赤道のなす角度を緯度といい、赤道から北の場合は北緯 35°，南の場合は南緯 35° などと表す。

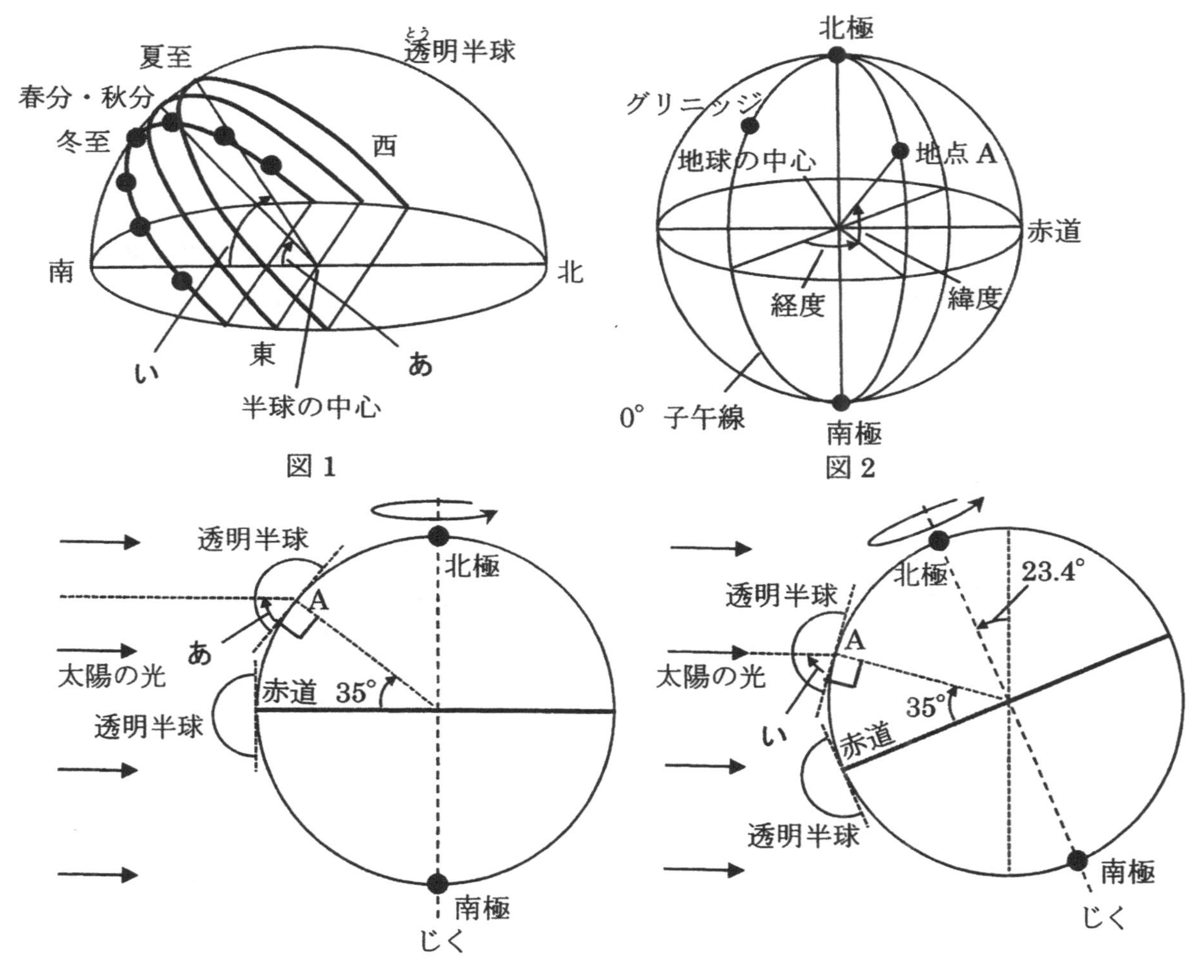

図 1　図 2

図 3　春分・秋分の日(左)，夏至の日(右)

回路をつくるとき、図6のようなブレッドボードという板を使うと便利である。図7のように、ブレッドボードの裏側には金属板がはられている。ブレッドボードの表側には穴が開いており、穴に導線を差しこむと、導線が裏側の金属板とつながる。図8のように穴に番号をつけた。1～4と6～9と11～14と5，10，15はそれぞれ導線でつながれたような状態になる。図9のように、乾電池の+極を1，−極を11に，豆電球を4と14に差しこむと、図10の回路をつくったことになり豆電球が光る。一つの穴に複数の導線を差しこむことはできない。

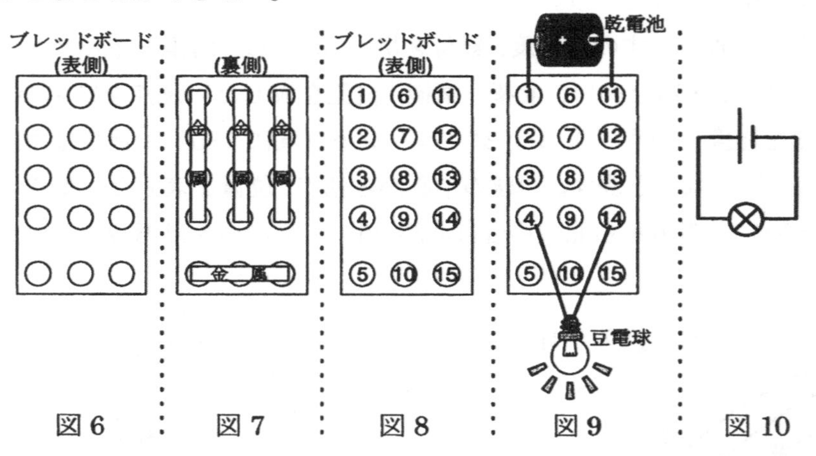

図6　図7　図8　図9　図10

問2 図11のように、導線(金属)だけを乾電池の+極と−極につなぐと非常に大きな電流が流れるため危険である。危険な回路を図12から全て選び、記号で答えなさい。

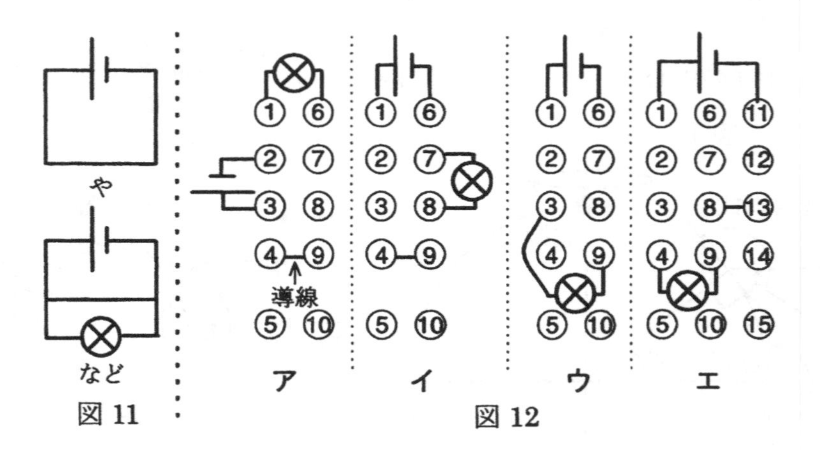

図11　図12

問3 図 13，図 14 の回路をつくるには、乾電池や豆電球をどの穴に差しこむとよいか、それぞれ下から一つずつ選び、記号で答えなさい。乾電池は+極を差しこむ方を左側，−極を差しこむ方を右側に書いています。

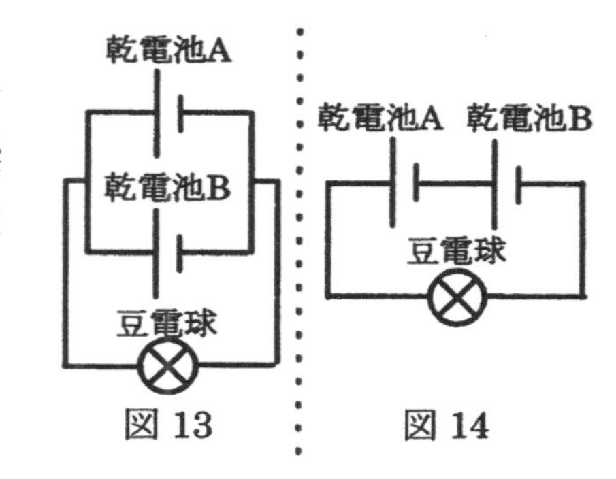

図 13　図 14

	乾電池 A(+極，−極の順)	乾電池 B(+極，−極の順)	豆電球
ア	1，6	2，7	3，8
イ	1，6	2，12	8，13
ウ	1，6	7，12	3，13
エ	1，6	7，8	4，9

問4 図 15 の回路をつくるには、乾電池 A，B と豆電球 C，D をどの穴に差しこむとよいか、1〜4，6〜9，11〜14 の中からそれぞれ選び、答えなさい。乾電池の+極を 1，−極を 2 に差しこむ場合は(1，2)、豆電球を 3 と 4 に差しこむ場合は(3，4)と答えること。

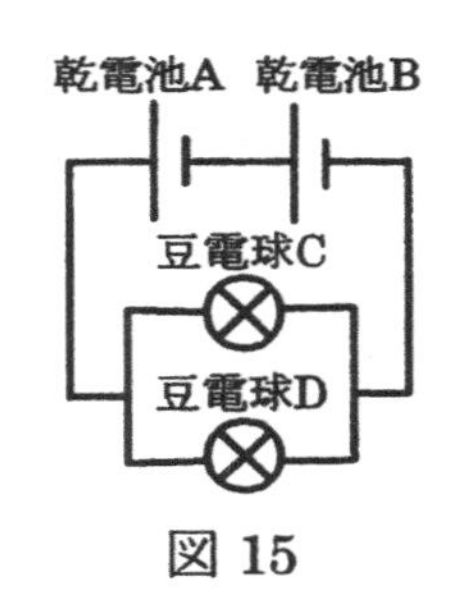

図 15

問5 図 16 のように 2 個の乾電池をつなぎました。このあと 2 個の豆電球をつなぎ、豆電球の明るさが二つとも図 1 の豆電球の明るさと比べて以下の i 〜iii のようにしたい。2 個の豆電球をどの穴に差しこむとよいか、1〜3，6〜13 の中から選び、問4 と同じようにして答えなさい。

i　明るく

ii　同じ明るさに

iii　暗く

①　⑥　⑪
②　⑦　⑫
③　⑧　⑬
④　⑨　⑭
⑤　⑩　⑮

図 16

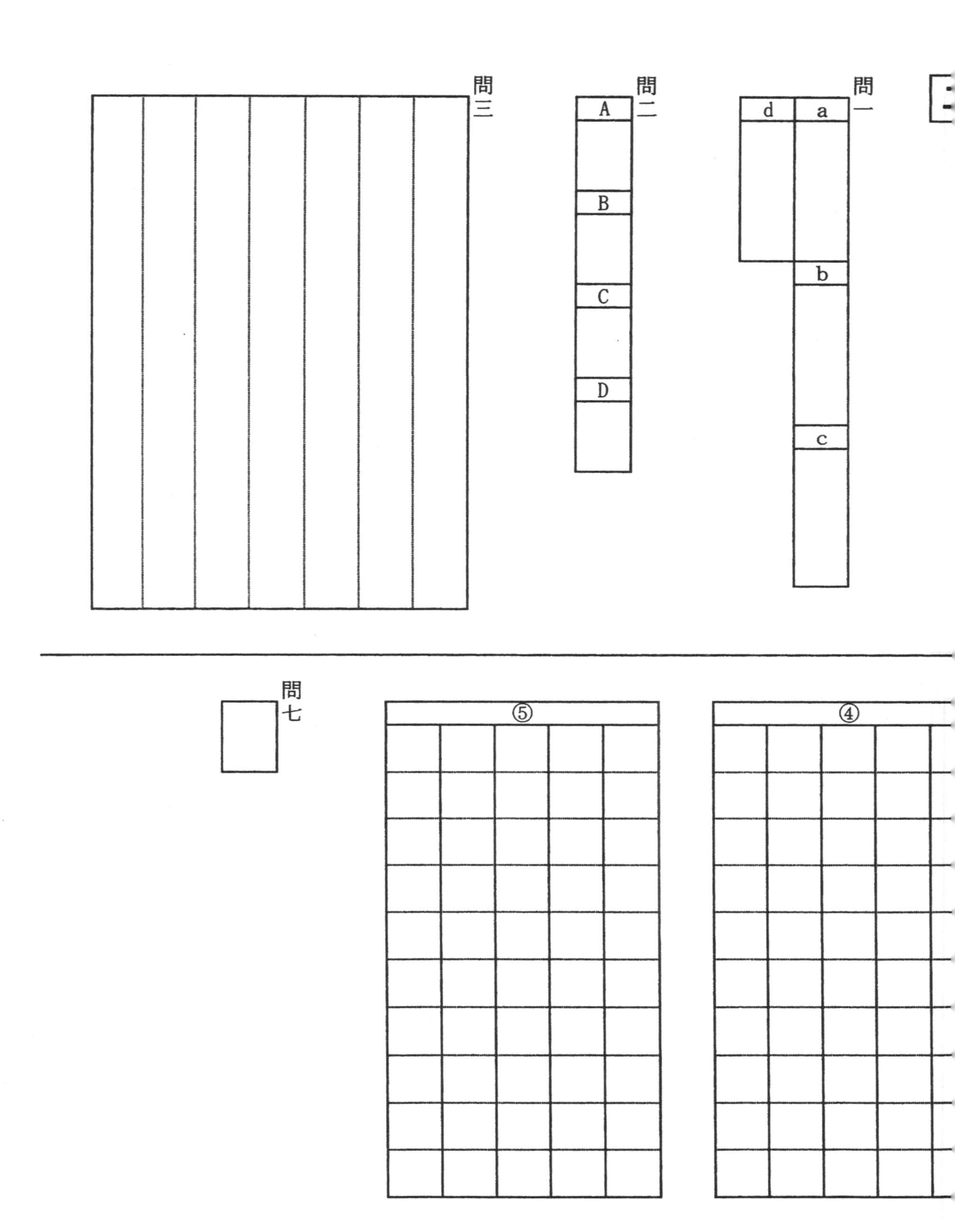
問一
a
b
c
d
問二
A
B
C
D
問三
問七
⑤
④

国語　解答用紙（その二）

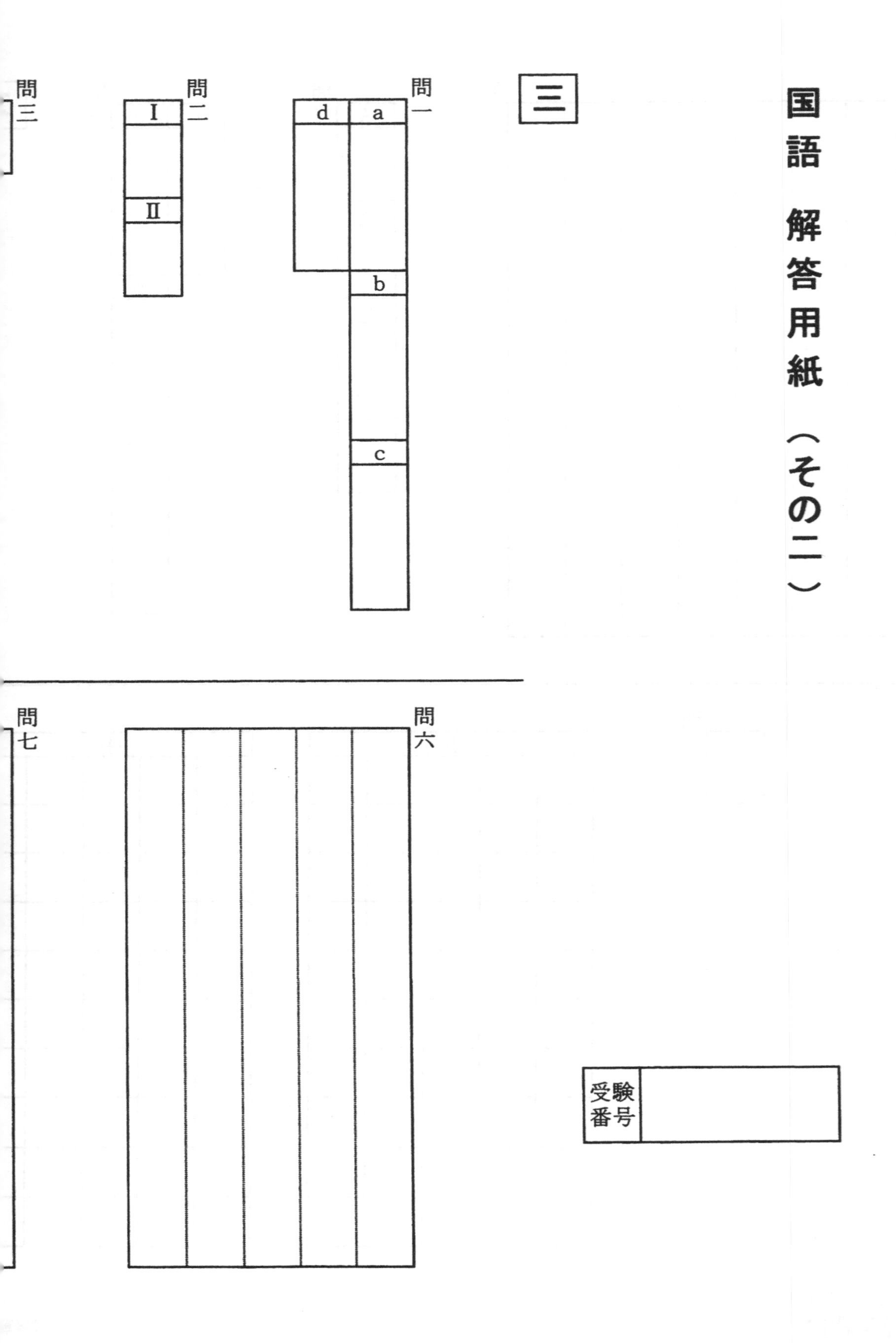

中学前期　算数　解答用紙　<No.1>

1

(1)

(2)

(3)

(4)

(5)

2

(1) ア

(2) イ

(2) ウ

(3) エ

(3) オ

3

A (1)

A (2)

1 円玉	2 円玉	4 円玉	8 円玉
枚	枚	枚	枚

B (1)

B (2)

種類

6

(1)

秒

(2)

秒

(3)

秒

受験番号		小計		合計	

※100点満点

理科　解答用紙

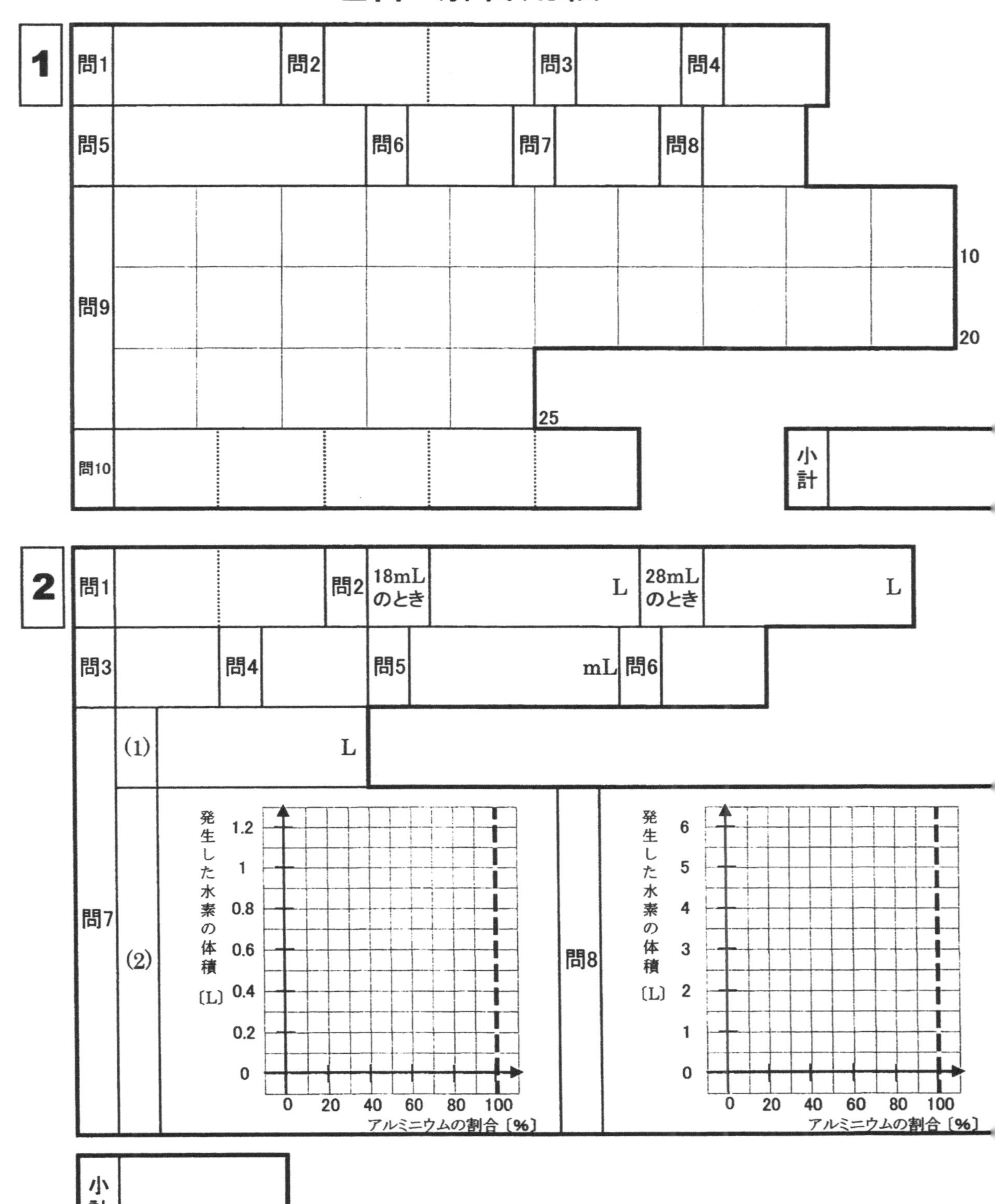

1
問1
問2
問3
問4
問5
問6
問7
問8
問9
10
20
25
問10
小計
2
問1
問2
18mL のとき
L
28mL のとき
L
問3
問4
問5
mL
問6
問7
(1)
L
(2)
発生した水素の体積〔L〕
1.2
1
0.8
0.6
0.4
0.2
0
0
20
40
60
80
100
アルミニウムの割合〔%〕
問8
発生した水素の体積〔L〕
6
5
4
3
2
1
0
0
20
40
60
80
100
アルミニウムの割合〔%〕
小計

令和二年度　入学試験問題　国語

（70分）

白陵中学校　（前期）

一　次の問いに答えなさい。　（二十点）

問　次の□の漢字は複数の読みを持っています。それぞれ A□・B□の正しい読みを答えなさい。

① かつては若者に A人気のあった遊園地も、いまは B人気のないさびれた場所となっている。

② ごみの A分別がきちんとできるような、良いことと悪いことの B分別がつく人になりましょう。

③ 自分では A上手に攻めたつもりだったけれど、相手のほうが一枚 B上手だった。

問　次の熟語と同じ構成の熟語を、次の中からそれぞれ一つ選んで、記号で答えなさい。ただし、同じ記号を二度以上使ってはいけません。

④ 人造　⑤ 加熱　⑥ 功罪　⑦ 花束　⑧ 学習

ア 取得　イ 海底　ウ 読書　エ 年少　オ 賛否

問　次の俳句の季節を春・夏・秋・冬のいずれかでそれぞれ答えなさい。

⑨ ※著作権上の都合により省略いたします　教英出版編集部　木村春子

⑩ 菜の花や月は東に日は西に　与謝蕪村

⑪ ※著作権上の都合により省略いたします　教英出版編集部　上野和江

問　次の□に漢字一字の生き物の名をそれぞれ入れ、以下のような意味の慣用句・ことわざになるように完成させなさい。

⑫ □が合う　・・・気が合うこと

⑬ □も食わない　・・・だれも相手にしないこと

⑭ □の歩み　・・・進み具合がおそいことのたとえ

問　次の二つの慣用句の□には漢字一字がそれぞれ入ります。〔例〕にならって、その二つの漢字を組み合わせてできる一字の漢字を答えなさい。

〔例〕　月とすっぽん　日の目を見る　〔答〕　明

⑮ 壁に□あり　笑う□には福来る

⑯ □の上にも三年　捕らぬ狸の□算用

⑰ 魚心あれば□心　□羽の矢が立つ

⑱ □の知らせ　□の邪鬼

問　次の文章で、AからCの結論を導き出すためには、根拠となるBが必要になります。Bの□に入る一文を十字程度で答えなさい。

A　田中君は努力家だ。

B　⑲□。

C　田中君は、きっと成功する。

問　次の文章はAとBからCの結論を導き出していますが、Cはおかしな結論になっています。なぜおかしいと言えるのですか、解答欄⑳に十五字程度で説明しなさい。

A　今朝、家を出てすぐに黒猫が目の前を横切った。

B　先週、黒猫が目の前を横切った日に、学校で先生にしかられた。

C　今日も、先生にしかられたのは黒猫のせいだ。

二　次の文章を読んで、後の問いに答えなさい。（設問の都合上、本文の一部を変えたところがあります。）（五十点）

現代は情報化社会と言われていて、[A]私たちは毎日大量の情報に触れているかのように思っています。確かにインターネット上にある情報の量はすごい。その気になれば、何でもいくらでも調べられます。

しかし、意外にみんなそれほど情報を摂取していないというのが私の印象です。

いつもスマホをいじっているのに、あれも知らない、これも知らない。「最近こういうニュースが話題だけど……」と話を振っても、「そのキーワードは聞いたことがあるんですが、どんな内容なんですか？」と聞かれてしまいます。どうやら、表面だけサーッとなでてキーワードだけ拾っており、くわしいところまでは読んでいないようなのです。

「まとめサイトしか見ていない」という人もいます。知りたいことが簡単にまとめてあって、それでわかった気になる。わかった気になったけれど、聞かれると答えられない。間違って読んでいたり、すぐに忘れてしまったりします。

インターネットの海と言いますが、①ほとんどの人は浅瀬で貝殻をとっているようなもの。深いところへもぐりにいく人はあまりいません。もぐれば、まだ見たことのない深海魚に出合えるかもしれないし、知らなかった世界が広がっているのに、です。同じ海を目の前にしても、やることは人によって違うわけです。

後ほどお話ししますが、読書は人に「深さ」をつくります。

この本でお伝えしたい「深さ」とは、一つのことをつき詰めただけの深さではありません。専門分野についてつき詰めていても、他がまったくダメというのではバランスを欠いています。深さは全人格的なもの、総合的なものです。

大学生が本を読まなくなった話をしましたが、実は大学の先生も教養のための幅広い読書をしなくなっている印象があります。私は大学の採用面接でこんな質問をしています。

「あなた自身の教養になった3冊を専門以外で教えていただけますか？」

専門以外というのがポイントで、幅広い教養のある人なのかを確認する質問です。

学生に対して教養を身につけさせるには、先生自身に教養がなければなりません。ところが、急に言葉に詰まってしまう人が多くなっています。「数え切れなくて言えません」というのならわかります。「3冊にしぼるのは難しいので、10冊言わせてください」くらい言ってほしい。でも、残念ながら「専門ならすぐ言えるのですけど……」という人が増えているのです。

専門分野は当然くわしいのでしょうが、②そのバックグラウンド（背景）として一般教養があるべきだと私は思っています。哲学なしに科学をやるとか、文学的なものを知らずに経済学をやるというのは危険なことです。だから大学1年生には教養課程があります。

それがリベラルアーツというものです。

リベラルアーツの概念は古代ギリシャで生まれました。「自由になるための全人的技芸」という教育原理が起源です。人間が偏見や習慣をふくめた呪縛から解放され、自分の意思で生きていくために、幅広く実践的な知識が必要とされたのです。

その後中世ヨーロッパに受け継がれ、「文法・論理・修辞・算術・幾何・天文・音楽」という「自由七科」として定義づけられました。そして、これがのちに神学・医学・法律といった専門教育ができたときに、それより前に学ぶべきものとなったのです。

現代のリベラルアーツはその流れをくみながら、近代に発達した経済学や自然科学などがふくめられて[B]幅広くなっています。

近年リベラルアーツが重要視されるようになっていますが、＊グローバル化が進み、社会問題が複雑化する中で、問題解決には専門分野を超えた柔軟性が必要だと強く認識されているからでしょう。専門分野の知識が豊富にあっても、その知識を生かすうえでは多角的な視点がなければ難しい。たとえば遺伝子工学を学んで、遺伝子 a[ソウサ]の技術がわかったとしても、生命倫理とどう折り合いをつけるべきかという難しい問題に対処していくには歴史や宗教、哲学など幅広い知識が必要とされます。

ですから、ますます教養が重要とされている時代なのに、本を読んでいないというおかしなことが起こっているのです。

③いま、ＡＩ（人工知能）に関心が集まっています。

２０１７年、ＡＩが囲碁で世界トップ棋士に勝利したというニュースがありました。囲碁は将棋やチェスに比べて盤が広くて手順が長く、場面によって石の価値が変わるという特徴があります。チェスなら可能だった、「すべての手を覚え、計算して最適解を出す」というやり方が通用しづらいのです。だから囲碁では、コンピューターが人間に勝つのはまだ先だと思われていました。

ところが、２０１７年10月に発表されたグーグル傘下の＊ディープマインドによる「アルファゼロ」は、お手本となる先人の棋譜データすら使わず、ひたすら自己学習により強くなっているとのことです。しかも、囲碁だけでなく他のゲームもできます。[C]人間の手をはなれて、コンピューターが自分で学習・成長しているのです。

このようにすさまじいスピードで進化しているＡＩ。この分野の権威であるレイ・カーツワイルは２０４５年にシンギュラリティ（技術的特異点）に到達すると言っています。人工知能が人間の脳を超え、世界が大きく変化するというのです。

AIに仕事をうばわれないためには何を身につけておくべきか、AIにできないことをできるようにしておくためにはどうすればいいのかといった議論もさかんです。

しかし私に言わせればそれは＊ナンセンスです。「AIにできないこと」を予測したって簡単にくつがえるでしょう。現在の進化のスピードを見ても、普通の人間の想像をはるかに超える変化が起こるはずです。そこで「AIにできることは学ばなくていい、AIにできないことだけ一生懸命学ぶ」という考えはリスクにはなりこそすれ、人生を豊かにはしてくれません。

AIに負けないことを目的にすえて生きるなんて本末転倒です。それこそAIに人生を明けわたしてしまったようなものです。

AIが出てこようが出てこなかろうが、「自分の人生をいかに深く生きるか」が重要なのではないでしょうか。

人生を深めるために、AIや未来予測についての本を読むのはとても有意義だと思います。［D］「人間の脳を超えた知性を持つAIがいた場合、人間らしいやりとりをすることだって簡単だろう。それでは何が人間を人間たらしめるのだろうか？　自分は人間に何を求めているだろうか？」などと本を片手に思考を深めていくことで、人生を豊かにしていくことはできるはずです。

私たち人類は「ホモ・サピエンス＝知的な人」です。

知を多くの人と共有し、b［コウセイ］にも伝えていくことができるのがホモ・サピエンスのすごいところです。書店や図書館に行けば、古今東西の知が所せましと並んでいます。偉大な人が人生をかけて真理を探究し、［E］身をけずって文学の形に＊昇華させ、それを本の形にして誰でも読めるようにしている。だから知を進化させていくことができます。

家族や友達とおしゃべりするだけなら、サルも犬もやっています。アリだってやっているでしょう（声を出してのおしゃべりではないかもしれませんが、さまざまなコミュニケーションはとっています）。でも、動物や虫たちはc［チイキ］や時代を超えたところにいたものたちが、何を考えていたかを知ることができません。

本を読まないのは、④ホモ・サピエンスとしての誇りを失った状態。

集中力もさらに低下して、いよいよ⑤「本を読まない」ではなく「読めない」ようになってしまったら、人類の未来は明るくないのではないかとすら思えてきます。

くり返しますが、ネット、SNSが悪いと言っているのではありません。

このすばらしいツールも人類の知が生み出したもの。うまく活用しない手はないでしょう。ただ、軸足を完全にそちらに移してしまって、読書の喜びを忘れてしまうのはあまりにももったいない。読書は人間に生まれたからこそ味わえる喜びです。自分で自分の人生を深めていける最高のものです。⑥ネット、SNS全盛の現代だからこそ、あらためて本と向き合うことが重要だと思うのです。

（齋藤孝『読書する人だけがたどり着ける場所』SB新書による）

＊注　グローバル＝世界規模の。　ディープマインド＝グーグルの子会社名。　ナンセンス＝無意味なこと。　昇華＝物事がより高い段階に高められること。

問一　a［　］～c［　］のカタカナを漢字に直しなさい。

問二　［A］～［E］に入る言葉として適切なものを、次の中からそれぞれ一つずつ選び、記号で答えなさい。ただし、同じ言葉を二度以上使ってはいけません。

ア　もはや　　イ　たとえば　　ウ　さらに　　エ　あるいは　　オ　あたかも　　カ　まったく

問三　――線部①に「浅瀬で貝殻をとっている」とありますが、これは人々のどのような様子を言っていますか、説明しなさい。

問四　――線部②とありますが、筆者は「一般教養」を身につけることに、どのような意義があると考えていますか、説明しなさい。

問五　――線部③とありますが、この本文において「AI」を話題として取り上げている筆者の意図の説明として最も適切なものを、次の中から一つ選び、記号で答えなさい。

ア　AIが人間の能力を超えてしまうことを素直に認め、人間が不得意な分野はAIにまかせることで、人間は自らと向き合うべきだということを示すため。

イ　AIが人間をおびやかす存在であることに不安を感じる必要はなく、AIには負けない人間らしさがあることを自覚するべきだということを示すため。

ウ　人間とAIを比べ優劣を競うことばかりに注目しがちだが、AIを通して人間という存在について深く考察することが重要であるということを示すため。

エ　人間の能力を超えた知的存在であるAIの研究を通じ、テクノロジー自体も発展するので、人間の生活が今まで以上に便利になるということを示すため。

オ　現代社会におけるAIやネット・SNSの普及に関して、人間が理想とする幸せな人生を送るためには、AIにたよってはいけないということを示すため。

問六 ――線部④とありますが、どういうことを「誇り」としていますか、説明しなさい。

問七 ――線部⑤とありますが、「本を読まない」ことと「読めない」こととの違いを、わかりやすく説明しなさい。

問八 ――線部⑥とありますが、筆者が「本と向き合うことが重要だと思う」のはなぜですか。その説明として最も適切なものを、次の中から一つ選び、記号で答えなさい。

ア 本と向き合うことで、幅広い知識を吸収し現代社会で必要とされる多様な見方を得るだけでなく、自らについて考えを深め、科学が進歩していく中でも、人としていかに生きるかを考えられるから。

イ 本と向き合うことで、グローバルな社会の中で生き残る力としての専門的な知識を習得できるだけでなく、AIに対抗できる高度な技術を手に入れられ、AIに対する劣等感を克服できるから。

ウ 本と向き合うことで、情報化社会の中で正しい情報を取捨選択できる実践的な方法を身に付けるだけでなく、古今東西のあらゆる知識に触れ、自らの人生をさらに豊かにすることができるから。

エ 本と向き合うことで、AIやインターネット・SNSから離れて集中力を養うことができるだけでなく、昔の人たちが探究してきた真理を学ぶことになり、本来あるべき人間へと成長できるから。

オ 本と向き合うことで、専門的な知識だけでなくそれを有効に活用できる技術を磨き、その経験を用いて全人類の進歩に貢献することによって、自らの生きる意味を手に入れることができるから。

三 次の文章を読み、後の問いに答えなさい。(五十点)

中学生の「おれ(森野護)」と「平石徹子」は幼稚園から一緒の幼なじみの関係にある。「徹子」は、たいていの場合落ち着いておとなしく、きまじめな優等生だが、ときどき思いもよらない行動をとることから、周囲から「変な人」と思われている。そんな「徹子」のことを、「おれ」は「ワケわかんなくておもしろい」人間だと思っていた。ある日、外見や身なりを気にしない「徹子」を遠回しに馬鹿にする女子がいた。

「ねーねー、その髪の毛、どこでカットしてるのー?」とわざわざたずねては、「自分で切ってるよ」という返事を引き出して、「うそーっ」とみんなでどっと笑う。何でも、前髪だけじゃなくてサイドと後ろ側も自分で切っているそうなのだが、いったいどうやるのかと聞かれ(これはおれも疑問に思った)、「え、このまま切っちゃってるよ」と二つ結びにした髪の毛をパタパタやってみんなを a ゼック させていた。要するに、いつもの二つ結びにしたままの状態で、ハサミでバッツリと切っていた、というわけだ。道理で毛先がいつもハケみたいに真っ平らだったわけだよ。まあおれも大概、「ファッション? なにそれおいしいの?」ってな人間だけどさ。徹子は一応、曲がりなりにも女子だろう? もうちょっと、何とかしようよ……とはやっぱり当人には言いにくい。やきもきしているところへ、別のところでほかの女子が、徹子の制服のスカートがしみだらけだとあきれている声も、聞こえてきてしまった。

まずい、これは何とかしないといけない……そんな義務感だか*義憤だかにつき動かされ、おれは少しばかり情報を集めてみた。その主な情報源は自分の母親だったけれど。オフクロは面倒見がいい質だし、徹子のことも直接知っているから、話が早くて助かった。「はんはんはーん、ほっほー」なんて b ヨケイ な合いの手を入れまくるのが、若干気にさわったけれど。

とにかくこの耳寄りなお得情報を、ぜひとも徹子にしらせてやらなきゃと思ったけれど、学校だとほかのやつの耳に入ってしまうかもしれない。特に一部の性格の悪い女子達に聞かれたら、①色んなことが裏目に出てしまう。だから部活がない日の下校時、さりげなく徹子の後をついていくことにした。どうせ家は近所だし、そのうち声をかけるチャンスもあるだろう……そう思いながら、尾行していった。

途中で、あれ、と首をかしげる。徹子が向かっている方向は、自宅への最短ルートを微妙に外れていた。

なんだか声をかけそびれるままに歩いていくと、徹子が目指しているのが近くの河原だと気づいた。土手の上は遊歩道になっている。どこかの学校の部活の連中がランニングしてたり、大人や子供が犬を散歩させたりしている、そんな場所だ。

土手の階段を上っていく徹子を見上げていたら、ドンピシャなタイミングで風がふき、ちらりとパンツが見えた。遠目で一瞬だったけれども、まるで小学生がはくみたいなサンリオキャラのパンツで、別に得したような気分にはならなかった。まあ、徹子だし。見ようと思って見たわけじゃないし、見たかったわけでもないし。それにくどいようだけど徹子だし。

少し時間をおいておれも土手に上がる。見回すと、徹子は川岸に下りていて、平たい石の上に無造作に腰を下ろしていた。ああいうことを平気でするから、制服のスカートがよごれるんだよと、まるでオカンのようなことを思う。

ゴロゴロした石ばっかりの河原で、徹子は何をするでもなく、ただぼんやりと水面をながめていた。ときおり手近な石を手にしては、川の流れにポチャンと投げ落としている。何だよ、さびしいやつだな、何かいやなことあったのかな、ああそうか、女連中の悪口が聞こえていたんだなと思い、それならおれの情報で即解決だぜと思ったけれども、どうにも声をかけにくい。「やあ、偶然だな」とやるには、通学路から外れすぎていて、白々しさがぬぐえない。

果たしてそんなものがあるかどうかもあやしい「スマートかつ、さり気ない声がけ」のセリフについて、おれがない知恵をしぼっている間にも、小石はポチャン、ポチャンと川底にしずんでいく。

なぜだろう。その後ろ姿が、やっぱりとてもさびしそうに見えた。

ふと、大昔のことを思い出す。

小学一年だったか、二年だったか。下校途中で交通事故にあったことがあった。幸い、けがは命に関わるようなものじゃなく、車を運転していたおじさんは、真っ青になって近くの病院に連れて行ってくれた。親もすぐに呼んでくれ、必死であやまっていたから、すごくちゃんとした人だったのだろう。あまりのあやまりように恐縮したのか、オフクロなんて「まーた、うちの馬鹿息子が、ふらふら遊び歩きをしてたんでしょー」と豪快に笑い飛ばしていた。実際、そのころ自分内ではやっていた〈逆さ歩き〉（要は進行方向とは逆向きで歩くというアホ行為）をしていた最中の事故だったから、おれにも非は大いにあったのだ。

とにかくおれは右脚を骨折して、人生初入院をすることになった。入院といっても、ひょっとして頭を打ってたらいけないから、一応検査してみましょう、でもまあこの様子なら、心配いらないでしょうね、みたいな軽いノリだった。身内は「だからいっつも言ってたでしょー、いつかこうなるんじゃないかと思ってたわ。大体あんたはいっつも……」（以下略・オフクロ）、「次は気をつけるんだぞー。ついでに頭をみてもらうって？　ちょうど良かった、この際、悪いとこ全部治してもらえ」（オヤジ）てな調子で、一番ちゃんと心配してくれたのは加害者のおじさんだった。おれとしては、脚は痛いわやかましいわで、大人達がそろってぞろぞろ帰っていったときには心底ほっとした。

とは言え、とにかく退屈だった。早すぎる夕ご飯を食べてしまったら、もう何もすることがない。一泊入院の予定だったから、漫画もゲームも持ちこんでいない。ｃソナえつけのテレビは、「テレビカード高すぎ。どうせ明日退院するんだし、いらないわよね」とオフクロが断言したから見られない。といって今は、あちこち歩き回ることもできない。人生初ギプスで、右脚は宙づり状態だ。病室は四人部屋だけど、その日はたまたまおれ一人で、だれかと話すこともできない。

こうなりゃもう、寝るしかねーな。

そうあきらめて目を閉じた。

その直後だったのか、それとも少しは寝たのか、よくわからない。顔の上に、ぽとっ、ぽとっと、何かが落ちてきた。うえっ、何だと思い、正直言って少しこわかったので、できる限りうっすらと目を開けた。極限の薄目状態の視界に映ったのは、びっくりしたことに徹子だった。

小学校の、一年か、二年のころである。しかも何時かわからないけど、夜である。ほかに人の気配はない。夜の病院に、小さな女の子が一人でやってきた？　まさか。しかもそれが徹子で、どうやら泣いている……明らかに、ぽろっぽろっとなみだをこぼしている。

え、なに？　どうしたの？　何でいるの？　何で泣いてるの？　え、え、もしかして、おれのせい？

頭の中は完全なパニック状態だ。車にひかれた直後だって、ここまで動転していなかったと思う。

え、何か泣かすようなこと、したっけ？

心当たりはなかった。そもそもそのころは、あんまりしゃべったりとかもしていなかったし。

なぜかそのときは、おれを心配して来てくれたんだとは、かけらも思わなかった。直接相手に、「びっくりした。どうしたの？」と聞けば良さそうなものだったのだが、なまじ寝たふりみたいなことをしてしまったせいで、目を開けるタイミングがつかめない。しかも泣いている徹子相手に、何か言えるような気もしない。

おれは逆にぎゅっと目を閉じて、この場をやり過ごすことにした。混乱したあまりの現実逃避である。しばらくして、徹子は家に帰る気になったらしく、運動靴が床をこする音がした。病室を出る前に立ち止まり、小声で何かつぶやいたようだった。

『ごめんね、マモル』と言ったように聞こえた。

人の気配が完全に消えて、おれはおそるおそる目を開く。病室にはもちろんだれもいない。もしかして夢だったかとも思ったが、おれのほっぺたは、徹子のなみだでまだしめっていた……。

――どうして今、そんな古いことを思い出したりしたんだろう？

ポチャン、ポチャンと、水音は続いている。

どうしてだろう？　川面に向かって石を投げこんでいる徹子が、あのときみたいに泣いているんじゃないかって思えてしまうのは。

埒が明かないので、おれは周囲の手ごろな石を集め、そのうちの一つを川に向かって投げてみた。徹子のようにただ投げ落とすんじゃなくて、手首にスナップを利かせる感じ。

水面で、石が一度だけ跳ねて、しずんだ。

徹子がふり向いて、びっくりしたようにおれを見ている。

あ、良かった、別に泣いてないじゃん……いや別に、泣く理由もないけどさ。

ほっとしながら、②急いで言った。

「あれ？　徹子じゃん。なんでこんなとこにいるんだよ」
こういうのは、先に言ったもん勝ちだ。そっちこそなんでここにと言われる前に、また早口で言う。
「あのさ、オフクロから聞いたんだけどさ、大通りの四丁目の角にさ、千円カットの美容院、あるじゃん？　あそこさ、第二と第三の水曜日は、カット代、半額になるんだぜ？」
「え？」
徹子の顔は、〈びっくり〉のまんまで、もともと大きめの目がさらに見開かれている。
「なんと五百円！　今度行ってきなよ。自分で切るよりだいぶ……」ここでおれはちょっと言葉にまよう。マシになる、だと今がひどいみたいに聞こえるかもしれない。「だいぶ、かわいくなるよ、きっと」
瞬間、徹子の顔が目に見えて赤くなり、しまった、言葉のチョイスをしくじったと思う。けどまあ仕方がない。言っちゃったことは、出てしまったオナラと同じく引っこめることなんてできないんだから（たとえどんなにくさかろうとも、だ）、おれはさっさとお得情報その二を伝えることにした。
「あとさ、近くの公園の側のクリーニング屋、あるだろ？　あそこ、たのめば追加料金ナシでけっこう早く仕上げてくれるんだぜ。その制服も、金曜日に出せば、日曜日には受け取れるってさ」
徹子はにぎっていた小石をぽとりと落とした。その顔は、また少し赤くなっている。
「あ、これ……」と自分のスカートをひざのあたりでつまみ上げて言う。「＊徹が、バッチイ手ですぐだきついてきたりするんだよねー。カーテンとか、人のスカートとかで、ベトベトよごれをふいたりするし、食べ物のしみって、落ちないんだよね、もう困ったもんだよー」
③スカートを無意味にパタパタとはたきながら、へらっと笑う。その笑った顔のまま、徹子は続けた。
「ねえ、護。私、キタナイ？　オカシイ？　変な子？」
どれも一部の女子が、徹子を馬鹿にするときに使っていた言葉だ。
やっぱり気にしてんのなーと思いつつ、おれは仁王立ちのままで言った。
「だから大丈夫だって」
おれのお得情報ですべて解決だ、とほくそえみつつ、Vサインをしてやる。
④徹子はくしゃくしゃっと、不細工に笑った。それからふいに、わざとらしいほどはしゃいだ声を上げて言う。
「ねえねえ、さっきの、もう一度やってみて？　私あれ、できないんだ。石を水の上で跳ねさせるやつ」
「ああ、あれね。本気出したらもっと跳ねるよ」
ひゅっと投げてやったら、とんとんとんと三度跳ねた。徹子も投げてみるが、すぐ近くの水面にぱしゃんと落ちただけだった。
「コツがあるんだよ。なるべく平たい石でさ、こうやって……」ともう一度投げたら、一度しか跳ねなかった。チクショ、チクショと再挑戦するうちに、石は奇跡みたいにとととと……と五回も跳ねた。
「わあ、すごいすごい」徹子は子供みたいに手をたたいて喜んだ。「やっぱり投げるの、すごく上手だね」
「いやあ、それほどでもあるんだけどね」
わざとおどけて、笑いを取るつもりで言ったのに、それほど受けなかった。逆に妙にしみじみとした口調で言う。
「あの石はさ、きっとびっくりしてるね。いきなり景色がどんどん変わって、きっと未来に連れてこられたみたいに思ってるんじゃないかな」
なんじゃそりゃと思う。こいつは時々こうして、コメントに困るようなことを言う。
「別に石コロは何とも思っていないと思うよ」
⑤少しだけ素っ気なく言って、おれはくるりと土手側に向き直った。こうやって川っぺりで二人きりで語らうとかさ、まるで彼氏彼女みたいじゃん、と気づいて、ふいに落ち着かなくなってきたのだ。それはだんじて事実じゃないわけだから、おれはもう、さっさと退散するべきなのだ。＊ミッションは無事、クリアしたわけだし。だってこのままだと、一緒に帰ろうとか、それこそ彼氏彼女みたいなことになっちゃうじゃん。家、近所だし。
それでおれは、早口で「そんじゃな。おれ、もう帰るわ」と背中ごしに告げて、さっさと歩き出した。
「……どうも、ありがとね、護」
ぽつりと声をかけられて、うれしくなる。
おれはふり返らずにだまって片手を挙げた。このポーズが徹子からカッコ良く見えてるといいなと思いながら。
ありがとうっていうのは、すごくいい言葉だよなとしみじみ思った。
⑥大昔、入院してたときの「ごめんね」みたいな、あんなわけのわかんない言葉より、こっちの方がずっといい。

（加納朋子『いつかの岸辺に跳ねていく』幻冬舎）

＊注　義憤＝正義から外れたことに対するいかり。　徹＝「徹子」の弟。まだ幼い。　ミッション＝使命。

問一 a□〜c□のカタカナを漢字に直しなさい。

問二 ——線部①とありますが、「おれ」にとって「裏目に出てしまう」とはどういうことですか、説明しなさい。

問三 ——線部②とありますが、「おれ」がこのような行動をとったのはなぜですか、説明しなさい。

問四 ——線部③の「へらっと笑う」と、——線部④の「くしゃくしゃっと、不細工に笑った」における「徹子」の気持ちの違いを説明しなさい。

問五 ——線部⑤とありますが、このときの「おれ」の気持ちを説明したものとして最も適切なものを、次の中から一つ選び、記号で答えなさい。

ア 二人で石投げに夢中になっていたが、「おれ」がおどけて言った言葉を「徹子」が笑ってくれないことに傷つき、またもやわけの分からない発言をする「徹子」にいらだちながら、このままでは自分たちが周囲から恋人同士のように見えてしまうことに気づき、この不本意な状況をさっさと終わらせたいと思った。

イ 二人で石投げに夢中になっていたが、「おれ」がおどけて言った言葉を「徹子」が笑ってくれなくて、自分の期待が外れてしまい、「徹子」のよく分からない発言にとまどううちに、自分たちが周囲から恋人同士のように見えるのではないかということに気づき、あわててそう見える状況をなくしたいと思い立った。

ウ 二人で石投げに夢中になっていたが、「おれ」がおどけて言った言葉を「徹子」が笑わなかったことに違和感を覚え、思いがけない発言をする「徹子」の気持ちも気になったものの、何も言い返せない自分に対するいらだちや、恋人同士に見えてしまうことへの恥ずかしさから、ここから早く逃げたいと思った。

エ 二人で石投げに夢中になっていたが、「おれ」がおどけて言った言葉を「徹子」が笑わなかったことや、つかみどころのない発言を続ける「徹子」の様子を見て、「徹子」の心にある傷の深さにおどろき、もっとはげましたいと思ったものの、周囲からは恋人のように見えてしまうことに対して恥ずかしさを覚えた。

オ 二人で石投げに夢中になっていたが、「おれ」がおどけて言った言葉を「徹子」が笑わないことにさびしさを感じ、自分が「徹子」に好意を抱いていることに気づいたものの、不思議な発言をする「徹子」を好きな自分を認められず、周囲からは恋人同士に見えてしまう今の状況を照れくさく感じるようになった。

問六 ——線部⑥について、先生と生徒A〜Cが次のように会話しました。会話文と資料Ⅰ・Ⅱを読み、後の問いに答えなさい。

生徒A 先生。小学生の「おれ」が事故にあったとき、なぜ「徹子」は病院で「おれ」に「ごめんね」と言ったのですか。
生徒B 小学生のころの「おれ」も、徹子が「ごめんね」と言った理由を分かっていませんでしたよね。
生徒C 「徹子」の「ごめんね」の意味って何だったんでしょうね。
先生 では、「徹子」の「ごめんね」について考えるために、この文章の続きのシーン（資料Ⅰ・Ⅱ）を読んでみましょう。

資料Ⅰ

護は活発で明るくて、だけどとてもおだやかでやさしい。だからいつも、男子の友達に囲まれていた。体格も運動神経も良くて、どんなスポーツをしても上手にこなしていた。

小学校に上がる直前のことだ。

母は産院の定期検診に行くために、私（平石徹子）を護の家に預けていった。幼稚園までは、おたがいそういうこともよくあったのだ。

森野家のテレビでは、野球の試合が映し出されていて、護は画面にくぎ付けだった。

「スゲー、カッケー」と大はしゃぎで、私まで楽しくなって「ほんとだね」とうなずく。すると護は、秘密を打ち明けるような顔で、けれどそれにしてはだいぶ大声で宣言した。

「オレ、学校行ったら野球やるしー」

彼が鼻息もあらくそう言い切った瞬間、私はまたあの世界に入っていた。それまでと異なり、まるで水面を跳ねる石のように、とととと……といくつかの場面が広がっては、閉じていく。

小学校で、上級生に交じって野球の試合に出ている護。みんながやりたがらないキャッチャーを、率先して引き受けた護。中学で、大きな大会で勝ち進んでいるチームの中の、護。そして今まさにテレビで見たその場所で、ピッチャーの球を受け止めている護……。強くて大きくて、堂々とした護。

「オレも絶対、甲子園行くしー」

テンション高く言い放つ護にはっと我に返り、私は大きくうなずき返した。

「うん、行くよ、ほんとに行くよ。すごいねー、護は。かっこいいね。絶対、応援に行くね」

護の高揚感が伝染したように、私も声をはずませた。護はひどくうれしげに、顔をくしゃくしゃっとさせて笑った。

本当に、なんてすごいんだろう。あんな大きな舞台で、テレビに映って、たくさんの人に応援されて。ちゃんと、夢をかなえて。

自分と同じ、こんな子供の頃から、きちんと未来への第一歩をふみ出しているんだ……。
護の一番古い友達であることが、心底ほこらしくうれしかった。

資料Ⅱ

——未来は、変化する。
それが、この最悪の出来事から学んだ事実である。
それはひどくおそろしい発見だった。
それまでは、見えていたにもかかわらず、母や友達が小さなけがをしたりして、何もできなかったことを申し訳なく思ったりしていた。
わかっていたのに防げなかったことが、後ろめたかった。
けれど……。
本当は何かができる、というのは、一見希望のようでもある。悪いことが回避できるなら、もちろんそれに越したことはない。
しかし実感としては、恐怖でしかなかった。見えてしまったがために、自分がなした行動のせいで、誰かの運命を変えてしまうかもしれないのだから……すでに護に対して、そうしてしまったように。
この先、どうしていいかわからない。護のことだって、具体的にどうすれば償ったことになるのかわからない。
できることなら、目をふさぐように、先のことなんて見えなくなりたい。何ひとつ知らないままでいたい。
なのに未来は音のように、においのように、私の頭の中に*抗いようもなくすべりこんでくる。それを防ぐ術が、私にはない。
ひとつだけ、心に決めたことがあった。
——もし次に、自分の身に*厄災が降りかかることを、あらかじめ知ることができたとしても。
私はあまんじて、それを受け止めよう、と。護のときのようなことは、二度とごめんだった。

*注　抗いようもなく＝さからうこともできず。　厄災＝災難や災いのこと。

生徒C　おどろいた。「徹子」って、（　あ　）という特別な力を持っている女の子だったの？
生徒A　そうみたいね。「おれ」が川に向かって石を投げるシーンでの「徹子」の発言の意味も分かったけれど、それが「ごめんね」という発言と、どう関わるの？
先生　それぞれの資料の内容をふまえて、状況を整理してみたらどうでしょうか。
生徒B　分かりました。資料Ⅰによると「徹子」は自分の特別な力によって「おれ」が（　い　）と知っていたことが分かるね。
生徒C　うん。もう一つ、資料Ⅰからは、「徹子」がそのことを心の底から応援していたことや、「徹子」が（　う　）ことが分かるよ。じゃあ、次は資料Ⅱだね。
生徒A　資料Ⅱを読んで気づいたんだけど、「この最悪の出来事」とは、「おれ」に関するものなのよね。そうだとすると、これは、「おれ」が事故にあったことを指すんじゃないのかしら。
生徒B　仲の良い幼なじみが事故にあったんだから、「徹子」が「最悪」と表現するのは、当たり前なんじゃないの？
生徒C　でも、このあとには「見えてしまったがために、自分がなした行動のせいで、誰かの運命を変えてしまうかもしれないのだから……すでに護に対して、そうしてしまったように。」と書いてあるよ。資料Ⅰで整理した内容も一緒に考えてみてよ。
生徒A　つまり、「徹子」が小学生の頃、病院で「おれ」に言った「ごめんね」という言葉は、自分の行動のせいで（　え　）という気持ちを表したものだったということよね。
生徒C　その通りだね。
生徒B　なるほど……。「ごめんね」と「徹子」が言った理由が分かってきたよ。

(1)　（　あ　）に当てはまる、「徹子」の特別な力を五字程度で答えなさい。
(2)　（　い　）に当てはまる、「徹子」が特別な力によって知っていたことを、十字以内で答えなさい。
(3)　（　う　）に当てはまる最も適切なものを次の中から一つ選び、記号で答えなさい。
ア　「おれ」を大切に思い、彼が自分の初恋の相手であると思っていた
イ　「おれ」をまだ見ぬ弟のような存在としてとても大切に考えていた
ウ　「おれ」のことを、幼なじみ以上のあこがれの存在だと思っていた
エ　「おれ」と昔からの友人であることが、自分の支えだと感じていた
オ　「おれ」のことを、幼なじみの友達としてとても大切に思っていた
(4)　（　え　）について、「ごめんね」と発言した「徹子」の気持ちを、「自分の行動のせいで」に続ける形で、五十字以内で説明しなさい。

中学前期　算数　問題用紙　＜No.1＞

注意：円周率は3.14として計算しなさい。

（70分）

1　（20点）

次の［　　］にあてはまる数を答えなさい。解答用紙に答えのみを記しなさい。

(1)　$(6+2\times$［　　］$)\times 3\div 8=6$

(2)　$68\times 0.375+51\times\frac{1}{5}-34\times 0.25-17\times\frac{1}{2}=$［　　］

(3)　$\frac{3}{4}\div\left\{5.6-\frac{7}{8}\div\left(\frac{10}{9}-\frac{11}{12}\right)\right\}=$［　　］

(4)　マラソンは42.195kmを走るのにかかる時間を競う競技で，世界記録は2時間1分39秒です。この記録を出した選手が一定の速さで走っていたとすると，50mを走るのに［　　］秒かかります。

小数第3位を四捨五入した数で答えなさい。

2　（20点）

次の［　　］にあてはまる数を答えなさい。解答用紙に答えのみを記しなさい。

(1)　分母が15の分数で約分できないもののうち，$\frac{2}{7}$より大きく$\frac{87}{20}$より小さいものは，$\frac{［ア］}{15}$が最も小さく，$\frac{［イ］}{15}$が最も大きいので，全部で［ウ］個あります。ただし，［ア］と［イ］は整数です。

(2)　半円と長方形を組み合わせた右の図で，斜線部分の面積は［エ］cm^2です。

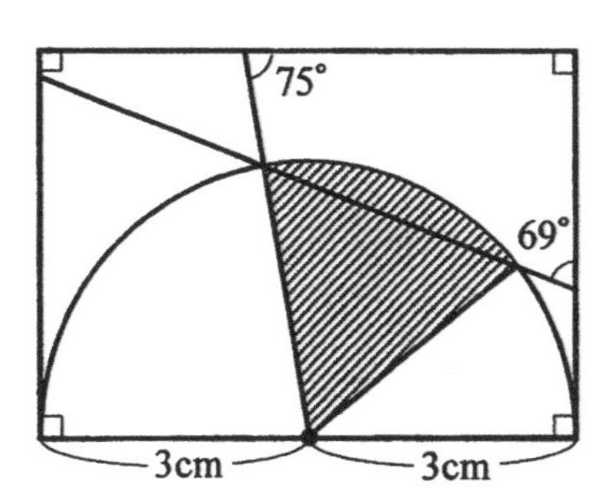

(3)　ある容器に給水管Aと給水管Bを用いて水を入れます。1分あたりにAはBの1.5倍の水を容器に入れることができます。AとBを同時に用いて水を入れると，空の容器は30分でいっぱいになります。

空の容器が水でいっぱいになるまでの時間は，Bだけを用いた場合よりも，Aだけを用いた場合の方が［オ］分短くなります。

空の容器にAとBを同時に用いて［カ］分間水を入れたあとにAだけを用いて水を入れると，空の容器に水を入れ始めてから44分でいっぱいになります。

(4)　右の図の斜線部分を，直線Lの周りに一回転させてできる立体の体積は［キ］cm^3です。

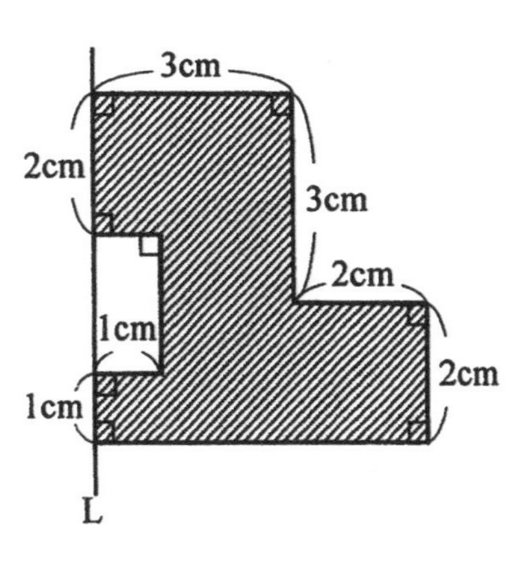

中学前期　算数　問題用紙　<No.2>

3 (15点)

長方形の床に，正方形の紙を，次のようにしてすき間も重なりもないようにしきつめます。

① 初めに，床の端(はし)につめて，できるだけ大きな正方形の紙を置く。

② 次に，正方形の紙がしかれていない床の部分の端につめて，できるだけ大きな正方形の紙を置く。

③ 床が正方形の紙でしきつめられるまで，②をくりかえす。

例えば，たて 3m，横 8m の長方形の床では，図のように正方形の紙が 5 枚必要です。

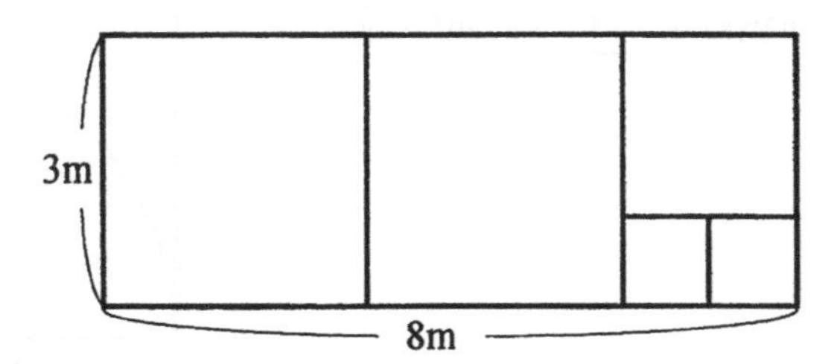

次の問いに答えなさい。

(1) たて 15m，横 27m の長方形の床では，正方形の紙が何枚必要ですか。

(2) たて 18.29m，横 20.77m の長方形の床では，正方形の紙が何枚必要ですか。

4 (15点)

3 つの容器 A，B，C があり，A には濃度(のう) 5%の食塩水 200 グラムが，B には濃度 2%の食塩水 500 グラムが，C には濃度 1%の食塩水 300 グラムが入っています。

次の，①と②の操作をしました。

① A と B のそれぞれから同じ量の食塩水をくみ取り，A からくみ取とった食塩水を B に，B からくみ取った食塩水を A に入れる。

② ①のあと，A と C のそれぞれから同じ量の食塩水をくみ取り，A からくみ取った食塩水を C に，C からくみ取った食塩水を A に入れる。

すると，②のあと，A，B，C の食塩水の濃度はすべて等しくなっていました。

次の問いに答えなさい。

(1) ②のあと，食塩水の濃度は何%になりましたか。

(2) ①で A からくみ取った食塩水は何グラムですか。

(3) ②で A からくみ取った食塩水は何グラムですか。

中学前期 算数 問題用紙 <No.3>

5 (15点)

兄と弟の2人が，図のようにB地点で交わるまっすぐな道を，それぞれ一定の速さで歩きます。兄はA地点を出発し，B地点を通り過ぎてC地点に向かって歩きます。弟はB地点から出発し，D地点に向かって歩きます。A地点とB地点の距離は240mです。2人は同時に出発し，3分後と15分後に2人のB地点からの距離が等しくなりました。

次の問いに答えなさい。

(1) 兄と弟の歩く速さをそれぞれ求めなさい。

(2) 出発してから40分後に兄は止まり，1分間休んでからB地点に引き返しました。歩く速さは休む前後で等しいとすると，引き返し始めてから何分何秒後に2人のB地点からの距離が等しくなりますか。

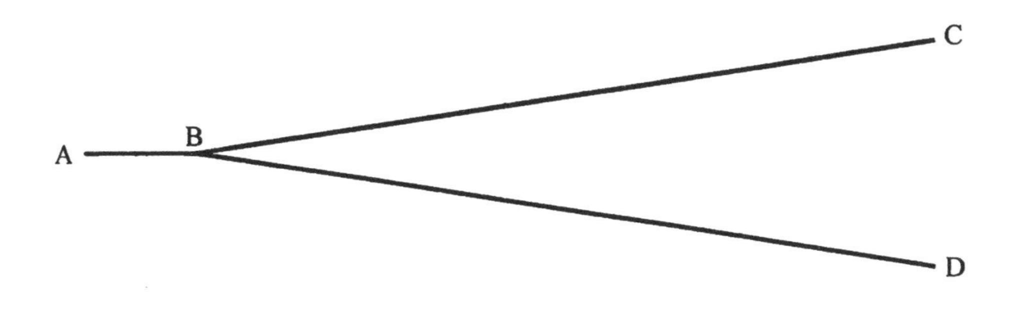

6 (15点)

図1のように，一辺の長さが3cmの立方体の辺BF上に点Pが，辺CG上に点Qがあります。直線BPの長さは1cm，直線CQの長さは1.5cmです。

3点A，P，Qを通る平面で立方体を切断すると，辺DHは点Rで切断されました。このとき，頂点Gを含む立体を立体①とします。

次に，立体①を，元の立方体の3点A，C，Fを通る平面で切断しました。このとき，頂点Gを含む立体を立体②とします。

次の問いに答えなさい。ただし，図をかくときに使った定規とコンパスの線は消さずに残しておきなさい。

(1) 次の □ にあてはまる数を答えなさい。解答用紙に答えのみを記しなさい。

直線DRの長さは [ア] cm です。立体②の面は，三角形が全部で [イ] 個あり，四角形が全部で [ウ] 個あります。また，四角形のうち，正方形ではない台形は [エ] 個あります。

(2) 立体②の面のうち，3点F，G，Qを含む面を面③とします。面③を解答用紙の図に定規を用いてかき，図2の例のようにして面③に斜線を引きなさい。

また，面③の面積を求めなさい。

(3) 立体②の面のうち，立体①を切断したときの切り口を面④とします。立体②の展開図のうち，面④と(2)の面③がつながっているものを考えます。この展開図の面③と面④の部分をかきたい。面③の部分は(2)でかいた図として，それにつなげて面④の部分を解答用紙の図に定規とコンパスを用いてかきなさい。

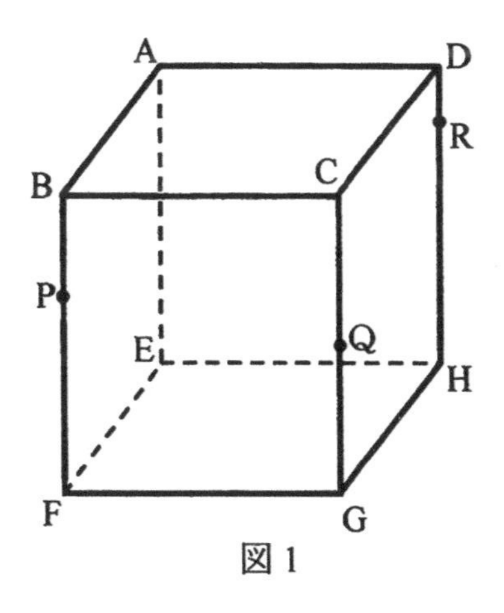

図1

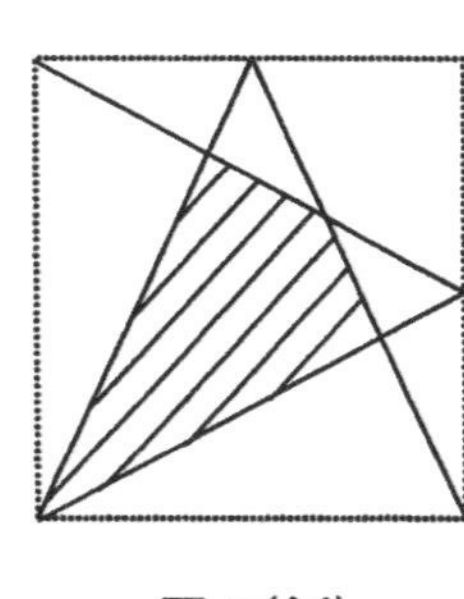
図2(例)

令和２年度　入学試験問題　理科

(70分)

1 次の文を読んで、各問いに答えなさい。(25 点)

家の近くで採集したいろいろな生物を、けんび鏡で観察した。

【観察 1】池に生えていた水草(カナダモ)を観察した。

<方法 1>　①カナダモの葉を１枚とり、スライドガラスの上に置く。
②水を１てき加えた後、カバーガラスをのせる。
③10 分後、カナダモをのせたスライドガラスをけんび鏡で観察する。

<結果 1>　倍率を 60 倍にすると、図１のように小さく仕切られた部屋のようなものがたくさん見えた。600 倍にすると、図２のように仕切られた部屋の中には緑色のつぶがたくさん見えた。つぶは図２の矢印の向きに移動していた。

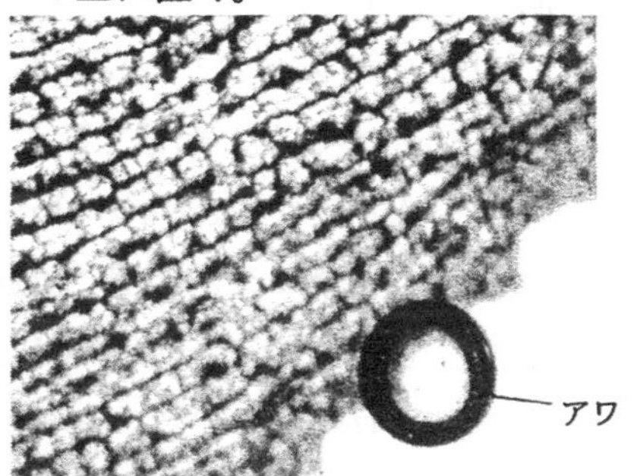

図 1 (60 倍)

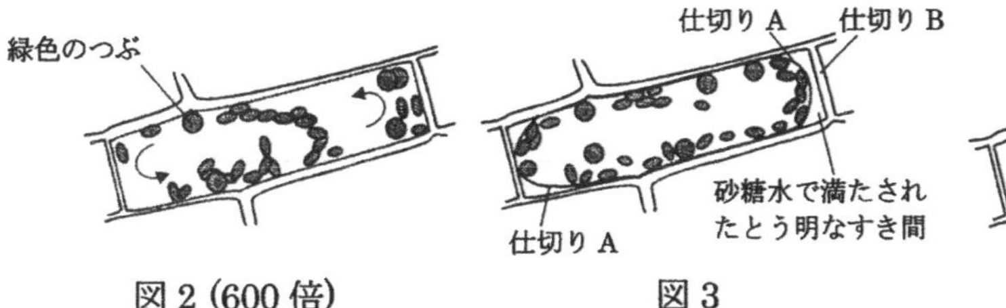

図 2 (600 倍)　図 3　図 4

<方法 2>　水を砂糖水に変えて、観察した。

<結果 2>　はじめは図２のようであったが、時間が経つと図３のように、仕切り A と B で囲まれたとう明なすき間が見えた。すき間は砂糖水で満たされており、すき間に緑色のつぶはなかった。さらに時間が経つと図４のようになった。

問1　図１の右下にアワが見えます。アワを右下に移動させて視野から出すには、スライドガラスをどちらの向きに動かせばよいですか。下から一つ選び、記号で答えなさい。

ア　左上　　**イ**　左下　　**ウ**　右上　　**エ**　右下

問2　緑色のつぶに光が当たるとでんぷんなどの養分ができます。仕切られた部屋の中で緑色のつぶが移動することは、カナダモにとってどのような利点がありますか。簡潔に書きなさい。

問3　仕切り A, B の性質を調べるため、仕切り A, B とそれぞれ同じ性質をもつ膜(まく)A と膜 B を用いて次の実験をしました。

【実験】容器の中央を膜 A または膜 B で仕切り、左側に砂糖水を、右側に同じ量の水を入れて、10 分間放置した。

<結果>　膜 A で仕切ったときは左側の水位が上がり、右側の水位が下がった。また、砂糖水をこくすると水位の差が大きくなった。膜 B で仕切ったときは、砂糖水のこさに関係なく水位の変化がなかった。

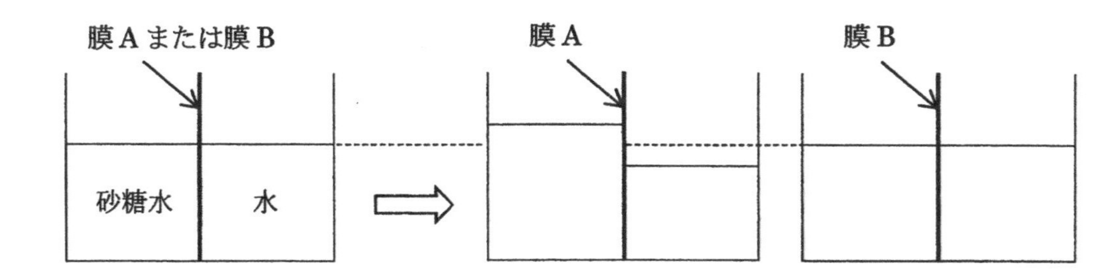

(1)　【実験】の<結果>と【観察 1】の<結果 2>から、仕切り A と仕切り B の性質として正しいものを下からそれぞれ一つずつ選び、記号で答えなさい。

ア　砂糖も水も通す。　　**イ**　砂糖を通すが、水は通さない。
ウ　水を通すが、砂糖は通さない。　　**エ**　砂糖も水も通さない。

(2)　<結果 2>と同じ原理でおこる現象を下から一つ選び、記号で答えなさい。

ア　万年筆のペン先をインクにつけるとインクが吸い上げられる
イ　うちわであおぐと、汗(あせ)がかわいてすずしくなる。
ウ　テーブル上にこぼれた水にティッシュペーパーをのせると、水が吸い取られる。
エ　野菜に塩をかけると、しおれる。

問4　【観察 1】で材料のカナダモが余りました。余ったカナダモはどうすればよいですか。適切なものを下から一つ選び、記号で答えなさい。

ア　カナダモは在来種なので、かんそうさせて肥料にする。
イ　カナダモは外来種なので、かんそうさせて肥料にする。
ウ　カナダモは在来種なので、採取してきた池にもどす。
エ　カナダモは外来種なので、別のよく似た池に捨てる。

問5　カナダモが生えていた池の水をけんび鏡で観察すると、次のa～dの小さな生物が見つかりました。

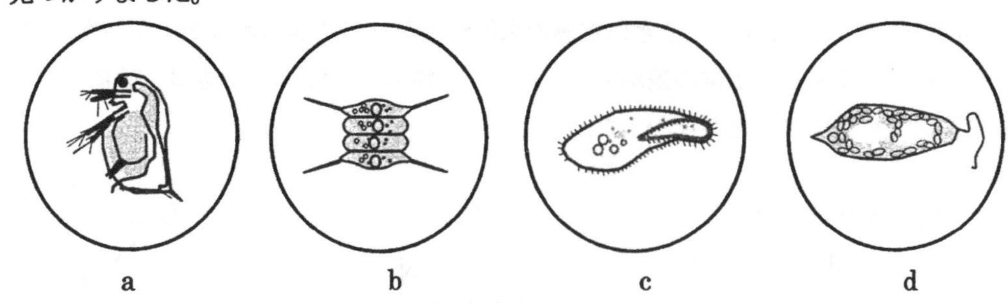

(1)　a～dの生物の名称をそれぞれ書きなさい。

(2)　a～dの生物のうち、光が当たるとでんぷんなどの養分をつくることができるものを全て選び、記号で答えなさい。

(3)　a～dの生物をけんび鏡で観察したとき、4倍の対物レンズで観察したものが1種類，10倍が1種類，40倍が2種類でした。接眼レンズは同じものを使っています。a～dを小さい順に並べると、どうなりますか。下から一つ選び、記号で答えなさい。

ア　a=b＜c＜d　　イ　a=c＜b＜d　　ウ　b=c＜d＜a　　エ　b=d＜a＜c

オ　b=d＜c＜a　　カ　d=a＜c＜b　　キ　d=c＜a＜b

【観察2】かわいた歩道に生えていたコケについている生物を観察した。

＜方法3＞　①コケをチャック付きビニールぶくろ(以下ふくろと呼ぶ)に入れる。

②ふくろに<u>少量の水を入れ</u>、空気が入らないようにチャックを閉じる。

③ふくろをよくもみ、コケに水をなじませる。

④図5のように、ふくろをステージにのせ、けんび鏡で観察する。

＜結果3＞　図6のオカメゾウリムシなど小さな生物が見えた。

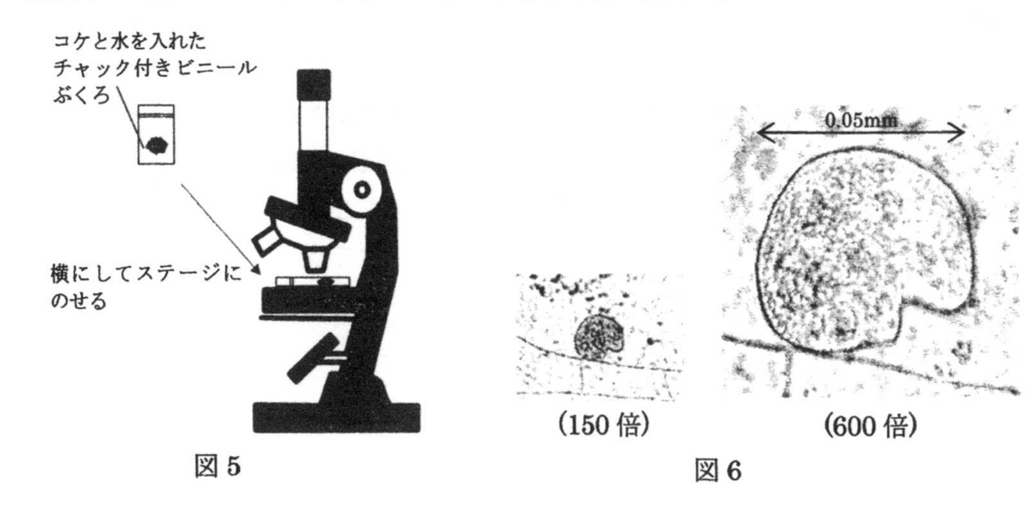

図5　　図6

問6　下線部について、水を少量にすると観察がしやすくなります。水をたくさん入れたときと比べてどのように観察しやすくなるか、簡潔に書きなさい。

問7　図6のオカメゾウリムシは大きさが0.05mmで、1.2mmのきょりを3秒で移動しました。このゾウリムシが車ぐらい(5m)の大きさだったら、速さはどのくらいですか。下から一つ選び、記号で答えなさい。

ア　人が歩く速さ(時速4km)

イ　自転車の速さ(時速20km)

ウ　自動車の速さ(時速80km)

エ　プロ野球のピッチャーが投げる球の速さ(時速140km)

オ　新幹線の速さ(時速300km)

カ　リニアモーターカーの速さ(時速500km)

キ　ジェット機の速さ(時速1000km)

 次の文を読んで、各問いに答えなさい。(25点)

地球や月自身が回転することを自転といい、他の天体のまわりを回ることを公転という。月は地球に常に同じ面(表側)を向けて地球のまわりを公転している。だから月の模様は変わらない。月の公転の道筋がだ円なので、月は大きく見えたり小さく見えたりする。月と地球の間のきょりは最も短いと35万7千km、最も長いと40万6千kmになる。

問1 明石で南の空に下げんの月(満月の次にくる半月)が観測されるのは何時ごろですか。下から一つ選び、記号で答えなさい。

ア 18時　イ 21時　ウ 0時　エ 3時　オ 6時

問2 日本で三日月(下のア)が観測できる日の同じ時刻に、赤道を越えて日本の南にあるオーストラリアで月を見るとどのように見えますか。下から一つ選び、記号で答えなさい。ただし、黒い部分はかげになっている部分です。

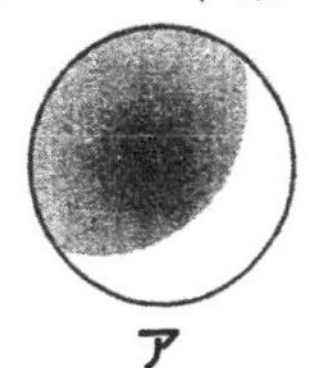
ア

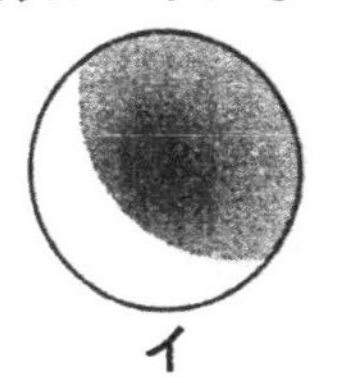
イ

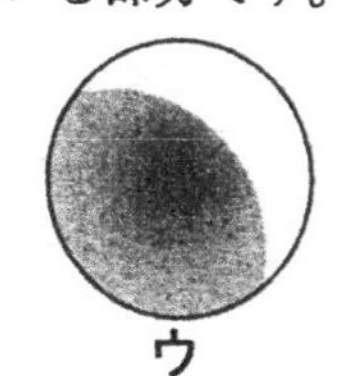
ウ

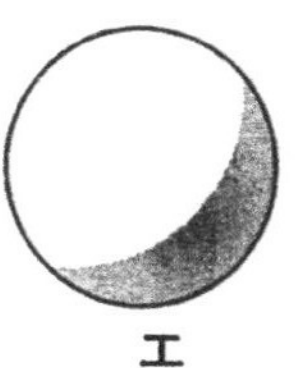
エ

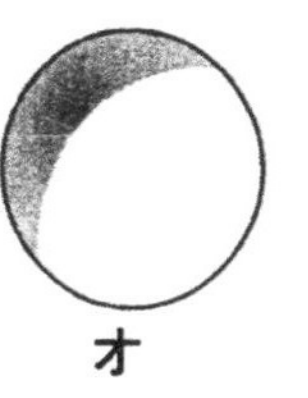
オ

問3 地球から見た最も大きい満月の見かけの大きさ(直径)は、最も小さい満月の見かけの大きさの何倍になりますか。小数第二位を四捨五入して答えなさい。

問4 日本で三日月が観測できる日に、月から地球を見ると地球はどのように見えますか。下から一つ選び、記号で答えなさい。ただし、地球の上下左右は考えなくてよい。

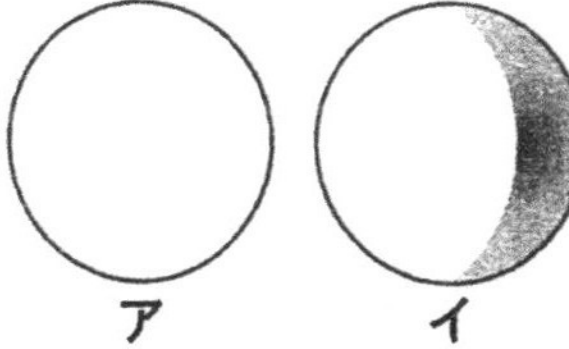
ア　イ

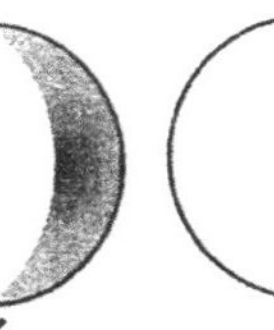
ウ

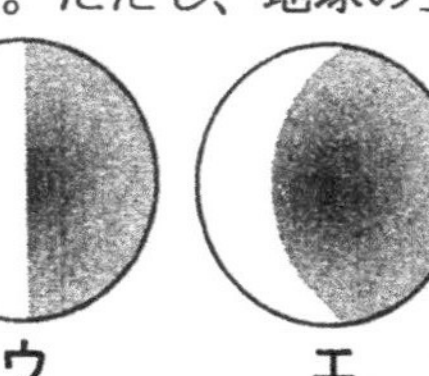
エ

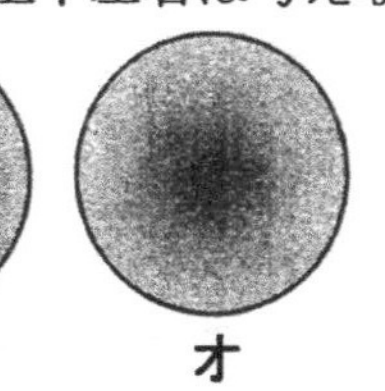
オ

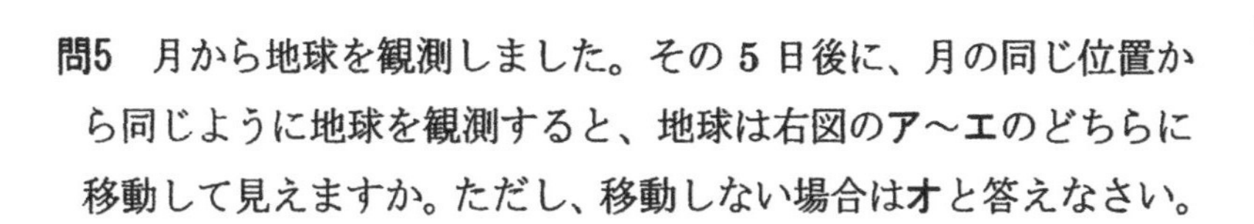
問5 月から地球を観測しました。その5日後に、月の同じ位置から同じように地球を観測すると、地球は右図のア〜エのどちらに移動して見えますか。ただし、移動しない場合はオと答えなさい。

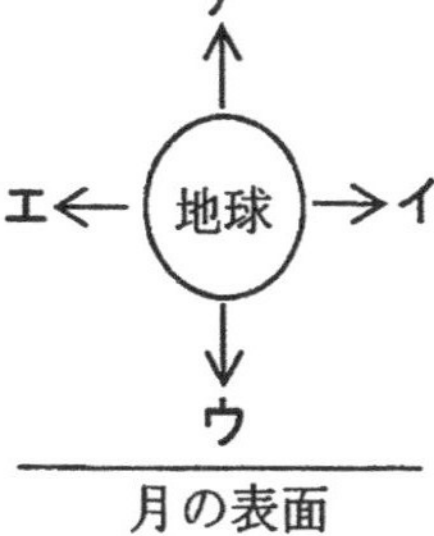

問6 地球から満月が見える日に、月から太陽と地球を見比べると、太陽と地球のどちらが大きく見えますか。月食が起こる仕組みを考えて、「太陽」か「地球」で答えなさい。

地球と月はおたがいに同じ大きさの力で引き合っている。この力はおたがいのきょりが短くなればなるほど強くなる。月が地球の海水を引くと、月に向かう側の海面が少し盛り上がる。また、地球が月によってふり回されるので月と反対側の海面も盛り上がる。だから月に対して、海面の形は図のような形で動かない。地球が自転するので、地球上の一点から見て海面の高さ(潮位)が変わる。これが潮の満ち引きである。潮の満ち引きは1日に2回ずつおこる。太陽と地球も同じように引き合っている。だから、太陽・月・地球が一直線上に並ぶと海面の盛り上がりも大きくなり、潮が最も満ちたとき(満潮)と潮が最も引いたとき(干潮)の潮位の差が大きくなる。これを大潮という。

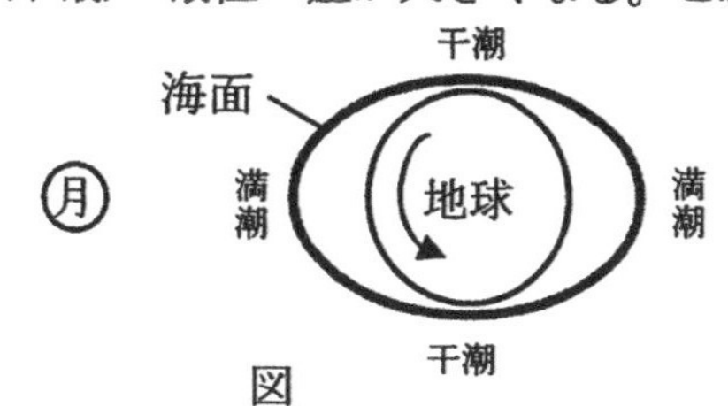

図

問7 大潮の日に、月はどのような形ですか。「満月」「新月」「上げんの月(新月の次にくる半月)」「下げんの月」の中から正しいものを全て選び、答えなさい。

問8 ある年3月の高知での「満月」「新月」「上げんの月」「下げんの月」の日の満潮と干潮の時刻と潮位は下の表のようでした。表の中から大潮の日を二つ答えなさい。ただし、潮位が海水面の基準(0cm)より下の時は「0より下〜」と書いてあります。

	満潮				干潮			
	時刻	潮位(cm)	時刻	潮位(cm)	時刻	潮位(cm)	時刻	潮位(cm)
4日	1:34	112	11:49	122	6:02	98	19:47	37
10日	6:43	179	18:35	186	0:19	0より下20	12:35	29
17日	0:47	118	10:40	128	5:11	102	18:52	42
24日	6:21	163	18:16	166	0:04	16	12:15	35

問9 本文の図は潮の満ち引きを説明するためによく使われます。海面の形が図のようであれば、大潮の満潮時刻の一つは月が南中する時刻と同じになるはずですが、問8の表を見ると高知ではそうなっていません。海面の盛り上がりがどのようであれば高知の満ち引きと同じになりますか。解答用紙に大潮の日の海面の形を図にならってえがきなさい。

3 次の文を読んで、各問いに答えなさい。(25点)

かんそうコンブを水につけると、コンブに含まれる<u>水にとけやすいうまみ成分が水にとけ出してくる</u>。この作業を抽出という。

100gのかんそうコンブに、うまみ成分は1.6g含まれている。かんそうコンブからどのくらいのうまみ成分が水にとけ出すのか調べるために、次の実験をした。また、7.5gのうまみ成分はある濃度の2Lの水酸化ナトリウム水よう液とちょうど反応することが分かっている。

【実験】500gのかんそうコンブを1Lの水につけて、うまみ成分を抽出した。このとき、うまみ成分がとけ出た1Lの水は、上の濃度の水酸化ナトリウム水よう液0.16Lとちょうど反応した。

問1 下線部と同じ原理で行っている作業を表しているものを下から一つ選び、記号で答えなさい。

ア 食塩水の水を蒸発させると、食塩があらわれる。
イ 石灰水に息を吹きこむと、白くにごる。
ウ お酢にさびた10円玉をつけておくと、10円玉が光沢をもつようになる。
エ 茶葉にお湯を注ぐと、お湯に色がつく。
オ どろ水をろ過すると、どろを取りのぞくことができる。

問2 かんそうコンブに含まれていたうまみ成分の重さに対して、水にとけ出たうまみ成分の重さの割合は何パーセント(%)でしたか。

ものがとけると、目に見えないくらい小さなつぶに分かれ、液体全体にちらばる。トウガラシのから味成分のように、油にも水にもとけるもの(以降、Aと表す)がある。Aがとけている水に油を注いで混ぜると、Aが水から油に移動する。この移動は、下の★の関係のように、(油にとけているAのこさ)が(水にとけているAのこさ)の3倍になると止まる。

(油にとけているAのこさ)=3×(水にとけているAのこさ) … ★の関係

ここで、(水にとけているAのこさ)は水にとけているAの数を水の体積で割ったもの，(油にとけているAのこさ)は油にとけているAの数を油の体積で割ったものを表す。だから、体積2Lの水にAのつぶが12個とけているとき、(水にとけているAのこさ)は12÷2=6である。★の関係の例を右ページの図にした。1Lの水にAのつぶが12個とけているところに、1Lの油を注いで混ぜると、油にAが9個移動したところで止まる。

A
油(1L)
水(1L)
Aが油に9個移動
混ぜる前
混ぜた後

図 ★の関係の例

問3 0.2Lの水にAが20個とけているとき、(水にとけているAのこさ)はいくらですか。

問4 1Lの水にAが1000個とけているところに、1Lの油を注いで混ぜました。★の関係になるとAの移動が止まりました。1Lの油に移動したAは何個ですか。

問5 Aがとけている油に水を注いで混ぜるとAが油から水に移動します。今、1Lの油にAが1000個とけているところに、1Lの水を注いで混ぜました。★の関係になるとAの移動が止まりました。1Lの水に移動したAは何個ですか。

問6 1Lの水にAが1000個とけているところに、0.5Lの油を注いで混ぜました。★の関係になるとAの移動が止まりました。0.5Lの油に移動したAは何個ですか。

問7 問6の後、Aが移動した油を全て取りのぞきました。そこに、新たに0.5Lの油を注いで混ぜました。★の関係になるとAの移動が止まりました。新たに注いだ0.5Lの油に移動したAは何個ですか。

問8 1Lの油を使って、Aがとけている1Lの水からできるだけたくさんのAを油に移動させるにはどのように工夫すればよいですか。問4～問7を参考にして30字以内で説明しなさい。ただし、数字や記号も1文字とします。

問9 1Lの水にAが1024個とけているところに、1Lの油を注いで混ぜます。★の関係になるとAの移動が止まります。Aの移動が止まった後にAを含んだ油を全て取りのぞき、新たに1Lの油を注いで混ぜます。この作業をくり返して、Aを水から油に移動させていきます。水に残るAの数を10個以下にするには、1Lの油を最低何回注げばよいですか。

4 次の文を読んで、各問いに答えなさい。(25点)

真っすぐ飛んでいるボールに力を加えるとどうなるか。飛んでいる向きに力を加えると、速くなる。飛んでいる向きと逆向きに力を加えると、遅くなるか、逆向きに飛ぶ。真横から力を加えると、ボールが飛ぶ向きは力を加えた向きにそれる。

問1 右図のように、飛んでいるボールに真横から力を加えたとき、ボールが飛ぶ向きとして適するものを**ア**～**ク**から一つ選び、記号で答えなさい。

力　飛んでいる向き

キ　ク　ア　イ　ウ　エ　オ　カ

地球を右図のような半径6400kmの球と考え、その中心をOとする。地上の場所を表すのに、緯度(いど)と経度(けいど)を使う。例えば明石はOから見て、赤道から北に35°の地点にあるので北緯35°，グリニッジを通る基準の子午線(0°経線)から東に135°の地点にあるので東経135°である。

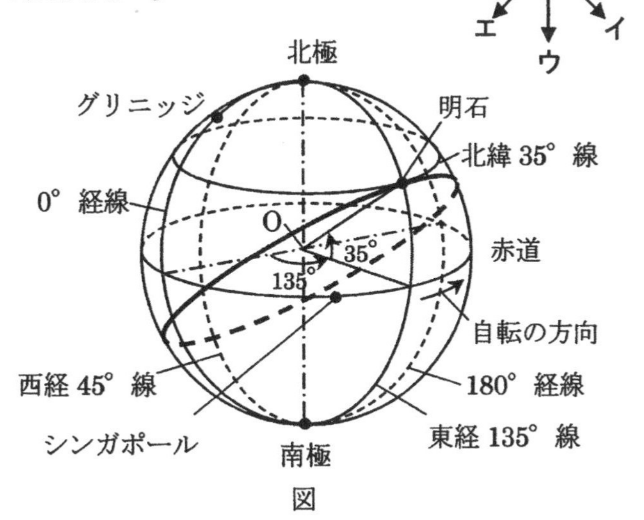

図

問2 0°経線と180°経線にそって地球を1周した長さは何万kmですか。上から一けたのがい数で答えなさい。

問3 緯度1°の長さは何kmですか。整数で答えなさい。

常に時速1110kmの速さで、地表にそって真っすぐ飛ぶ飛行機を考える。地球は止まっているものとする。明石から真北に飛び始めた飛行機は、東経135°線と西経45°線にそって地球を1周し、Oを中心とする半径6400kmの円をえがく。明石から北東に飛び始めると、北極には行かないが、やはりOを中心とする半径6400kmの円をえがく。

問4 明石から真東に飛び始めた飛行機は、図の太い線で書かれた、Oを中心とする半径6400kmの円をえがきます。18時間飛ぶと着く場所の緯度と経度の組み合わせを下から一つ選び、記号で答えなさい。

ア 北緯35° 経度180°　**イ** 緯度0° 東経45°　**ウ** 南緯35° 西経45°
エ 北緯35° 西経45°　**オ** 緯度0° 西経135°　**カ** 南緯35° 西経135°

問5 問4の飛行機に、ある向きに力を加え続けると、明石から北緯35°線にそって飛ぶことができます。その力の向きを下から一つ選び、記号で答えなさい。

ア 北　**イ** 東　**ウ** 南　**エ** 西

実際には、地球は北極と南極を結ぶ軸(じく)のまわりに西から東に向かって1日1回転している。これを自転という。いろいろな緯度で、経度1°にあたる長さと地球が自転する速さを表に示した。北極から明石に向かって飛び始めた飛行機は、宇宙からみれば真南に飛び、Oを中心とする半径6400kmの円をえがく。しかし、その間に地球も自転するので、地球から見れば飛行機は東経135°の線から西にずれてしまう。

表 緯度による経度1°の長さと自転する速さ

緯度	経度1°の長さ	自転する速さ
80°	19km	毎時281km
45°	79km	毎時1184km
40°	85km	毎時1283km
35°	91km	毎時1372km
30°	96km	毎時1450km
25°	101km	毎時1518km
0°	111km	毎時1674km

以下、地球の自転も考える。

問6 北極から明石に向かって飛び始めた飛行機が、1時間飛ぶと着く場所の緯度と経度を整数で答えなさい。

シンガポール(緯度0° 東経100°)に止まっている飛行機は、宇宙からみれば地球の自転する速さである時速1674kmで真東に飛ぶように見える。シンガポールから真北に飛び始めた飛行機は、宇宙から見れば、飛行機の速さである時速1110kmで真北に飛ぶと同時に、地球が自転する速さである時速1674kmで真東に飛ぶように見える。つまり、北東に近い向きに飛び、Oを中心とする半径6400kmの円をえがく。その間に地球も自転するので、地球から見れば飛行機は東経100°の線から東にずれてしまう。

問7 シンガポールから真北に飛び始めた飛行機が、3時間飛ぶと着く場所の緯度と経度を整数で答えなさい。

問8 シンガポールから真北に飛び始めた飛行機が着くことのできる場所の緯度のうち、最も大きな緯度に近いものを下から一つ選び、記号で答えなさい。ただし、解答を選ぶとき、解答用紙の図を用い、使った線を残すこと。

ア 35°　**イ** 45°　**ウ** 55°　**エ** 65°　**オ** 75°　**カ** 85°

国語　解答用紙（その一）

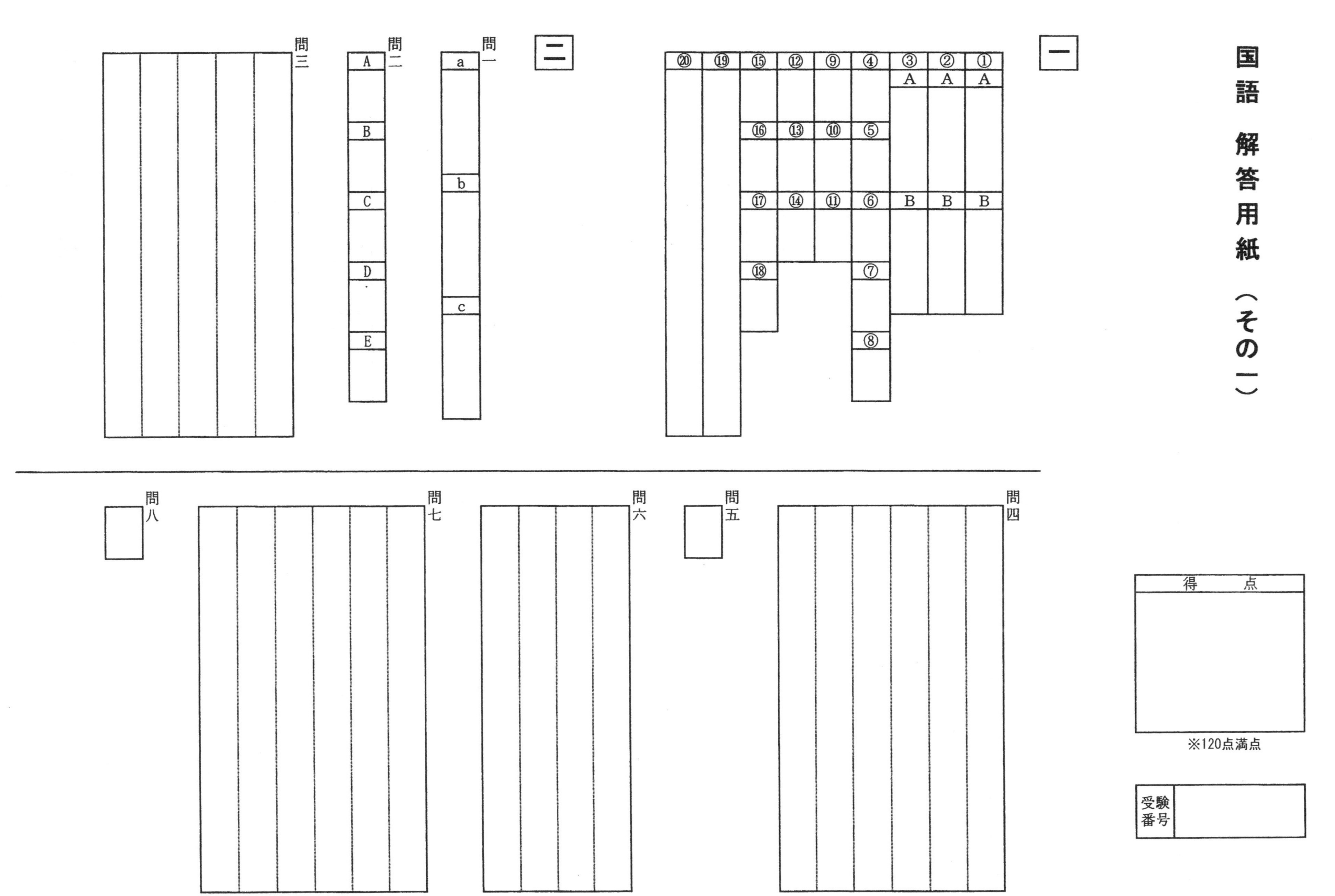

※120点満点

国語　解答用紙（その二）

三

問一　a　b　c

問二

問三

問四

問五

問六　(1)　(2)　(3)　(4)

受験番号

中学前期　算数　解答用紙　<No.1>

1

(1)
(2)
(3)
(4)

2

(1)ア	(3)オ
(1)イ	(3)カ
(1)ウ	(4)キ
(2)エ	

3

(1)

枚

(2)

枚

4

(1)

%

(2)

グラム

(3)

グラム

受験番号		小計	

中学前期　算数　解答用紙　<No.2>

5

(1)

(兄)
分速　　m

(弟)
分速　　m

(2)

分　　秒後

6

(1)ア	(1)イ	(1)ウ	(1)エ
cm	個	個	個

(2) 面積

cm^2

(2) (3) 図

B　C
P　Q
F　G

図

受験番号		小計		合計	

※100点満点

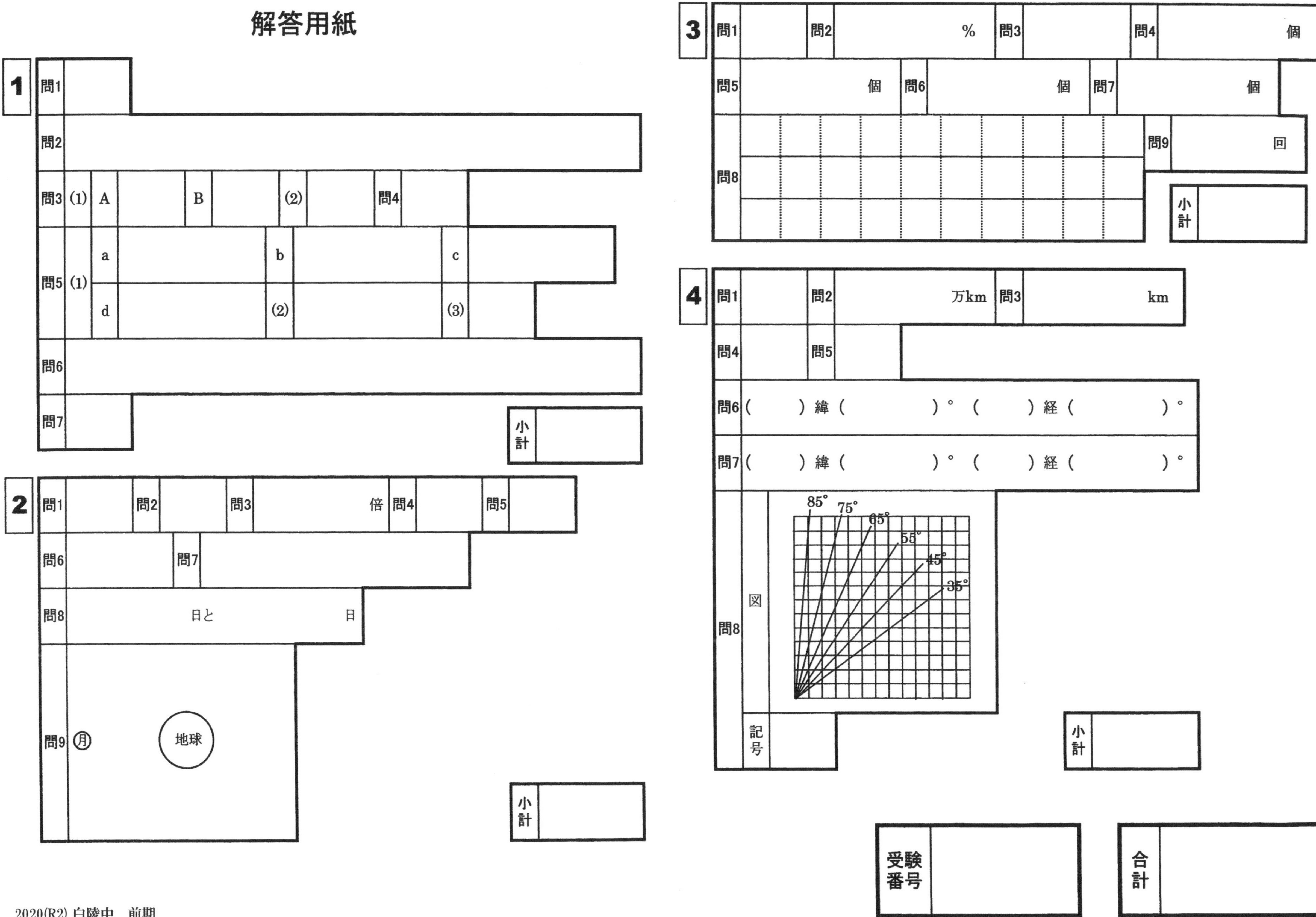
解答用紙
1
問1
問2
問3 (1) A B (2) 問4
問5 (1) a b c
d (2) (3)
問6
問7
小計
2
問1 問2 問3 倍 問4 問5
問6 問7
問8 日と 日
問9 月 地球
小計
3
問1 問2 % 問3 問4 個
問5 個 問6 個 問7 個
問8
問9 回
小計
4
問1 問2 万km 問3 km
問4 問5
問6 ( ) 緯 ( )° ( ) 経 ( )°
問7 ( ) 緯 ( )° ( ) 経 ( )°
問8 図
85° 75° 65° 55° 45° 35°
記号
小計
受験番号
合計
※100点満点

令和二年度　入学試験問題　国語　（60分）　白陵中学校　（後期）

一　次の文章を読んで、後の問いに答えなさい。（設問の都合上、表現を変えたところがあります。）（六十点）

「ぼく（遠藤宏志）」、「木島陽介」、「高頭健太」は小学校六年生。文化祭で「眠れる森の美女」が演じられることになり、クラスでういている「壬生紀子」は、女子たちのたくらみで、ヒロイン役のオーロラ姫に多数決で決まってしまった。「ぼく」も「壬生」を避けていたが、昨日、不良の中学生にからまれている所を、「壬生」の勇気ある行動で助けられていた。「ぼく」は自分でもよく分からないうちに、フィリップ王子役に立候補した。いよいよ演劇の練習がはじまった。

著作権に関係する弊社の都合により
本文は省略いたします。
教英出版編集部

著作権に関係する弊社の都合により
本文は省略いたします。
教英出版編集部

著作権に関係する弊社の都合により本文は省略いたします。

教英出版編集部

著作権に関係する弊社の都合により本文は省略いたします。

教英出版編集部

著作権に関係する弊社の都合により
本文は省略いたします。
教英出版編集部

（百田尚樹『夏の騎士』新潮社）

＊注　沼田先生＝「眠れる森の美女」の振り付けと合唱を指導する女性教師。　傲然＝おごり高ぶるさま。
父の悪口＝小学二年の時、祭で父は中学生とケンカになり、ひどくなぐられ泣いたことに対するからかいの言葉。　吃音＝言葉につまること。

問一　a□～e□のカタカナを漢字に直しなさい。

問二　（Ａ）～（Ｅ）に入る言葉として適切なものを、次の中からそれぞれ一つずつ選び、記号で答えなさい。ただし、同じ言葉を二度以上使ってはいけません。

ア　まさか　　イ　なかなか　　ウ　いよいよ　　エ　さんざん　　オ　さすが　　カ　もはや

問三　――線部①とありますが、「ぼく」がこのような心の状態になった理由を説明しなさい。

問四　――線部②とありますが、他の箇所では「皆」「生徒たち」「全員」と表現されているクラスの生徒たちが、ここでは「見物人たち」となっていることについての説明として最も適切なものを、次の中から一つ選び、記号で答えなさい。

ア　「見物人たち」とすることで、ぼくと壬生が一生懸命に踊りの練習をしているのに、その真剣な思いを理解しようとせず、ただからかいおもしろがっているだけのクラスの生徒たちを非難するぼくの気持ちが読み取れる。

イ　「見物人たち」とすることで、ぼくと壬生が演技に集中するあまり、劇の中の主人公になりきってしまい、周囲で見ていたクラスの生徒たちが単なる観客としてしか思えない、ぼくの冷ややかな気持ちが読み取れる。

ウ　「見物人たち」とすることで、ぼくと壬生が練習に集中しようとしているのに、クラスの生徒たちがからかうような発言をし、邪魔しようとしてくることに対して、ぼくがわずらわしく感じていることが読み取れる。

エ　「見物人たち」とすることで、ぼくと壬生が真剣に練習をしている姿を見て、感心している者もいるようだが、結局クラスの誰も味方まではしてくれないことに対して、ぼくがむなしさを感じていることが読み取れる。

オ　「見物人たち」とすることで、ぼくと壬生が演技とはいえ恋人同士のように演じている姿を見て、うらやましく思っているにもかかわらず、からかうことしかできないクラスの生徒たちへのぼくの優越感が読み取れる。

問五 ――線部③で「壬生」が「さっきはありがとう」と「ぶっきらぼうに言った」のはなぜですか、心情をふまえて説明しなさい。

問六 ――線部④のように「ぼく」が「とぼけた」理由として最も適切なものを、次の中から一つ選び、記号で答えなさい。

ア 真剣に踊った壬生に感動して彼女への見方が変わったことで、いつもクラスの子にからかわれている彼女の悔しさに気づき、守ってあげたいと思っただけであり、礼を言われるまでもないから。

イ クラスの友だちからいじめられることになるかもしれない危険を冒してまで、勇気を出して壬生を助けてやったのに、誠意のない礼の言い方をしてきたので、意地悪をしてやりたかったから。

ウ クラスの中で冷やかされても何も言い返さなかったり、ぼくに対して礼を言ってくる、いつもの壬生からは想像しにくい行動を見せられて、どう対応していいか分からなくなってしまったから。

エ 昨日助けてもらったことのお返しで、クラスの子たちに言い返してやっただけなのに、壬生の礼にことさらに反応することで、壬生に対して好意を持っていると勘違いされたくなかったから。

オ 一生懸命踊った自分たちを無責任に冷やかすクラスの子に対して、自分も悔しくて反論をしただけだったのに、壬生がぎこちなく礼を言ってきたので、余計な気づかいをさせたくなかったから。

問七 ――線部⑤とありますが、「壬生」のどういうところに対する「敬意」なのですか、説明しなさい。

二 次の文章を読んで、後の問いに答えなさい。(四十点)

「考える」というのは誰もが自然に行っているように思えますが、それが習慣化している人もいれば、考えることを避けがちな人もいます。

教養を身につけるには、ベースとして自分の頭で考えることが欠かせません。「思考習慣があまりないかもしれない」という人は、さまざまな事柄について「なぜだろう」と疑問を持つことを心がけることからはじめる必要があります。

自分に思考習慣があるかどうかを知るには、自分と異なる考えにぶつかったときのことを想像してみてください。

たとえば上司や同僚と意見が食いちがったとき、どんなふうに思うでしょうか?

「自分のほうが絶対に正しいのに!」と怒りやいらだちを感じ、「気分が悪いからジムで汗を流して帰ろう」などと対処するのは、考えることを放棄する態度だといえるでしょう。

このような場面では、感情でものごとを片づけず、「なぜ上司は自分と意見がちがっているのか?」ということを深くほり下げ、考えてみる必要があります。

こうした習慣は、日常のさまざまな場面で「意識的に考える」ことで身につけることができます。

たとえば「今日会った人はとても感じがよかったけれど、なぜ自分は感じがよいと思ったのか」「今日のランチでは、なぜこの定食を選んだのか」といったように、自分の行動や心の動きなどについて「なぜだろう」と考えてみるだけでもいいのです。その積み重ねが、新たな情報に接したときに、どう頭を使うかの訓練になります。

一般にいわれる「教養」のイメージは、絵画のことも音楽のこともわかるといったような「幅広い知識」でしょう。

しかし教養のベースとなるのは、何らかの専門領域についてある程度深く学んで得た知識をもとに、その領域で物事を深く考える経験にあると思われます。

たとえば大学で経済学を学べば、基本的な経済に関する知識が得られるだけでなく、経済学で使われるさまざまなモデルを使って思考する方法を身につけることができます。

このように何か一つの領域を学ぶことが、その知識や思考法をベースとして他の領域が「経済学的な考え方とどうちがうか」を考えることにつながります。

その意味では「教養人はまず専門人でなくてはならない」といえるでしょう。

とはいえ、教養を身につけるという観点では、大学院で研究者を目指すような高度な学びが求められるわけではありません。

大切なのは、自分の中に議論や思考の「軸」を持つことです。これは大学で学んだことでも、社会人として身につけた職務上の専門性でも構いません。自分はこんなふうに考える、こんなふうに議論を整理してきたという、自分なりの思考の「軸」を確認することこそが、みなさんの教養の土台なのです。

「そんなことをいわれても、自分にはそんな『軸』と呼べるほどのしっかりとした考え方はない」と思う人も少なくないかもしれません。

しかし、実はそう感じる人のほとんどが、学校での学びや社会人としての経験等を通じ、かなりしっかりとした教養の土台を身につけています。ただ、それを「軸」として自覚的に整理できていないだけです。

ですから、みなさんにとって最も重要なことは、この持っているはずの「軸」をしっかり整理できるようにすることです。それは言いかえると、教養の土台を耕すことです。

そして土台を耕すうえで有効なのは、先にふれたように「異なる考えや意見を持つ人と建設的に議論し、思考を発展させていくという行動原理を持つこと」なのです。

異なる考えを持つ人と議論をすることによって、自分の考えや軸が再確認できると同時に、思考を発展させていくことができるからです。

ただし、建設的に議論して思考を発展させるためには、単に話せばよいというわけではありません。

「建設的な議論」をするためには、ただお互いの考えを主張し合うのではなく、自分とは異なる考えに相互に耳をかたむけることからはじめるのが大切です。

自分とまったく異なる意見にふれれば、「なぜこんなに考え方がちがうのか」というショックを受けることもあります。しかし議論するには、自分が受けたショックについて言語化し、それを相手に伝えなければなりません。

また、相手が自分の考えに対していだいた違和感や受けたショックについて、相手の言葉を聞くことも必要です。

当然、このような議論では、ぶつかり合いが生まれます。しかし、そのようなぶつかり合いがなければ、自分の考え方にどのような偏りがあるのかに気づくのは難しいでしょう。

「同じものを見たとき、まったくちがう考え方をする他人」と議論することは、メタ認知（自分を客観視する力）を養うことにつながります。

自分の考えにとらわれることなく、思考を柔軟に発展させるために、このようなメタ認知がとても有効なのです。

「教養人」というと「本をたくさん読む人」といったイメージも強いように思いますが、本質的な教養において重要なのは、自分とは考え方が異なる人と建設的に議論できる力だということもできます。一人で本を読んでばかりいても、なかなか教養は身につかないのです。

「議論でぶつかり合うことが必要」といっても、言い争いを推奨しているわけではないことに留意してください。「ぶつかり合い」という表現には、相手と競うこと、相手を打ち負かそうとすることはふくんでいません。

もし議論の際、あなたが相手に勝つことにこだわり、知識競争に走れば、それは教養とは真逆の態度となります。

議論をするうえで重要なのは、相手への*リスペクトです。

考え方のちがいは、主に「それぞれが大事にしているもの」が異なることから生じます。自分にとって大切ではないものでも、相手が大切にしているものであれば、その価値観に対するリスペクトなしに建設的な議論はできないのです。

（藤垣裕子+柳川範之『東大教授が考えるあたらしい教養』幻冬舎新書）

*注　リスペクト＝尊敬すること。

問一　筆者の考える真の「教養人」とはどのような人だと思いますか、百字程度でまとめなさい。

問二　あなたは、筆者の考える真の「教養人」として自分が何点だと思いますか。百点満点で点数をつけ、その採点理由を二百字以内で述べなさい。

中学後期　算数　問題・解答用紙　<No.1>

注意：円周率は 3.14 として計算しなさい。
（60分）

1 （20 点）

(1)　右の図の斜線部分の面積を求めなさい。

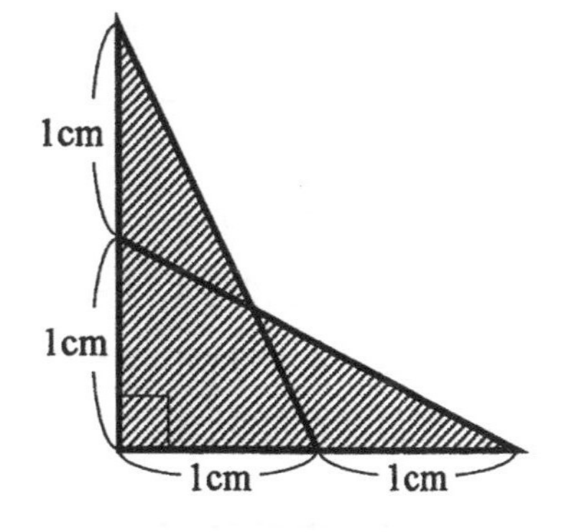

(2)　右の図のように，半円の周上に 2 点 A，B があります。角aの大きさを求めなさい。

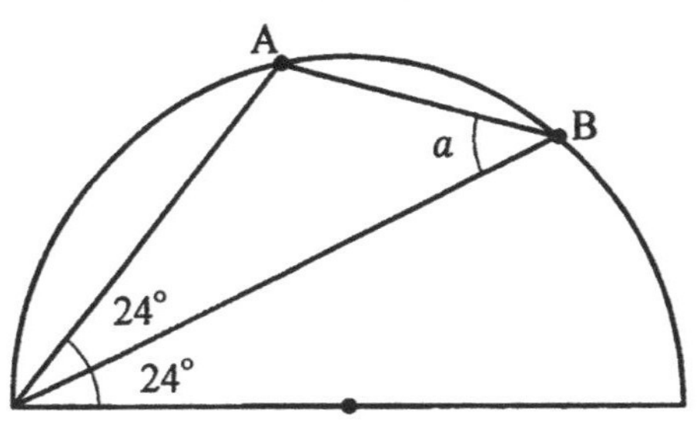

(3)　一の位が 0 ではない整数があるとき，その数の各位の数字を逆の順番に並べた数を，元の数の「逆順の数」と呼ぶことにします。例えば，2019 の逆順の数は 9102 です。また，48584 のように，逆順の数と元の数が等しくなるような数を「回文数」といいます。

一の位が 0 ではなく回文数でもない数から始めて，一の位が 0 になるか回文数になるまで，次の操作をくり返します。

（操作）その数に，その数の逆順の数を足す

例えば，57 から始めると，次のように 2 回で 363 となって操作が終わります。

（1 回目）$57 + 75 = 132$　　　　（2 回目）$132 + 231 = 363$

1 回で 1111 となって操作が終わる数をすべて求めると

［　　　　　　　　　　］

なので，ちょうど 2 回で 1111 となって操作が終わる数をすべて求めると

［　　　　　　　　　　］

です。

2 （20 点）

食塩水 A，B，C があります。A の濃度は 20%，B の濃度は 8% です。
次の問いに答えなさい。

(1)　A と B をいくらか混ぜ合わせて濃度が 15% の食塩水 300 グラムを作るとき，A を何グラム使いますか。

(2)　空の容器に C をいくらか入れました。この容器に A を 250 グラム混ぜると濃度が 18% になりました。さらに B を 150 グラム混ぜると濃度が 15% になりました。初めに C を何グラム入れましたか。

(3)　(2) のあと，B を何グラム混ぜると，容器の食塩水は C と同じ濃度になりますか。

(1)	グラム
(2)	グラム
(3)	グラム

受験番号		小計	

中学後期　算数　問題・解答用紙　<No.2>

3 (20点)

図のように直線部分と半円部分で作られた図形があります。この図形の直線部分はそれぞれ 40cm，半円部分はそれぞれ 60cm で，一周が 200cm です。この図形の周上を２つの点 P，Q が時計の針と逆回りに動きます。P は直線部分を秒速 4cm，半円部分を秒速 6cm で動きます。Q は直線部分を秒速 5cm，半円部分を秒速 3cm で動きます。

次の問いに答えなさい。

(1) P と Q はそれぞれ何秒で一周しますか。

(2) P は C 地点，Q は A 地点から同時に動き始めます。
Q が動き始めてから何秒で P に初めて追いつかれますか。

(3) P は D 地点から動き始め，Q は P よりも早く A 地点から動き始めます。Q が一周するまでに P に追いぬかれないようにするためには，Q は P よりも何秒以上早く動き始めなければなりませんか。

(1)
(P)　　　秒　(Q)　　　秒

(2)
秒

(3)
秒以上

4 (20点)

赤，青，黄のカードをそれぞれ１枚ずつ，合計３枚のカードを持った児童が何人かいます。それぞれの児童は，自分の持っている３枚のカードのうち１枚を選んで出します。例えば，児童が２人のとき，カードの色が赤と青の２種類となるような出し方は２通りあります。

次の問いに答えなさい。

(1) 児童が３人のとき，カードの色が２種類となるような出し方は何通りですか。

(2) 児童が４人のとき，カードの色が３種類となるような出し方は何通りですか。

(3) 児童が６人のとき，カードの色が３種類となるような出し方は何通りですか。

(1)
通り

(2)
通り

(3)
通り

受験番号		小計	

中学後期　算数　問題・解答用紙　＜No.3＞

5　(20 点)

半径 1cm の球がたくさんあります。図 1 のように，15 個の球を床の上に，となり合う球がふれ合うように並べました。その上に 10 個の球を，それぞれの球が下の段の 3 つの球とふれ合うように積みました。同じようにして球を積み上げていき，図 2 のような立体を作りました。この立体について，次の問いに答えなさい。

(1)　用いた球は全部で何個ですか。

(2)　球と球がふれ合う点は全部で何個ありますか。

(3)　点 A は一番上にある球の表面上にあり，床から最もはなれた点です。点 A から床まで球の表面をたどっていくとき，最も短い道のりは何 cm ですか。小数第 2 位を四捨五入した数を答えなさい。

ただし，辺の長さがすべて等しい三角すいの各部分の角度は図 3 のようになるとします。必要であればこれを用いなさい。

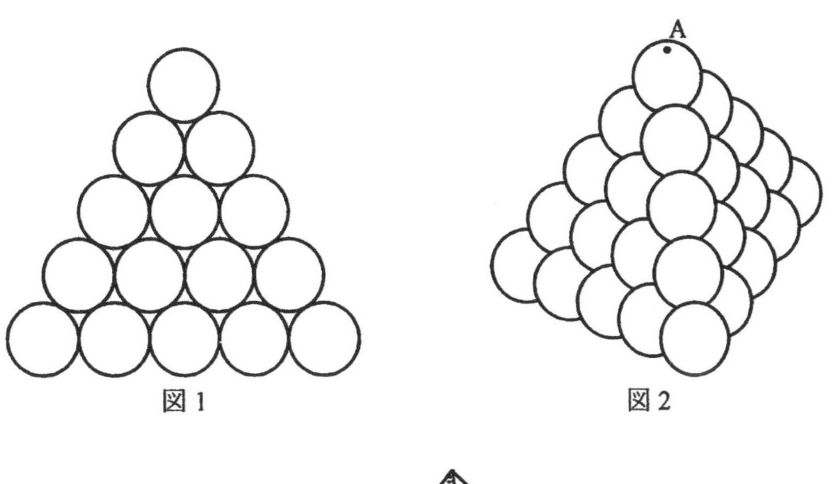

図 1　　図 2

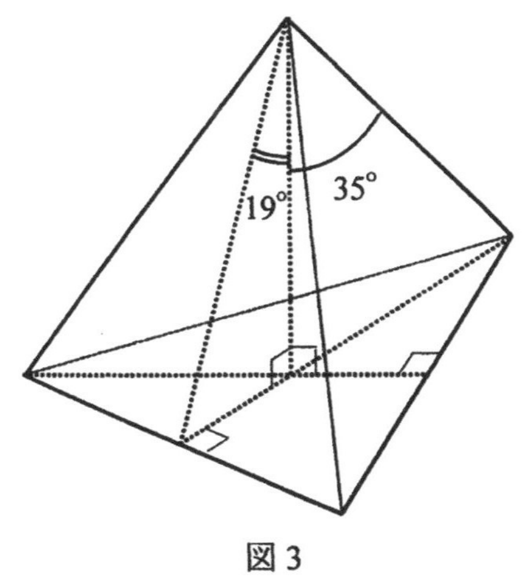

図 3

(1)	
	個
(2)	
	個
(3)	
	cm

受験番号		小計		合計	

※100点満点

国語　解答用紙（その一）

一

問一
a
b
c
d
e

問二
A
B
C
D
E

問三

問四

問五

問六

問七

得　点

※100点満点

受験番号

国語　解答用紙（その二）

二

問一

問二

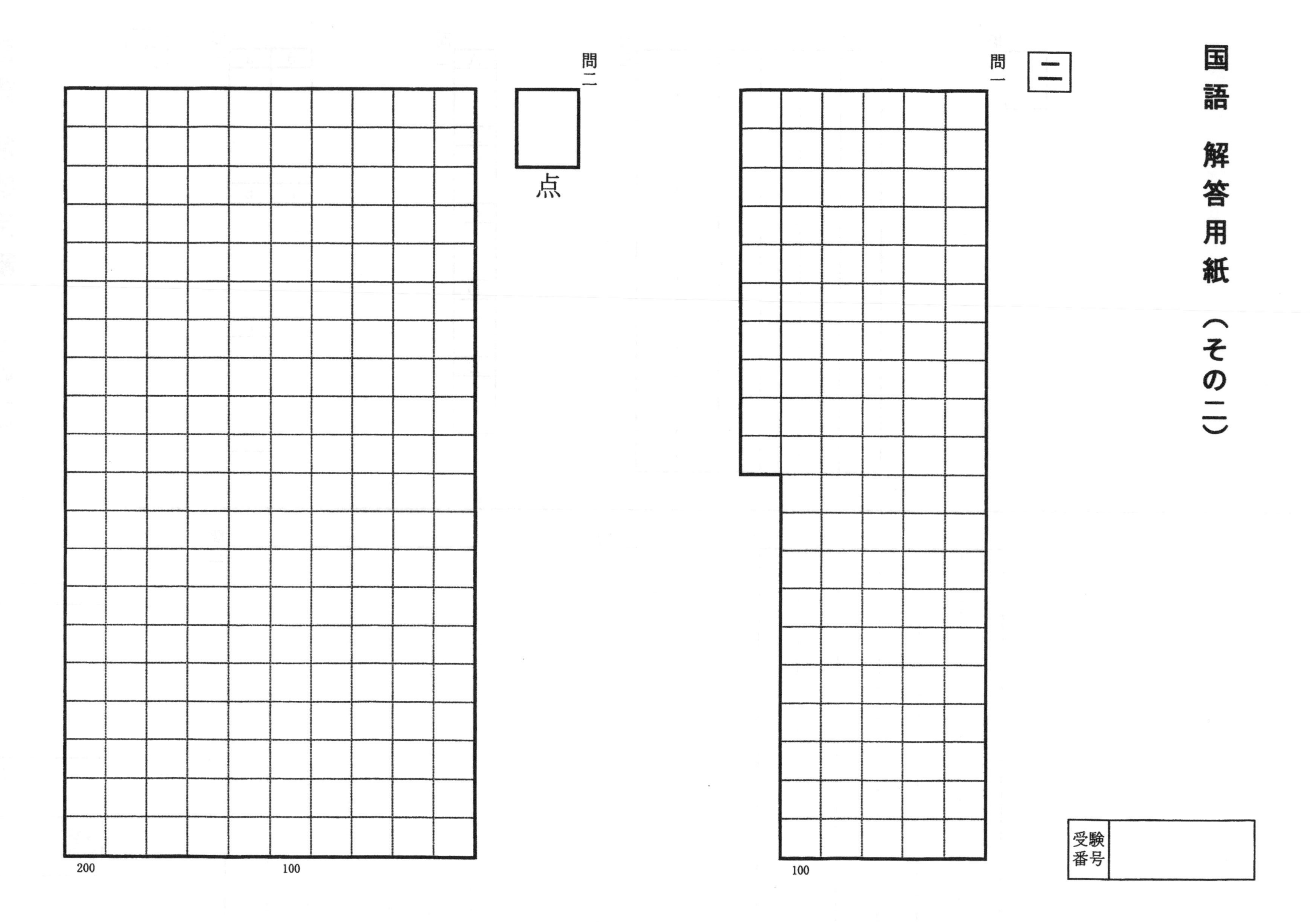